Le Dalaï-Lama

DU MÊME AUTEUR

Ouvrages consacrés au Tibet

Terre des dieux, malheur des hommes. Entretiens avec Sa Sainteté Tenzin Gyatso, le quatorzième dalaï-lama. J.-C. Lattès, 1995, Grand Livre du Mois, 1995, Livre de Poche, 1996.

Tibet, mon histoire. Avec Jetsun Pema, sœur du Dalaï-Lama. Préface d'Elie Wiesel. Livre de Poche, 1997.

Paroles des dalaï-lamas. Marabout, 1997.

Panchen-Lama, l'otage de Pékin. 1936 (épuisé).

Le Palais des arcs-en-ciel. Avec le docteur Tendzin Tcheudrak. Mémoires du médecin du Dalaï-Lama. Préface du Dalaï-Lama. Albin Michel, 1998, Grand Livre du Mois, 1998, Espaces libres, Albin Michel, 2001.

Guendun, l'enfant oublié du Tibet. Préface de Harry Wu. Presses de la Renaissance, septembre 1999.

L'Enfant oublié du Tibet, la véritable histoire du Panchen Lama Guendun. Pocket 2002, n° 11082.

Cent Mille Eclairs dans la nuit. Avec Me Gilbert Collard. Préface de Harry Wu. Presses de la Renaissance, septembre 1999, Grand Livre du Mois, 1999.

La Fabuleuse Evasion du petit Bouddha. Michel Lafon, 2000.

Le Livre bouddhiste de la sagesse et de l'amour. Le dix-septième Gyalwa Karmapa Trinley Thayé Dordjé. Pensées recueillies par Gilles Van Grasdorff. Michel Lafon, Grand Livre du Mois, 2001.

Les Oubliés du toit du monde. Roman. Michel Lafon, 2001.

Les Secrets de la médecine tibétaine. Avec Tenzin Choedrak, médecin personnel du Dalaï-Lama. Plon, 2002.

Gilles Van Grasdorff

Le Dalaï-Lama

La biographie non autorisée

Plon

ISBN 2-259-19788-4

A Sa Sainteté Tenzin Gyatso, le quatorzième dalaï-lama.

A mes amis Yves Berger et Léon Zeches.

« Il y a une qualité indomptable dans l'âme humaine qui ne peut être détruite ; un visage caché au plus profond de la personnalité humaine, résistant à tous les assauts... Et nous serions des abrutis sans nom, de dangereux maniaques, des bêtes féroces, sans cette qualité, cette force, inhérentes à tous les êtres humains, ce cri qui dit : "Je veux vivre." »

Chester HIMES.

Avertissement

A quelques exceptions près signalées par des notes en bas de page, les témoignages qui figurent dans ce livre ont été recueillis par l'auteur à l'occasion d'entretiens réalisés entre 1993 et 2003 en Inde et en Europe.

Immergé pendant plusieurs années dans la terrible réalité des réfugiés tibétains, l'auteur a rencontré les plus grands maîtres du bouddhisme tibétain : Sa Sainteté Tenzin Gyatso, le quatorzième dalaï-lama ; Sa Sainteté Urgyen Trinley Dordjé, le dix-septième karmapa, Sa Sainteté Trinley Thayé Dordjé, le dix-septième karmapa, Sa Sainteté Shamar Rinpoché, le Karmapa à la coiffe rouge ; et d'autres grands guides spirituels ; enfin, des femmes et des hommes de combat comme Jetsun Pema, sœur du Dalaï-Lama ; Tenzin Choedrak, médecin personnel de Sa Sainteté Tenzin Gyatso ; Palden Gyatso, le moine résistant ; et de nombreux témoins, tibétains et chinois, qui ont souhaité conserver leur anonymat pour des raisons évidentes de sécurité.

On trouvera un glossaire des termes usuels à la fin de l'ouvrage, p. 499.

PREMIÈRE PARTIE

1933-1939

1

Visions obsédantes

« Il faut que le disciple de la sagesse ait le cœur grand et courageux. Le fardeau est lourd et le voyage est long. »

CONFUCIUS.

Le 17 décembre 1933, à l'aube... A peine levée, une grande majorité des habitants de Lhassa – les Lhassapas – a remarqué quelque chose de grave dans leur cité : d'abord il y a eu toutes ces allées et venues entre le Potala[1] et le temple du Nechung, l'oracle d'Etat qu'ils nomment *Kuten-la*[2] ; on a ensuite vu les membres du gouvernement se presser en direction du palais, et le *kashag* – le cabinet, composé

1. Célèbre palais qui surplombe Lhassa, le Potala était, jusqu'à sa fuite en 1959, la résidence d'hiver du Dalaï-Lama. Sa partie blanche fut d'abord construite sous le règne du Grand Cinquième (1617-1682). La partie rouge fut ajoutée en 1690 par le régent Sangye Gyatso (1653-1705). Le Potala abrite la tombe du cinquième dalaï-lama et de ses successeurs, à l'exception du sixième. Le Namgyal, collège fondé au monastère de Drepung en 1574 par le troisième dalaï-lama, y fut transféré, de même que tous les départements administratifs en 1649.

2. *Kuten*, littéralement « support physique », le *la* est une marque de respect ajoutée à la fin d'un nom, d'un prénom. L'esprit de Nechung est entré pour la première fois dans le corps d'un être humain en 1544 : c'est ainsi que Drag Trang-gowa Lobsang Palden est devenu le premier Nechung Kuten.

d'un moine et de trois laïcs – y courir aussi ; et puis ces inquiétants présages : ceux de ce matin avec un ciel d'orage plus sombre qu'à l'accoutumée et le tonnerre qui balançait des grondements sourds au-dessus du palais n'indiquaient rien de bon. Enfin, il y a ces rumeurs qui, depuis plusieurs semaines déjà, se colportent partout, de quartier à quartier, de temple à temple, de rue à rue, de maison à maison : toutes chargées d'images de souffrances et de mort.

Par tradition, les Tibétains sont gens superstitieux : « le miroir des présages », un texte fort ancien, peuplait depuis longtemps leur quotidien de diverses croyances qu'ils détenaient de la tradition *bönpo*, la religion *bön*[1] considérée comme originelle dans le pays.

Du coup, partout dans Lhassa, on scrute le ciel, on tente d'interpréter les nuages ; on guette qui un aboiement, qui un cri ; on s'interroge, on doute. On espère aussi un miracle toujours possible...

Depuis l'aube, par petits groupes, chacun y va de son commentaire, de ses rêves, de ses visions : l'un a chevauché un chat, l'autre un singe, celui-là un tigre... Certains Lhassapas ne peuvent cacher leur angoisse : eux ont chevauché un cadavre...

---

1. Ce nom viendrait d'une transcription déformée du terme *Bod*, nom par lequel les Tibétains désignent le Tibet. Les bönpos seraient les premiers indigènes dont le roi est directement descendu du ciel. La naissance de Böntön Shenrab, fondateur historique de la religion, a été fixée à l'année 1063 avant J.-C. : on lui attribuait des pouvoirs analogues à ceux du Bouddha Sakyamuni et de Padmasambhava. Sakyamuni, le « Bouddha historique » – né en 558 avant J.-C. –, est le quatrième Bouddha historique de cette ère. A l'origine du Dharma, tel qu'il est encore aujourd'hui pratiqué, sa manifestation ne se limite pas à la vie humaine ; on dit aussi qu'il a œuvré pour le bien de tous les êtres durant des âges et des âges, accumulant ainsi sagesse et mérites ; c'est ensuite seulement qu'il naquit en Bouddha Sakyamuni... Introducteur du bouddhisme au Tibet au VIIIe siècle, Padmasambhava – appelé par les Tibétains *Guru Rinpoché* – est né dans l'Uddiyana au nord de l'Inde. Ses voyages le conduisirent le long de l'Himalaya, du Cachemire au Ladakh, au Sikkim et au Bhoutan. Il représente l'apôtre idéal pour le « Toit du Monde »

Alors ils passent d'un groupe à un autre, le regard affolé. Ce qu'ils entendent n'est pas pour les rassurer.

Démoralisés, tous ces gens se replient vers les temples : le Jokhang, le plus vénéré de tous, est plein à craquer. Les moines expliquent que ce sont là les signes annonciateurs d'une mort prochaine.

Vers la fin de la matinée, tous les chiens de la ville se sont mis à aboyer, six aboiements. Mauvais signe encore...

Signe de mort !

Il faut s'attendre au pire, d'autant que des corbeaux ont survolé le Potala et que des corneilles blanches se sont posées sur le toit.

Autres signes de mort !

Les Lhassapas se souviennent alors qu'il avait beaucoup neigé le premier jour du losar, le nouvel an tibétain[1] : c'était l'annonce d'une année néfaste. Et, de fait, les récoltes avaient été mauvaises...

Autre information apportée par un moine du monastère de Namgyal, celui du Dalaï-Lama : depuis plusieurs jours, les chiens de Kundun – « Présence », un des noms donnés par les Tibétains à leur souverain – sont tristes... Alors c'est Kundun qui va bientôt mourir !

Chagrin, inquiétude, peur.

Des Lhassapas rentrent chez eux pour prier. D'autres décident de tourner autour du *barkhor* – lieu qui encercle le Jokhang –, dans le sens des aiguilles d'une montre, tout en égrenant leur *mala* – leur rosaire – d'une voix monotone.

1. Chaque année du calendrier tibétain porte le nom d'un animal – souris, porc, chien, coq, singe, bélier, cheval, serpent, dragon, lièvre, tigre, bœuf –, auquel on adjoint celui d'un des cinq éléments – eau, feu, terre, bois, fer. L'année tibétaine est constituée de douze mois lunaires. Une lunaison débute le premier jour après la nouvelle lune et s'achève à la nouvelle lune suivante : elle dure en moyenne 29,5 jours solaires : l'année s'étendra donc sur 354 jours solaires au lieu de nos 365,25 jours, si bien que l'on va ajouter un mois lunaire tous les trente mois au calendrier afin d'éviter un trop grand décalage entre l'année solaire et l'année lunaire.

Ils récitent le mantra[1] de Chenrezig, le bodhisattva[2] de la compassion protecteur du Tibet, dont Sa Sainteté le Dalaï-Lama est l'émanation.

Sur le coup de 10 heures, les membres du gouvernement ont demandé à être reçus par Kundun, mais ils ont essuyé un refus catégorique. Au chevet du souverain, ils ne sont que trois : il y a Kunp'hela, considéré comme le dernier favori, le vieux *ganden tripa*[3] Jampa Choedrak et Kutenla, l'oracle d'Etat qui vient d'entrer en transes : ici, comme dans tout le Tibet, l'oracle désigne l'esprit qui pénètre une personne pour lui permettre d'agir comme médium entre les royaumes naturel et spirituel.

Au cours de sa première transe, Kutenla a marmonné des mots inaudibles, craché des sons que seuls le Dalaï-Lama et le ganden tripa sont susceptibles de comprendre : Kundun devait prendre une pilule précieuse de la médecine tibétaine, *Chamjom pawo Chudun*, « les dix-sept héros pour combattre les froids ».

Lui-même, Kutenla, a versé la poudre dans le bol du souverain à demi remplie d'eau bouillante[4]. Il la lui a fait boire,

1. Formule rituelle, employée aussi bien dans l'hindouisme que dans le bouddhisme comme support de méditation. *Om Mani Padme Hum* est le mantra le plus célèbre du Tibet. D'après les enseignements, les six syllabes de ce mantra conduisent à la purification des six émotions – orgueil, jalousie, désir, ignorance, avidité et colère – qui sont à l'origine des six royaumes du samsara, la suite sans fin des existences, lequel est composé de six mondes : les êtres des enfers, les esprits avides et les animaux font partie des classes dites inférieures ; les hommes, les demi-dieux et les dieux ont, disent les bouddhistes tibétains, une existence meilleure. Seule la renaissance dans le monde des hommes permet d'accéder à la libération..

2. Etre qui a pleinement développé l'esprit d'éveil et qui veut être une source de bienfaits et de bonheur pour tous les êtres.

3. Titre porté par le chef de la lignée gelugpa, *ganden* est le nom du monastère, *tri* signifie en tibétain « trône », *pa* est une particule. Littéralement : « celui qui est assis sur le trône ».

4. L'eau bouillante est toujours un remède de base dans la médecine tibétaine pour soigner les troubles digestifs. Elle doit être bouillie au

tandis que le ganden tripa et Kunp'hela multipliaient les offrandes aux divinités.

Mais Thubten Gyatso est au plus mal.

Vers midi, il retombe dans un coma profond entrecoupé de phases délirantes.

L'oracle de Nechung plonge alors dans une autre transe. Le vieux ganden tripa approche son visage auprès de celui de son souverain et le supplie de rester encore auprès d'eux : son peuple a tant besoin de sa Présence...

Un bref instant, Thubten Gyatso rouvre les yeux, regarde les trois hommes qui se tiennent à son chevet, les reconnaît car son esprit est resté d'une extraordinaire lucidité : il remarque l'absence de son chambellan et des ministres de son gouvernement. Il fixe le trio pendant quelques secondes qui paraissent interminables mais sans répondre à leur supplication. Et le voilà qui sombre à nouveau dans l'inconscience.

A 18 h 30 précises, le treizième dalaï-lama Thubten Gyatso décide de quitter son enveloppe corporelle : il a cinquante-huit ans.

*

La nouvelle de la mort du souverain tibétain s'est aussitôt répandue par-delà la cité interdite, annoncée à grands roulements de tambours par les moines de Namgyal qui, du toit du Potala, battent des chants funèbres.

Pendant ce temps, d'autres moines ont allumé des milliers de lampes à l'extérieur, sur le toit du palais, ainsi que le veut la coutume lors du décès ou de l'anniversaire de la mort d'un souverain ou d'un régent.

Ainsi avertis, les Lhassapas sont dans la rue pour entendre les roulements de funeste augure.

---

moins vingt minutes, mais les médecins peuvent parfaitement conseiller des ébullitions plus longues afin d'amener l'eau à un état d'essence liquide purifiée.

La disparition du Dalaï-Lama touche en effet chacun à titre personnel.

Foudroyés par la douleur, tous ont arrêté les chants et les danses, cessé de jouer de la musique ; ils ont quitté leurs vêtements colorés pour des habits sombres ; ils se sont aussi défaits de leurs bijoux, retirant ces magnifiques boucles d'oreilles qui font habituellement leur fierté ; partout, on a ôté les rideaux des fenêtres, enlevé les drapeaux à prières...

A l'intérieur et à l'extérieur des demeures, des tentes de nomades, dans les monastères et dans les temples où les pèlerins arrivent en masse pour se recueillir, des millions de lampes à beurre scintillent sur les autels...

Le Tibet s'est enveloppé d'un voile de deuil qui va durer quarante-neuf jours. Mais, avant d'entrer dans sa demeure ou de regagner sa cellule monacale, chacun partage le secret espoir que le Dalaï-Lama va revenir très vite parmi eux...

Ainsi, n'hésite-t-on pas à interroger les dieux et les divinités, les nuages toujours accrochés au-dessus du Potala, les éclairs qui zèbrent régulièrement le ciel...

Chacun guette le moindre signe qui indiquerait une renaissance prochaine : pour les bouddhistes, les renaissances sont liées aux lois du karma ; celles-ci régissent tous nos actes et leurs conséquences. Il en va ainsi pour tous les êtres sensibles – insectes, animaux, plantes et les humains que nous sommes...

La renaissance des lamas – maîtres bouddhistes tibétains – les moins importants est reconnue sur simple déclaration de leurs pairs. Dès la désignation d'une réincarnation[1] d'un

1. L'idée de réincarnation est intégrée à la structure philosophique du bouddhisme. Elle n'est pas pour autant un enseignement du Bouddha, mais elle est considérée comme un phénomène naturel – un fait de simple évidence – par tous les Asiatiques, quelle que soit leur confession. Pour le Bouddha, il n'y a pas de « moi » qui transmigre mais plutôt une « énergie conscience » qui fait qu'une vie découle de la précédente. Un individu arrivé à un certain degré de maîtrise de sa conscience est capable de s'orienter au moment de sa mort puis dans les étapes intermédiaires du *bardo*, et de se réincarner dans la famille de son choix. Ces personnes sont appelées tulku en tibétain. Ayant pris

chef de lignée ou d'un supérieur de monastère particulièrement important, une procédure plus complexe se met aussitôt en place incluant rêves visionnaires et consultation d'oracles, puis choix définitif du candidat, lequel doit distinguer, parmi de nombreux objets similaires, ceux qui ont appartenu à la précédente réincarnation.

La vie du souverain tibétain était donc liée au karma de ses vies antérieures et à celui de ses parents.

*

A l'intérieur du Potala, la construction d'un tombeau pour abriter le treizième dalaï-lama a commencé. Thubten Gyatso va reposer aux côtés du Grand Cinquième[1], qui avait ordonné la construction du palais, et des autres souverains tibétains, à l'exception du sixième dalaï-lama[2] : disparu à l'âge de vingt-quatre ans sur les berges du Gunganor, un petit lac à proximité du Kokonor[3].

---

les vœux de bodhisattva (se décider durant toutes ses vies futures à aider les êtres vers la délivrance), il renonce lui-même à sa propre délivrance du cycle des réincarnations. Un tulku a parfois les mêmes traits que son incarnation précédente. En prophétisant qu'à sa mort le premier karmapa Dusum Khyenpa (1110-1193) se succéderait à lui-même en renaissant dans un autre enfant, il laisse une lettre dans laquelle il donne tous les détails sur la façon de reconnaître sa réincarnation, marquant ainsi d'un sceau indélébile les institutions tibétaines.

1. Ngawang Lobsang Gyatso (1617-1682) établit la forme constitutionnelle qui régit le pays et que le gouvernement tibétain devait conserver jusqu'en 1959. Il organisa aussi les hiérarchies temporelles et spirituelles dans le pays. Il institutionnalisa par ailleurs le titre de Panchen-Lama. Telle fut une partie de l'œuvre de celui qui, dans l'histoire du Tibet, est resté « le Grand Cinquième » aux yeux de tous les Tibétains.

2. La dernière trace de l'existence de Rigdzin Tsangyang Gyatso (1683-1706) remonte au 14 novembre 1706.

3. Dans la région de Tsongon (nom tibétain) ou Kokonor (nom mongol), à la limite nord du territoire tibétain se situe ce lac de près de 4 500 km–, au périmètre de 2 200 mètres ; situé à 3 200 mètres d'altitude, il est assez peu salé. Pêchant jusqu'à 5 000 tonnes de carpes par an, les Chinois ont quasiment vidé le lac de ses poissons et, depuis

Dans la chambre du défunt, la dépouille a été soulevée de son lit pour être embaumée grâce à des substances aromatiques et balsamiques et du sel.

Vêtu de sa robe cérémonielle, Thubten Gyatso a ensuite été transporté au Norbulingpa pour être installé sur le *Sengtri*, le trône du Lion [1], les jambes croisées, en position de méditation.

A l'intérieur du temple, des moines s'apprêtent : ils alimentent les lampes à beurre, les remplacent, et se recueillent, profitant de ces quelques heures d'intimité pour prier devant la dépouille de leur maître spirituel.

Chacun a alors pu remarquer que la tête du défunt était tournée en direction du sud.

Aux portes de la salle, un lama regarde ruisseler les gouttes de pluie, à quelques pas de lui.

Sont-ce elles qui le font frissonner ou la présence du défunt ?

L'homme se retourne vers ce dernier, tressaille, commence à trembler violemment : il est au bord de l'évanouissement.

Deux moines se précipitent.

Le lama montre du doigt le trône, le corps du Dalaï-Lama : hier, le visage de Kundun était tourné vers le sud ; mais à présent sa tête s'est déplacée, elle indique une autre direction, on dirait le nord-est...

Le lama s'approche du défunt et, avec une infinie douceur, replace la tête du Dalaï-Lama dans sa position initiale, face au sud.

Ils sont une dizaine à avoir assisté à cette scène, puis à se prosterner devant le trône, redoublant de dévotion. Une dizaine à se souvenir que la veille encore, un peu avant 7 heures du matin, l'oracle de Nechung était une nouvelle

1949, le niveau d'eau du lac a baissé de plus de trois mètres.

1. De forme carrée et de bois doré, le trône, d'une hauteur de deux mètres environ, est soutenu par huit lions, deux à chaque coin, sculptés dans le bois.

fois entré en transes, qu'il s'était tourné en direction de l'est. Et ce matin, ils se souviennent qu'au cours d'une autre transe Kutenla a désigné à nouveau avec insistance l'est et le nord-est du Tibet.

*

Arrivés dans la nuit, des milliers de personnes, foule compacte et recueillie, patientent devant l'entrée principale.

Sur le coup de 6 heures, les portes du Norbulingka se sont ouvertes...

Un par un, ils passent alors devant la dépouille de leur souverain, se prosternent, déposent la *khata*, l'écharpe de soie, aux pieds du Dalaï-Lama : c'est leur façon à eux de lui rendre les honneurs suprêmes ; puis ils sortent, les yeux embués de larmes.

Et l'incroyable se produit.

Une des places de Lhassa, sur laquelle les ministres, les fonctionnaires et les dignitaires religieux haranguent habituellement la population, bruit de toutes sortes de rumeurs.

C'est ainsi que surgit le terrible spectre de l'empoisonnement et de la magie noire : on a tué Kundun !

On demande aux divinités d'intervenir, de punir le ou les instigateurs de ce crime odieux, on s'interroge sur les jours qui ont précédé la mort de Thubten Gyatso, on consulte les lamas.

On évalue, on mesure ce qui sépare les plus hauts dignitaires de la lignée gelugpa[1] les uns des autres, on pèse les

1. Il existe quatre lignées ou écoles dans le bouddhisme tibétain : la lignée des Nyingmapas, celle des « Anciens », établie dès le VIIIe siècle, réunit les enseignements les plus anciens introduits au Tibet par Padmasambhava. Sa Sainteté Kyalbdjé Pénor Rinpoché est l'actuel chef de la lignée ; la lignée des Sakyapas, ainsi nommée d'après son monastère d'origine situé à l'ouest du Tibet, fut fondée par Könchog Gyalpo au XIe siècle. Grâce au soutien des Mongols, les Sakyapas dominèrent politiquement le Tibet au XIIIe siècle. Sa Sainteté Sakya Trizin est l'actuel chef de l'école sakyapa ; la lignée des Kagyupas, « ceux de la transmission orale », apparut au XIe siècle : elle se ramifia en une douzaine de branches, dont l'une – celle des Karma-Kagyupas fondée par Dusum

chances de chacun de devenir le régent, car il va bien falloir en désigner un en attendant que le Dalaï-Lama se réincarne, s'il décide de revenir.

D'autres bruits évoquent une deuxième hypothèse : et si Kundun avait décidé de ne pas se réincarner ?

Le peuple a cumulé tant de karmas négatifs, tout est possible.

Sont-ils donc si nombreux à être indignes d'un tel retour ?

On suppute tant de choses maintenant à Lhassa.

Un autre événement s'est produit le surlendemain dans l'après-midi, aux alentours de 16 heures...

Un lama du monastère de Namgyal quitte le Norbulingka et emprunte le chemin qui va le conduire au Chakpori[1],

---

Khyenpa (1110-1193) – joua un rôle politique important jusqu'au XVIIe siècle ; deux Karmapas, les dix-septième de la lignée, se disputent actuellement la « coiffe noire », symbole de l'autorité kagyupa : Sa Sainteté Urgyen Trinley Dordjé et Sa Sainteté Trinley Thayé Dordjé (lire *La Fabuleuse Evasion du petit bouddha*, de Gilles Van Grasdorff, et *Le Livre de la sagesse et de l'amour* de Trinley Thayé Dordjé, pensées recueillies par Gilles Van Grasdorff, éditions Michel Lafon) : cette affaire continue de diviser les Tibétains ; enfin, la lignée des Gelugpas, les « Vertueux », vit le jour au XVe siècle à la suite de la réforme de Tsongkhapa (1357-1419) : les luttes intérieures et leurs liens avec les Mongols leur permirent de se hisser au sommet du pouvoir politique au milieu du XVIIe siècle. Le Dalaï-Lama et le Panchen-Lama sont tous deux issus de cette lignée, mais ni l'un ni l'autre n'en est le chef spirituel, lequel porte le titre de ganden tripa. (Voir annexes.)

1. Première école de médecine instituée par le cinquième dalaï-lama. Au départ, au monastère de Drepung, elle fut ensuite transportée vers un complexe monastique d'hôpital-école nommé Chakpori, la « Montagne de Fer », sur une colline de Lhassa, la capitale. Chakpori devint le centre de la médecine au Tibet, connu dans les pays voisins, notamment en Asie centrale, pour la science dispensée par ses lamas-médecins. Une fois établi, Sangyé Gyatso, le régent du cinquième dalaï-lama et sans doute l'homme le plus puissant du Tibet à cette époque, décida que chaque monastère abriterait un lama-médecin formé au Chakpori. Ce fut le début de la « santé publique » au Tibet.

l'Institut de médecine tibétaine, puis à Shöl[1], le bourg à flanc du Potala où il vit chez une tante.

Le lama est obligé de passer par une des places de la capitale et rien ne le presse : il vient lui aussi de rendre un ultime hommage à Thubten Gyatso. Bien entendu, il est parfaitement au courant des rumeurs, mais il refuse d'y prêter attention et entend conserver une certaine distance par rapport à tout cela.

Tout à coup, le vent se met à tourbillonner, mais il y a surtout, au loin, cette nappe de brouillard. Suspendue à mi-pente, entre les pics enneigés, elle modifie sensiblement les perspectives, offrant un étonnant ballet d'ombres et de lumière.

L'espace craquelle, l'orage gronde, des éclairs zèbrent le ciel. Une immense clameur s'élève.

Pour les Tibétains, la vie peut parfois être aussi violente que la tempête qui, en cet hiver, déchire les montagnes ; quelquefois, elle apparaît aussi colorée que cet arc-en-ciel qui, surgissant du cœur même de la nappe de brouillard, vient de se former au-dessus du Potala.

Sur la place, il y a la foule, il y a ce vent, et il y a ce lama qui, entré en méditation, est vraiment le seul à voir un magnifique tapis de gueules-de-loup écrasé sous le soleil dans la partie est de l'esplanade.

Heureux présages !

*

De son vivant, Thubten Gyatso, le treizième dalaï-lama, avait trois favoris : Tsarong, Lungshar et Kunp'hela.

Des trois, Tsarong a certainement été le plus proche du souverain tibétain. Ensemble, ils ont partagé deux fois l'exil, et il était à ses côtés quand le Dalaï-Lama proclama en 1913 l'indépendance du pays. Depuis, c'est avec l'aide de Tsarong que le Dalaï-Lama avait essayé de faire évoluer la

1. Ce village n'existe plus, détruit par les occupants chinois.

société tibétaine. Il avait émis le souhait que le Tibet adhérât à l'Union postale internationale[1], envisagé de faire fabriquer en Inde une machine à écrire avec un clavier tibétain, imaginé des automobiles, des bateaux à moteur qui naviguent sur les nombreux lacs du pays. En vain !... La politique de modernisation entreprise par le treizième dalaï-lama aboutit à un échec face à ce problème quasi insoluble : une trentaine de familles pesait de tout son poids sur les rouages essentiels de l'Etat, enrayant systématiquement toute tentative de réforme ; ces familles détenaient un, voire plusieurs ministères et nommaient les leurs aux postes clés des institutions tibétaines. Comme elles pouvaient toutes revendiquer au moins une réincarnation, quand ce n'était pas plusieurs, cela leur permettait aussi de contrôler les monastères et les districts qui en dépendaient. Et bref, à quelques exceptions près, ces familles avaient une fâcheuse tendance à confondre les deniers de l'Etat avec les leurs et à tirer profit de tout ce qui touchait au Dharma, aux enseignements du Bouddha...

Quant à Dordjé Tsegyal Lungshar, son rêve le plus cher a toujours été d'entrer dans le cercle très restreint des conseillers du Dalaï-Lama. Et pour y parvenir tous les

1. Le premier bureau de poste a été ouvert le 7 juillet 1903 à Khamba Jong, au-dessus de la vallée de Chumbi, à plus de 4 500 mètres d'altitude, au moment de l'expédition britannique commandée par le colonel Younghusband. La même année s'en ouvre un second à Tuna. Ces postes utilisent les timbres de l'Inde britannique à l'effigie de la reine Victoria ; les oblitérations portent la mention suivante : « Temporary POD »... En 1910-1911, l'Empire mandchou a mis en place un service postal employant les timbres chinois existants. Ils sont surchargés, par la suite, de leur valeur faciale (trois pies à deux roupies), en trois langues – chinois, tibétain, anglais... Sous le règne de Thubten Gyatso, le treizième dalaï-lama, les timbres tibétains n'ont qu'un usage interne au Tibet. Par exemple, une lettre postée à Lhassa à destination de l'étranger transitait par la poste indienne qui y apposait ses propres timbres... Bien que les lignes téléphoniques fussent rares à cette époque, l'une d'elles reliait curieusement le Potala au bureau de poste de Lhassa, établi dans une dépendance du monastère de Tengyeling, détruit en partie par les Mandchous en 1912.

moyens étaient bons. Devenu secrétaire d'Etat aux Finances, il est l'instigateur des rumeurs d'un coup d'Etat qui aurait été fomenté par Tsarong. Le Dalaï-Lama avait même été obligé d'intervenir en personne pour calmer les esprits, mais une chanson circulait à l'époque dans les rues de Lhassa :

Oh ! que projettent
Les ministres, lorsqu'ils siègent ?
Ils n'arrivent pas à couper la racine,
Alors, ils se contentent seulement
D'élaguer les branches[1] *!*

Persuadé d'avoir alors le champ libre, Lungshar s'attaque à la corruption dans la société tibétaine. Dans un rapport d'une extrême sévérité, il propose non seulement d'augmenter, voire d'étendre les impôts, en relevant les droits sur le sel et les peaux, et en frappant d'une taxe d'un taux fixe de 5 % les marchandises échangées à la frontière indo-tibétaine[2], mais il accuse encore de fraudes fiscales les trois principaux monastères de la lignée gelugpa que sont Drepung, Ganden et Sera, et Tashilhunpo, le monastère du Panchen-Lama[3].

1. 1922... Cette chanson signifiait que Tsarong (la racine) devait être éliminé, et non les jeunes généraux (de simples branches) qui avaient participé à une protestation et qui soutenaient le favori et ami du Dalaï-Lama.

2. Les négociations aboutiront en 1929 seulement.

3. Dans la lignée gelugpa, les dalaï-lamas sont toujours associés aux panchen-lamas. A Shigatsé, dans la province du Tsang à l'ouest de Lhassa, le premier dalaï-lama Guendun Drup (1391-1474) fonda un monastère du nom de Tashilhunpo, dont il devint très logiquement le premier abbé. Presque trois siècles plus tard – nous sommes en 1600 –, on trouve à la tête de Tashilhunpo un autre abbé, Lobsang Choekyi Gyaltsen (1570-1662), qui devait jouer un rôle essentiel dans l'ascension du cinquième dalaï-lama Ngawang Lobsang Gyatso. Les deux s'estimaient énormément, à tel point que le Grand Cinquième considérait l'abbé comme son tuteur, et lorsqu'il lui attribua le titre de panchen-lama, ses trois incarnations précédentes le devinrent aussi. Devenu le

Le scandale éclate lorsque le Dalaï-Lama, poussé par son nouvel homme providentiel, demande au neuvième panchen-lama Choekyi Nyima[1] de participer aux dépenses de guerre relatives au conflit de 1912 contre l'Empire mandchou, lequel a conduit, un an plus tard, à l'indépendance du Tibet, et qu'il exige, en plus, de la part du conseil des Khenpos – l'administration du Panchen-Lama –, une participation sur les dépenses des guerres tibéto-britanniques de 1888 et de 1904, le tout représentant une trentaine de tonnes de céréales...

Cette énième crise entre les deux autorités spirituelles de la lignée avait abouti, le 15 novembre 1923, à la fuite du Panchen-Lama.

La politique entreprise par Lungshar, avec la bénédiction du souverain tibétain, et l'exil du Panchen-Lama vont malheureusement préfigurer l'un des chapitres les plus tragiques de l'histoire du Tibet... Plus d'une fois, de son vivant, Thubten Gyatso s'était penché sur les coups de destin qui avaient frappé ses quatre prédécesseurs[2] au siècle précédent : dans leurs morts prématurées il avait vu le fruit empoisonné de la corruption et de la course au pouvoir entre les régents, les dignitaires religieux et la noblesse.

Au moment de la disparition de leur souverain, en 1933, le Panchen-Lama et une centaine de ses partisans étaient réfugiés en Chine du Nord. Ils y étaient arrivés via la Mon-

---

quatrième panchen-lama, Lobsang Choekyi Gyaltsen, abbé de Tashilhunpo, devint une des plus hautes autorités spirituelles de la lignée gelugpa. Logiquement il n'a aucune activité temporelle, mais il lui appartient – s'il est vivant – de désigner la réincarnation du Dalaï-Lama après le décès de celui-ci. Son rôle est donc essentiel dans l'histoire du Tibet et des dalaï-lamas.

1. Il est né en 1882, l'année de la mort de son prédécesseur, d'une mère gardienne de troupeaux et d'un père inconnu.

2. Le neuvième dalaï-lama, Lungtok Gyatso, est décédé à l'âge de neuf ans ; le dixième dalaï-lama, Tsultrim Gyatso, à l'âge de vingt et un ans ; le onzième dalaï-lama, Khedrup Gyatso, à l'âge de dix-huit ans ; le douzième dalaï-lama, Trinley Gyatso, à l'âge de dix-neuf ans.

golie en 1925, l'année où Tsarong avait décidé de s'éloigner de la vie politique tibétaine, de la capitale et de ses intrigues...

C'est justement en 1925 que le troisième larron entre en scène : Thubten Gyatso a donné à un nouveau venu dans son aréopage politique, le moine Thubten Kunp'hela, la responsabilité d'un département – *Drubshi Lekhung* – qui vient tout juste d'être créé et qui regroupe la Monnaie [1], l'Arsenal et la petite centrale hydroélectrique installée à Drapshi [2], dans la banlieue de Lhassa.

Grâce à Kunp'hela, Lhassa commence à s'électrifier, un peu... Doté d'une grande intelligence, le moine gravit rapidement les échelons du pouvoir pour devenir bientôt le troisième et dernier favori du souverain tibétain.

Lungshar lui voue évidemment une haine farouche : il sait que son prestige dépend uniquement des faveurs du Dalaï-Lama et que dans cette situation nouvelle il n'y a pas la place pour deux favoris à l'ambition aussi insatiable.

Kunp'hela détient un avantage certain sur son rival : son statut religieux.

En tout cas, le moine fait sensation : il se déplace fréquemment dans l'une des deux automobiles du Dalaï-Lama : une Austin A-40 – l'autre étant une Dodge –, et les

1. Les premières plaques métalliques gravées, spécifiques à chaque couleur, sont apparues en 1926 : elles étaient montées sur un socle en bois... La première datation des billets de banque utilisait l'ère tibétaine, dont la première année correspond à l'an 254 après J.-C. ; l'inscription précisait qu'il s'agissait de l'année de fondation du premier gouvernement tibétain ; selon d'autres sources, cette année serait celle de la naissance de Tho Tho Ri, roi du Tibet de la dynastie des Yarlung. Une légende raconte également que ce fut l'année où les premières écritures bouddhiques tombèrent du ciel au Yambu Lakhang, premier édifice construit au Tibet pour le premier roi du Tibet, Nyatri Tsempo. La seconde datation correspond au cycle de soixante ans, *rab byung*, qui débuta en 1027 après J.-C., année durant laquelle fut introduit au Tibet le culte du *Kalachakra*.

2. A Drapshi, il existe aujourd'hui un des camps de rééducation chinois les plus durs du Tibet, appelé camp numéro 1.

Lhassapas qui se bousculent pour le regarder passer lui tirent volontiers la langue pour le saluer[1].

Cette succession d'événements profitait à Chiang Kai-shek et au Guomindang, le mouvement nationaliste chinois. Mais la présence de Choekyi Nyima sur leur territoire, quelle aubaine ! Même plongée dans l'anarchie depuis une bonne dizaine d'années, la Chine était toujours en mesure d'en tirer profit.

Ce qu'elle ne va pas manquer de faire d'ailleurs.

A l'époque, pour déstabiliser le Tibet, il suffisait en général de jouer sur la rivalité entre le Potala et Tashilhunpo, entre les dalaï-lamas et les panchen-lamas...

L'Histoire est un éternel recommencement. Et cette fois, dans cette affaire, Lungshar porte de lourdes responsabilités...

Les Tibétains vont malheureusement l'apprendre à leurs dépens mais beaucoup plus tard.

*

Le 21 décembre 1933, quatre jours après le décès de Thubten Gyatso, l'Assemblée nationale tibétaine se réunit en présence du ganden tripa Jampa Choedrak, du kashag, des ministres, des élus, des hauts dignitaires des monastères, dont ceux de Drepung, Ganden et Sera, et de tous ceux qui ont quelque influence au Tibet.

Le destin fait réapparaître l'ombre funeste de Lungshar, favori écarté au profit de Kunp'hela : le premier affûte les armes de sa terrible vengeance ; le second, sur qui pèsent d'horribles soupçons, a décidé de démissionner... La veille encore, les membres les plus influents du gouvernement ont vainement tenté de le faire revenir sur une telle décision.

C'est finalement à un collège composé de Langdun, le

1. Les Tibétains se saluent en effet en tirant la langue afin de montrer qu'aucune prière maléfique ne l'a noircie.

Premier ministre neveu du défunt, et de trois *kalöns*[1] – ministres – que l'Assemblée nationale tibétaine va confier la direction provisoire des affaires. Ainsi, du kashag et de ses quatre membres, un moine et trois laïcs, dépendent directement deux bureaux, le secrétariat – *Yig-Tsang* – et le bureau des finances – *Tse-Khang* : le premier est dirigé par quatre moines qui, sous la responsabilité directe du Dalaï-Lama, s'occupent des questions religieuses ; pour le second, quatre laïcs s'attachent à la gestion séculière de l'Etat... L'Assemblée nationale se réunit, quant à elle, selon trois procédures distinctes : lorsqu'elle siège ordinairement, une vingtaine de personnes la composent : les huit membres du Yig-Tsang et du Tse-Khang, les représentants des trois grands monastères proches de Lhassa – Drepung, Ganden et Sera –, et des laïcs ; s'il doit y être débattu de problèmes plus spécifiques, elle voit son groupe s'élargir à trente membres ; pour les questions de la plus haute importance, une session extraordinaire est convoquée sous l'autorité du Dalaï-Lama – en son absence, du régent ou comme dans ce cas-ci un collège : l'assemblée plénière compte alors quelque quatre cents membres...

Tous ces gens vont débattre pendant plusieurs jours de l'avenir de leur pays et désigner le régent qui devrait normalement assurer l'interrègne jusqu'à ce que soit trouvé l'enfant-réincarné : la Constitution prévoit en effet de remettre le pouvoir temporel au Dalaï-Lama l'année de ses dix-huit ans : fallait-il encore qu'il parvienne à cet âge-là !...

Et, pendant que moines et laïcs œuvrent dans les temples, les politiques, la noblesse et les hauts dignitaires religieux s'affrontent à l'Assemblée : ils discutent, ergotent, bataillent, se querellent... et chacun y voit ses propres intérêts. Il faut bien l'avouer, leurs pensées ne vont guère vers le peuple tibétain.

On prononce à nouveau le nom de Kunp'hela, le dernier

1. Il s'agit des kalöns lama Guendun Chödar, Trimön Norbu Wangyel – aussi appelé Norbu Wangchen – et Nganjugpa.

favori, celui en qui, à la veille de sa mort encore, le Dalaï-Lama semblait avoir le plus confiance. Mais s'il avait vraiment empoisonné ou fait empoisonner le souverain tibétain ?

L'Assemblée gronde.

Certains décident d'avancer leur pion : pourquoi ne pas désigner deux Premiers ministres ? L'un représenterait l'aristocratie, l'autre les monastères.

Langdun, le Premier ministre, s'interpose : il ne veut pas déroger au principe de la régence et souhaite suivre à la lettre la Constitution rédigée par le Grand Cinquième.

Dans la confusion générale, un quidam émet l'idée de confier la régence à un moine érudit mais peu fortuné : le ganden tripa Jampa Choedrak lui paraît l'homme de la situation.

Le vieux moine, chef de la lignée gelugpa et proche du treizième dalaï-lama, rejette aussitôt cette possibilité : il a quatre-vingts ans et ne survivrait pas à cette lourde charge !

Et Lungshar ?

On le dit trop moderniste, proche des Soviétiques et des communistes chinois.

Il aurait même reçu des émissaires à la solde de Borodine, l'envoyé de Moscou à Canton, et d'un Chinois, un certain Zhou Enlai [1] ; il rêve d'une armée puissante et moderne qui

---

1. Au lendemain de la trahison de Gu Shunzhang, le chef du tewu, en avril 1931, se forme un comité spécial, sous l'égide de Zhou Enlai, constitué de cinq hommes et chargé de réorganiser les services secrets chinois. Kang Sheng en est le chef ; les autres membres sont Guang Huian, Pan Hannian, Chen Yun (nom original Liao Chengyun). Gu Shunzhang est un ouvrier originaire de Shanghai et affilié à la Bande verte. Membre du PCC en 1924, effectue un stage en URSS en 1926. Après avril 1927, responsable des services secrets, sous les ordres de Zhou Enlai. Arrêté en avril 1931, fait sa « soumission » au Guomindang et livre des centaines de camarades. En août 1931, au comité exécutif du Guomindang puis conseiller privé de Chiang Kai-shek. Au printemps 1932, chef du département terroriste des « Chemises bleues ». Selon certains, fusillé en 1935 par les nationalistes au cours de luttes intestines. Selon d'autres, cette exécution était une mascarade : Gu aurait animé secrètement le travail anticommuniste sur le sol chinois, puis à

mettrait à mal leurs prérogatives ! Il veut aussi installer une école militaire dans le Kham[1] avec des formateurs russes.

Les discussions sont interminables, incertaines, brutales au sein de l'Assemblée nationale tibétaine : elles vont encore durer plusieurs jours.

Taiwan... Quant à Zhou Enlai (1898-1976), il fut le cofondateur avec Mao Zedong du PCC (1921). Ministre des Affaires étrangères de la république populaire de Chine (1949-1958) et Premier ministre (1949-1976), il travailla au rapprochement sino-américain.

1. Une des régions du Tibet, au sud-est du pays. Les autres régions sont : l'Amdo (Tibet du Nord-Est) ; l'U-Tsang (le Tibet central) ; Ngari au sud-ouest ; Changthang au nord.

2

Les mots pleurent, les larmes parlent

Et il parle, il parle aux cieux constellés
De derrière ses chagrins, ses barreaux...

Fernando PESSOA.

Janvier 1934... Depuis quatre jours, des vents féroces soufflent sur la capitale tibétaine tandis qu'un brouillard tenace dérobe le fugace soleil matinal.

Les Lhassapas n'ont pas encore quitté le deuil. Ils se retrouvent toujours aussi nombreux dans le Jokhang, sur le barkhor qui l'encercle, et dans les autres temples de la capitale pour accomplir leurs cérémonies d'offrande.

Un matin, un inconnu surgit hors d'haleine sur le barkhor. Pris de panique, voici qu'il emprunte le chemin dans le sens inverse des aiguilles d'une montre. Sacrilège !

L'homme ne perçoit pas la réaction inquiète des pèlerins. S'est-il d'ailleurs rendu compte de la gravité de son acte ?

Pénétrant dans le temple, il annonce d'une voix tremblante que des soldats sont stationnés devant l'entrée principale du Norbulingka : le régiment de Kunp'hela se serait soulevé...

L'annonce faite, l'inconnu repart en trombe.

La nouvelle va se répandre comme une traînée de poudre à travers la cité : le Jokhang s'est aussitôt vidé, les autres temples et les demeures aussi. Par petits groupes, les Lhassapas se dirigent vers la résidence d'été des dalaï-lamas : ils veulent observer ce qui se passe, et, si le besoin s'en faisait ressentir, intervenir.

La pluie est glaciale, l'atmosphère très lourde.

De fait, le *Drongdrag Maggar*, « la garnison des meilleures familles dominantes », s'est massé devant l'entrée principale du Norbulingka. Outil politique de choix entre les mains de Kunp'hela, son fondateur, ce régiment n'a jamais vraiment fait le bonheur de ses recrues ; les jeunes militaires, dit-on, pleuraient comme des enfants au moment de leur incorporation, lorsqu'on leur coupait les cheveux.

Lungshar avait pressenti que ce régiment allait devenir le maillon faible des ambitions en chaîne de Kunp'hela... A entendre les chansons de rue, il lui suffisait simplement d'être patient...

Les rudes ordres du Maître
m'ont forcé à rejoindre le régiment Drongdrag.
Mes cheveux ont la beauté des fleurs,
mais on les a coupés
comme de vulgaires branches de saule...

Les comptines disaient aussi :

Thubten Kunp'hela, le « favori »,
a besoin du régiment Drongdrag.
Nous ne savons pas combien de temps il durera,
mais pour l'instant, nous n'avons d'autre choix,
que de rester dans ce régiment...

Les soldats du *Drongdrag Maggar* forment des rangs compacts autour de leurs officiers. Ils sont nerveux et réclament la dissolution de leur unité.

A bonne distance, les Lhassapas analysent la situation. Dans sa large majorité, la foule estime qu'il s'agit d'un nouveau complot de Lungshar ! Chacun sait que l'ambitieux cherche depuis fort longtemps à se venger de Kunp'hela, ce rival qui l'a évincé du cercle des intimes du treizième dalaï-lama.

Lungshar guette son heure depuis fort longtemps.

Cette heure est venue. Du moins Lungshar le croit-il. C'est encore lui qui aurait suggéré aux déserteurs du régiment de rejoindre leur ancienne unité et de participer à la contestation.

Il est presque midi lorsque la nouvelle de la mutinerie du *Drongdrag Maggar* parvient dans une Assemblée où la tendance semble de plus en plus pencher en faveur de Kunp'hela, malgré les soupçons qui continuent à peser sur lui.

Aussitôt l'information connue de tous les élus, Lungshar est évidemment le premier à monter au créneau, dans la salle d'audience : jugeant cette insoumission intolérable, il propose de remplacer tous ces déserteurs par des moines !

La ruse est subtile : considérés comme les principaux rivaux de la noblesse, les hauts dignitaires religieux se voient ainsi offrir l'opportunité de jouer dans un futur proche un rôle prépondérant, décisif en cas de partage des voix à l'Assemblée nationale.

Un homme, un seul, le kalön Trimön, vétéran de la guerre de 1912 contre l'Empire mandchou, s'oppose à Lungshar et à ses nombreux partisans : pas question pour lui d'accepter une telle proposition. Et de mettre en garde le kashag de ne pas se laisser abuser ; et de préciser : à chacun son métier, aux militaires les armes, aux moines la prière.

La séance est houleuse. Trimön ne mâche pas ses mots. Lungshar a une réponse toute prête pour chacune des accusations qu'il juge calomnieuses.

Langdun, le Premier ministre neveu du treizième dalaï-lama, depuis toujours considéré comme le pantin du paysage politique tibétain, finit par obtenir l'interruption de la séance.

C'est à la tête de son gouvernement qu'il se rend au-devant des insoumis.

Les événements s'accélèrent.

Aux portes du Norbulingka, voici Lungshar accusé en public d'avoir fomenté la rébellion. Lui rejette toute la responsabilité sur Kunp'hela qu'il accuse de faiblesse et de trahison, et prend la foule à témoin.

Vision douloureuse : les Tibétains ne cessent de s'entre-déchirer. Vision dramatique : les Lhassapas assistent, impuissants, au naufrage d'une politique, à l'agonie de leur nation, à la double mort de leur souverain.

Au terme d'interminables palabres, Langdun exige le retrait du régiment ; ce qu'il obtient non sans mal. Mais au lieu de regagner leurs garnisons respectives, à la Monnaie et au dépôt d'armes, les jeunes nobles du *Drongdrag Maggar* s'égaillent dans la cité.

Ce revers funeste déstabilise davantage encore Langdun, le collège qu'il dirige, le kashag, revers dont Lungshar va immédiatement tirer profit à l'heure d'abattre ses dernières cartes.

Le lendemain de cette journée tourmentée, la séance de l'Assemblée s'ouvre sur un coup de tonnerre : Kunp'hela, le grand favori pour la régence, se voit reprocher l'insoumission de son régiment... Dans le même temps, Lungshar a adressé une pétition aux élus tibétains : et de réclamer des éclaircissements sur les circonstances de la mort du treizième dalaï-lama ; et de souligner l'incompréhensible comportement de Kunp'hela ; et de s'interroger sur le fait qu'il ait été aussi longtemps seul auprès du souverain mourant. Dans ce contexte, il rappelle que l'état de santé de Thubten Gyatso s'était brusquement détérioré après l'absorption du médicament préparé par l'oracle de Nechung en présence des seuls ganden tripa et Kunp'hela.

Soucieux d'éviter toute confrontation directe avec le kashag, entièrement acquis à son rival, Lungshar exige alors de l'Assemblée nationale, qu'il contrôle avec le soutien des monastères, la désignation d'une commission d'enquête. Les élus l'acceptent.

*

Le Tibet sort à peine de ses quarante-neuf jours de deuil au début du mois de février 1934. Mais à Lhassa les jours se suivent et se ressemblent : toujours pas de régent, et, pour aggraver le tout, ce piètre politicien de Langdun empêtré jusqu'au cou dans les turpitudes quotidiennes du palais et de la capitale.

Le 13 février, avant-veille du losar, c'est le jour du *gütor* : dans les temples, les lamas et les moines accomplissent des cérémonies d'offrandes, des *pudjas* aux Dharmapalas, les déités protectrices du bouddhisme, afin qu'elles écartent les obstacles à la désignation du régent et éloignent les démons qui s'acharnent sur le pays depuis la mort de leur souverain.

A Lhassa, on exorcise donc... les démons et les plaies. Le jour s'y prête vraiment ! Les petits esprits qui, quant à eux, ne peuvent être exorcisés, engendrent la jalousie et la haine.

La commission d'enquête a mené ses investigations, interrogeant Jampa Yéshé, le médecin personnel du treizième dalaï-lama, l'oracle de Nechung, puis Kunp'hela et ses principaux collaborateurs. Comme par enchantement, la chasse aux sorcières s'est achevée la veille du gütor avec l'arrestation de l'ex-conseiller du Dalaï-Lama et de ses amis. Le gütor qui va finalement être pour Lungshar l'occasion unique de se débarrasser de son ennemi juré et de son entourage.

Agenouillés, les mains liées dans le dos, Kunp'hela et ses conseillers subissent les pires outrages.

Lungshar lui-même les traite avec mépris. Il exige une peine exemplaire : la mort par mutilation.

Trimön, le vieux ministre, est encore une fois un des seuls à s'insurger. Dans l'Assemblée réunie, on baisse la tête, non de honte, mais de peur. Seul le vieil homme fait face à la commission d'enquête. Il clame son indignation, et son intervention va sauver les accusés d'une condamnation à mort certaine... On raconte pourtant qu'au Tibet le châtiment suprême était interdit depuis le VIIe siècle ! Et, à en croire les dignitaires religieux, y compris l'actuel Dalaï-Lama, les peines d'emprisonnement étaient fort rares ! ...

Mais il se passe tant de choses au Tibet à cette époque-là. Tant de choses qui dévient sensiblement du Dharma[1] !

Lungshar se montre d'autant plus partisan de l'interprétation des enseignements du Bouddha que ceux-ci servent ses desseins : il veut s'emparer de la régence et du pouvoir.

A l'Assemblée, il s'est lancé dans une longue diatribe contre Kunp'hela et contre tous ceux qui voudraient encore le soutenir : si ce traître devait échapper à la peine de mort, qu'on lui confisque alors ses biens, qu'on l'enferme dans une geôle de Shartchenshok... ou qu'on l'envoie en exil !

C'est donc peu avant le lever du jour que les prisonniers ont été transférés à Shartchenshok.

Dans les rues de Lhassa, on chante :

> *Kushar* [Kunp'hela] *médite*
> *A Shartchenshok,*
> *Sa voiture est au Norbulingka*
> *Où elle broute l'herbe...*

*

Après la disparition du Dalaï-Lama, l'idée a pu germer d'une conception plus progressiste pour la société tibétaine. Mais toute velléité moderniste a très vite été étouffée dans l'œuf. Et c'est ainsi que le collège dirigé par Langdun finit par plier une fois encore à la tradition : il nomme un régent – *gyeltsab* – parmi les lamas réincarnés de grande réputation. Un choix délicat ! Le titre de gyeltsab avait été donné

1. Comme on l'a vu précédemment, le Dharma, c'est l'enseignement du Bouddha, mais c'est aussi l'ordre des choses, le système cosmique, la Vérité absolue ; sans majuscule et au pluriel, les dharmas désignent les phénomènes soumis à cet ordre ; Bhouddha Dharma est l'explication donnée par le Bouddha sur cette réalité. Bouddha dharma abrégé en Dharma est le nom que les bouddhistes donnent au bouddhisme.

pour la première fois par le cinquième dalaï-lama à son intendant Sonam Choephel[1] puis à Sangyé Gyatso[2] – certainement le plus célèbre d'entre eux – en reconnaissance de leurs compétences administratives et de leur érudition ; c'est seulement après la mort du septième dalaï-lama[3] qu'on avait décidé de confier cette régence à des *rinpochés* – terme honorifique désignant un maître spirituel qualifié et réalisé –, le premier l'ayant exercée entre 1757 et 1777, pendant la minorité du huitième dalaï-lama[4].

Tout commence en fait dans la nuit du 22 au 23 février 1934.

Langdun s'éveille après une nuit tourmentée. Cela fait plus d'une semaine que d'étranges visions le hantent, des rêves étonnants aussi, qui s'estompent au bout de quelques secondes, puis reviennent toujours plus forts, toujours plus tenaces. Visions ou rêves, ils ne changent jamais dès le départ, c'est un visage qui lui est apparu, toujours le même visage, que, cette fin de nuit-là, la rougeur de l'aube ne parvient même plus à atténuer.

Il se lève, enfile sa robe de brocart, encercle ses hanches d'une large ceinture safranée.

Que faire ?

Se rendre au temple, entouré seulement de quelques hommes de confiance. Seuls l'accompagnent donc l'oracle de Nechung, les trois kalöns du collège ainsi que deux lamas qui sont ses conseillers.

Le temps de faire quelques offrandes et Langdun entre en absorption méditative, en *samadhi*.

Les autres en font de même, tandis que Kutenla, l'oracle d'Etat, connaît de nouvelles transes.

---

1. Mort en 1656 ou 1658.
2. (1653-1705) Il cacha la mort du cinquième dalaï-lama pendant une quinzaine d'années. Durant sa régence, c'est lui qui fit construire la partie rouge du Potala (1690). Il démissionna en 1703. A l'époque, les Mongols Qoshots avaient envahi le Tibet et l'exécutèrent en 1705.
3. Kelsang Gyatso (1708-1757).
4. Jampel Gyatso (1758-1804).

Il arrive fréquemment que des maîtres spirituels chargés de trouver une réincarnation ou, dans le cas de Langdun, de désigner le régent, utilisent, au cours de leur méditation, un procédé spécifique au bouddhisme tibétain. Le lieu où parviennent à la pointe du jour le Premier ministre et ses amis est sacré : il s'agit du temple principal situé à l'intérieur du Potala. Langdun va pratiquer une divinisation bien précise qui va lui permettre d'apprécier les différentes candidatures à la régence. Trois en tout... Ni Kunp'hela, emprisonné et en voie d'exil à Demo Chabnag, dans la région du Kongpo, ni Lungshar ne figurent sur cette liste. Les noms des aspirants à la fonction de régent ont finalement été choisis parmi les plus importantes familles du pays, ces trois candidats étant des réincarnations issues des principales institutions monastiques de la lignée gelugpa.

Langdun inscrit donc leurs trois noms. Son écriture est délicate et fine sur ces papiers fabriqués à partir de l'écorce d'un arbre appelé *shog phing*[1] ; un parchemin très différent de ce qu'il utilise habituellement. Très solide, il résiste à toute agression d'insectes et à l'humidité, particulièrement déplaisante dans le Potala.

Sur un des papiers figure le nom de Reting Rinpoché. L'écriture achevée, Langdun roule soigneusement les morceaux de papier et, l'un à la suite de l'autre, les pique dans trois boulettes de *tsampa* – orge grillé – qu'il a lui-même malaxées pour les rendre d'égale grosseur. Enfin, tout en récitant des mantras, il les dépose dans un bol en bois de santal.

Tandis que l'oracle continue sa transe et que ses amis font des offrandes, Langdun commence à tourner le bol jusqu'à ce qu'une boule de tsampa en soit éjectée. Il s'en

1. On le trouve essentiellement dans le district de Kemdong dans la région de Dhakpo. C'est sur ce type de papier que le treizième dalaï-lama rédigera son testament, à la fin de l'année 1932. C'est aussi sur ce même type de papier qu'il fera imprimer les premiers billets de cinq *tams*, la monnaie tibétaine.

empare, retire le papier d'un geste délicat, le déroule, accompagnant chacun de ses gestes du mantra *Om Mani Padme Hum* : il y va tellement de l'avenir du Tibet.

Le Premier ministre lit à voix haute : Reting Rinpoché... Puis recommence l'opération à deux reprises encore : chaque fois, c'est le même nom qui ressort. Plus aucun doute possible : Reting Rinpoché est le nouveau régent du Tibet, et il lui appartiendra de trouver la réincarnation du treizième dalaï-lama.

A environ deux cents kilomètres au nord de Lhassa, la montagne qui encercle le monastère de Radeng est couverte de forêts de genévriers[1] géants et de nombreuses variétés de rhododendrons. En été, des fleurs sauvages multicolores tapissent la vallée, ce qui fait de cet endroit un des lieux de pèlerinage les plus attrayants du nord du pays. C'est Dromtön[2], le principal disciple tibétain du grand pandit Atisha[3] qui a construit le monastère pour y déposer les reliques de son maître et de précieux objets. Il y a là une effigie en bronze représentant le Bouddha, statuette qu'Atisha lui-

1. Le genévrier himalayen est un arbre dont les baies ont la propriété, brûlées comme encens, d'avoir un effet curatif sur le délire causé par la fièvre.

2. (1005-1064).

3. Atisha (982-1054), ou Dipamkara Shri Jnana, supérieur du monastère de Vikramashila en Inde et récipiendaire des deux grandes lignées de transmission de la Parole du Bouddha (Manjushri/Nagarjuna et Maitreya/Asanga). Invité au Tibet, il y séjourna les treize dernières années de sa vie, en ayant le soutien des rois qui dirigeaient de petits domaines dans le sud-ouest du pays et qui avaient invité des érudits indiens à y propager la religion : le plus célèbre d'entre eux était Atisha qui vivifia l'enseignement devenu moribond et qui redonna une place primordiale à la discipline monastique. A cette époque, le bouddhisme s'installait au Tibet pour devenir l'un des fondements de la culture tibétaine, se mêlant à elle et adaptant parfois quelques éléments des croyances locales : certaines adaptations contribuèrent à former une religion à mi-chemin entre chamanisme et bouddhisme, comme le rôle donné aux transes des oracles par exemple... mais ces aménagements n'altérèrent pas la transmission du bouddhisme traditionnel au Tibet.

même avait apportée de l'Inde, de nombreux textes tibétains et quelques rares manuscrits rédigés en sanscrit sur des feuilles de palmier... Lorsqu'au XVIIe siècle le cinquième dalaï-lama est devenu le chef temporel du Tibet, le monastère de Radeng est demeuré sous la tutelle du gouvernement tibétain. Le septième dalaï-lama en avait confié la direction au premier Radeng.

Le monastère se dresse entre deux cols et, pour y accéder, il fallait franchir à l'époque un pont suspendu au-dessus de la rivière Rongchu.

En 1913, alors que le treizième dalaï-lama vient tout juste de rentrer à Lhassa après son second exil aux Indes, une pauvre famille paysanne originaire de Gyatsa dans la région de Dhagpo, au sud-est de Lhassa, a donné naissance à un fils qui a manifesté très tôt des signes extraordinaires : tout jeune enfant, il a laissé l'empreinte très nette de son pied sur une énorme pierre. Des pèlerins racontent même qu'à l'âge de sept ans il aurait sauvé des centaines de yacks et de moutons de l'abattoir. Un matin, sous les yeux effarés de sa mère, le garçon a refermé l'embouchure d'un pot en terre à l'aide d'une ficelle pour éviter que la soupe qui était en train de bouillir ne déborde ; et puis, il y a eu ce jour où, sans le moindre effort apparent, il a enfoncé un pieu en bois dans un escarpement rocheux en expliquant : « Des cavaliers pourront y attacher leurs chevaux ! » ; peu après, des hommes sont effectivement venus du monastère de Radeng : l'enfant de Gyatsa était en réalité la réincarnation du Radeng et il fut transporté au monastère pour y recevoir une éducation religieuse et se préparer – sans le savoir encore – à un grand destin. C'est en effet le treizième dalaï-lama en personne qui lui a rasé le crâne et choisi son nom religieux. On dit même qu'au moment de la cérémonie de la tonsure une pluie de fleurs célestes – des flocons de neige d'une taille inhabituelle – serait tombée sur la capitale.

C'est donc le second de la lignée à être appelé ainsi aux affaires de l'Etat : le premier avait été régent en 1811, au moment de la minorité du onzième dalaï-lama ; disparu très jeune, c'est encore ce Reting-là qui avait dirigé les recherches pour découvrir le douzième dalaï-lama.

*

En 1934, le nouveau régent a vingt ans à peine.

S'il n'avait pas été appelé aux affaires, son existence aurait pu se poursuivre au rythme lent des saisons et des chants des moines de Radeng qui se répandaient en écho dans la vallée...

Dans la capitale, les Lhassapas accueillent la nouvelle avec une joie diffuse, mais à l'Assemblée les critiques fusent... Juste avant son arrestation, un des partisans de Kunp'hela s'est même offusqué d'une telle nomination : encore un lama réincarné, encore un jeune moine insignifiant qui va monter sur le trône ! Et, bien sûr, on va nommer à ses côtés un vieux moine, on va lui octroyer le titre de Grand Trésorier ; et il passera le plus clair de son temps à priser du tabac et à dilapider les deniers de l'Etat.

Tout à la satisfaction de l'arrivée du régent dans la capitale, les Lhassapas commentent cependant l'événement avec une retenue inhabituelle, se souvenant qu'un an avant sa mort leur souverain s'était rendu au monastère de Radeng pour prodiguer de sages conseils au jeune Rinpoché.

Mais déjà les conques crèvent le silence.

Les tambours roulent, portés par la brise.

Voici Reting Rinpoché, assis dans un palanquin vert porté par quatre hommes en uniforme, tâche qui revient toujours au *kusung*, les gardes du souverain défunt, dont font encore partie les deux fils de Lungshar.

Les dignitaires religieux et les nobles de la capitale le précèdent, l'entourent, l'escortent : ils s'épient, se jaugent, se haïssent... Les représentants étrangers sont, eux aussi, sortis de leur délégation. Pour d'autres raisons : il est en effet de bon ton de se montrer en cette période de tensions politiques dans la région.

Le régent prie.

Les Lhassapas sont là. Ils prient avec lui et implorent les divinités protectrices, mais chacun scrute son visage : on le dit si jeune ; on le prétend si fragile... On raconte tant de choses déjà sur ce régent que personne ne connaît véritablement.

Le palanquin vert s'abaisse.

Reting Rinpoché en descend, salue la foule d'un geste timide, s'engouffre dans le Potala et, légèrement courbé en avant, gravit les marches pour rejoindre l'avant-dernier étage qu'il va désormais occuper.

Ces « appartements d'en bas » situés juste à l'étage inférieur de ceux occupés de son vivant par le souverain tibétain et appelés « appartements d'en haut » peuvent paraître lugubres pour qui n'y a pas encore ses repères. Afin que l'atmosphère s'y fasse moins pesante, Reting Rinpoché demande au chambellan de retrouver les rites et les gestes de ses prédécesseurs qui, depuis le Grand Cinquième, ont vécu ici : quelques prosternations devant l'autel sur lequel il a déposé une image du treizième dalaï-lama et du neuvième panchen-lama aux côtés de statuettes du Bouddha et de divinités tantriques suffisent à y parvenir...

Reting Rinpoché se dirige vers le coin le plus sombre de la pièce, saisit un manuscrit emballé d'un tissu doré sur lequel quelqu'un a griffonné le nom de Thubten Gyatso. Il déroule le tissu, prend un texte, s'assoit sur un coussin de méditation pour lire : « La plupart d'entre nous laissons passer la vie sans porter d'intérêt aux exercices spirituels, sources de bénéfices éternels... Les matins, les après-midi et les soirées s'écoulent ainsi, et bientôt il n'en reste plus. La réalité n'est pourtant pas aussi simple. Quelque chose demeure : quand l'esprit n'est pas entraîné par la pratique spirituelle, il accumule rapidement des habitudes néfastes qui, à leur tour, influencent négativement le corps et la parole. Parfois, toute une journée est occupée à se diriger vers l'obscurité. Puis, les jours deviennent des mois, les mois des années ; la vie entière gaspillée, les pensées vraies deviennent aussi rares que les étoiles à midi. Un jour, le visage de la mort se présente à nous. Les éléments du corps se relâchent, nos membres perdent leur capacité d'agir. Notre bouche s'assèche et une effroyable soif nous saisit. Nous voulons parler, sans y parvenir. La vanité de toute notre vie nous submerge : nous regrettons nos erreurs. Nous nous agrippons à notre appréhension et, cherchant une aide, faisons appel aux refuges de l'esprit... Pourtant, nous avons tenu entre nos mains l'occasion d'obtenir des bénéfices dans cette vie et pour la suivante ; mais nous l'avons écartée sans égard... Maintenant, il est trop tard pour modifier quoi que ce soit. Notre vie, emplie de sommes négatives, et les objets du refuge ne peuvent plus guère nous sauver du labyrinthe karmique que nous avons tissé nous-mêmes [1]... »

Le régent arpente ses appartements d'un pas lent : il réfléchit, et tout le temps de sa réflexion il fixe le ciel tourmenté au loin ; à perte de vue, on devine les pics déchiquetés de la chaîne himalayenne sur lesquels roulent de lourds nuages.

Pendant ce temps, à l'extérieur du Potala, tout un peuple danse, chante, rit...

Le régent est à Lhassa !

*

A moins de sauvegarder nous-mêmes notre pays, il arrivera que les dalaï-lamas et les panchen-lamas, le Père et le Fils, les dépositaires de la foi, les glorieuses réincarnations, soient jetés à terre et leurs noms voués à l'oubli. Les communautés monastiques et le clergé verront leurs propriétés détruites.

Ils seront eux-mêmes réduits en servitude par l'ennemi ou contraints d'errer comme des vagabonds. Tous les êtres

---

1. *Paroles des dalaï-lamas*, présentées par Gilles Van Grasdorff, Marabout, 1996. Les prières et les citations du treizième dalaï-lama sont extraites de ce livre, sauf mention spécifique.

vivants sombreront dans la misère et la terreur, et la nuit tombera lentement sur la souffrance du monde. Elle sera longue...

Ne soyez pas traître à la foi ni à l'Etat en travaillant pour un autre pays que le vôtre.

Utilisez des méthodes pacifiques quand la paix est due. Usez de force quand la force est nécessaire. Travaillez et persévérez présentement, afin qu'il n'y ait pas de regrets plus tard.

C'est entre vos mains, vous, fonctionnaires du gouvernement, maîtres des enseignements et vous, mon peuple, que repose l'avenir du pays...

Lorsque le régent Reting Rinpoché prend connaissance du testament politique du treizième dalaï-lama, il aperçoit les faibles lumières du village de Shöl au pied du Potala. Ce texte rédigé durant l'hiver 1932, quelques mois à peine avant la mort du souverain, lui glace le cœur d'une terrible crainte.

Où sont donc ces jours pas si lointains où sa conscience n'était chargée d'aucun fardeau, quand le temps était un cadeau divin, un joyau inestimable entièrement consacré à la méditation et à la prière ?

Une courte semaine lui a suffi pour saisir toute l'ampleur de sa tâche, deviner les combats à mener sur plusieurs fronts. Depuis son arrivée au Potala, le conflit latent qui oppose Lungshar à l'Assemblée tibétaine et à la noblesse n'a rien perdu de sa vigueur ; il y a ensuite l'affaire du neuvième panchen-lama qui, toujours en exil à Nankin, voulait négocier son retour dans son monastère de Tashilhunpo, près de Shigatsé. L'affaire est loin d'être simple : bloquée avec la disparition du Dalaï-Lama, tant de différends continuent en effet à opposer Lhassa au maître de Tashilhunpo ; enfin, il y a les deux principales tâches de son interrègne : la construction du mausolée du treizième dalaï-lama Thubten Gyatso et les recherches pour trouver sa réincarnation.

Pour l'heure, la jeunesse de Reting Rinpoché attire la sympathie des Lhassapas, d'autant qu'il va sortir grandi des tensions qui secouent à nouveau la capitale et dont un des instigateurs n'est autre que Lungshar.

Jamais en peine d'idées pour renforcer son pouvoir, l'ex-favori du Dalaï-Lama a en effet fondé une association clandestine, l'Union heureuse – *Kyitchog Kunthun* –, où la noblesse côtoie quelques opportunistes prêts à tout pour établir au Tibet une république de type soviétique. C'est que Moscou ne cache pas ses visées sur le Toit du Monde. Dès 1925, les communistes ont installé une base dans le Sichuan et distribué des tracts à Tatsienlou, Batang et Litang. En 1927 et en 1928, deux délégations bouriates sont également venues à Lhassa vanter au treizième dalaï-lama les bienfaits du communisme soviétique sinisé. Marchaient-ils sur les traces de leurs compatriotes amis des Russes ?... En d'autres temps, dans les années 1740, le septième dalaï-lama Kelsang Gyatso avait en effet remis à des émissaires bouddhistes bouriates une missive à l'intention de l'impératrice de Russie Elisabeth[1] ; celle-ci avait alors engagé avec la Bouriatie, territoire que lui avait cédé la dynastie mandchoue des Qing lors de la signature du traité de Kyahta, un rapprochement symbiotique entre maîtres spirituels bouddhistes bouriates et Empire russe, sur la base du lien de *chöyön*[2] qui existait déjà entre l'Empire manchou et les souverains tibétains, les dalaï-lamas ; plus tard, Catherine II la Grande[3] avait décerné au principal maître religieux bouriate

1. (1709-1762) Elle est la fille de Pierre-le-Grand et de Catherine Ire.

2. Le terme chöyön est la combinaison de deux mots : *chöney*, « celui qui est digne d'être un objet de vénération » (par exemple un lama ou une divinité » et *yöndag*, « celui qui donne des offrandes » (un protecteur).

3. (1729-1796) Epouse de Pierre III (1728-1762). Elle est la fille de Christian Auguste, prince d'Anhalt-Zerbst, et de Jeanne de Holstein. Appelée Sophie-Augusta-Frédérique d'Anhalt-Zerbst, son nom de Catherine lui avait été donné au moment de son baptême orthodoxe, en 1744... En 1764, elle sécularisa les biens de l'Eglise.

le titre symbolique de *Bandido Khamba*[1]... Enfin, en 1930, les communistes chinois, flanqués des inévitables conseillers militaires soviétiques, avaient fondé une république rouge au Tibet même, dans le Kham oriental, menace dénoncée de son vivant par le Dalaï-Lama... Or, à cette époque-là, un brillant cadre communiste formé en France, Zhou Enlai, était déjà entré en contact avec le neuvième panchen-lama Choekyi Nyima pour lui vanter les bienfaits du communisme. Rapide en besogne, le camarade Zhou considérait déjà, lui aussi, le pays comme une province chinoise.

En 1934, malgré le soutien de quelques dignitaires hauts placés dans les trois grands monastères de la lignée gelugpa, Lungshar n'est toujours pas parvenu à effacer certaines peurs de l'esprit de ses compatriotes : on l'a écarté de la régence, ce n'était pas sans raison.

A Lhassa, les rumeurs sont tellement persistantes qu'il arrive qu'elles ne s'éteignent jamais. L'une d'elles ressurgit sans cesse : une fois la république fondée, Lungshar se serait probablement emparé du pouvoir par la force... Les craintes sont donc vives chez les religieux comme chez les laïcs, d'autant qu'il n'y a guère que le très vieux Trimön, cet ancien militaire jugé trop conservateur, à s'opposer aux ambitions de l'ex-favori, lequel, toujours aussi prompt à saisir les occasions, mène depuis quelque temps une campagne profondément antichinoise.

Autres rumeurs et non des moindres : celles qui évoquent l'inévitable retour du Panchen-Lama, démarche soutenue financièrement et militairement par le Guomindang. Toutes font état de la lourde responsabilité de Lungshar dans la fuite du neuvième panchen-lama : nombreux sont ceux qui se souviennent d'ailleurs de cette fameuse nuit du 15 novembre 1923. Ce sont les mêmes qui, onze années

1. Déformation du sanscrit *pandita*, qui signifie « érudit », et du mot tibétain *khenpo*, qui signifie « abbé »). Le tibétain est resté la langue d'expression des moines bouddhistes bouriates.

plus tard, en 1934, continuent à accuser Lungshar : le retour du Panchen-Lama au Tibet s'accompagnerait d'inévitables règlements de comptes. Et comme il ne peut plus attaquer de front Choekyi Nyima, il s'en prend désormais à son protecteur, la Chine nationaliste.

*

C'est toujours l'hiver

Le régent médite devant l'autel.

Toutes ses pensées sont tournées vers l'enfant-réincarné : pour le moment aucun signe ne permet d'indiquer qu'il est arrivé.

En cette saison, les conditions de vie au Tibet[1] sont extrêmement rudes. Fait d'espaces immenses, de plateaux situés entre 3 000 et 4 500 mètres d'altitude, de montagnes aux pics déchiquetés et tumultueux, le pays est aussi celui des légendes et des traditions transmises par les anciens, les conteurs et les divinités qui les protègent. Il en a toujours été ainsi...

Accompagnant sa réflexion d'un imperceptible mouvement d'épaules, Reting Rinpoché songe à son pays : « Si l'Amdo, le pays des chevaux, le Kham, le pays du peuple, et l'U-Tsang, le pays du Dharma, nous ont offert, de renaissance en renaissance, leurs rudesses sauvages, nos régions nous ont fait l'offrande d'autant de trésors lumineux de sagesse et de beauté... Quand l'hiver cesse pour s'ouvrir sur le printemps, que les torrents dévalent les sommets et nous offrent le rugissement de leurs eaux sacrées, que les edelweiss exultent d'une pureté rare dans nos vallées, cela devrait suffire à notre bonheur ! Seulement voilà, tout cela ne dure pas. Tout est illusion, tout est apparence !... C'est là notre force et notre faiblesse : la prise de conscience de la nature transitoire de toute chose doit nous permettre de trouver la stabilité de l'esprit ; mais c'est un long travail sur

1. 2,47 millions de kilomètres carrés.

soi-même... Lorsque celui-ci a abouti, on peut apprécier alors chaque jour comme s'il était le dernier de notre vie, et cultiver la générosité, la patience, la bonté, l'amour et la compassion... »

Se peut-il vraiment que le neuvième panchen-lama soit un traître, qu'il se fasse le complice de Chiang Kai-shek ?

Trop jeune, Reting a une connaissance diffuse des différends qui ont opposé les deux autorités spirituelles de la lignée gelugpa.

Ce matin, son chambellan lui a rapporté les propos tenus par le treizième dalaï-lama : « Bien que les êtres vivants désirent seulement le bonheur, ils accumulent sans cesse des causes de souffrances, pareilles à des gouttes de pluie légères qui annoncent les tempêtes. Vous n'ignorez pas que :

S'adonner un seul jour à la bonté,
Pure de toute pensée ou acte négatif,
Est aussi rare qu'une étoile en plein jour.

« Par-delà la compassion, il avait accepté le lourd fardeau de se consacrer à accroître la lumière et la joie. Ne laissons pas notre esprit s'accoutumer à des idées fausses, même en ce qui concerne l'attitude de Panchen Rinpoché[1]. »

Traditionnellement désigné par le Dalaï-Lama, le Panchen-Lama est une des plus hautes autorités spirituelles de la lignée gelugpa ; l'un et l'autre sont aussi inséparables que le Soleil et la Lune, ainsi que le peuple les surnomme. Par son statut hors du commun, ce Panchen-Lama tient donc un rôle essentiel dans l'histoire du bouddhisme tibétain : non seulement chargé de rechercher le successeur du Dalaï-Lama quand celui-ci vient à mourir, il l'accompagne ensuite, en tant que guide spirituel et ami intime. L'exil du

1. Un des noms donnés par les Tibétains au Panchen-Lama.

neuvième panchen-lama Choekyi Nyima perturbe ce processus de recherche de la réincarnation du treizième dalaï-lama. Toute la responsabilité en repose sur les épaules du régent, ce jeune lama à peine sorti de l'adolescence.

3

Une trop longue attente

Et du sein de la terre une voix formidable
Répond en gémissant à ce cri redoutable.

Jean Racine.

Le régent a ouvert une fenêtre, observe la cité qui s'étend à ses pieds : il réfléchit avec un serrement de cœur aux événements qui secouent la capitale.

Son visage est grave.

Les agissements de l'ex-favori ont jeté le trouble dans l'esprit des Lhassapas et les ont plongés dans un profond désarroi. D'aucuns commencent à juger son attitude suicidaire, mais, pour l'heure, dans leur large majorité, ses opposants se gardent bien de se montrer au grand jour : Lungshar leur fait peur.

C'est à contrecœur que Reting a accepté la session extraordinaire de l'Assemblée qui doit se tenir ce matin-là.

Il est 10 heures lorsque Lungshar se présente devant les quatre cents élus tibétains : il entend leur imposer une série de réformes contenue dans une pétition, laquelle est soutenue par une centaine de personnalités, laïques et religieuses.

Que cache ce rapport ?

Le précédent avait abouti à la démission de Kunp'hela, l'autre favori aujourd'hui exilé. Les élus sont nombreux à s'en souvenir. Et il ne leur faut guère de temps pour comprendre où Lungshar veut en venir cette fois encore. Le voici en effet qui propose de réaménager la Constitution rédigée au XVIIe siècle par le cinquième dalaï-lama et le quatrième panchen-lama. Cette modernisation doit s'accompagner d'une dissolution et de l'élection d'une nouvelle Assemblée : représentants politiques et hauts fonctionnaires de l'Etat seraient alors élus au suffrage direct, par le peuple. Une véritable révolution, comme de juste soutenue par l'Union heureuse !

Lorsque Lungshar propose ces réformes, il se trouve que ni le régent, ni le Premier ministre, ni le kashag ne sont en mesure d'évaluer les forces en présence.

On sent une prodigieuse tension dans la salle. On s'indigne, on proteste, on crie à la trahison : des kalöns s'énervent, s'invectivent, en viennent aux mains.

L'heure est critique... Lungshar s'attaque ouvertement aux privilèges de la trentaine de familles qui se partagent tous les pouvoirs au Tibet : certaines comptent jusqu'à cinq ministres dans la salle, et deux, voire trois réincarnations. Leurs biens, leurs charges, leurs offices, leurs titres, leurs droits ont charge d'hérédité depuis que la grande saga bouddhiste tibétaine existe ; et avant elle, il y avait la saga des rois Pour ces gens, l'hérédité enfante la légitimité de certaines réincarnations interfamiliales et d'une noblesse seigneuriale qui s'accorde tous les privilèges.

Et Lungshar oserait donc mettre à mal ces droits !

Insupportable sacrilège !

La démarche de l'ex-favori est reçue comme un véritable camouflet, une offense impardonnable.

De quoi soulever une formidable vague de protestations : la société tibétaine est en plein chaos.

Dans cette affaire, Lungshar commet une erreur de jugement qui va lui être fatale, en oubliant notamment un des préceptes essentiels enseignés par le Bouddha : l'ami d'aujourd'hui peut avoir été l'ennemi, le père, la mère, le frère, la sœur, le fils, la fille dans une vie passée ou il peut le devenir dans une prochaine renaissance, tout comme il peut aussi, pour des raisons karmiques qui touchent l'un et l'autre des protagonistes, passer de l'ami à l'ennemi dans cette vie-ci... Ainsi, quelques semaines plus tôt, Lungshar pouvait encore dire qu'il avait un ami en la personne de Kashöpa Chögyal Nyima, fonctionnaire au département des Finances, dont lui-même était le *tsipön*, le secrétaire d'Etat. Mais Kashöpa va se sentir trahi lorsque, après avoir émis le vœu d'intégrer le noyau dur de l'Union heureuse, l'ex-conseiller va l'écarter comme un malpropre.

Depuis, Kashöpa ne rêve que de vengeance. Et comme la plus grande confusion règne à Lhassa, les occasions de renversement d'alliance ne manquent pas. C'est donc vers le vieux Trimön que Kashöpa va se tourner.

Les deux hommes se rencontrent dans le plus grand secret : Kashöpa révèle alors à Trimön que Lungshar a l'intention de l'assassiner, lui et quelques autres membres influents du gouvernement.

Nous sommes au début du mois d'avril 1934 : Trimön quitte sur-le-champ la capitale pour le monastère de Drepung.

Et là, quelle n'est pas sa surprise de s'apercevoir que les autorités religieuses de Drepung ont perdu confiance en Lungshar... Ainsi, après une ultime rencontre, décision est prise d'envoyer à Sera et à Ganden des émissaires, porteurs de deux plis chacun – l'un rédigé par Trimön, l'autre par l'abbé du monastère – fermés par des sceaux de cire noire[1].

1. (Rouge pour le Dalaï-Lama.) Chaque enveloppe porte de nombreuses informations : le sceau de l'expéditeur et ses armoiries ; le nom de grands commerçants ; les territoires traversés, chaque bureau de poste y apposant son cachet ; mais encore diverses coutumes comme autant de superstitions... Si le chiffre 74 est inscrit sur l'enveloppe, surtout abstenez-vous d'ouvrir cette missive sans en être le destinataire : vous verriez périr soixante-quatorze têtes de bétail de votre troupeau. En ces temps troubles de l'histoire du Tibet, les lettres voyageaient beaucoup avant d'atteindre leur but et d'être lues par leur destinataire. Toutes les enveloppes racontaient un voyage, toujours très long et empli d'aventures.

On y explique aux abbés et aux dignitaires des deux autres monastères que, si l'idée de Lungshar d'établir au Tibet une république se concrétisait, le bouddhisme tibétain en souffrirait et l'influence monastique disparaîtrait à coup sûr.

A ce moment précis, chacun a encore présent à l'esprit le testament politique du treizième dalaï-lama : « A moins de sauvegarder nous-mêmes notre pays [...]. Tous les êtres vivants sombreront dans la misère et la terreur, et la nuit tombera lentement sur la souffrance du monde. Elle sera longue... »

*

Le 10 mai, un peu avant 11 heures, Lungshar, entouré d'hommes en armes, gravit les marches du palais.

Il pénètre dans la salle d'audience où règne une étrange atmosphère : encadrant le régent, il y a là Langdun, l'oracle de Nechung et le kashag.

Lungshar salue l'un l'autre mais nul ne lui répond. Quelques-uns évitent de croiser son regard, les autres le fixent avec des yeux emplis de haine.

Le piège ! Il se retourne et se précipite vers la porte, mais c'est déjà trop tard...

Des moines *dobdos*, les gardiens du temple, ont refermé les lourdes portes derrière lui, tandis que ses propres gardes du corps qui étaient restés à l'extérieur de la salle s'enfuient.

Maîtrisé sans ménagement par un colosse qui le pousse vers le cœur de la salle, Lungshar braille de sa voix assourdissante, menace l'un l'autre, y compris le régent qui mène l'interrogatoire et qu'il nargue et traite avec la dernière insolence.

Langdun se lève brusquement de son trône, fonce sur Lungshar et, sans prononcer la moindre parole, fait les gestes les plus humiliants qui puissent exister pour un aristocrate tibétain : il le dépouille de son statut en lui arrachant avec une extrême violence les insignes de sa charge, le dégrade officiellement de toutes ses fonctions. Sur ce, toujours muet, il tourne les talons, regagne son trône à côté du régent et lui ordonne d'enlever ses bottes.

Non sans avoir hésité un instant, Lungshar s'exécute. Il retire sa botte gauche, puis la droite : de petits bouts de papier se répandent sur le sol... Il s'en saisit, les enfourne dans sa bouche pour les avaler, mais l'un d'entre eux est resté par terre...

Le colosse bouscule l'accusé, ramasse le morceau de papier tortillé, le remet au régent qui le déplie.

Ses yeux lisent un nom : celui du kalön Trimön.

Le régent approche le bout de papier de la lumière et l'examine de plus près encore. Sur ce fragment de papier dont les parties supérieures ont été déchirées, on devine d'autres caractères, d'autres noms.

Lesquels ?

Reting Rinpoché ? Langdun ? Seul Lungshar peut y répondre.

Le régent plie soigneusement le morceau de papier et le range dans le pli de sa robe cérémonielle.

Lungshar se réfugie dans le silence, refusant d'entendre le flot de questions qui se déverse sur lui. Devant tant d'obstination, le régent lui annonce son placement en isolement dans une des geôles du Potala. Dans le même temps, Reting Rinpoché fait procéder à l'arrestation de quelques-uns des plus fidèles partisans de Lungshar.

Nouveau coup de théâtre ! Kashöpa est à son tour arrêté.

Le kashag espère lui soutirer d'autres informations qui permettraient de rayer définitivement Lungshar du paysage politique tibétain.

Au cours de cette même journée du 10 mai 1934, l'Union heureuse tient une réunion secrète. A peine achevée, des émissaires se rendent à Drepung, Ganden et Sera. Vaine démarche : les abbés des trois monastères gelugpas refusent de soutenir le parti politique fondé par Lungshar, mais ils acceptent d'intervenir pour une libération immédiate de l'ex-conseiller et de ses amis.

En fait, rien ne se passe comme ce dernier l'espérait.

Dans les aveux qui lui ont été arrachés, Kashöpa accuse : Lungshar tramait un complot visant à assassiner le régent, le Premier ministre et des élus de son gouvernement, mais aussi des fonctionnaires laïcs. Une fois au pouvoir, son intention était d'établir une république populaire, mais Kashöpa révèle que l'ex-conseiller du treizième dalaï-lama avait émis l'intention de s'autoproclamer roi du Tibet si les choses tournaient en sa défaveur.

Lorsqu'ils apprennent de la bouche même du régent les noirs desseins qui se cachaient derrière les slogans républicains de Lungshar, les moines se rallient sans plus hésiter à Reting.

Le sort de Dordjé Tsegyal Lungshar est définitivement scellé lorsque, le 11 mai 1934, fort de l'appui des principaux monastères gelugpas, le kashag ordonne l'arrestation des huit hommes qui composaient le noyau dur du *kyitchog kunthun*.

C'est le régent qui va dresser la liste des crimes imputés à Lungshar. Si, de son côté, Langdun réclame une sanction exemplaire, Reting a écarté la peine de mort, en s'appuyant sur le code légal des seize vertus morales instauré au VIIe siècle par le roi Songtsen Gampo [1] et développé par la suite par Trisong Detsen [2].

Lungshar est finalement condamné à l'énucléation ; après l'extraction des globes oculaires, il sera aveuglé au fer rouge, un châtiment réservé aux traîtres...

Quelques heures avant l'exécution de la peine, un médecin lui a fait absorber une pilule précieuse destinée à diminuer la souffrance.

---

1. 617 à 649, il fut le 33e roi du Tibet et érigea l'Empire tibétain ; le titre *tsanpo* que portèrent les souverains du Tibet du VIIe au IXe siècle est l'équivalent du titre que portèrent les souverains de Chine, *tianzi*.

2. On peut considérer que le roi Trisong Detsen (755/756-797) fut non seulement un très grand conquérant qui fit maintes fois trembler l'Empire chinois mais aussi le premier à installer véritablement le bouddhisme dans son pays en invitant des érudits célèbres de l'Inde, des pandits ; c'est sous son règne que le bouddhisme devint religion d'Etat, en 779.

La nuit tombe peu à peu sur la capitale tibétaine.

Ce soir-là, seul dans ses appartements du Potala, Reting Rinpoché fixe le ciel obscurci de ses yeux maussades qui semblent s'être ternis au fil de ces dernières semaines, flétris même par les souffrances endurées, le chagrin et les pleurs secrètement versés dans les terribles heures de ses nuits solitaires.

Le calme tarde à revenir dans la capitale. Reting Rinpoché et Langdun ont beau essayer d'apaiser les esprits, rien n'y fait.

Dans les temples, les moines multiplient les prières ; devant l'autel familial, les Lhassapas se recueillent jour et nuit ou rejoignent les moines pour invoquer les déités.

Perdus, tous s'accrochent au fol espoir que la réincarnation du treizième dalaï-lama ne tardera plus.

Dans les rues, on chante :

Kashöpa, le coq blanc,
A chanté trop tôt,
Tel Drime Kunden, Lungshar
A dû donner ses yeux en aumône[1].

*

Les jours ont beau filer, pas le moindre signe d'une vraie renaissance.

Accablé, le régent passe beaucoup de temps à suivre la construction du tombeau du défunt Dalaï-Lama. Le peuple tibétain a en effet souhaité que son mausolée égale, voire

1. Cette chanson compare Lungshar à Drime Kunden, le héros d'un opéra extrêmement populaire qui donne ses yeux par compassion pour l'humanité souffrante. Cela mérite une explication : nombreux étaient en effet les partisans de Lungshar et de l'Union heureuse à croire à l'impérative nécessité d'un changement au Tibet, tant du point de vue social que politique. Pris dans sa conception originelle, le projet de Lungshar aurait pu être une des solutions pour le Tibet.

même surpasse, celui du Grand Cinquième, déjà magnifique.

Reting a confié le suivi de cette œuvre gigantesque à un comité présidé par le kalön Trimön : d'une hauteur de six étages, le monument est situé dans la partie ouest du Potala. 18 870 sangs d'or et des milliers de pierres précieuses viendront le décorer. C'est Reting en personne qui a donné au mausolée le nom tibétain de *Gelek Dödzo* qui signifie « vertueux et bon comme une vache miraculeuse »...

Les événements se précipitent.

On évoque à nouveau le retour au Tibet du neuvième panchen-lama. Interrompues avec la disparition du souverain tibétain, les négociations reprennent. Plusieurs réunions se sont déjà tenues à Lhassa en présence de Lobsang Gyaltsen, le premier secrétaire de Choekyi Nyima, et de Lobsang Wangchuk, un de ses plus proches conseillers. Les deux hommes occupent une maison déjà mise quelques mois plus tôt à la disposition de deux moines du conseil des Khenpos – aussi appelé *panchen khenpo* – par le gouvernement. Ces deux émissaires étaient venus eux aussi dans la capitale pour discuter de l'éventuel retour de leur chef spirituel. Au mois de novembre 1933, malgré des réunions de commission quasi quotidiennes, les différends entre le gouvernement tibétain et le Panchen-Lama ne s'étaient guère aplanis : Choekyi Nyima contestait toujours le prélèvement des impôts et taxes, rejetait la modernisation du pays souhaitée par le Dalaï-Lama. Non content de remettre en cause tout le système politique tibétain, le Panchen-Lama allait jusqu'à exiger le retour de « l'ancien régime », dans lequel Tashilhunpo, son monastère, fonctionnerait de manière relativement autonome. Parmi les conditions posées à son retour : une force armée placée sous son propre commandement... Le refus d'accéder aux exigences du Panchen-Lama avait été annoncé un après-midi de novembre 1933 lors d'une session exceptionnelle de l'Assemblée nationale tenue en présence du Dalaï-Lama, qui vivait ses derniers jours, et des deux représentants du conseil des Khenpos.

Aujourd'hui, dans la maison, ce sont les mêmes serviteurs – des moines – qui vont aider Lobsang Gyaltsen et Lobsang Wangchuk dans leurs nombreuses démarches. Il faut dire que de nouvelles rumeurs se sont répandues dans Lhassa, faisant état d'une amélioration sensible des relations entre le Panchen-Lama et le kashag, bruits confirmés par un télégramme signé par Reting Rinpoché et Langdun au maître de Tashilhunpo, l'invitant à regagner au plus vite le Tibet sur la base des discussions amorcées du vivant du treizième dalaï-lama[1]. Ainsi, le gouvernement tibétain s'engage-t-il à prendre en charge toutes les dépenses liées au déplacement du Panchen-Lama et de ses hommes, et lui proposent-ils même de tenir à sa disposition une escorte qui le conduirait, en temps voulu, à Tashilhunpo.

Message d'une extrême clarté. Pourtant, le Panchen-Lama hésite toujours. Régulièrement informé des événements de la capitale, il sait les difficultés rencontrées par le jeune régent.

D'autres que le Panchen-Lama s'inquiètent aussi.

Londres s'interroge sur la situation au Tibet.

Le Guomindang, lui, vient de confier une mission spéciale au chef adjoint de son état-major, le général Huang Musong : il doit d'abord présenter les condoléances de la Chine nationaliste au régent et à son gouvernement ; mais il est aussi chargé de rétablir une représentation diplomatique dans la capitale tibétaine. Depuis la proclamation de l'indépendance en 1913, on n'avait plus vu d'officiel chinois dans la capitale tibétaine ; et les tentatives de renouer des relations entre Tibétains et Chinois avaient toutes échoué.

---

1. Thubten Gyatso a adressé plusieurs lettres à son ami Choekyi Nyima, le neuvième panchen-lama : l'une en 1923, lorsque Choekyi Nyima a fui son monastère de Tashilhunpo, et une autre datée du deuxième jour du cinquième mois de l'an tigre-feu – 12 juin 1926 – ne sont jamais parvenues à Nankin ; en revanche, celle datée du dixième jour du huitième mois de l'an singe-eau – le 9 octobre 1932 – avait bien été reçue par le Panchen-Lama.

La première délégation chinoise arrive à Lhassa le 24 mai 1934. Elle a voyagé par mer, traversé une grande partie de l'Inde, franchi la chaîne himalayenne. Dans ses bagages, quantités de présents pour le régent et son gouvernement, coutume que les Chinois entendent bien respecter cette fois encore. Le deuxième groupe, conduit par le général Huang en personne, atteint la capitale tibétaine le 28 août 1934.

C'est à la même époque que les autorités des Indes britanniques dépêchent sur place une commission dirigée par Norbu Töndrup, le secrétaire politique de leur bureau du Sikkim. Mission : garder un œil discret sur les envoyés du Guomindang.

En ce mois d'août et dans les semaines qui ont suivi, on va croiser de tout à Lhassa : des marchands, des politiciens véreux et des espions de tout acabit ; parfois les trois à la fois.

Dès son arrivée, le général Huang est reçu en audience ; il offre de somptueux cadeaux à Reting Rinpoché, au kashag et à quelques fonctionnaires de haut rang. On le voit partout, ce « brave » général : au Jokhang où il se mêle aux pèlerins, dans les monastères de la région, il s'efforce de démontrer que les autorités de Nankin qu'il représente seraient totalement ouvertes à la religion, et qu'elles entendent respecter toutes les traditions tibétaines. Et, partout, ce diplomate galonné est accueilli à bras ouverts. Huang participe à de nombreuses cérémonies religieuses, à diverses manifestations culturelles, et il honore volontiers de sa présence les réceptions qui se tiennent dans la capitale, flattant par toutes sortes de libéralités l'ego de l'aristocratie tibétaine.

Eblouis par tant de largesses, subjugués par ses flatteries, la noblesse et quelques dignitaires religieux ont oublié les complots manigancés sous les toits les plus hospitaliers de la cité, les terribles atrocités et les crimes commis par les Chinois vingt ans plus tôt... Peut-on vivre à ce point dans l'ignorance ?...

Le pire vient ce matin du mois de septembre où le régent

et le kashag offrent aux leurs un spectacle affligeant, quand ils acceptent des mains du général Huang, au nom du Guomindang et de la république de Chine, cette plaque de jade qui symbolise l'œuvre et la grandeur du treizième dalaï-lama Thubten Gyatso. Un don compromettant que le souverain tibétain n'aurait jamais accepté de son vivant.

Signe de l'habileté chinoise, l'inscription sur la plaque reste toutefois d'une prudente neutralité :

Au treizième dalaï-lama de haute renommée,
Protecteur des créatures vivantes du Pays des Neiges,
Et en qui nous, Chinois, reconnaissons
Le Bouddha véritable.

Les aberrations de cette logique, c'est la persistance de Reting Rinpoché, de Langdun et du kashag à accumuler les erreurs !

Qui va tirer les marrons du feu ? Le général Huang, bien sûr.

Changement de ton chez le Chinois : fini le temps des cadeaux, de l'argent et des beaux discours, le général passe à une autre partie de sa mission, laquelle consiste à rappeler aux autorités tibétaines l'absolue nécessité de rétablir des relations plus constructives avec la « Mère Patrie ». Aux yeux du Guomindang, le Tibet appartient en effet à la république de Chine. Lhassa doit interrompre toute relation diplomatique avec des pays étrangers et accepter l'installation d'un émissaire qui sera désigné par les autorités de Nankin.

Soucieux de sauvegarder l'héritage du Dalaï-Lama, ni Reting ni Langdun ne cèdent sur ces deux points aux exigences chinoises, mais la porte est désormais entrouverte...

Le 17 septembre 1934, le régent et le kashag finissent par engager avec le général Huang des entretiens politiques, les tout premiers depuis l'indépendance de 1913. Il y est surtout question du neuvième panchen-lama... Reting Rinpoché et Langdun expliquent que l'exilé constitue une source permanente d'inquiétude et de tristesse. Ils estiment que le Panchen-Lama n'a pas besoin de troupes armées pour rentrer dans son pays et réintégrer Tashilhunpo, son monastère près de Shigatsé. Lhassa propose que le Guomindang se charge de confisquer les armes des partisans de Choekyi Nyima, à charge pour les autorités tibétaines de fournir une escorte au Panchen-Lama qui veillerait à sa sécurité. Et bien sûr le gouvernement serait heureux d'accueillir à nouveau Panchen Rinpoché. On lui rendrait ses biens et ses propriétés confisqués au moment de sa fuite. Choekyi Nyima retrouverait naturellement son rang.

Le général Huang quitte finalement Lhassa au mois de novembre 1934. Ni échec, ni total succès, sa mission lui a permis d'installer dans la capitale tibétaine deux fonctionnaires en charge de la station de radio, en pratique une mission semi-officielle pour le compte de Nankin. Elle fera en quelque sorte concurrence à la station radio ouverte par la délégation britannique et au dispensaire[1] où va officier un médecin militaire anglais.

Dans ce contexte particulier, le régent décide soudainement de renforcer son département des Affaires étrangères, créé quelque vingt ans plus tôt par le Dalaï-Lama, et demande aux représentations étrangères, officielles ou non, de respecter l'autorité de ce ministère.

De belles paroles qui restent hélas sans effet !... Si les Britanniques jouent le jeu, les Chinois n'en ont cure. Pariant sur les divisions au sein du gouvernement tibétain, les voilà qui initient une opération de déstabilisation, contournant systématiquement le département des Affaires étrangères au profit du kashag, lequel commence à craindre d'être écarté par le régent de toute décision de politique internationale.

Dans le même temps, Nankin a réussi à corrompre un

1. La station de radio sera transformée en consulat général de l'Inde après le 15 août 1945, la fameuse « nuit de la Liberté » ; celui-ci sera fermé au moment du conflit sino-indien de 1962.

certain nombre de fonctionnaires, et des sommes considérables sont déjà venues grossir la fortune personnelle du régent qui a transformé une partie de ses appartements de l'avant-dernier étage du Potala en une officine de commerce : des marchands sont partis en Chine pour acheter du satin et de la porcelaine que Reting compte revendre à Lhassa...

Autant dire que l'état de grâce accordé au régent en raison de sa jeunesse n'a guère duré, d'autant plus que l'année s'achève sans le moindre signe de réincarnation du souverain tibétain. Alors, des bruits circulent que le régent, pourtant moine de formation, préférerait courir la gueuse et hanter les bas-fonds de la cité interdite plutôt que d'interroger les divinités. Et il n'y a personne à Lhassa pour les contredire.

*

L'ambition aussi torture Reting Rinpoché. Au point de découvrir qu'il pourrait continuer longtemps à vivre dans l'atmosphère pesante de Lhassa, entre corruption et crimes, à la seule condition de rester le maître du jeu. Pas un seul instant de la journée sans que ses pensées ne s'envolent vers cet avenir qu'il veut puissant, aussi doré que peut l'être l'astre plombant ce matin de printemps 1935 la capitale de sa chaleur bienfaisante.

Un accroc pourtant dans ce futur immédiat : la présence à ses côtés du neveu du Dalaï-Lama, lequel occupe depuis plus de dix ans le poste de Premier ministre. Les rapports entre les deux hommes se sont détériorés dans le courant de l'hiver. Langdun reproche au régent de le tenir écarté des décisions de l'Etat, situation déjà ancienne : son oncle Thubten Gyatso l'utilisait davantage comme un agent de liaison avec le kashag que comme le véritable chef de son gouvernement. Avec la disparition du souverain, Langdun était devenu le principal personnage du paysage politique tibétain sans en avoir la stature. C'est vrai qu'il aurait fallu un caractère bien trempé pour s'imposer dans la capitale tibétaine, diriger une Assemblée nationale dominée et manipulée par des gens de la trempe des Kunp'hela et autres Lungshar.

La chance de Reting Rinpoché, c'est d'avoir auprès de lui, depuis le début de son interrègne, un chambellan hors du commun. Cet homme d'expérience a déjà servi la précédente incarnation de Reting Rinpoché ; il sait tempérer les ardeurs de l'actuel Reting ; mais cela ne suffit pas toujours. En tout cas, c'est lui qui anime les négociations avec le neuvième panchen-lama et le conseil des Khenpos ; lui encore qui a suggéré au régent de faire restaurer un certain nombre de temples dont le Jokhang, quelques monastères dont celui de Radeng ; lui enfin qui veille à ce que Reting n'oublie jamais la tâche la plus importante de sa régence : retrouver la réincarnation du treizième dalaï-lama...

C'est par une fin de matinée du printemps de 1935 que l'entourage de Reting Rinpoché le pousse à entreprendre un pèlerinage à Samyé [1] et dans la région de Lhoka [2].

Ce n'est en réalité qu'un prétexte pour quitter la cité sans trop éveiller la curiosité des Lhassapas.

Deux heures plus tard, une délégation conduite par Reting quitte le convoi, prend la direction du sud-ouest, et se dirige tout droit vers le monastère de Chökhorgyal, situé à une quinzaine de kilomètres du Lhamo-Latso [3], le lac des Visions...

Lorsque ses eaux se troublent, « elles ne décevront pas ceux qui sont inclinés à croire que le mirage du désert est

1. En 779, le bouddhisme devenu religion d'Etat, ce monastère, le premier, fut construit le long du Yarlung-Tsangpo (haute vallée du Brahmapoutre), situé entre Lhassa et l'ancienne capitale de Tséthang.

2. Région au sud-est de Lhassa, sur la rive droite du Tsangpo, le Brahmapoutre.

3. C'est le deuxième dalaï-lama Gyalwa Guendun Gyatso (1475-1543) qui fit bâtir, en 1509, le monastère de Chökhorgyal.

vraiment un lac », a écrit le Grand Cinquième à son sujet. Mais encore...

Le soir même de leur arrivée au monastère, le régent et son chambellan ont marché quelques kilomètres en direction du nord-est. Sans un mot pour leurs compagnons de route ; ils sont seuls, vêtus de leur tchouba malgré le froid glacial, ils ont le cou encerclé de khatas et de drapeaux à prières. Leurs pas se portent vers un endroit bien précis où quelque temps auparavant des moines de Radeng avaient déposé des pierres *mani*, colorées du mantra *Om Mani Padme Hum*, pour constituer un *mendong*, ce petit monticule destiné à signaler, au moyen de drapeaux à prières usés et déchirés par les tempêtes de neige, de vent et par la pluie, la présence d'un lieu sacré. Les deux hommes ne sont réapparus qu'à l'aube, sans la moindre khata, au moment où le monastère de Chökhorgyal s'est dressé soudain au cœur d'un halo brumeux ; des poches de brouillard restent accrochées aux parois rocheuses, modifiant sensiblement la perspective et leur offrant un ineffable souvenir de recueillement plein de mélancolie.

Au début de l'après-midi du jour qui a suivi leur arrivée, un petit groupe s'est installé à une centaine de mètres du Lhamo-Latso. Des moines s'activent pour préparer un feu avec des brindilles de genévrier himalayen dont les baies sont brûlées comme encens, foyer autour duquel tous vont méditer, prier mais aussi partager pendant plusieurs jours la traditionnelle tsampa – l'orge grillée –, de fines lamelles de yack et de fromage séchés, et du thé salé mélangé à du beurre ranci au contact de l'air.

Ici, le climat est imprévisible : un épais brouillard, une effroyable tempête de neige ou de sable, des vents d'une extrême violence peuvent masquer pendant plusieurs jours les somptuosités qui les entourent.

Ce n'est que le lendemain matin que Reting s'approche des berges du lac : il est entré en méditation pour l'invocation rituelle de Palden Lhamo, et vient de jeter l'effigie de la divinité dans les eaux turquoises du lac.

Cette cérémonie d'offrandes au gardien des esprits va-t-elle leur ouvrir enfin les portes du site sacré ? Tous l'espèrent.

Rien ne s'est passé durant les premières heures ; rien ne s'est passé durant les deux ou trois premiers jours ; mais au sixième matin, le vent se lève et un cri assourdissant les surprend aux alentours de 9 heures.

Reting Rinpoché médite. Ses proches aussi.

La brume matinale s'est évaporée et les nuages, lourds et menaçants, ont disparu comme par enchantement. La lumière parvient à une intensité insupportable et le soleil darde des milliers de rayons dorés sur le Lhamo-Latso, renvoyés dans l'espace par une multitude de flèches.

Les eaux du lac, jusqu'alors parcourues d'un friselis monotone, frémissent pour former des vaguelettes qui viennent mourir sur la berge juste devant le régent. Les vagues, elles, grossissent et battent maintenant la rive avec une puissance encore retenue.

Les eaux restent noires, mais voici qu'elles se colorent soudain de saphir, et le ciel d'un bleu azur s'incruste de nuées cristallines.

Reting Rinpoché médite encore.

Il vient de joindre ses deux mains au-dessus de la surface de l'eau qui réfléchit un monastère au toit d'or et de jade, image estompée surgissant des profondeurs de la terre. Au même instant, une autre clameur jaillit du ciel ou de nulle part – il y a tellement d'ailleurs dans ces mondes ! –, et voici que les eaux dévoilent un chemin qui part de – ou qui arrive à – l'entrée principale du monastère. Et voici que ce chemin serpente dans une vallée en direction de l'est.

Le vent souffle de plus en plus fort, les vagues battent la berge avec une sauvagerie insoupçonnée, et, dans les eaux, apparaît l'image d'une maison dans une vallée avec son toit de tuiles turquoises...

On lit une énorme tension sur le visage de Reting Rinpoché, toujours tourné vers l'est.

Et voici le vent qui bourrasque, et d'énormes nuages blancs qui s'amoncellent. Le régent est soudainement arraché du sol, chahuté comme un navire désemparé par des vagues hurlantes.

Il pointe ses mains vers le ciel... Les nuages se fondent dans une montagne enneigée où se dessine *AH*, la lettre suprême. « Avant que toute chose ait existé dans notre monde, il y a d'abord eu la lettre *AH*. Dès lors, il n'y a rien de plus naturel qu'elle soit présente au moment de la conception [1]. » De l'annonce d'une réincarnation aussi...

Alors, une vague déferlante découvre un village, des collines et la sombre ondulation d'un troupeau de yacks sauvages. Il y a aussi une multitude de chevaux. Un fier Amdowa – habitant de l'Amdo – surgit d'un col enneigé : il monte un magnifique cheval blanc ; ce dragon, aussi, qui, lancé au grand galop au-dessus de la tête de Reting Rinpoché, approche pour lui effleurer le visage, avant de s'éloigner en rugissant une colère féroce.

Le régent médite toujours...

Les eaux du Lhamo-Latso se métamorphosent à nouveau pour lui offrir en forme d'arc chaque couleur du prisme – violet, indigo, bleu, vert, jaune, orangé et rouge. S'y dessinent cette fois la lettre *KA* et la lettre *MA*...

Le visage souriant d'un bébé dans le liquide amniotique de sa mère lui apparaît : l'enfant doit naître bientôt.

Reste à confirmer ses visions, à interpréter les signes et, s'il s'agit bien de l'enfant-réincarné, à déterminer le lieu précis où il vit. Toutes choses qu'il ne peut faire seul.

Reting Rinpoché sort lentement de sa méditation. S'il a très froid, son visage dégage une joie lumineuse.

Les nuages évanouis, le ciel est redevenu d'un bleu azur, et le lac aux eaux turquoises a repris son friselis monotone.

---

1. *Les Secrets de la médecine tibétaine*, de Tenzin Choedrak et de Gilles Van Grasdorff, Plon, 2002.

Les moines n'ont rien vécu de ces événements-là.

Ils jettent des branches de cyprès et de santal dans le feu que, nuit et jour, ils n'ont jamais cessé d'entretenir.

Crépitement des flammes. Le régent s'assoit presque à toucher les braises, se met à retranscrire ses observations sur un parchemin d'une écorce douce et dense à la fois.

Il trempe régulièrement sa plume de bambou dans de l'encre noire, ses doigts courent sur le papier avec des crissements nerveux.

Transcription achevée, il roule soigneusement le parchemin et le scelle du sceau du monastère de Radeng.

Plusieurs jours après, de retour à Lhassa, le régent a consulté les trois oracles d'Etat et quelques hauts dignitaires religieux.

Les signes ont été interprétés.

Plus aucun doute : il faut rechercher l'enfant réincarné dans l'Amdo, région représentée par la lettre *AH*, du côté du monastère de Kumbum... D'autres signes indiquent l'est du pays, et chacun a encore en mémoire ce fait marquant : juste après l'embaumement, le treizième dalaï-lama Thubten Gyatso avait, on s'en souvient, tourné à deux reprises la tête en direction de l'est ou nord-est du pays ; un énorme champignon en forme d'étoile avait poussé une nuit sur un des piliers est du Potala ; il y a avait eu, enfin, cet énorme champ de mufliers sur le côté est d'une des places de la capitale...

Il faudrait se mettre aussitôt en chemin, mais les tensions politiques dans l'Amdo, le Kham et le Qinghai [1] n'autorisent à prendre aucun risque : des seigneurs de la guerre pillent, violent, tuent, mettent à feu et à sang ces régions du Tibet.

1. Avec l'invasion communiste, le Tibet avait perdu plus de la moitié de sa superficie et ne comptait plus que 2 millions d'habitants dans la région dite autonome. Le Kham et l'Amdo étaient désormais intégrés à des provinces chinoises : Yunnan, Sichuan, Ganshu, Qinghai. (Voir carte.)

*

Le printemps s'est achevé dans le doute, l'été aussi, et l'hiver s'annonce particulièrement difficile, d'autant plus que les relations avec le Panchen-Lama se sont à nouveau détériorées : Choekyi Nyima livre un combat quotidien contre le kashag pour retrouver son monastère de Tashilhunpo.

De son côté, le général chinois Huang est revenu à Nankin « sans aucun résultat à mettre à son actif [1] ». Même les menaces proférées à l'encontre de Reting Rinpoché et de son Premier ministre, de faire revenir le Panchen-Lama « par la force des armes [2] », n'ont servi à rien.

Une déception de plus pour le Panchen-Lama [3] !... Et pour le Guomindang, n'en parlons pas ! La réaction est immédiate. Nankin annonce que le Panchen-Lama sera, pour son retour au Tibet, accompagné d'un officiel chinois et de cinq cents militaires.

Aussitôt, le gouvernement tibétain s'adresse à New Delhi pour obtenir une aide, laquelle lui parvient en la personne de Williamson, son agent britannique au Sikkim, chargé de jouer un rôle de médiateur.

Diplomate talentueux, Williamson réussit à persuader le kashag de se plier aux exigences du Panchen-Lama : ses biens lui seront restitués, des préfectures – *dzong* – telles que Shigatsé, Nigartsé, Namling et Pénam passeront sous

1. Extrait de Yung Pao du 27 mars 1937.
2. Minutes du Bureau indien, 31 décembre 1934.
3. La proposition d'accord entre le gouvernement tibétain et le Panchen-Lama fut incorporée dans l'avant-projet pour un règlement sino-tibétain présenté au kashag le 1er novembre 1934. Entre-temps, les autorités chinoises ouvrirent un autre bureau du Panchen-Lama à Xining, dans le Qinghai, qu'ils appelèrent « Commission culturelle spéciale pour les régions de l'Ouest », Choekyi Nyima étant déjà investi depuis 1932 du titre de « Commissaire pacificateur des provinces frontières de l'Ouest », titre conféré à Pékin par les seigneurs de la guerre Wu Peifu et Zhang Xueliang : un premier bureau avait d'ailleurs été ouvert à Nankin ; un autre devait s'ouvrir à Tatsienlou.

son autorité, même si certaines d'entre elles ne l'étaient pas auparavant. Surgit cependant un problème, et de taille : Lhassa se trouve dans l'incapacité de rendre certains biens fonciers ayant appartenu autrefois au Panchen-Lama. Le kashag, comme il en a pris l'habitude, les a répartis entre différents monastères gelugpas. Et là pas question d'en demander la restitution.

Peut-on, en cette fin d'année 1935, parler à bon escient d'une victoire pour le Panchen-Lama ? Ce n'est pas certain.

Une défaite pour Nankin ? Nul ne peut l'affirmer.

Fait curieux : quelque temps après l'intervention de Williamson, à la demande du gouvernement tibétain, le conseil des Khenpos sollicite à son tour la médiation de l'agent britannique.

Nul ne sait si l'intéressé a eu le temps de passer un message à Choekyi Nyima pour lui suggérer de revenir au Tibet sans escorte chinoise, sage décision qui aurait aplani bien des obstacles. Mais Williamson tombe gravement malade et décède dans la capitale tibétaine.

Il est alors remplacé par son compatriote, le capitaine Battye, en attendant que les autorités britanniques désignent leur nouveau représentant à Lhassa. Reçu en audience le 18 novembre 1935 pour faire ses adieux au régent, c'est encore une fois le chambellan de Reting qui demande avec insistance le soutien de New Delhi.

Langdun presque totalement écarté des décisions gouvernementales, le chambellan éprouve d'énormes difficultés à contenir les ambitions de Reting Rinpoché. Ce dernier a installé dans ses appartements du Potala deux de ses amis les plus proches, originaires eux aussi de Radeng, son monastère. A l'un, Nyungné Lama, il a offert le poste de secrétaire particulier : l'homme est en réalité le patron d'une officine commerciale qui a sa principale succursale à Kalimpong, dans le nord de l'Inde ; l'autre, Khardo Rinpoché, est devenu l'éminence grise que le régent consulte aussi souvent que possible. Leur influence est grande et les deux amis réussissent même à persuader Reting de se séparer de son chambellan, « trop âgé », selon eux, pour continuer à occuper une si lourde charge. Le pauvre homme ira terminer ses jours dans le monastère de Radeng, loin des tempêtes provoquées par les manœuvres politiques du nouvel entourage du régent.

La place est maintenant libre : Jampa Gyaltsen, le frère de Reting Rinpoché, est à son tour nommé chambellan. Agé de vingt-six ans, dépourvu d'instruction et rigoureusement imperméable aux enseignements du Bouddha, l'intrigant affiche cependant quatre centres d'intérêt : l'argent, les vêtements, les femmes et les chevaux...

Nyungné Lama, Khardo Rinpoché, Jampa Gyaltsen, voilà le trio sur qui le régent va désormais s'appuyer. Ensemble, les trois compères vont se laisser aller sans retenue à leurs turpitudes quotidiennes.

Reting Rinpoché ne rêve plus que d'accroître son pouvoir.

Non seulement il a écarté Langdun, mais le régent va maintenant s'attaquer au kashag, jugé trop conservateur, trop attaché aussi au testament politique du treizième dalaï-lama : un obstacle au rapprochement diplomatique avec la Chine...

Le scandale éclate avec l'arrivée, en 1936, de sir Basil Gould, le remplaçant de Williamson, dans la capitale tibétaine.

Mission inchangée : jouer le médiateur entre le Panchen-Lama et le régent, et contribuer au « règlement pacifique des désaccords » entre les deux parties.

Des questions qui seront évoquées dès la première audience avec Reting Rinpoché...

La nomination de Gould ne surprend personne. Sir Basil connaissait parfaitement le Tibet : il avait été responsable du bureau de Gyantsé, en 1913, l'année où le treizième dalaï-lama avait proclamé l'indépendance du pays.

Sir Basil a pris ses quartiers dans la demeure qui était

occupée par son prédécesseur, et, comme le veut la coutume, il est arrivé chargé de cadeaux, loin de se douter de ce qui allait se produire...

Le lendemain de son installation, un aristocrate d'une famille de Lhassa offre une soirée en son honneur. On y convie la représentation britannique, les Chinois de la station de radio, quelques marchands de passage, des hauts fonctionnaires tibétains, ainsi que l'inséparable trio Nyungné Lama, Khardo Rinpoché et Jampa Gyaltsen. Gould ne tarde guère à remarquer l'attitude des conseillers du régent, notamment celle de Jampa Gyaltsen, le propre frère de Reting Rinpoché : vautré dans un sofa en charmante compagnie – deux jolies jeunes femmes sont collées contre lui –, l'homme parle de ses toilettes et de la parure de bijoux qu'il portera lors de la prochaine réception ; plus tard, totalement imbibé d'alcool, il folâtre sans grande décence, et ses gloussements satisfaits ne prêtent à aucune équivoque. C'est la mine dépitée et la conscience choquée que l'agent britannique rejoint sa demeure aux alentours de 23 heures en se disant : « La radieuse journée est finie, et nous entrons dans les ténèbres[1]... »

Le lendemain en fin de matinée, sir Basil est reçu en audience par le régent. Ô surprise, aux côtés de Reting Rinpoché se tient le trio infernal de la veille.

Le Britannique soupire. Il est pourtant loin de se trouver au bout de ses surprises !...

Venu discuter de la gravité de la situation au Tibet, sir Basil, assisté de son secrétaire Spencer Chapman, se trouve confronté à un régent âgé d'un peu plus de vingt ans et dont le comportement est tout au plus celui d'un gamin de quinze ans.

Faut-il en sourire, faut-il se réjouir du bonheur éprouvé par le régent au moment où Gould lui remet les cadeaux au nom de Sa Gracieuse Majesté et de l'Empire britannique ?

Sur le Toit du Monde, la modernité n'est pas à l'ordre du

1. *Antoine et Cléopâtre*, de William Shakespeare.

jour, mais force reste d'avouer que les deux Britanniques ne sont quand même pas venus à Lhassa pour jouer les nounous du régent... C'est pourtant ce qui se passe au cours de l'audience.

Reting Rinpoché demande à Spencer Chapman de lui expliquer le fonctionnement du gramophone que vient de lui offrir sir Basil, réclame la présence de ses trois compères aux côtés de l'appareil.

Le régent en personne va pousser le volume à fond, partant d'un rire tonitruant que les Lhassapas, dit-on, ont entendu jusqu'au cœur de la cité.

Et le voilà, tout joyeux, qui danse, véritable enfant gâté entraînant avec lui ses compères qui se tortillent sur un air de cornemuse, tandis que sir Basil et son secrétaire se regardent, interloqués.

Quand la cornemuse se tait enfin, Reting Rinpoché entre dans une colère noire ; il oblige Spencer Chapman à remonter le gramophone... C'est sur une marche militaire écossaise que le régent traverse l'immense hall, ses trois acolytes sur ses basques, robe cérémonielle remontée à l'image du kilt écossais. Dans les couloirs, le kashag et les hauts fonctionnaires de l'Etat observent, eux aussi, la scène, atterrés, honteux et abasourdis par tant d'infantilisme.

La folie ne s'arrête pas là. Le régent s'est mis à crier comme un sourd, exigeant que l'on place sur-le-champ le gramophone sur le rebord de la fenêtre qu'il a fait ouvrir, haut-parleurs tournés en direction de Lhassa : la fenêtre donne en effet sur Shöl, le bourg situé au pied du Potala, et sur une partie de la capitale.

C'est encore le régent qui met de nouveau le volume à fond : une marche militaire écossaise jaillit des murs du Potala ; elle envahit tout l'espace au-dessus de Shöl et de Lhassa. Les habitants pensent à des divinités, à des déités, à des démons qui se seraient rassemblés là-haut dans le palais pour témoigner de leur gigantesque colère.

Un groupe s'est formé au pied du Potala, bientôt rejoint par plusieurs autres. Perturbée par ce tintamarre insupportable, la grappe humaine grossit maintenant à vue d'œil et, au milieu de ce tumulte, les Lhassapas se prosternent soudainement, selon leur coutume. La voix qui leur parvient à travers les murs du palais, ils la reconnaissent, c'est en effet celle de Reting Rinpoché, leur régent. Mais cette voix ne déverse que des mots badins. Eux s'inquiètent : depuis sa plus tendre enfance le rinpoché, ils le savent, a de la gaieté à revendre ; il était même folâtre dans son adolescence.

Les Lhassapas prient, une multitude d'ombres s'agenouillent, glissent sur le sol, se relèvent, glissent encore jusqu'à ce que la douleur s'échappe de leur corps pour devenir aussi légère que le vent : en agissant de la sorte, ils cherchent à secourir leur jeune maître spirituel... Murmures, prières, prosternations et chants pour chasser les mauvais démons qui se sont emparés de l'esprit de leur régent !

Hélas, leurs prières, leurs prosternations, les centaines de mantras qu'ils récitent de concert n'y font rien ! Reting Rinpoché vocifère maintenant des blasphèmes, et son rire explose sur la cité. En revanche, lui s'amuse beaucoup à entendre l'écho de sa propre voix et de ses rires qui lui est aussitôt rejeté en pleine figure.

Saisis par la crainte, les Lhassapas évoquent un karma collectif qui les frappe depuis de nombreux siècles déjà. Il s'est réveillé depuis la fuite du neuvième panchen-lama et la disparition du treizième dalaï-lama. Avant sa mort, Thubten Gyatso avait longuement écrit sur la responsabilité : « Bien que dans l'ensemble notre culture et notre système politique se soient montrés autrefois efficaces, je les trouve aujourd'hui atteints, à un degré alarmant, par l'apathie et la corruption. Ceux qui travaillent au gouvernement, moines ou laïcs, se soucient peu de l'image qu'ils donnent de l'Etat. Dominés par leurs petits intérêts mesquins, ils méprisent les lois et les procédures légales dans l'administration de leur charge, et se servent de tous les moyens imaginables pour contenter leurs supérieurs, avec l'espoir d'obtenir une charge personnelle. Cette tendance doit être renversée, et chacun d'entre vous doit la renverser en soi-même. Causes et effets sont des témoins infaillibles et, si nous trahissons la confiance placée en nous, les conséquences spirituelles seront sévères. Le plus pathétique est que la plupart d'entre nous savent et acceptent ces conséquences. Cependant, telle la phalène attirée par la flamme, nous continuons de vivre dans la faiblesse et dans l'erreur... Nous devons prendre au sérieux nos responsabilités, de la même manière que nous prenons soin de nos yeux. Sans quoi, toutes nos actions consistent à collecter des causes de renaissance dans un des mondes infernaux [1]. La roue du monde ne cesse de tourner nuit et jour, tandis que nous nous évertuons à dépenser notre temps et nos énergies à créer des problèmes à ceux que nous n'apprécions pas ou à favoriser ceux que nous aimons. Dans ces conditions, notre travail ne se fait plus et, ne parvenant même pas à maintenir l'harmonie dans notre foyer, nous serions bien en mal de réaliser quelque chose d'utile pour le pays... »

En ce jour de printemps 1936, ils sont quelques-uns à penser que leur souverain ne se réincarnera plus.

*

Sir Basil ne connaît évidemment pas l'existence de ce texte du souverain défunt, sans quoi il l'eût approuvé aussi. Au vu de ses premiers contacts, la situation politique à Lhassa ne pouvait être pire.

Le régent ?

Un être falot, inapte à diriger une nation. Il le fait savoir par une note adressée à ses supérieurs à New Delhi dans laquelle il développe plusieurs points : une régence douteuse, les ambiguïtés du kashag, l'inexistence d'un Premier

1. Le samsara – le cycle des existences – est composé de six mondes : les animaux, les enfers, les esprits avides, les hommes, les demi-dieux, les dieux, dans lequel, du fait de leur karma, ils renaîtront et renaîtront sans fin jusqu'au moment de leur totale libération.

ministre, le tout sur fond de corruption et de crimes. Pour le représentant britannique, la grande majorité des fautes incombe au régent qui, à force de faire peser sur l'Assemblée la menace de sa démission, a réussi à obtenir un pouvoir sans partage qu'il utilise uniquement à des fins spéculatives. Sa démission provoquerait l'arrêt automatique des recherches de la réincarnation du Dalaï-Lama. Et dire que celles-ci n'ont pas encore commencé...

Au tout début de l'été 1936, le régent s'est déplacé avec ses proches vers le Norbulingka, la résidence d'été des dalaï-lamas. Là-bas, on le voit souvent chevauchant une motocyclette pétaradante pour aller à la rencontre de ses aventures galantes que l'on dit de plus en plus nombreuses...

Sur place, il a également fait transporter sa meute, un renardeau, des Lhassa Absos, des terriers tibétains, deux mastiffs, un singe... Dans ses « appartements du bas », au Potala, il avait déjà exigé que l'on y construise de grandes cages pour une multitude d'oiseaux.

La situation économique ?

Les Lhassapas ont beaucoup de mal à trouver les produits de première nécessité, les prix s'affolent ; on évoque l'apparition d'un nouveau billet, de 100 *tam srang*[1] : les premières émissions de billets avaient pour contrepartie un stock d'or ; elles étaient soumises à un contrôle très strict ; l'imprimerie du Drapchi Lotru Kung, fermée en 1910 pour cause d'occupation mandchoue, avait été rouverte deux ans plus tard, à la demande du treizième dalaï-lama, pour l'impression des premiers billets ; par la suite, le Dalaï-Lama avait utilisé l'imprimerie de Dode, dans la vallée du nord-est de Sera, mais d'autres établissements existaient, dont ceux de Gser Khang, près du Norbulingka, et du Drapchi Lakhung, au nord de Lhassa ; en 1931, toutes ces imprimeries avaient été regroupées au sein du département de la Monnaie.

1. Principales coupures émises par la Monnaie : 5 et 10 tam (1912) ; 15 et 25 tam (1913) ; 50 tam (1926) ; 100 tam srang (1937) ; 100 srang (1939) ; 10 srang (1941) ; 5 srang (1942) et 25 srang (1950).

Avec la disparition de Thubten Gyatso et un début de régence catastrophique, le kashag oblige l'imprimerie de Drapchi Lakhung à fabriquer de nouveaux billets, des tirages quasi continuels pour renflouer des caisses aussitôt vidées par Reting Rinpoché et ses conseillers, mais également par des fonctionnaires véreux ! La devise de l'Etat tibétain semble être devenue : chacun pour soi et sauve qui peut !... C'est ainsi qu'en l'espace d'à peine trois ans – entre décembre 1933 et l'été 1936 – on peut considérer que les trésors publics ont été entièrement dilapidés.

Le Tibet est en faillite ! Et, de plus, Reting Rinpoché s'est transformé en un être d'une extrême violence et d'une arrogance insoupçonnable : Langdun, le kashag et l'Assemblée nationale subissent ses caprices. Reste la hiérarchie monastique, puissante et incontournable : les monastères disent représenter l'essence même du bouddhisme ; pour eux, c'est dans la vie de moine que s'expriment les plus hautes valeurs spirituelles. Les dignitaires gelugpas – de Drepung, Ganden et Sera mais il y en a beaucoup d'autres – sont convaincus de leur droit d'ingérence dans les affaires de l'Etat et, du coup, se trouvent impliqués dans les conflits qui secouent le pays. Souvent de façon très directe...

C'est cette puissante institution que Reting Rinpoché a maintenant décidé d'affronter en nommant à la tête d'un monastère de deux mille moines un lama qu'il veut ensuite faire siéger à l'Assemblée nationale et occuper un poste clé dans son administration. Il convoque l'abbé en poste, lui réclame sur-le-champ sa démission...

La manipulation échoue : les moines du monastère ont eu vent de ce qui se tramait. Les voilà qui se soulèvent et réclament la réintégration de leur chef.

Chacun campe sur ses positions et les choses restent en l'état pendant plusieurs jours.

Finalement, Reting Rinpoché est obligé de plier : l'abbé « démissionné » retrouve sa charge.

Le revers est de taille. Pour réparer sa méprise, le régent donne ordre aux trois groupes de recherche désignés par l'Assemblée pour trouver la réincarnation du treizième dalaï-lama de se mettre en route.

A la pointe du jour de l'automne 1936, trois caravanes passent la porte principale de Lhassa : la première se dirige vers le nord-est du Tibet, vers l'Amdo ; la seconde vers l'est, le Kham ; la troisième vers le sud-est, vers Dhagpo et le Kongpo.

4

Il revient dans la Lumière

« Toute chose a deux anses : l'une par où on peut la porter, l'autre par où on ne le peut pas. »

ÉPICTÈTE.

Ma Bufang, seigneur de la guerre gouverneur musulman chinois de la province du Qinghai, a ouvert un front dans les régions de Nangchen, de Jyekundo et de Chamdo. Plus au nord, son homologue Liu Wenhuei, gouverneur de la province sino-tibétaine du Xikang, a mis à profit les dissensions entre plusieurs monastères pour s'approprier de nouvelles terres. Au début de l'hiver 1936-1937, les hommes de Ma Bufang ont encerclé des villages de Khampas ; assassiné les villageois ; massacré des campements entiers de nomades... Dans certaines parties du Kham et de l'Amdo on ne trouve plus de chiens : les Chinois les ont tous mangés. Il n'y a plus de chats non plus pour garder les temples : ils les ont épluchés vivants, ont lancé les peaux sanguinolentes dans les temples, souillant les peintures et les statuettes sacrées. Dans plusieurs monastères, des moines ont été décapités, leurs têtes dégoulinantes de sang fichées sur des pieux, montrées aux villageois. Les bandes armées de Ma Bufang et celles de Liu Wenhuei sont tout à fait prêtes à soutenir le neuvième panchen-lama pour étendre leur domination sur le territoire tibétain.

*

Cet hiver 1936-1937 sera aussi un des plus féroces que le nord et l'est du Tibet aient connu. De mémoire de Khampa et d'Amdowa, nul n'a vu de tels matins de gel et de froid qui s'accroissent chaque nuit un peu plus, atteignant alors des températures phénoménalement basses.

Chacun se dirigeant vers les régions que le régent et le kashag leur ont indiquées, les trois groupes de recherche progressent semaine après semaine, tantôt à flanc de montagne, affrontant des tempêtes si violentes qu'elles soulèvent d'énormes blocs de glace, tantôt franchissant des cols et traversant des vallées où des vents furieux et des tourbillons de sable les obligent à descendre de cheval et à chercher l'abri dans une grotte ou le premier escarpement venu.

Les journées, les lumières s'aiguisent, s'intensifient, les nuits se cristallisent et les arbres étincellent comme des diamants.

Un des groupes conduit par Kelsang Rinpoché, du monastère de Sera, a pris la direction de l'Amdo.

Au mois de décembre, il apprend que le neuvième panchen-lama Choekyi Nyima et ses partisans ont atteint Jyekundo dans le Qinghai, sur le haut du Yang-Tsé-Kiang.

Kelsang Rinpoché consulte ses compagnons. Décision est prise de rejoindre par le plus court chemin possible cette cité parmi les plus prospères du Tibet oriental. Heureux moment si le Panchen-Lama, de son vivant, intervenait dans la désignation du quatorzième dalaï-lama ! L'occasion est bien trop belle pour ne pas provoquer le destin.

Le temps presse. Seulement, aborder la montagne par son versant le plus abrupt pour atteindre avant la nuit une petite vallée, où il sait trouver un lac, dans un environnement hostile, avec la tempête de neige qui s'annonce violente, est pure folie.

La neige est de plomb, cingle les visages, le froid brûle la chair.

Le vent redouble encore au sommet du col. Et derrière eux, le tonnerre roule sur les cimes.

Enfin la vallée... Ils ont marché onze heures pour rejoindre ce lac. Il faut trouver un abri : un escarpement le long d'une ligne de faille va suffire, ils y seront plus en sécurité.

Les hommes s'activent : il faut soulager les montures de leur harnachement, allumer un feu, mais l'humidité empêche même de brûler des baies de genévrier.

Le lendemain matin, Kelsang Rinpoché s'est réveillé à l'heure où le ciel se déroule encore en un inimaginable mouvement d'étoiles scintillantes qui, à la pointe du jour, finit par plonger sur les ombres grandioses et les neiges éternelles des sommets himalayens.

Près de la cascade qui dégringole de la montagne, il contemple une forêt, épaisse et secrète, qui file à perte de vue vers la vallée. Plus loin encore, là où le ciel et la terre se fondent en une lumière blafarde dans des eaux mystérieusement abstraites, il peut imaginer tout un monde hostile qui se fait en ces instants magiques le complice de leur périple. Malgré la froidure hivernale, Kelsang sent la vie palpiter autour de lui, dans les eaux cristallines de la cascade, dans les ors crépusculaires des sommets enneigés, et dans le feulement des animaux sauvages qui n'ont jamais cessé de les observer.

Vers la fin janvier de 1937, le groupe pénètre dans une vallée encaissée, balayée par des vents tourbillonnants. Au crépuscule, les hommes engagent leurs montures sur une draille ; coupant cette fois plein est, ils entreprennent une marche délicate jusqu'au dernier col.

Les chevaux fatiguent et ils sont obligés de ralentir sensiblement leur allure. Une fois ce col franchi, Kelsang Rinpoché espère gagner un peu de temps en abandonnant la piste principale pour une autre plus dangereuse mais plus directe : si tout se passe bien, il leur restera encore environ cinq heures de marche pour atteindre Jyekundo.

*

Etrange atmosphère dans la cité du Tibet oriental. Du fait de la présence du neuvième panchen-lama et de ses partisans, l'économie locale a connu un désastreux déclin ; ajoutés à la rudesse de cet hiver, les produits de base manquent et l'inflation se propage.

A Jyekundo, le groupe de recherche apprend que Choekyi Nyima a pris froid et que le gouverneur tibétain de la région, représentant officiel de Lhassa, lui a envoyé deux émissaires qui se trouvent actuellement à son chevet pour l'inviter à gagner sans plus attendre la région de Chamdo où le climat est plus tempéré.

Sous le prétexte qu'il attendait un lama de Sera porteur d'une importante nouvelle, le Panchen-Lama a décliné l'offre mais il n'en a pas dit davantage aux envoyés spéciaux du gouverneur.

C'est donc sans attendre que Kelsang Rinpoché demande une audience auprès du conseil des Khenpos. Rendez-vous est pris avec le Panchen-Lama le quatrième jour qui suit le losar, le nouvel an tibétain de 1937 qui commence à la deuxième lune après le solstice d'hiver (février/mars), et surtout au septième jour qui suit le gütor : la date a été fixée après que Choekyi Nyima a consulté ses oracles. Cette journée devrait donc être bénéfique à tous.

En attendant, la délégation participe à toutes les cérémonies religieuses, y compris celles qui marquent l'avant-dernier jour de l'année tibétaine en cours. Ce jour-là, partout au Tibet, les temples sont nettoyés et repeints. Les moines en profitent pour changer les brocarts et les satins qui encerclent les images et les statuettes des divinités. Dans les habitations, tout le monde s'attelle à la tâche : on change les drapeaux à prières – aux couleurs traditionnellement blanches, rouges, jaunes et vertes ; on repeint les façades ;

on trace des lignes de sable blanc entre le portail et la porte d'entrée ; on dessine des symboles au centre de l'allée. A l'intérieur des demeures et des tentes, personne n'a oublié de nouer un foulard de laine blanche autour des carafes à eau et des pots. Sinon, gare aux mauvais présages !

A l'entrée des hameaux, des bourgades des villes, des hommes renouvellent la peinture des *chörtens*... Ces monuments religieux contiennent des reliques. Dans les campagnes, les célébrations ont souvent déjà eu lieu : *Sonam losar*, le nouvel an des agriculteurs, est célébré aux environs du solstice d'hiver.

Vient un autre grand moment qui consiste à laver les vêtements et à se laver soi-même. Pour losar, les Tibétains enfilent des habits neufs. S'ils sont trop pauvres, ils remettent les vêtements usagés mais nettoyés avec soin. Restent les gens très, très pauvres, dont la tchouba est la seconde peau : ceux-là ne la retireront jamais...

Jour de l'audience... Le neuvième panchen-lama accorde à ses hôtes l'accueil traditionnellement réservé aux hauts fonctionnaires du gouvernement de Lhassa.

Partageant le thé et un plat de fête à base de riz, Choekyi Nyima converse longuement avec le groupe, répond à de multiples questions, délivre nombre de conseils, et puis, soudain, se met à rappeler les liens très particuliers qui l'unissaient à Thubten Gyatso, le treizième dalaï-lama. Il sait pourquoi ces hommes sont là. Il l'a lu dans l'esprit de Kelsang Rinpoché, lequel comprend aussi que le Panchen-Lama a saisi les raisons de sa visite...

Cela explique sans doute son attitude.

Kelsang Rinpoché et ses compagnons connaissent parfaitement bien ce lien d'esprit à esprit, *samaya*, que les dalaï-lamas entretiennent avec les panchen-lamas depuis le règne du Grand Cinquième : Choekyi Nyima l'avait déjà expérimenté une première fois en 1888 ; le treizième dalaï-lama avait douze ans et devait présider les cérémonies d'intronisation du futur maître de Tashilhunpo ; alors âgé de cinq ans, il se souvient de cet instant furtif mais intense durant lequel ses yeux avaient croisé le regard de Thubten Gyatso...

Choekyi Nyima se tait quelques secondes, porte son bol rempli de thé à ses lèvres, entre dans d'autres explications, d'autres souvenirs : son lien d'esprit à esprit avec le Dalaï-Lama s'était renforcé encore en 1900, même s'il l'avait éprouvé à plusieurs reprises depuis ; Thubten Gyatso aussi... Ainsi que le voulait la tradition, le Dalaï-Lama avait entrepris un pèlerinage au lac Lhamo-Latso, le lac des Visions, s'installant avec sa suite d'une centaine de personnes au monastère de Chökhorgyal. Le premier matin, le Dalaï-Lama s'était rendu sur les rives du lac, accompagné seulement de dix maîtres de rituel ; au cours de sa méditation, il avait accompli une cérémonie d'offrandes au gardien des esprits ; immédiatement après, une clameur avait jailli du ciel et les eaux s'étaient teintées des couleurs de l'arc-en-ciel. Dans cette masse bouillonnante étaient apparus au Dalaï-Lama – et à lui seul – les contours du monastère de Tashilhunpo ; puis l'agitation avait cessé tout aussi soudainement. Etait alors apparu le visage du Panchen-Lama : leurs cœurs s'étaient emplis d'une immense joie, en apprenant, là, sur les rives du lac, qu'ils allaient se retrouver bientôt. Thubten Gyatso n'était pas rentré immédiatement à Lhassa. D'abord, il s'était rendu au monastère de Samyé où il avait contracté la petite vérole ; pourtant guéri, il en portait toujours les marques sur son visage. Ensuite, il avait fini par reprendre le chemin de la capitale et il était arrivé à temps pour recevoir la visite de Choekyi Nyima, son ami, le Panchen-Lama.

Une dernière pause, un regard qui se brouille. Le Panchen-Lama a vécu un autre moment très intense en 1902 : il avait dix-neuf ans, son ami déjà vingt-six. Ils ne s'étaient pas revus depuis leur majorité : Thubten Gyatso était devenu le chef temporel du Tibet et, lui, Choekyi Nyima, le maître de Tashilhunpo. Il se souvient du jour où il avait tellement conversé avec Kundun que celui-ci avait proposé à son ami de ne partir que le lendemain. Devant son refus, le Dalaï-

Lama s'était saisi d'une lanterne et, bravant la nuit noire et ses dangers, l'avait accompagné jusqu'à l'entrée principale de Lhassa... Une fois de retour à Tashilhunpo, plusieurs semaines plus tard, Choekyi Nyima était entré en *samadhi* – en absorption méditative – et il s'était concentré sur l'image du Dalaï-Lama, conscient que leur amitié allait être mise à rude épreuve : des événements graves qui les concernaient tous les deux directement allaient plonger le Tibet dans la tristesse et dans la peur.

Le Panchen-Lama sort de sa réflexion. En cet hiver 1937, alors qu'il vivait un exil pénible, son regard s'épanouit soudain : son ami le Dalaï-Lama est de retour.

Choekyi Nyima accorde sur-le-champ une audience privée à Kelsang Rinpoché.

Durant cet entretien qui va durer plusieurs heures, le lama de Sera raconte enfin ce qui l'amène à Jyekundo, les signes apparus après la disparition du treizième dalaï-lama, les visions du régent sur les berges de Lhamo-Latso, et cette rencontre avec le Panchen-Lama.

Choekyi Nyima l'écoute attentivement, sans l'interrompre. C'est seulement lorsque Kelsang Rinpoché a terminé son long monologue que le Panchen-Lama, entré en méditation [1], lui décrit avec une minutieuse précision la région où vit l'enfant-réincarné que tous recherchent : il lui indique trois noms, mais il précise que, des trois, l'enfant de Taktser est le quatorzième dalaï-lama.

La lettre *AH*, la lettre suprême, est aussi celle qui désigne l'Amdo, et c'est bien là qu'il se trouve.

Pour sa part, *MA* correspond au monastère du Karmapa

1. Chez les bouddhistes, la méditation comprend deux grandes étapes préliminaires : la pensée, la réflexion, la concentration forment la première ; l'intégration, l'éveil ou les visions, la seconde. La spontanéité dans la méditation s'acquiert avec la pratique ; elle réclame une parfaite maîtrise de l'esprit. Un maître peut, quant à lui, méditer au gré des événements et improviser ainsi que le ferait un virtuose avec son instrument de musique.

Rolpi Dordjé[1] situé sur la montagne qui domine le village de Taktser. Quelques années plus tôt, le treizième dalaï-lama avait séjourné un certain temps à Tashi Khyil. Il y avait même oublié une paire de bottes. Surtout, les moines du monastère se souvenaient que Sa Sainteté avait passé beaucoup de temps à observer la maison où allait naître sa réincarnation.

La lettre *KA* enfin. Elle désigne le monastère de Kumbum, le principal monastère de la région. Et pour cause ! A Kumbum était né, bien des siècles plus tôt, en 1357, un enfant qui portait le nom de Tsongkhapa. Une famille de nomades avait installé sa tente dans ce coin désertique, juste à côté d'un point d'eau. La légende[2] dit qu'au coucher du soleil une jeune femme enceinte bêchait un lopin de terre et ôtait avec soin pierres et cailloux, afin de pouvoir, avec des gestes minutieux, planter chaque petit espace de liberté de quelques légumes. L'air s'emplit soudain d'un doux parfum de fleurs et le ciel se teinta de couches finement dorées. La femme arrêta son labeur et son regard se fondit dans l'horizon. Alors qu'elle avait la sensation d'être transportée par-delà les cimes enneigées, vers la lune, ronde et pleine, la Tibétaine sentit les premières douleurs de l'enfantement. Dubchen Karma Dordjé, un lama qui passait à quelques pas et qui l'observait depuis un moment déjà, lui vint aussitôt en aide : la jeune femme mit au monde un petit garçon... Lorsque l'enfant poussa son premier cri, le lama dit : « Prends soin de cet endroit où vient de naître ton fils ; conserve-le intact et n'y plante rien qui puisse le polluer. Un jour, des pèlerins y afflueront, car ton enfant connaîtra un destin exceptionnel... » Très vite, le petit Tsongkhapa se sentit attiré par les textes sacrés. Il entra au monastère, où

1. Le quatrième de la lignée des karmapas, chef de la lignée kagyupa (1340-1415).

2. Racontée à l'auteur sous plusieurs versions par l'actuel oracle de Nechung et par Tenzin Choedrak, le médecin du Dalaï-Lama, qui, de son vivant, était un grand conteur.

il se révéla studieux et particulièrement éveillé. S'il étudiait avec intensité, sa curiosité permanente le poussa bientôt à quitter sa région pour aller à la rencontre des plus grands maîtres des différentes écoles bouddhistes... Le jour même où Tsongkhapa entra au monastère, un arbre se mit à pousser à l'endroit même où sa mère lui avait donné le jour[1]. Au début, personne ne trouva la moindre explication : il était si étrange de voir un santal blanc s'élever en ce lieu désert fréquenté de temps à autre par quelques nomades qui menaient au point d'eau leurs troupeaux de yacks et de moutons. Après leur départ, de très longs mois s'écoulaient parfois avant d'y revoir âme qui vive. Cependant, un matin, alors que cette famille de nomades s'y trouvait encore, un moine passa tout près du lopin de terre et, apercevant la mère de Tsongkhapa, s'approcha : « Je m'appelle Amdo, lui dit-il. Voici quelques semaines, dans mon sommeil, j'ai rêvé de cet endroit. Quelqu'un m'y parlait, me demandant de me mettre immédiatement en route et de trouver les premières pousses d'un santal. M'y voici rendu, et ce sont déjà les secondes qui s'épanouissent. Je suis chargé de veiller sur cet arbre. M'autoriseriez-vous à rester ici ? – Venez, lui répondit-elle. Vous m'aiderez aussi à garder ce lopin propre... » La jeune femme se mit à raconter au moine ce que lui avait dit le lama au moment de la naissance de son fils. Le religieux se fabriqua un abri. Une fois installé, il passait la majeure partie de la journée à prier au pied de l'arbre. Le santal s'épanouissait, et le moine ne manquait jamais de s'étonner en l'observant : ses feuilles avaient une forme bien particulière, semblable à des pétales de rose. Dans ce pays de légendes et de mystères, rien d'étonnant, dès lors, à ce que la nouvelle de l'existence de cet arbre d'exception se répandît dans les environs. On vit de plus en plus de curieux visiter l'endroit ; mais le moine montait bonne garde, empêchant quiconque de toucher une branche, une feuille...

1. On dit aussi que le sang provenant de la coupure du cordon ombilical ou le placenta donna naissance à l'arbre.

Pendant toutes ces années, la réputation de Tsongkhapa ne cessa de se répandre, jusqu'à atteindre la lointaine Chine. En 1408, l'empereur de la dynastie Ming[1] l'invita même à Pékin ; mais le fondateur des Gelugpas – la nouvelle lignée du bouddhisme tibétain – préféra cette année-là inaugurer, dans le temple principal du Jokhang, le *Mönlam Chenmo* – la Grande Prière – que, depuis, les Tibétains célèbrent les quinze premiers jours suivant le losar. Durant l'une de ses retraites (1402 à 1405), Tsongkhapa rédigea au monastère de Radeng, celui de la lignée des Reting, le *Lamrin Chenmo*[2], cette œuvre inspirée qui servit à imposer ses réformes et son autorité dans le mouvement qu'il venait de créer... Sa mère ne l'avait plus revu depuis longtemps. Souffrant de l'absence prolongée de son fils, elle finit par confier à un marchand un message où elle exprimait toute sa tendresse, et aussi son chagrin : « Mon fils, je n'ai plus posé les yeux sur toi depuis ton départ au monastère. Tu n'étais qu'un enfant. Tu as désormais une sœur, ta cadette de quelques mois. Aujourd'hui, je ne suis qu'une vieille femme pliée par le poids des ans qui ne rêve que d'une seule chose avant de quitter ce monde : revoir une dernière fois le fils dont on parle tant. Voilà un an déjà que *pala* – le nom par lequel les Tibétains désignent le père – est mort. Et puis ici, dans l'Amdo, ils sont si nombreux à vouloir recevoir tes enseignements... » Le message parvint à Tsongkhapa dans le centre du Tibet, à une distance très éloignée. « Ce ne sont pas les difficultés qui me retiennent d'entreprendre un tel voyage, répondit Tsongkhapa au messager, mais son inutilité... » Par la méditation, le maître avait compris que son retour en Amdo servirait à bien peu de chose, à un moment où ses réformes se heurtaient à l'incompréhension de beaucoup, à la perfidie de certains. Il se contenta donc de remettre au marchand une lettre pour sa mère, à laquelle il ajouta deux images : la première pour *amala* – nom par

1. Cette dynastie régna de 1368 à 1644 sur l'Empire chinois.
2. Traduction littérale : « Synthèse de la doctrine ».

lequel les Tibétains désignent la mère – le représentait ; la seconde pour sa sœur aînée – *achala* – était une représentation de Manjushri[1], le bodhisattva de la connaissance suprême. « Maître, n'as-tu rien à dire au moine ? Sa fidélité à ta famille est exemplaire, et il veille depuis tant d'années sur le santal aux feuilles étranges, – Remets-lui simplement cette image de Demchok[2] se dressant debout un halo de flammes sur le disque du soleil qui, lui-même, repose sur un lotus. S'il comprend mon message, il fera davantage encore pour cet arbre. – Et les villageois ? – Raconte aussi à ce moine les détails de notre entretien. S'il lui vient à rêver encore, le feuillage sera pour eux source de merveilleux souvenirs. » Le messager s'en retourna. Plusieurs semaines après, il put raconter ce que lui avait dit Tsongkhapa. Le moine écoutait avec attention son récit. Soudain, alors que son regard se faisait plus perçant, il s'écria : « Mais oui, quelle évidence ! » Et il prit les jambes à son cou, jusqu'à la tente où la mère de Tsongkhapa préparait de la tsampa. « Amala, je me suis comporté comme un sot. Je dois vous avouer quelque chose d'important : la pousse dont je devais m'occuper était votre fils. Il n'est cependant pas trop tard pour le servir mieux encore. Je consacrerai dorénavant ce qui me reste à vivre dans ce monde à bâtir ici un monastère pour les Gelugpas. Il est cependant inimaginable

1. Le culte de Manjushri est très répandu dans le *mahayana*, « le Grand Véhicule ». Il aurait été à son origine un personnage historique, déifié par la suite. Les grands penseurs, Padmasambhava et Tsongkhapa, sont considérés comme des émanations de Manjushri. La tradition veut qu'il soit ainsi représenté : dans sa main droite, il tient une épée pour trancher l'ignorance ; dans la gauche, un livre posé sur un lotus.

2. Cette divinité à quatre têtes – jaune, bleue, verte et rouge – est considérée comme la forme courroucée de Chenrezig. Généralement représentée avec deux ou douze bras, son corps est bleu. Elle porte une peau de tigre autour de la taille, une peau d'éléphant sur le dos. Parée d'ornements en os, elle porte également une tiare constituée de crânes et, autour du cou, un collier de cinquante et une têtes fraîchement coupées.

que toutes ces années n'aient servi à rien. Je suis sûr maintenant que cet arbre renferme un secret et qu'il a un pouvoir mystique... » Pour la première fois depuis tant d'années, le moine déroula une des feuilles tombée sur le sol. Et là, quelle surprise ! Sur une face, il découvrit l'effigie de Manjushri ; sur l'autre, le mantra *Om Mani Padme Hum.*

Depuis, les Tibétains y ont construit le monastère de Kumbum, la lamasserie aux « cent mille images » que l'arbre offrait chaque année aux nombreux pèlerins bouddhistes.

Suivant un ultime conseil du Panchen-Lama, Kelsang Rinpoché et ses compagnons reprennent la route en direction du monastère de Kumbum dès le lendemain à l'aube.

Lobsang Tsewang, un moine subalterne, porte en permanence sur lui l'image du neuvième panchen-lama : il ne cesse de raconter à ses compagnons que l'esprit du Dalaï-Lama et celui du Panchen-Lama sont unis à jamais et que les différends qui opposent les autorités de Lhassa et celles de Tashilhunpo incombent seulement à leurs entourages réciproques. Sans compter les menées étrangères...

*

Depuis que la menace japonaise pèse sur Pékin, Chiang Kai-shek a été pressé par son entourage de faire alliance avec Mao Zedong [1]... Le 7 juillet 1937, l'incident Marco-Polo, une fusillade nourrie dans la banlieue de Pékin, sert de prétexte aux troupes impériales nippones. Elles envahissent le nord de la Chine. Et pourtant même aux abois, le Guomindang continue à rêver d'un retour du Panchen-Lama

1. C'est le 12 décembre 1936, à Xi'an, dans le Sha'anxi, l'ancienne capitale des empereurs de Chine, que deux généraux du Guomindang kidnappent leur général : l'un s'appelle Zhang Xueliang, l'autre Yang Hucheng ; ils dirigent jusque-là les armées du Nord-Est et du Nord-Ouest. Ce coup de force sauve Mao Zedong et ses communistes.

dans son monastère de Tashilhunpo au Tibet sous la protection d'une imposante force armée.

Il y a, sans conteste, danger pour l'enfant et sa famille : lui qui pourrait bien être la réincarnation du treizième dalaï-lama vit dans une région entièrement contrôlée par Ma Bufang. Ainsi, l'une des plus fortes appréhensions du kashag et, auparavant, du souverain défunt se précise.

La partie va être décisive pour le Tibet.

Dans un premier temps, Kelsang Rinpoché conduit son groupe au monastère de Kumbum. C'est là-bas qu'il apprend le décès quelques mois plus tôt d'un tulku. La chance est avec lui : la recherche de cette réincarnation est le meilleur prétexte pour ne pas éveiller les soupçons des Chinois.

Reste l'attitude du Panchen-Lama : l'enfant réincarné pourrait devenir un argument de poids dans ses négociations avec le gouvernement tibétain en vue d'un retour triomphal au Tibet !

Kelsang n'ose imaginer une telle éventualité.

Le groupe de recherche arrive en plein été à Kumbum.

Kelsang consulte l'oracle du monastère : le moment n'est guère propice pour se rendre à Taktser.

Pendant ce temps, le Panchen-Lama, qui a passé l'été à Nankin, décide de regagner Jyekundo sans plus tarder tant son état de santé ne cesse de se dégrader.

Vers la troisième semaine du mois d'octobre 1937, le voici contraint de s'aliter.

Ses plus proches conseillers ne quittent plus son chevet. Parfois, lorsque l'un ou l'autre des Khenpos essaie d'apercevoir le visage de leur maître, Choekyi Nyima ne lui présente que son profil, cachant un visage qu'on devine pourtant d'une pâleur extrême.

Là où il se tient, le lama ne peut pas saisir l'impression de ses yeux qui semblent vouloir percer l'obscurité lointaine et distinguer au-delà, bien au-delà déjà, dans cet autre monde que les Tibétains appellent le *bardo*[1], « l'état intermédiaire » qui se divise en quatre réalités : le bardo naturel de cette vie, c'est-à-dire la vie elle-même ; le bardo douloureux de la mort, soit le processus de la mort et la mort elle-même ; le bardo lumineux de la dharmata, c'est-à-dire la période après la mort ; et, enfin, le bardo karmique qui correspond à la renaissance... Ainsi commence pour le neuvième panchen-lama Choekyi Nyima une lente agonie sous les yeux de ses proches affairés à lui lire à voix haute l'entièreté du *Bardo Thödol*, le Livre des Morts tibétain. Ils lui offrent des reliques et, parfois, lui proposent des substances sacrées, mais rien n'y fait : le Panchen-Lama décède en novembre 1937, dans un des monastères de Jyekundo. Lui aussi aura décidé du jour de sa mort, non sans avoir achevé son œuvre principale : conseiller et guider Kelsang Rinpoché, le lama de Sera, dans ses recherches pour trouver la réincarnation du Dalaï-Lama. Et d'ailleurs, faute d'être encore capable de régler les différends qui l'opposaient aux autorités de Lhassa, c'est aussi une manière de partir doucement pour renaître le moment voulu dans un contexte beaucoup plus serein.

Commence alors la traditionnelle période de deuil de quarante-neuf jours.

A Lhassa, le régent fait annoncer la triste nouvelle par un lugubre roulement de tambours sur le toit du Potala.

De son côté, le conseil des Khenpos a averti le gouverneur du Tibet oriental, lequel a dépêché deux émissaires à Jyekundo pour y présenter les condoléances des autorités de Lhassa. Invités à regagner Tashilhunpo avec le défunt : c'est d'organiser des funérailles dignes du disparu[2] qu'il s'agit désormais.

---

1. Au moment de la mort, l'être ne disparaît pas complètement. Laissant derrière lui son corps physique, sa continuité mentale passe par une étape intermédiaire, avant de retrouver un nouveau support d'existence. Etat intermédiaire entre la mort et la naissance.

2. Le Guomindang attacha une énorme importance à la disparition du neuvième panchen-lama Choekyi Nyima. Le 23 décembre 1937, les autorités de Nankin créèrent un « ordre posthume » en son honneur :

La proposition divise les partisans du Panchen-Lama : les anciens, prêts à accepter les propositions du kashag, refusent catégoriquement de retourner en Chine, mais les plus jeunes rejettent toute allégeance à Lhassa. C'est dans ce contexte qu'ils sollicitent des tribus khampas, mettent sur pied une troupe aguerrie, bien armée, prête à en découdre avec tous ceux qui d'aventure chercheraient à s'emparer de la dépouille du Panchen-Lama enfermée depuis le départ dans un cercueil empli de sel, afin de drainer son corps de tout liquide ; on avait également versé du mercure par la bouche, ce qui allait permettre de nettoyer les organes internes du défunt.

Ainsi, il n'est pas question pour eux non plus de rester à Jyekundo, une cité jugée trop exposée.

Une nuit, ils lèvent le camp et marchent en direction de Kantsé, au cœur d'une région sous la domination de Lin Wanghui, cet autre seigneur de la guerre tout aussi sanguinaire que le sont ses homologues Ma Bufang et Liu Wenhuei.

« Membre du comité du gouvernement nationaliste, chantre du bouddhisme jusqu'aux frontières de l'Ouest, défenseur de la nation, maître d'une très grande sagesse, le Panchen Erdeni [ce titre en partie mongol fut donné en 1713 au cinquième panchen-lama par l'empereur chinois Kangxi] était sensible à toutes choses. Aussi réalisa-t-il des œuvres exceptionnelles. Dans sa jeunesse, il contribua à l'unification [de la Chine] par de nombreux actes méritoires. Ces dernières années, [le Maître] apporta le bouddhisme aux frontières de l'Ouest, prêchant partout, avec soin, la morale et la vertu. Les habitants des régions frontalières le remercient et lui expriment leur reconnaissance unanime. Alors qu'il s'apprêtait à rentrer au Tibet, appelant vigoureusement à la paix – une attitude exemplaire qui lui vaudra un respect éternel –, il mourut subitement des suites d'un excès de travail pour son pays. Pour lui exprimer notre souvenir affectueux et notre deuil profond, nous créons un ordre spécial en l'honneur du Maître et le décernons à celui qui protégea tant son pays et dispensa une si grande sagesse. Nous lui donnons donc le titre posthume de “Maître perspicace”. La somme de dix mille yuans sera versée pour ses funérailles. »

*

La route est longue jusqu'à Kantsé.

Même si les anciens désapprouvent cette opération d'envergure, ils décident de suivre le cortège pour protéger le défunt : les hommes du Panchen-Lama franchissent des cols, traversent des vallées et des plateaux balayés par les vents, les neiges, les sables.

Malgré un hiver aussi rude que le précédent, des bandes entières de cavaliers khampas rejoignent les lamas pour servir d'escorte à ce long convoi mortuaire.

En réalité, le transport du corps du Panchen-Lama masque plusieurs objectifs distincts. D'abord ce mariage qui doit unir un proche de Choekyi Nyima avec la fille unique de l'administrateur tibétain de la province, une union de nature à permettre aux lamas de Tashilhunpo d'étendre leur influence sur l'est du Kham. Ensuite, l'intention affichée du conseil des Khenpos d'établir un nouveau gouvernement et de renverser les autorités de Lhassa. Enfin, le désir qu'avec le concours de tous les Tibétains de la région on parvienne enfin à se débarrasser de Liu Wenhuei qui, depuis 1927, la met à feu et à sang. Une occasion unique, mais c'est compter sans les Khampas restés fidèles à la mémoire du treizième dalaï-lama, c'est tabler sans le représentant de Lhassa qui promet de faire alliance avec le conseil des Khenpos à condition que la dépouille du neuvième panchen-lama soit transportée très vite à Chamdo, la ville où l'officiel tibétain séjourne alors.

Finalement, les transactions des lamas de Tashilhunpo échouent : il n'y aura pas d'alliance sacrée entre les Tibétains pour chasser Liu Wenhuei des territoires qu'il occupe ; pas d'accord non plus avec le gouvernement de Lhassa.

Cette attitude résolument suicidaire des dignitaires de Tashilhunpo détruit tout espoir d'un front commun contre les seigneurs de la guerre et contre la Chine.

Les quelques tentatives du représentant de Lhassa dans le Tibet oriental n'entament en rien le fanatisme des lamas dont les bandes armées ont déjà soumis, de gré ou de force, plusieurs provinces du Kham.

La réaction chinoise ne se fait guère attendre.

Une nuit, Liu Wenhuei fait déployer ses hommes autour de Kantsé.

Au petit matin, la ville est encerclée.

Profitant de la confusion qui règne, les lamas de Tashilhunpo parviennent toutefois à échapper à l'étau chinois qui s'était refermé sur eux.

Et, cette fois encore, ils emportent avec eux la dépouille de leur guide spirituel.

C'est au terme de longues semaines d'errance que, après avoir livré des combats féroces et essuyé de lourdes pertes, ils finissent par atteindre les rives du lac Kokonor.

Les lamas de Tashilhunpo vont y séjourner plusieurs hivers et plusieurs étés. Quand ils ne se déplacent pas pour échapper aux Chinois, les religieux passent leur temps à prier devant la dépouille du neuvième panchen-lama. Désormais séché de tout immondice, ils ont, dans un premier temps, recouvert le mort de bandages pour le maintenir en position de méditation ; puis, ils lui ont appliqué une couche d'argile, protection en cas d'un autre transport impromptu ; enfin, malgré l'exil, ils ont eu l'honneur suprême de le recouvrir d'or et de laque : ainsi momifié, le défunt Choekyi Nyima a été rendu insensible aux variations atmosphériques.

Reste aussi à trouver sa réincarnation ! Et là, les choses se compliquent encore.

Les recherches se font habituellement sous la plus haute autorité administrative du monastère de Tashilhunpo, autrement dit le conseil des Khenpos. Or, celui-ci est divisé. Et puis, le kashag intervient aussi, de même que le régent. Enfin, il y a les oracles des dalaï-lamas et ceux des panchen-lamas qui se trompent parfois, et ne se supportent jamais.

Depuis Lhassa, Reting Rinpoché, déjà affairé aux recherches visant à retrouver la réincarnation du treizième dalaï-lama, doit maintenant s'occuper des investigations de la réincarnation du neuvième panchen-lama.

Il informe donc les dignitaires restés dans la région du Kokonor avec le défunt que, au moment propice, il leur appartiendra de constituer un des groupes d'enquête.

*

Janvier 1938... C'est le plein hiver, toujours aussi rude.

Kelsang Rinpoché et ses compagnons ont quitté Kumbum pour rejoindre Labrang Tashi Khyil, la résidence monastique où le treizième dalaï-lama avait, par le passé, oublié ses bottes...

Leur progression est rendue plus difficile encore par la succession de tempêtes.

Inconsciemment, les hommes se sont rapprochés les uns des autres, chacun s'agrippe à la queue du cheval qui les précède tandis que Kelsang Rinpoché leur ouvre la marche, donnant une cadence d'une extrême lenteur à leur avancée.

Plus ils montent, plus l'air se raréfie.

Le lama de Sera a d'ailleurs réduit encore l'allure. Il sait, par expérience, toute la valeur de la prudence : à ces altitudes, le cœur bat avec violence, prêt à rompre. Le lama a rappelé à tous de veiller à chaque mouvement de leur corps, d'harmoniser leur souffle à chacun de leurs pas et de pratiquer un exercice respiratoire au rythme du mantra *Om Mani Padme Hum*, dont la récitation répétitive permet la concentration, et *tum-mo*[1] pour se prémunir du froid qui les transperce.

1. Tum-mo est une pratique de méditation qui engendre « la chaleur psychique ». L'analyse du corps étant fondée sur la cosmologie et sur la philosophie bouddhiste qui considèrent que « tous les phénomènes animés et non animés ont une existence dépendante des cinq énergies cosmiques : la terre, le feu, l'air, l'eau et l'espace », le méditant va, dans cette pratique, se concentrer sur l'élément « feu » et sur toutes ses implications.

Ils arrivent enfin à Labrang Tashi Khvil avec l'intention d'y séjourner un certain temps.

Entre le quatrième et cinquième jour de leur séjour au monastère, Kelsang Rinpoché s'est levé bien avant l'aube : il fait toujours nuit mais la lune est ronde et belle. La veille, un vieux moine lui a raconté qu'un enfant de Taktser vivait déjà au monastère. C'est l'un des derniers tulkus arrivés à Kumbum ; on l'appelle Taktser Rinpoché. Thubten Jigme Norbu – son nom véritable – serait né dans une famille nombreuse : c'était là un des vœux les plus chers du treizième dalaï-lama.

Dans les matins crépusculaires, le lama distingue le chemin qui part du monastère et, au fil des minutes, il devine l'orée du village et cette maison différente des autres à cause de ses tuiles turquoise.

A cet instant précis, les images dans son esprit prennent une forme de plus en plus concrète. Taktser compte une trentaine d'habitations. Une piste, régulièrement empruntée par les caravaniers entre Xining et Labrang Tashi Khyil, longe un cours d'eau sur plusieurs centaines de mètres... Il y a très longtemps, bien avant que Taktser ne fût une bourgade, des nomades ont vécu à flanc de colline. Pour parvenir dans cette vallée fertile où l'herbe ondule sous le vent de la transmigration, ils ont traversé des régions montagneuses, des forêts immenses, des rivières tourmentées, des terres arides puis des régions parsemées de lacs, plus fertiles déjà mais pas comme l'est cette vallée-ci. Leur chef leur avait indiqué cet emplacement, les nomades ont alors dressé leurs tentes noires en poil de yack, d'abord à l'abri sur les hauteurs, ensuite à proximité du cours d'eau. Très vite, ils se sont aperçus que l'orge, base de leur nourriture, y poussait abondamment, les légumes aussi : radis noirs, choux, navets, aulx [1].

---

1. Il existe sept sortes d'aulx utilisés par la médecine tibétaine. Les marchands népalais venaient à l'époque chercher ces plantes au Tibet

Kelsang Rinpoché en est maintenant convaincu : les moments à venir vont être intenses et emplis d'émotion. Si les visions du régent Reting Rinpoché et celles du Panchen-Lama Choekyi Nyima s'avèrent exactes, il va se trouver bientôt en face de la réincarnation du treizième dalaï-lama.

Le lama et ses hommes ont enfourché leurs montures. Direction la maison et ses mystères !

Lobsang Tsewang, le moine qui porte toujours sur lui la photo du neuvième panchen-lama, a revêtu les habits de Kelsang Rinpoché, lequel a enfilé les vêtements du moine, petite manœuvre mise au point juste avant de quitter Tashi Khyil.

La neige tombe très fort et rend la piste délicate.

Les chevaux – de petite taille – s'enfoncent jusqu'aux flancs.

La maison, un grand quadrilatère, s'appuie contre deux bâtiments sans la moindre symétrie et comporte une cour intérieure. Il n'y a qu'une porte. Etroite, elle a l'air de se dérober aux regards indésirables.

Le groupe progresse toujours aussi lentement vers la demeure : des femmes dégagent la neige, non sans difficulté, devant cette porte.

Les fenêtres avec des meneaux en bois sont petites et dépareillées.

Deux cheminées et trois trous d'évacuation percent le toit. Des gouttières de genévrier aux formes grotesques servent à l'évacuation de l'eau vers la cour.

Lorsque les fenêtres et la porte, qui semble unique, sont fermées, les habitants de cette maison doivent se sentir autant à l'abri que dans une forteresse.

Cette maison est la dernière chance du lama et de ses hommes. Sur les trois enfants indiqués par le Panchen-Lama l'un est mort et l'autre n'a guère répondu à leurs attentes.

---

et les revendaient dans leur pays, où l'on s'en servait essentiellement comme condiments.

Reste l'enfant de Taktser, ainsi que le leur avait signalé Choekyi Nyima.

Lobsang Tsewang joue son rôle à la perfection. Il s'est légèrement écarté pour permettre au lama de Sera qui le suit de près de mieux observer la demeure.

Plus que la maison, c'est en fait le site qui attire l'attention de Kelsang Rinpoché : l'endroit correspond avec exactitude aux visions décrites par le régent sur les berges du Lhamo-Latso et par le Panchen-Lama à Jyekundo.

A peine descendu de cheval, Lobsang Tsewang est déjà entré. Kelsang s'attarde un peu pour ne pas attirer les soupçons sur lui.

Le moine raconte s'être trompé de route ; il demande l'hospitalité pour le reste de la journée et pour la nuit. Peut-on également loger ses compagnons ? La femme qui s'adresse à Lobsang dit s'appeler Dekyi Tsering : elle va sur ses trente-huit ans ; et son mari qui prie devant l'autel dit se nommer Choekyong Tsering : il a un an de plus.

Le couple invite les voyageurs à rester le temps qu'il faut dans leur humble demeure. Un intérieur sans richesse mais d'une chaleureuse simplicité.

Dedans aussi bien que dehors, le calme semble avoir choisi ce lieu comme repaire. Même cette autre petite porte qui donne sur la cour semble se cacher aux indiscrets. C'est une habitation suffisamment grande et confortable pour abriter une famille et ses enfants, où chaque pièce fait suite à une autre. Un judicieux dédale, œuvre d'un astucieux constructeur, fait de pierres plates dont les interstices ont été comblés avec de la terre glaise, le tout recouvert d'un parquet de bois, donne côté nord sur l'autel et la chambre des parents ; côté ouest sur les étables et sur une chambre pour les invités : là, une petite porte ouvre sur la réserve dont on n'est finalement jamais très éloigné ; enfin, au sud, on trouve l'écurie et le chenil. Un réservoir d'eau en terre cuite, décoré d'une belle faïence verte, s'appuie sur une énorme poutre qui soutient le plafond.

Dans cette demeure-ci, la vie de famille se déroule surtout

côté est, dans la cuisine divisée en deux moitiés inégales, séparées par le poêle et par une cloison en bois.

Dekyi Tsering s'affaire pour préparer le thé traditionnel lorsqu'on reçoit des hôtes.

L'arrivée du groupe a interrompu la maîtresse dans son travail : le four n'est pas allumé et, à part Choekyong Tsering qui faisait ses offrandes et entretenait les lampes à beurre sur l'autel, elle devait être occupée près du foyer avec sa fille Tsering Dolma[1] – achala, nom donné par les Tibétains à l'aînée de la famille – qui s'apprêtait visiblement à faire du pain...

Pas la moindre trace d'un petit garçon !

Lobsang se garde bien de poser la moindre question à ce sujet. Il se contente d'observer la femme qui va et vient, reverse de l'eau dans la bouilloire placée près des braises qu'elle a soufflées, et, pendant que l'eau est en train de bouillir, s'approche d'un sac en peau de yack et racle dans ses mains du beurre de dri – femelle du yack.

Durant tout ce temps, Dekyi Tsering n'a jamais cessé de réciter le mantra *Om Mani Padme Hum*. Il n'y a là rien d'exceptionnel car les Tibétains, gens de dévotion, le répètent des milliers de fois dans la journée.

A ce moment-là, Kelsang Rinpoché éprouve une sensation étrange : les mains, les doigts de Dekyi Tsering ressemblent tellement à ceux de sa propre mère, originaire elle aussi de cette partie du Tibet... La femme a cette même façon de préparer le thé tibétain – *sö-cha* : elle non plus n'utilise pas la baratte ainsi qu'on le fait à Lhassa ; elle aussi a ces mêmes gestes précis très secs : ses doigts courent à présent dans le beurre qui dégouline dans un grand bol.

L'eau est bouillante. Dekyi Tsering la mélange d'abord à un petit bloc de thé noir pris dans un pot de terre – le thé peut être aussi conservé dans un sac en peau de yack –, puis à du beurre et à un peu de bicarbonate de soude, avant de

1. La fille aînée de la famille a dix-huit ans au moment du récit : elle est née en 1920.

le servir à ses hôtes. Chacun a sorti son bol de son sac de moine ou de sa tchouba.

Déjà, l'Amdowa s'affaire à autre chose : c'est probablement ce à quoi elle travaillait lorsque Kelsang Rinpoché et ses compagnons sont arrivés. Très certainement elle a dû se précipiter sur le pas de sa porte pour déblayer un peu la neige afin de mieux pouvoir accueillir ses visiteurs.

La neige... Kelsang Rinpoché se rappelle alors une autre des nombreuses visions du régent sur les berges du Lhamo-Latso, « ses eaux laiteuses », d'une belle blancheur. C'est maintenant une évidence ! Les reflets, le toit de tuiles turquoise et cette neige immaculée autour de la demeure !... Ensuite, lorsqu'ils se sont approchés, la neige a redoublé de densité, et le vent qui s'était levé continue à souffler en force.

Il y a aussi ce sifflement... Il ressemble à celui décrit par Reting Rinpoché : il provient des drapeaux à prières accrochés au mât dans la cour.

Kelsang Rinpoché prête l'oreille. C'est bien cela.

Un sourire discret naît sur ses lèvres, aussitôt remarqué par ses compagnons.

Du coup, ils en avalent le thé de bon cœur.

Dekyi Tsering passe et repasse devant ses hôtes. Elle sert le thé, sans oublier un bol pour son mari, pour sa fille, pour elle, mais il n'y a rien qui indique la présence d'un autre enfant dans la maison.

Kelsang Rinpoché semble ne pas trop s'en inquiéter.

Dekyi Tsering a posé le récipient sur les braises pour s'en aller chercher du sable blanc dans un énorme pot de terre. Elle le dépose dans le four, retourne au pot de terre, revient au four, adresse quelques mots à sa fille, chargée de remplir de thé le bol des invités ; puis, elle s'agenouille devant le four, étale le sable en une belle couche. Sur le dessus, elle croise du bois sec. Un peu de braise du foyer et l'affaire est faite ! Le bois éclate, la flambée est belle, intense ; bientôt il y a des braises et le sable blanc a rougi...

La pâte est déjà pétrie. Le va-et-vient reprend, de la table au four et du four aux hôtes, chacun étant servi l'un après l'autre dans un grand éclat de rire. L'odeur chatouille les narines. Un régal, ce pain ! Kelsang Rinpoché et ses compagnons y mordent à belles dents, surtout que Dekyi Tsering vient de leur offrir de très fines lamelles de yack et de fromage séché pour l'accompagner.

Les heures s'écoulent... L'atmosphère s'est beaucoup détendue : le groupe s'est joint à Choekyong Tsering afin de prier devant l'autel mais, n'y tenant plus, Kelsang s'est soudain levé pour se retirer dans la pièce réservée aux serviteurs ; en réalité, il veut profiter de ces quelques minutes pour inspecter les lieux.

Quelque chose le préoccupe cependant : ce vieux moine de Tashi Khyil lui a confirmé à plusieurs reprises la présence d'un petit garçon âgé de deux ans environ.

Il se trouve que dans les maisons tibétaines il existe très souvent un endroit que l'on appelle le *kang*, fait d'argile et de boue et creux à l'intérieur. Ici, il incombe à Tsering Dolma la responsabilité de veiller, surtout en hiver, à ce que dans le kang en question – mélange de sable, de brindilles et de bouses de yack séchées – les braises encore ardentes ne s'éteignent jamais.

Dans toutes les maisons qu'il a pu visiter, Kelsang Rinpoché a toujours éprouvé le même sentiment : c'est le kang, chambre souvent de toute la famille, qui constitue l'endroit le plus douillet – le plus chaleureux peut-être aussi avec la cuisine. A cette époque de l'année, c'est ici que se regroupe la famille pour partager les repas, seule ou avec ses hôtes : des voyageurs de passage ou des moines du monastère voisin. Ainsi le veut la tradition : chaque mois, selon les moyens du moment, les familles tibétaines accueillent un lama accompagné de trois ou quatre moines. Ceux de Taktser proviennent généralement du monastère voisin de Tashi

Khyil, parfois même de Kumbum ; on leur offre du thé, on leur sert des repas chauds, et, si c'est possible, on leur donne un peu d'argent. En contrepartie, les moines lisent les textes sacrés et prient à l'intention de la famille et de ses proches. La majorité des Tibétains est illettrée, et les moines se chargent donc de la lecture des écrits bouddhistes. Pas question de tricher avec les déités par des prières en faux semblant. Ça ne prendrait pas, et les conséquences karmiques pourraient même s'avérer terribles. Emu, Kelsang Rinpoché se souvient que son père aimait, à la tombée du soir, raconter dans le kang à sa nombreuse famille une des histoires du légendaire Aku Tempa, qui illustre parfaitement cette tradition : « Autrefois, à une époque où il y avait de nombreux chefs locaux au Tibet, Aku Tempa était très proche de l'un d'eux ; il devint même son secrétaire. Ce chef ne savait ni lire ni écrire mais c'était un bouddhiste profondément dévot... Au début, l'homme fut très satisfait du travail d'Aku Tempa. Un jour, celui-ci l'irrita profondément. Pour le punir, le chef l'obligea à retirer tous ses habits, qu'il fit déposer sur le toit du palais. On était pourtant à la période la plus glaciale de l'année. Transi, le pauvre dut endurer, toute une nuit, les pires souffrances... Le lendemain matin, de bonne heure, Aku Tempa déroba un peu de la chaux utilisée pour enduire le mur du palais. Il l'étala précautionneusement sur le sol et y fit ses besoins, puis il s'empara d'un bâtonnet qu'il planta dans ses excréments sur lesquels il traça ensuite des lettres. Bien entendu, quelques instants plus tard, tout était gelé... Aku Tempa alla alors se poster près d'une ouverture ménagée dans le toit de la salle de prières. Il vit le chef en tailleur, méditant devant un magnifique autel dédié au Bouddha et à toutes les déités. Il attendit le moment le plus propice et laissa tomber son œuvre sur les genoux du chef qui, surpris, sortit de sa méditation. Considérant très attentivement l'étrange objet, il y aperçut des inscriptions. Comme il ne savait pas lire, il ordonna à ses serviteurs de faire venir Aku Tempa... Peu après, le chef lui demanda de lire l'"excrément miraculeux"... Aku Tempa s'inclina respectueusement à trois reprises avant de s'asseoir humblement au pied du trône. Il prit le bâtonnet et lut ces quelques mots d'une voix très forte :

Ce manche en bois et ce bout blanc
Arborent les excréments du ciel ;
Celui qui les reçoit sur les genoux
Est le plus fortuné des chefs !

« Aku Tempa se redressa. Il s'étonna : "Ah ! Vous avez de la chance, parce que ce sont les excréments du ciel. Et s'ils tombent sur vous, vous êtes le plus fortuné des hommes. Vous devriez en manger un peu, pour en savourer pleinement les bienfaits." Le chef porta l'étrange mixture à son front, puis y mordit à pleines dents et déposa ensuite le bâtonnet sur l'autel... Aku Tempa salua et fut congédié[1]. »

Les histoires sur Aku Tempa s'achevaient toujours par l'une ou l'autre citation du Bouddha ou d'un grand érudit bouddhiste.

Derrière le four, il y a trois marches.

Kelsang Rinpoché les gravit, découvre une pièce, le kang, et l'enfant. S'il ne l'a pas vu tout de suite à cause de l'obscurité ambiante, il a du moins senti sa présence.

Le voici enfin, le garçonnet tant recherché, tant espéré, qui se tient blotti, dans un coin du kang.

Pourquoi est-il caché là ?

Le lama se promet d'éclaircir ce point un peu plus tard. Dans l'immédiat, il fait semblant de ne l'avoir pas remarqué.

Lhamo Dhondup – c'est son nom – ne dit rien, observe l'étranger de ses yeux perçants, puis, au bout de quelques secondes, il rejoint au petit trot la cuisine où se trouvent ses

1. Cette légende a été contée à l'auteur par Tenzin Choedrak, méde cin personnel du Dalaï-Lama. Les Tibétains raffolent de ces contes d'Aku Tempa.

parents, sa sœur et les hôtes de la famille. Il passe devant Kelsang, l'effleure encore du regard.

C'est à partir de cet instant précis que le lama de Sera va prendre conscience d'une multitude de petites choses auxquelles auparavant il n'avait jamais prêté attention, même lorsqu'il s'était trouvé en présence des deux autres candidats. Ce sont tous ces petits riens qui, accumulés, se révèlent parfois des certitudes. Et dans le cas de Lhamo Dhondup, son port décidé le fait paraître bien plus grand qu'il ne l'est en réalité ; son regard d'une extraordinaire vivacité donne à son visage une beauté princière d'une pureté absolue.

Le début de l'après-midi est tranquille et apaisant.

Il faut cependant tromper le temps pour permettre à Kelsang d'observer à loisir Lhamo Dhondup.

Se produit alors un événement étonnant.

Lhamo Dhondup s'approche du faux serviteur, tourne autour de lui, le scrute, sourit et finalement sollicite l'autorisation de s'asseoir sur ses genoux.

C'est à ce moment qu'il remarque le mala, le rosaire, autrefois propriété du treizième dalaï-lama et qui pend aujourd'hui autour du cou du moine.

Lhamo Dhondup veut s'en saisir.

Dans un premier temps, Kelsang refuse, puis il promet de revenir sur sa décision si l'enfant lui donne sa véritable identité.

Et Lhamo Dhondup de répondre : « Sera-aga », ce qui, en dialecte local, se traduit par « lama de Sera »... Et lorsque le lama demande s'il connaît aussi son nom, l'enfant réplique : « Kelsang » ; lorsqu'il lui demande le nom de son serviteur, le garçon le connaît aussi et précise : « Lobsang ».

Troublé mais joyeux, Kelsang Rinpoché passera le reste de la journée à épier les faits et gestes de l'enfant.

Les parents, eux, s'interrogent de plus en plus sérieusement sur les réelles intentions de leurs hôtes qui – ils en sont convaincus – ne viennent ni de Tashyi Khyil ni de Kumbum mais de Lhassa. Seul, en effet, le serviteur qui se fait appeler Kelsang parle le dialecte du pays, le tibétain de l'Amdo et le chinois.

Enfin, la nuit tombe. Pour le groupe d'enquêteurs, impossible d'échanger ne fusse que quelques mots au sujet de l'enfant : Lobsang a confirmé aux parents de Lhamo Dhondup que lui et ses compagnons étaient à la recherche de la réincarnation d'un tulku décédé récemment à Kumbum... Heureusement, ni Dekyi Tsering, ni Choekyong Tsering n'ont imaginé que leurs hôtes cherchent en réalité la réincarnation du treizième dalaï-lama, et qu'ils soupçonnent Lhamo Dhondup d'en être la réincarnation.

Le groupe d'enquêteurs s'est levé bien avant l'aube.

Dekyi Tsering leur a servi de la tsampa mouillée de thé avec des pois.

Le moment du départ approchant, tout le monde a échangé des khatas ; Kelsang Rinpoché y a même glissé quelques billets en remerciement de l'hospitalité reçue dans cette maison si prometteuse.

Lhamo Dhondup, réveillé, observe les mouvements, se lève à son tour et demande au lama de Sera de partir avec lui.

Kelsang Rinpoché éclate d'un rire sonore.

En enfourchant sa monture, une pensée émue l'effleure : ils se reverront bientôt !

*

Quelques semaines plus tard...

Des cavaliers approchent à nouveau de la maison aux tuiles turquoise. Il s'agit d'un groupe plus important que les deux fois précédentes, mais Kelsang Rinpoché est toujours parmi eux : la troisième visite du lama de Sera en quelques semaines.

Dekyi Tsering et son mari Choekyong Tsering comprennent enfin que ces cavaliers, moines et laïcs, sont bien à la recherche d'une importante réincarnation. Et pourquoi pas celle du treizième dalaï-lama ?

De là à se sentir concernés par les investigations en cours, c'est une question que le couple ne semble pas se poser. Pas encore.

Quelques cavaliers sont entrés dans la maison où règne une drôle d'effervescence ; les autres restent à l'extérieur.

Kelsang Rinpoché, lui, s'est muni de divers objets : une canne dans la main ; une autre accrochée au pli de son épaisse tchouba. Il les pose dans un coin.

Bien à l'écart de ce soudain remue-ménage, Lhamo Dhondup s'amusait seul dans le kang. Il se redresse, s'approche, et, lui qui s'exprimait jusque-là avec difficulté, se met à converser en tibétain avec Kelsang Rinpoché sous le regard médusé de ses parents et de sa sœur. De fait, il est courant qu'un enfant réincarné s'exprime comme lui dans une langue autre que la sienne, régurgitant des textes sacrés qui proviennent de ses vies antérieures.

Pour en avoir le cœur net, l'heure est venue de passer aux tests.

Kelsang Rinpoché présente deux malas noirs : ils sont identiques.

L'enfant se tient à distance. Il lève ses grands yeux vers Kelsang, le fixe longuement, comme si, depuis longtemps déjà, il existait une forte complicité entre eux, et sans un regard pour les hommes qui guettent le moindre de ses gestes, choisit un mala, celui du treizième dalaï-lama.

Un deuxième dignitaire lui présente deux malas jaunes, identiques eux aussi. Lhamo Dhondup en saisit un, encore celui de Kundun, et refuse obstinément l'autre.

Cette fois, c'est à Kelsang Rinpoché de faire signe à Lhamo Dhondup. Le lama tient dans ses bras un gros tambour décoré de toutes sortes de rubans. L'enfant n'en veut pas, mais s'empare en revanche d'un tambour plus petit, qu'il frappe de la même manière que celle du défunt souverain lorsqu'il appelait ses serviteurs.

Enfin, Kelsang Rinpoché présente deux cannes à l'enfant.

Lhamo Dhondup fixe de nouveau son interlocuteur avec insistance. Il pose la paume de la main sur l'une des cannes, hésite une fraction de seconde avant de jeter son dévolu sur l'autre.

Interrogation. Que signifie cette hésitation de Lhamo Dhondup ? Une réalité complexe : en vérité, la première canne avait aussi été la propriété du treizième dalaï-lama, mais le souverain tibétain l'avait un jour offerte à Kelsang Rinpoché, le lama de Sera !

*

Assis sur le kang à l'écart des autres, Kelsang Rinpoché pose un regard empli d'admiration sur l'enfant qui s'approche de lui.

Le lama discute avec la mère... de choses importantes.

Il s'agit surtout de la rassurer, de lui prédire un avenir heureux, probablement ailleurs qu'à Taktser.

Car cela ne fait plus aucun doute maintenant : son fils Lhamo Dhondup est bien le quatorzième dalaï-lama.

Sa vie, celle de sa famille vont se poursuivre bientôt à Lhassa, mais le transfert va demander quelques semaines, voire quelques mois.

Or, il y a tant à faire, organiser son voyage jusqu'à la capitale, mais avant cela, négocier la protection de l'enfant et de sa famille avec le seigneur de la guerre qui gouverne le Qinghai, le terrible Ma Bufang...

Et la mère de faire état de ses craintes. Quitter Taktser pour le monastère de Kumbum, passe encore ! Mais s'en aller vivre à Lhassa !

Les Amdowas prétendent que les Lhassapas ont le cœur tellement noir !

Sa demeure, ses animaux, que va-t-on en faire ?

Et l'enfant ?

Lhamo Dhondup ? Non, celui qui va naître bientôt !

Dekyi Tsering est presque à terme, et ses nuits se peuplent de rêves étranges.

Devant l'autel, le père, la fille et leurs hôtes invoquent les divinités protectrices. Les incantations toutes-puissantes de leurs mantras rythment une mélodie qui exprime un voluptueux bonheur : ainsi donc, ce corps d'enfant, celui de Lhamo Dhondup, n'est rien d'autre qu'une fleur divine.

Dans l'intervalle, l'enfant s'est encore rapproché du lama. Le voici qui s'installe sur un coussin de manière à se trouver au même niveau que les deux adultes en pleine conversation près de lui.

Une conversation qu'il écoute attentivement. Soudain, on le voit même glisser sa petite main entre un des plis de l'épaisse fourrure portée par Kelsang Rinpoché, palpant le brocart qui se trouve juste en dessous.

L'enfant aurait certainement continué son manège si sa mère ne l'avait pas aussitôt réprimandé et, d'un regard sévère, n'avait stoppé net son geste audacieux. La flamme qui jaillissait des yeux de Dekyi Tsering semblait noire comme celle qui se dégage de l'œil courroucé des démons.

Comment cette femme pourrait-elle savoir que Lhamo Dhondup, son fils, n'a pas accompli un geste gratuit, qu'il n'a pas touché n'importe quel brocart ?

C'est en effet le treizième dalaï-lama en personne qui avait offert cette veste au lama de Sera.

L'enfant demeure immobile, ressassant ses idées, tête penchée et mains jointes. Une attitude qui révèle l'état de son esprit et, en la circonstance, exprime toute l'étendue de ses certitudes.

D'un coup, il relève la tête et, avec un air de défi que sa mère ne lui connaissait pas, fait comprendre au lama que cette veste de brocart lui appartient, qu'il souhaite l'enfiler sur-le-champ.

C'est avec le même regard plein de hardiesse qu'il commence à se dévêtir.

Heureusement, Kelsang Rinpoché agit par persuasion, jouant sur le calme de sa voix. Ainsi s'exprime-t-il dans le dialecte de la région pour expliquer à son jeune interlocuteur que cette veste de brocart est vieille et usée mais que, bientôt, il pourra, à son tour, lui en offrir une flambant neuve.

Plus tard, au cours de la soirée, Kelsang Rinpoché et trois

de ses compagnons, lamas également, décident de soumettre encore l'enfant à de nouveaux tests.

Ils sont seuls avec lui.

Les adultes s'expriment dans le dialecte de Lhassa : à chacune de leurs questions, lui répond en tibétain sans éprouver la moindre difficulté, et sans hésitation aucune.

Il leur raconte alors sa venue de Drepung, le monastère fondé en 1416 par un disciple de Tsongkhapa, siège du gouvernement du Tibet jusqu'à ce que le cinquième dalaï-lama, son prédécesseur, l'ait transféré à Lhassa, dans le palais du Potala.

Une longue histoire commence : elle est encore toute emplie d'incertitudes.

5

La Lumière et son théâtre d'ombres

« Dès l'aube ce qui naît cherche son nom. »

Octavio PAZ.

Kelsang Rinpoché écrit.

Sa plume de paon court sur le parchemin.

Il y consigne les détails de ses découvertes[1], sans en omettre aucun.

---

1. L'ascendance de la famille du Dalaï-Lama, les origines de Taktser Rinpoché, le récit de la découverte du quatorzième dalaï-lama, ont été racontés à l'auteur par Ngari Rinpoché, Jetsun Pema, frère et sœur du Dalaï-Lama, lors de leurs différentes rencontres à Dharamsala, par Tenzin Choedrak, le médecin de Sa Sainteté et confident de Dekyi Tsering ; enfin, à la suite de plusieurs entretiens avec le Vénérable Tenzin Topgyal, alors député-secrétaire des Affaires religieuses et culturelles, sur la base du texte original traduit du tibétain en anglais des confidences faites par Dekyi Tsering, la mère de Sa Sainteté Tenzin Gyatso, à sa petite-fille Yangzom Dolma, la fille aînée de Gyalo Thondup et de Diki Dolkar, entre 1970 et 1978, date à laquelle Yangzom Dolma aurait achevé la rédaction de ces confidences : c'était trois ans avant la mort de amala. Yangzom Dolma est née en 1950 et décédée en 1982, à l'âge de trente-deux ans. Un livre a été publié longtemps plus tard, tiré de ces témoignages, sous le titre *Dalai Lama My Son, a Mother's Autobiography*, par Dekyi Tsering, chez Viking Penguin, Lowenstein Associates Inc.

L'ascendance maternelle de Lhamo Dhondup...

A sa naissance, sa mère s'appelle Sonam Tsomo ; elle est l'aînée de cinq filles, née de Chodong Phuntsok, son père, et de Dolma Tso. Sa famille, de petits paysans autrefois nomades originaires de Churkha, un bourg situé à une vingtaine de kilomètres au sud du monastère de Kumbum, vit simplement : c'est le travail et la foi dans le Bouddha Sakyamuni et ses enseignements, le Dharma, qui guident leur quotidien.

Au Tibet, par tradition, les mariages sont arrangés.

A quelques heures de marche de Churkha existe un autre bourg nommé Taktser, où vit une famille de fermiers. Choekyong Tsering est le fils de Tashi Dhondup, un homme généreux et bon, et de Lhamo Dolma, une femme au caractère plutôt difficile.

Or, la maison de Choekyong Tsering commence terriblement à manquer de femmes.

Les deux familles se sont rencontrées à plusieurs reprises déjà. Des négociations effectuées par l'intermédiaire d'un oncle maternel qui, au Tibet, n'est rien d'autre que « le propriétaire de la moitié de sa nièce, comme la moitié du tissu d'une robe appartient aux manches »... Le lama astrologue a aussi été interrogé : il approuve l'initiative de cette union dont il fixe la date entre fin décembre 1917 et le début du mois de janvier 1918. Le mariage de Choekyong Tsering et de Sonam Tsomo s'est ainsi déroulé sous les meilleurs auspices : la jeune femme a dix-sept ans, son mari, dix-huit.

*

La plume de Kelsang Rinpoché court toujours sur le parchemin.

Son écriture est cependant plus nerveuse.

Il écrit...

L'ascendance paternelle de Choekyong Tsering...

> La famille de Choekyong Tsering est tibétaine depuis de nombreuses générations. Elle s'est installée dans l'Amdo sous le règne du roi Trisong Detsen[1] qui, en 763, occupa la capitale Tch'ang-An de la dynastie Tang[2] et étendait alors les frontières du royaume tibétain à de lointaines contrées[3]... Ses ascendants sont originaires de Phenpo, près de Lhassa, ville qui, à l'époque, n'est pas encore la capitale du pays, mais une simple bourgade[4].
>
> Bien des siècles plus tard, dans les années 1900, le frère de Lhamo Dolma, Taktser Rinpoché, un érudit bouddhiste, sera obligé de prendre le chemin de l'exil. La région est alors tombée sous la domination des seigneurs de la guerre musulmans chinois. Il trouve refuge en Mongolie et en Russie, où il se fera connaître par ses talents de guérisseur.

1. Il règne de 755 à 797. Terrible chef de guerre, c'est lui qui, le premier, va donner au royaume tibétain une assise politique culturelle et spirituelle. En 779, il fait d'ailleurs du bouddhisme une religion d'Etat.
2. 618 à 906.
3. De l'Afghanistan à la Chine orientale, des monts Altaï jusqu'en Inde et au Bengale.
4. Tsethang, dans la vallée de Yarlung, est alors considéré comme le berceau du royaume tibétain. La dynastie Yarlung comprend trente-trois rois : elle commence avec le règne de Nyatri Tsenpo – en 127 avant J.-C., c'est lui qui fait établir le premier calendrier tibétain ; elle s'achève en 842 avec la mort du roi Langdarma, l'éclatement du royaume et la domination des principautés monastiques.

Insigne honneur, il travaille même avec le Bouriate Piotr Badmaev : en 1905, l'espoir naît de voir enfin reconnaître, par les gouvernements de Transbaïkalie et d'Irkoutsk, la pratique de la médecine tibétaine : une requête est même déposée en ce sens auprès du Conseil de médecine. Piotr Badmaev y croit. Ses patients aussi. Et les quelque sept cents lamas de Transbaïkalie tout autant. C'est qu'on souffre d'un manque dramatique de médecins en médecine traditionnelle... C'est cette année-là que Nicolas II signe un manifeste qui met fin à l'absolutisme, et annonce une Constitution. Malgré cette ouverture, la médecine tibétaine ne sera pas reconnue. Le tsar va jusqu'à pousser les jeunes Bouriates à délaisser cette culture médicale « marginale » pour la médecine traditionnelle européenne... Auprès de Piotr Badmaev, Taktser Rinpoché a néanmoins pu développer, durant toutes ces années, ses talents de guérisseur et ses connaissances en médecine tibétaine[1].

Comblé d'argent et de cadeaux par la noblesse tsariste et par les chefs tribaux mongols, notre érudit réapparaît dans l'Amdo, où il découvre une région dévastée par les conflits guerriers.

Taktser Rinpoché emploiera une large partie de son trésor à reconstruire les monastères autour de Taktser et à sortir de ses cendres la maison familiale à l'orée du bourg. Nous sommes alors en 1913, et le treizième dalaï-lama, après avoir chassé les Mandchous du Tibet, a proclamé l'indépendance du pays.

La maison reconstruite, Taktser Rinpoché y

---

1. Entretiens de l'auteur avec Tenzin Choedrak, l'ami et le confident d'amala.

installe sa sœur Lhamo Dolma et son mari Tashi Dhondup.

C'est dans cette demeure que va naître leur fils Choekyong Tsering. Après son mariage, c'est désormais là que va vivre Sonam Tsomo.

*

Il est minuit.
Kelsang Rinpoché écrit toujours.
Des éclats de lune illuminent chacun de ses mots...

A la mort de Taktser Rinpoché, des lamas de Kumbum ont assuré à sa sœur Lhamo Dolma que sa réincarnation réapparaîtrait au sein de sa propre famille... Autant dire que l'arrivée d'une jeune femme, de dix-huit ans maintenant, dans la demeure est porteuse de bien des espoirs.

De son vivant, Taktser Rinpoché a donné, le jour de son mariage, un nouveau nom à Sonam Tsomo qui va maintenant s'appeler Dekyi Tsering [1], « Océan de chance »...

Si la marâtre a l'esprit tourné vers le mal, la jeune femme qui vit sous son toit est, quant à elle, toute de compassion et d'amour. Et s'il lui arrive quelquefois de se révolter – c'est humain ! –, ce n'est jamais sans raison. La colère passée, Dekyi Tsering se réfugie alors devant l'autel familial pour prier. Le précepte ne dit-il pas :

1. Pour des raisons de simple clarté – et c'est aussi un choix personnel –, j'ai décidé tout au long de ce livre d'appeler la mère de Sa Sainteté le Dalaï-Lama Dekyi Tsering ou amala, son père Choekyong Tsering ou pala ; ils changeront encore de nom à leur arrivée à Lhassa, après l'intronisation du souverain tibétain ; son frère Thubten Jigme Norbu et non pas Taktser Rinpoché ; plus tard dans ce livre, j'utiliserai aussi le mot Kundun – Présence – pour désigner le Dalaï-Lama. C'est d'ailleurs par ce titre – parmi de nombreux autres – que les Tibétains le désignent le plus souvent.

Ce n'est pas sagesse que d'être seulement sage
Et de fermer les yeux sur la vision intérieure,
Mais c'est sagesse que de croire en son cœur ?

Peu après son mariage, Dekyi Tsering tombe enceinte de son premier enfant. Cela fait déjà plusieurs mois que Lhamo Dolma guette avec une impatience grandissante l'instant précieux de cette première naissance. Mais, lorsque sa belle-fille accouche d'une petite fille, elle éprouve non seulement une cruelle déception mais une violente haine à l'égard de la mère et de son enfant... Lhamo Dolma se torture le cœur pour trouver une explication valable à cette naissance qui devait, selon les lamas de Kumbum, ramener la réincarnation de son frère dans cette maison. Les vraies causes de cette déception ne peuvent être, selon elle, que les karmas négatifs de sa bru probablement habitée par des démons. Des mauvais karmas qui empêchent le retour de Taktser Rinpoché.

Un des lamas incarnés du monastère a beau lui expliquer que le couple connaîtra d'autres naissances, l'assurer que Tsering Dolma apporte malgré tout le sourire d'une femme dans leur demeure, qu'une fille aînée est signe de longue vie pour ses parents. Rien n'y fait... Lhamo Dolma en veut terriblement à son fils.

Comment a-t-il pu désirer cette femme qui n'est qu'une sorcière ?

Comment a-t-il osé lui donner, à travers son ventre, une petite fille, demain objet de désir ?

Comment des êtres qui ont mauvaise compréhension,
Sur un chemin de mauvaises migrations, misérables,

Ne cherchant qu'à abuser autrui,
Ayant des visées erronées,
Comprendraient-ils ce qui a sens[1] *?...*

Malgré les mots apaisants des lamas, Lhamo Dolma sombre peu à peu dans une profonde dépression. Refusant même toute nourriture de sa belle-fille, elle se défend de sortir... Elle décède quelques mois plus tard. Son mari, homme bon et généreux, meurt également à cette époque.

Kelsang Rinpoché inscrit encore quelques notes sur son parchemin :

Choekyong Tsering, le père de Lhamo Dhondup, s'intéresse davantage aux chevaux qu'aux travaux de la ferme qu'il abandonne volontiers à sa jeune femme ; il quitte très souvent le foyer conjugal pour se rendre à des foires et y acquérir des étalons que l'on dit parmi les meilleurs de la contrée.

Deux ans après leur mariage, Choekyong Tsering devient ainsi le propriétaire de la maison de Taktser. Sa jeune femme tombe à nouveau enceinte. En 1922, elle accouche d'un fils : Tashi Tsering, fils de Choekyong Tsering et de Dekyi Tsering, appelé *cho-la* – nom par lequel les Tibétains désignent l'aîné de la famille –, est reconnu comme la réincarnation de Taktser Rinpoché ; huit ans plus tard, en 1930, on lui donne le nom de Thubten Jigme Norbu ; âgé de huit ans, il est transporté au monastère de Kumbum pour y suivre une éducation très stricte : les prédictions des lamas sont exaucées.

1. Nagarjuna, dans *La Précieuse Guirlande des Avis du Roi*, aux Editions Yiga Tcheu Dzinn, 1980.

Thubten Jigme Norbu est la première réincarnation de la famille. Il hérite de son prédécesseur, le défunt Taktser Rinpoché, d'un étonnant cadeau : une quinzaine de coucous ramenés de Russie quelques décennies plus tôt.

*

Kelsang Rinpoché réfléchit.
Son écriture se fait plus concise encore...

Tsering Dolma, la fille, et Thubten Jigme Norbu, le fils, les deux aînés, se portent bien.

Tel n'est pas le cas des quatre autres fils de Dekyi Tsering. Le lama médecin du monastère voisin est d'ailleurs souvent venu au chevet des garçons. Chaque fois, le constat a été identique et terrifiant : les oreilles des nouveau-nés, d'une couleur sombre, indiquaient la présence dans la demeure d'un esprit malin, et cette influence négative devait immanquablement les empêcher de survivre.

Rituels, offrandes, prières, tout cela n'a servi à rien !

On raconte qu'il n'existe pas une famille tibétaine qui ait échappé un jour à l'influence d'un *thep-rang*, un lutin, qui a le don de venir contrarier les gens : voir par exemple un Tibétain avec la mine renfrognée suffit à dire que le thep-rang est passé par là !... En outre, il n'est pas une famille qui n'ait jamais été sous l'emprise du *kyirong*. La propre mère de Kelsang Rinpoché a éprouvé de sérieux déboires avec ce fantôme-là : un jour, le froid était tel qu'elle tremblait de tous ses membres malgré l'épaisse peau de mouton qui la recouvrait, claquant continuellement des dents jusqu'à se briser la mâchoire... Et puis, il y avait ses os, des pieds à la tête, qui lui faisaient horriblement mal, comme si on les transperçait d'une lame finement aiguisée. Elle en était persuadée, c'était encore un vilain tour du kyirong. Elle avait beau se tortiller un coup à gauche, un coup à droite, rester sur le dos ou se retourner, histoire de cacher son visage dans le tapis, rien n'y faisait ! La malheureuse ne pouvait échapper à son emprise. Plus elle bougeait dans un sens ou dans un autre, plus la torture se faisait intense, au point qu'elle ne pouvait plus entendre le son des mantras prononcés par les moines, encore moins la voix du lama incarné venu la débarrasser de ce fantôme... Quelque chose dans sa conscience lui disait de ne pas céder à cette influence négative ; c'était comme une indéfinissable petite lumière qui scintillait très loin là-bas, dans l'infini de sa mémoire, pour lui conseiller de ne pas laisser le kyirong agir à sa guise.

Au sixième jour de ses souffrances, la mère tente, lors d'un ultime assaut, de se calmer en contrôlant sa respiration, son cœur qui cogne à rompre, cette peur qui ne la quitte plus... C'est alors qu'elle la voit : une fillette qui sourit et lui tend un bol, identique au bol en bois qu'elle utilise le soir pour boire du lait. Une première fois, elle refuse. La fillette insiste, s'approche très près, à tel point qu'on distingue parfaitement les traits finement dessinés de la petite bouche qui lui sourit d'une manière si radieuse, et qu'on entend très bien cette voix si mélodieuse : « Bois donc ce lait ! », dit l'apparition... Elle refuse encore. Cette fillette ne peut être que le kyirong qui, cette fois, aura pris une apparence toute de tendresse pour mieux encore l'entraîner dans les souffrances, voire l'emporter dans la mort... Réagir ! Agir vite ! Elle tente de se redresser, sans résultat. Nouvel essai. En vain. A la troisième fois, elle réussit enfin à s'asseoir. Quand la fillette voit que la mère de Kelsang Rinpoché va se lever, elle recule de quelques pas ; puis, lui tournant brusquement le dos, disparaît dans un horrible éclat de rire. Sa mère se saisit alors du bol : il contenait du sang...

Dans le milieu de la huitième nuit, la fièvre tombe soudainnement, les convulsions disparaissent, les atroces douleurs dans tout son corps aussi.

Plusieurs mois seront nécessaires pour recouvrer toutes ses forces, mais elle aura la chance de pouvoir vivre le reste de sa vie sans la présence du kyirong.

Kelsang Rinpoché note sur son parchemin que tel n'est pas le cas de Dekyi Tsering :

> Le kyirong est très présent dans la vie de la jeune Tibétaine, au point d'avoir emporté dans la mort quatre de ses neufs enfants.
>
> C'est terrible une demeure habitée par le kyirong !

Encore ne faut-il point trop en parler au risque de le faire apparaître à tout instant. Kelsang poursuit :

> Le coup est rude pour Dekyi Tsering et Choekyong Tsering. Tout a commencé au moment des premières douleurs de la jeune femme arrivée à terme pour son troisième enfant.

Une coutume très répandue parmi les Tibétains veut qu'une femme ayant accouché d'un aîné dans la maison familiale aille procréer ailleurs : amala décide donc de s'installer chez sa belle-sœur tandis que celle-ci habitera avec son frère pour l'aider aux travaux ménagers et fermiers.

> Après les premières douleurs, le bébé tarde à se présenter. Pour combler le temps, une voisine rend visite à Dekyi Tsering et lui apporte deux poires qu'elle dévore aussitôt avec gourmandise.
>
> Le mal est fait.
>
> La maman finit par donner le jour à un petit garçon, le deuxième de la famille. L'accouchement s'est déroulé normalement.

Les jours passent et le bébé se porte à merveille.

Un matin, Dekyi Tsering, voulant allaiter son fils, le prend dans ses bras, s'assoit dans le kang. Le bébé pleure et refuse de téter son sein.

Inquiète, elle allume une lampe à huile et l'approche de son visage.

Ô stupeur !... Les yeux du nourrisson sont fermés et, surtout, étonnamment gonflés : il ne parvient pas à les ouvrir.

Amala ne s'inquiète pas trop. Il s'agit probablement d'un coup de froid, d'une simple conjonctivite, d'une infection qu'il faut annihiler par des prières et des offrandes, et de l'eau chaude avec des herbes médicinales.

La journée se passe.

Le bébé refuse toujours le sein de sa mère. Et, pire : amala, qui a du lait en abondance, n'arrive pas à le donner à son fils aîné qu'elle allaite encore régulièrement.

Alors, elle se souvient : une fois encore le kyirong l'a surprise dans son sommeil ; entré dans la maison par la fenêtre pourtant fermée et bloquée, il a pénétré dans la chambre en claquant la porte derrière lui... Dekyi Tsering s'est réveillée en sursaut, a allumé une lampe, elle a pris son bébé dans les bras, pensant que cela suffirait à le protéger. C'était hélas bien mal connaître le fantôme... La respiration de Dekyi Tsering est de plus en plus saccadée, son cœur s'est mis à battre incroyablement fort.

C'est alors que les lueurs blafardes dégagées par la lampe à huile se sont estompées peu à peu jusqu'à presque s'éteindre, puis elles se sont colorées à nouveau pour s'éloigner brusquement...

Durant tout ce temps, la jeune mère s'est attachée à observer ce qui se passait autour d'elle.

Elle a récité des mantras à voix haute mais elle ne s'entendait plus.

La présence du kyirong est plus inquiétante que jamais, et amala n'ose même plus quitter le kang de peur que le fantôme ne s'acharne sur son bébé.

Il est déjà trop tard. Son fils n'est plus dans ses bras mais à deux mètres au moins de sa couche, et il pleure à grosses larmes.

Cette fois-là, le kyirong est resté trois semaines dans la maison, à harceler sans cesse Dekyi Tsering, tandis que son mari et des moines du monastère voisins lisaient des textes sacrés pour tenter de le chasser.

Un matin, le bébé a fini par ouvrir les yeux. Amala, qui se trouvait alors dans la pénombre ambiante, a approché la flamme de la lampe à huile de son visage : le regard de son fils était fixe ; le nourrisson était aveugle mais le kyirong avait, semble-t-il, quitté la maison.

Hélas, le fantôme est revenu un peu plus tard sous la forme d'un vieillard ! C'est alors Tsering Dolma, sa fille aînée, qui s'est mise à souffrir de la même infection : au fil des ans, le mal s'est aggravé, et elle en a perdu un œil.

Le bébé, lui, est mort une quinzaine de jours plus tard : le kyirong avait laissé la marque de ses griffes autour de ses yeux, et du sang avait coulé sur ses joues [1].

Rien n'insupporte plus le kyirong que l'affection donnée par les parents à leurs enfants. Le fantôme use de tous les subterfuges pour se venger, pour briser cet amour : déménager les meubles, voler le pain et la tsampa, vider les réserves d'orge, allumer des incendies... Non seulement il provoque

1. Dekyi Tsering, *op. cit.*

chez ses victimes d'énormes souffrances, mais il peut aussi les emporter dans la mort.

Pour le combattre, il n'est que les pudjas, les cérémonies d'offrandes et les prières pour exorciser lieux et êtres. Mais, le comble, c'est que ce kyirong de malheur peut parfaitement bien s'installer sur un coussin de méditation près de vous et prier à vos côtés avant de s'en aller en riant aux éclats...

Dans les vallées de l'Amdo, on dit aussi que des Amdowas ont vécu toute leur vie en compagnie du kyirong, qu'ils étaient même devenus de bons amis. Kelsang Rinpoché écrit :

> Rien de semblable chez Dekyi Tsering et Choekyong Tsering.
>
> Malgré la présence dans leur foyer du quatorzième dalaï-lama, le couple ne se débarrassera jamais vraiment de la présence du fantôme [1].

*

Silencieux et solennel, Kelsang Rinpoché fait appel à toute sa concentration.

Pour permettre au régent et à son gouvernement de saisir l'importance de son message, il a pris le parti de noter le moindre détail de la vie des parents de Lhamo Dhondup. Ses certitudes personnelles ne sauraient en effet suffire pour faire de l'enfant de Taktser la réincarnation du treizième dalaï-lama.

A l'aube, il écrit toujours, mais, cette fois, d'une écriture tourmentée...

Entre la naissance de Thubten Jigme Norbu et de Gyalo Thondup, six années vont s'écouler, de 1922 à 1928... Toutes vont être marquées d'une empreinte indélébile, à tel point que Kelsang Rinpoché ne peut s'empêcher de penser

1. *Ibid.*

à ces mots du premier dalaï-lama : « Au moment de la mort, on a beau être entouré par les nombreux membres de la famille et par les amis, on devra continuer seul vers l'au-delà. On a beau posséder une armoire emplie d'aliments et de boissons, il faudra s'en aller les mains vides. Même vêtu des habits les plus riches, on devra entrer dans l'autre monde aussi nu qu'au jour de la naissance... Ce corps tant chéri qui nous accompagne depuis le début de notre vie sera aussi séparé de nous. Que dire des autres biens matériels... Qu'est-ce qui nous suivra après la mort ? Seulement les graines des karmas, bons ou mauvais, que nous avons cultivés durant cette vie. Les sources d'erreur qui nous entravent sont des causes potentielles d'égarement et pourront nous mener vers des situations de grandes souffrances... A la mort, nos seuls biens sont notre connaissance spirituelle et les germes de bons karmas que nous avons développés en nous-mêmes. Cette connaissance devient alors notre refuge et notre paradis, notre seigneur et notre protecteur, notre guide et témoin de la Voie... »

Selon les dires de Dekyi Tsering et Choekyong Tsering, la mort de quatre de leurs fils est le fruit de la présence du kyirong. Dans la demeure de Taktser règne pourtant une ferveur contagieuse quotidienne, plus forte peut-être chez amala que chez son mari. Disons que la vie est un long apprentissage : tout être qui naît se voit inévitablement confronté un jour ou l'autre à la maladie, plus tard à la vieillesse et à la mort. Il arrive même que la mort survienne très vite. Dès la naissance, parfois.

Chacun des décès a été précédé d'indices de mauvais présage. Cette fois encore, un double arc-en-ciel s'est formé au-dessus de Kyeri, la montagne sacrée voisine de Taktser : Kye, la divinité protectrice de la région, s'y est installée, et il lui arrive fréquemment d'être courroucée... Alors, l'arc-en-ciel est immédiatement suivi d'une intense obscurité, fût-ce en plein jour ; et puis il y a cette ombre noire qui prend l'apparence de Kye ; ses bras tortueux et gigantesques partent du monastère, se déploient jusqu'à enserrer une demeure, quelquefois la maison à l'orée de Taktser... Lorsque l'ombre s'estompe, c'est la pluie qui se met à tomber, oblique et glaciale même en plein été.

Enfin, à la veille de la mort de leurs bébés, d'énormes corbeaux noirs, perchés sur un arbre au sud de la maison, ont croassé lugubrement du coucher du soleil jusqu'à la nuit noire, les chiens ont aboyé à six reprises. Chaque fois, une tante de la mère a rêvé qu'un mystérieux cavalier emportait un enfant sur sa monture. Chaque fois, on a mandé les moines du monastère et le lama astrologue pour qu'ils officient[1].

Les lamas conseillent de ne pas verser de larmes. C'est difficile, mais, disent-ils, les larmes empêchent souvent le nourrisson de quitter son enveloppe corporelle dans de bonnes conditions. De toute façon, le bébé ne se volatilise pas, son esprit reste. Une renaissance va s'ensuivre, qui sera parfois faite de bonheur, parfois de misère et, dans tous les cas, cette nouvelle vie va être un bien fragile et précieux.

Pour permettre à leur enfant mort de renaître dans de meilleures conditions, le couple s'est joint aux lamas. On récite des mantras, on fait des offrandes devant l'autel familial. Lorsque le lama astrologue a jugé que le jour et l'heure étaient bénéfiques, le bébé, enveloppé dans un linceul blanc, a été confié aux moines et au dépeceur[2]

---

1. *Ibid.*
2. Cette fonction s'exerçait traditionnellement de père en fils ; la famille, considérée comme impure, vivait de ce fait hors du village.

chargés de l'emporter dans la montagne avoisinante, en un lieu mystérieux et sacré [1].

Un moment d'intense émotion : cet acte de retour à la nature – abandonner le corps aux animaux sauvages ou le glisser dans les eaux d'un lac pour nourrir les poissons – est considéré par les Tibétains comme une ultime offrande du défunt, ici, de l'enfant...

Dans la montagne, une fois arrivés en ce lieu sacré où claquent au vent les drapeaux à prières, les moines déposent le petit linceul blanc sur la neige immaculée. Ils entreprennent de nouveaux rituels, tandis que le dépeceur dénude le corps, commence son sinistre travail : il découpe une main, un avant-bras et les donne à des vautours ; les entrailles, elles, seront pour un loup.

D'autres carnassiers accourent ; leurs hurlements crèvent l'espace. La horde s'est arrêtée à quelques mètres seulement des moines et du dépeceur qui continue à découper le petit corps, le pied gauche, le pied droit, la cuisse droite, la gauche...

Dans le ciel, des vautours tournoient, descendent de plus en plus bas, finissent par se poser, se jeter sur le cadavre saignant.

Kelsang Rinpoché précise :

> Pour chacun des décès, à l'instant précis où le dépeceur a glissé le cœur du bébé dans la mâchoire d'un loup, un arc-en-ciel s'est fondu dans la terre comme une coulée d'espérance [2].

*

Plusieurs jours ont été nécessaires pour consigner toutes ses informations.

---

1. Dekyi Tsering, *op. cit.*
2. Entretien avec Tenzin Choedrak.

Un matin, Kelsang Rinpoché s'est d'abord rendu au temple avant de prendre une collation, puis il a rejoint à nouveau la cellule monacale qu'il occupe à Kumbum.

Son travail n'est pas encore terminé.

Le lama s'assoit sur un coussin de méditation, arrange la lampe à huile et procède à la relecture du parchemin. L'une après l'autre, chaque page est inspectée attentivement.

Kelsang Rinpoché repose le précieux document, se redresse tout à coup, plonge dans une longue rêverie en parcourant l'étroite pièce dans sa longueur.

Lorsqu'il se rassoit et relève la tête, ses yeux ont une expression déterminée, chaque trait de son visage a changé : il se saisit de la plume de paon, la trempe dans l'encrier et recommence à écrire :

> Avant la naissance de Lhamo Dhondup, deux autres garçons sont venus au monde dans le foyer de Dekyi Tsering et de Choekyong Tsering : Gyalo Thondup, né en 1929 ; et Lobsang Samten, né en 1932.
>
> Chaque fois que l'un ou l'autre des deux garçons tombait malade, une sourde angoisse s'emparait de ses parents. Mais par bonheur, l'un et l'autre ont traversé la petite enfance sans trop de problèmes.
>
> Le 5 juillet 1935, amala a senti les premières douleurs.
>
> Le lendemain, 6 juillet... Tsering Dolma, l'aînée de la famille – elle a quinze ans –, déjà levée, s'apprête à aller avec Gyalo Thondup – il va sur ses six ans – au marché d'un village voisin. L'adolescente confie son frère aux villageois et demande à une vieille voisine de venir aider sa mère à accoucher.
>
> L'aînée a chauffé beaucoup d'eau, préparé des chiffons propres, tandis que la voisine rejoint déjà

amala dans l'étable : elle a déposé une natte sur le sol.

C'est juste avant le lever du jour qu'amala va se mettre à genoux pour accoucher de son neuvième enfant : la tête du bébé s'est bien présentée mais, fait extraordinaire, le cordon ombilical entoure le cou du nouveau-né... C'est la marque de quelqu'un qui a déjà accumulé beaucoup de mérites dans ses vies antérieures. Mais bien sûr, personne ne sait à ce moment-là que Lhamo Dhondup sera le quatorzième dalaï-lama. Personne sauf lui...

La vieille a pris le bébé dans ses bras.

Lhamo Dhondup crie très fort.

C'est un signe de bonne santé et un heureux présage.

Et puis, lorsque l'enfant a poussé son premier cri, pala a demandé si c'était un garçon. Amala, trop faible, c'est la vieille voisine qui lui a répondu.

Alors, pala s'est levé d'un bond. Toute trace de maladie avait disparu, et lui qui ne pouvait même pas se redresser dans le kang, il a marché sans difficulté jusqu'à l'étable pour rejoindre sa femme et son fils nouveau-né.

Il voit la vieille femme en train de tirer sur le cordon ombilical, à trois reprises comme le veut la coutume, accompagnant chacun de ses gestes d'une prière : la première, premier coup sur le cordon : « Que tu sois toujours en bonne santé ! » ; la deuxième, deuxième coup sur le cordon : « Que tu aies une longue vie ! Puisses-tu vivre cent ans au moins ! » ; la troisième et dernier coup : « Que tu sois heureux et libéré des trois poisons, que sont le désir/attachement, la haine et l'ignorance »... Elle a pris un fil de laine dans le pli de sa tchouba pour attacher le cordon ombilical le plus près possible du nombril de ce joli petit garçon : d'abord trois tours de fil de laine dans le sens inverse des aiguilles d'une montre, puis un nœud ; ensuite encore trois tours dans le sens des aiguilles d'une montre, avant de le nouer encore une fois. Munie d'un poignard amdowa, elle a coupé le cordon au ras du nœud.

Ce cordon, amala l'a conservé pendant plusieurs mois : elle s'en servait pour soigner Lhamo Dhondup lorsqu'il souffrait du muguet ou du pharynx ; elle le trempait alors longuement dans du lait de dri et l'appliquait ensuite sur son bébé[1].

Quant au placenta, on le considère comme impur, ici, au Tibet. Il ne doit être vu ni par le soleil, ni par un être humain – sauf celui chargé de s'en débarrasser –, ni par le chien. Kelsang Rinpoché écrit alors :

> Le point bénéfique dans la maison se trouvant à l'est, pala, complètement remis sur pied avec la naissance de son fils, a pris le placenta dans un sac et s'en est allé l'enfouir dans un trou très profond qu'il a creusé à l'ouest de la maison, à l'opposé du point bénéfique.
>
> De retour à l'étable, il prend son fils dans les bras et se promet de faire de lui un moine[2].

Sur le parchemin, Kelsang Rinpoché note aussi la présence de corbeaux à proximité de la demeure où vient de naître Lhamo Dhondup.

> Dans la première heure qui a suivi sa naissance, un couple de corbeaux s'est perché sur le toit de tuiles turquoise, et leurs croassements ont été comme un long bavardage. Puis ils se sont envolés

1. Dekyi Tsering, *op. cit.*
2. *Ibid.*

dans un battement d'ailes nerveux. Le lendemain matin, ils sont revenus, au même endroit, et ont recommencé leur croassement tranquille ; et puis ils sont encore repartis.

Ce manège a duré plusieurs jours. La nuit s'estompait à peine que les deux corbeaux étaient déjà là, et il suffisait alors aux habitants de Taktser qui tournaient déjà autour du temple de lever les yeux pour les apercevoir, toujours à la même place [1].

Etonnant manège, d'autant que des corbeaux avaient provoqué toute une série d'incidents aussitôt après la naissance des premier, septième, huitième et douzième dalaï-lama. Le corbeau, dit-on au Tibet, est perçu comme l'incarnation de Mahakala [2], le bodhisattva de la sagesse.

Une autre anecdote sur la naissance de Gendun Drub, le premier dalaï-lama, a traversé les siècles : ses parents, nomades, habitaient le Tsang, le Tibet central, assez près du monastère de Sakya [3]. La nuit de sa naissance, des bandits ont attaqué leur campement. Pour sauver son enfant, sa mère a été obligée de l'envelopper dans une couverture et de le cacher précipitamment dans les anfractuosités d'un énorme rocher.

Le lendemain, elle est retournée chercher son bébé. L'angoisse l'étreignait, lorsqu'elle a aperçu autour de l'escarpement rocheux des chacals jappant cruellement. Mais, ô surprise, des corbeaux montaient la garde ! Elle s'est alors approchée. Son cœur cognait à rompre. Soudain, elle a entendu le babil joyeux de son petit : un énorme corbeau le protégeait, répondant aux sons inarticulés de son protégé par

1. *Ibid.*

2. Mahakala, présenté sous une forme terrifiante, est en fait l'émanation courroucée de Chenrezig, le bodhisattva de la compassion, dont les dalaï-lamas sont l'émanation.

3. Au sud-ouest de Shigatsé, il a été construit en 1073 et est alors devenu le siège de la lignée sakyapa : celle-ci va dominer le pays durant tout le XIIIe siècle, grâce au soutien des Mongols.

d'étranges petits cris. Un lien étroit existe donc bien entre les corbeaux, les dalaï-lamas et Mahakala. La présence d'un couple de corbeaux sur le toit de tuiles turquoise de la maison où venait de naître Lhamo Dhondup en témoigne . il est le signe d'une protection divine.

Kelsang Rinpoché poursuit :

Enfin, dans les jours qui ont suivi la naissance de son fils, amala a accompli un certain nombre de rituels : elle n'a touché ni à ses cheveux au risque de les perdre, ni à un quelconque objet au risque de les user. Sa voisine lui a donné un caillou à palper – cela aurait pu également être un morceau de bois... Lhamo Dhondup étant un garçon, on a organisé au troisième jour – le quatrième pour une fille – les cérémonies de purification destinées à libérer la maison et ses habitants des souillures de l'accouchement...

Offrandes et prières achevées, amala a pu enfin se laver à l'eau fraîche et se vêtir d'habits propres pour recevoir les présents des amis, fermiers, marchands et religieux.

Avec cette naissance, la neuvième, tout aurait dû entrer dans la normalité à Taktser. Or, c'est le contraire qui survient.

Que constate-t-on en effet ?

Au fil des dernières semaines de l'été et à l'automne, on a vu le moral des villageois baisser. Taktser, la vallée, les villages voisins sont confrontés à un sérieux problème : la pluie n'est plus tombée depuis plusieurs mois mais des orages de grêle terribles ont détruit les récoltes.

Au sortir de l'hiver de l'année 1936, il n'y a pour ainsi dire plus d'orge, l'avoine pour les chevaux manque cruellement, on se nourrit de pois, de riz. Encore a-t-on pu faire appel au monastère de Kumbum qui engrange des céréales pour les moments de disette.

L'atmosphère est insupportable à Taktser, dans la vallée aussi. On accuse Choekyong Tsering de porter le mal en lui, d'être l'image du démon, du kyirong, ce qui n'empêche pas la famille de marier Tsering Dolma à Phuntsok Tashi, originaire de Chungtsi, un village réputé pour ses sources chaudes : les deux familles se connaissent depuis longtemps, elles n'hésitent pas à s'entraider. Les parents de Phuntsok Tashi accueillent volontiers pala lorsqu'il souffre d'indigestion chronique : les eaux de source lui font en effet un bien énorme.

Les lamas ne quittent plus guère la maison que pour tenter d'exorciser les lieux.

La famine apparaît à la fin de l'été 1937, elle perdure.

Plutôt que de se soutenir, plusieurs familles décident alors de quitter le village, de s'installer dans une autre vallée ou de reprendre une vie nomade : ils reviendront peut-être avec des jours meilleurs, si jours meilleurs il y a...

Treize familles seulement vont rester, faisant bloc contre des hivers terribles, des printemps et des étés d'une incroyable sécheresse, des automnes où les tempêtes de sable ont tout ravagé [1]...

Lorsque le groupe de recherche mené par Kelsang Rinpoché est arrivé la première fois à Taktser, c'était le plein hiver, une saison particulièrement rude au tout début de 1938.

Les granges des monastères commençaient à se vider dangereusement.

1. Dekyi Tsering, *op. cit.*

C'est au lendemain de la deuxième visite dans la maison que le lama de Sera a pu donner enfin un sens aux événements tragiques qui agitent la région depuis la naissance de Lhamo Dhondup.

Cette série de malheurs ne s'arrêtera qu'avec la reconnaissance de Lhamo Dhondup comme réincarnation du treizième dalaï-lama.

Dans les dernières lignes de son rapport, il note l'urgence à donner à cette affaire :

> La population souffre moralement et physiquement ; Taktser s'est vidé d'un certain nombre de familles [1].

Kelsang Rinpoché scelle alors le parchemin avec une cire noire sur laquelle il imprime son sceau. Puis il se rend à Xining, d'où il va adresser un message codé au régent et au kashag via le secrétaire d'Etat britannique des Indes. Aussitôt l'information connue, la plus grande effervescence règne autour du régent et de son gouvernement : ils exigent le plus grand secret et la plus grande prudence autour de cette affaire. Pour tromper Ma Bufang et les autorités du Guomindang, Lhassa décide d'annoncer la découverte de seize candidats dont Lhamo Dhondup, l'enfant de Taktser.

En revanche, ordre est donné à Kelsang Rinpoché de négocier avec le seigneur de la guerre Ma le rapatriement de « tous les candidats »...

*

Eté 1938, Lhassa...

Les recherches de la réincarnation du neuvième panchen-lama Choekyi Nyima reprennent.

Pour respecter la tradition, le kashag a demandé au conseil des Khenpos de soutenir les démarches du gouvernement,

---

1. *Ibid*

sachant qu'en l'absence du Dalaï-Lama – il a trois ans et n'est pas encore officiellement reconnu – le régent continue à avoir toutes les cartes en main.

Il est d'ailleurs étrange que les événements s'enchaînent ainsi : le Dalaï-Lama a été retrouvé dans l'Amdo et on doit maintenant le ramener sain et sauf dans la capitale tibétaine ; comme il se trouve en territoire contrôlé par les Chinois, l'affaire ne manque pas de difficulté ; par ailleurs, on guette tout signe indiquant que le Panchen-Lama serait lui aussi revenu.

Le conflit latent entre Reting Rinpoché, le kashag et les lamas dissidents de Tashilhunpo qui transportent toujours dans la région du Kokonor le corps momifié de leur chef spirituel n'a rien perdu de sa vigueur. Il a donc été convenu que, aussitôt apparus les signes indiquant la découverte de l'enfant-réincarné, trois délégations se mettraient en route. Une d'entre elles partira de la région du Kokonor. Entente feinte, dirons-nous, destinée à réunir de nouveau les deux plus hautes autorités spirituelles de la lignée gelugpa : le quatorzième dalaï-lama et le dixième panchen-lama.

A la mi-août, des hauts dignitaires religieux séjournent dans le monastère de Chökhorgyal, non loin du Lhamo-Latso, le lac des Visions.

De fait, Reting Rinpoché vit une fin d'été partagée entre l'insupportable attente de l'arrivée du Dalaï-Lama et l'insoutenable espérance d'une renaissance prochaine.

*

A quoi bon rester dans les jardins du Norbulingka ?

Pour meubler le temps, rien de mieux que de défier ses acolytes lors d'une bataille de cerfs-volants près de la rivière Kyi-Chu qui traverse Lhassa. Tous les Tibétains partagent cette passion du cerf-volant, et les Lhassapas adorent se lancer dans des combats aériens mémorables.

Ainsi, Jampa Gyaltsen n'est pas le dernier pour suivre son frère dans ses folles escapades, d'autant que leurs deux autres acolytes, Nyungné Lama et Khardo Rinpoché, s'y trouvent déjà en charmante compagnie.

Jampa Gyaltsen leur lance un défi : on brise du verre, on le pile soigneusement, on le mélange ensuite à de la colle ; puis on prépare son cerf-volant, l'un – guidé par le frère et chambellan du régent – est peint aux couleurs du monastère de Radeng ; l'autre porte les couleurs de Khardo Rinpoché.

Le jeu consiste à approcher le cerf-volant de son adversaire et à lui couper le fil.

Tout le temps de la préparation, les deux complices ne cessent de parler de sujets frivoles, de ridiculiser les jeunes Tibétaines qu'ils ont culbutées la nuit dernière, de parier sur celles qu'ils rejoindront la nuit tombée pour quelques savoureuses galipettes.

Hommes, femmes, laïcs et religieux, ils sont nombreux à se presser autour d'eux, d'autant que Reting Rinpoché est là lui aussi précédé de toutes sortes de rumeurs : seize candidats susceptibles d'être la réincarnation du treizième dalaï-lama seraient sur le chemin de Lhassa, et il est de plus en plus question du retour de la dépouille du Panchen-Lama à Tashilhunpo...

Voilà des occupations plus importantes pour un régent que cette puérile bataille de cerfs-volants, mais lui préfère se vautrer sur l'herbe auprès de quelques beautés éphémères.

Jampa Gyaltsen contre Khardo Rinpoché : on laisse le cerf-volant filer au gré du vent, on se cherche, on se dérobe, on feint une attaque, on fuit. Toute l'image de la vie politique à Lhassa !

La foule s'est divisée en deux groupes, les belles qui soutiennent Jampa Gyaltsen, et celles qui aimeraient voir gagner Khardo Rinpoché, pour on ne sait quelles secrètes raisons.

On parie sur l'un sans sous-estimer l'autre pour autant. Il est de bon ton aujourd'hui dans la capitale de se montrer prudent : on se voit si vite privé de ses titres, destitué de ses biens. Bref, la corruption règne.

Piqués, encerclements, dérobades, l'attaque est rarement frontale. Comme en politique toujours !

Fil coupé, le cerf-volant de Khardo Rinpoché pique tout droit dans la rivière.

Triste fin.

Les femmes poussent des cris aigus.

Le vaincu organisera la fête ce soir avec l'argent de l'Etat : il y a vraiment quelque chose de pourri au royaume du Tibet à cette époque-là.

Cela n'est certes pas nouveau dans la société monacale tibétaine. Au XVIe siècle, Drukpa Kunley[1], « le fou divin », écrivait en parlant de lui : « ... j'ai visité le centre religieux de Lhassa, où les hôtesses n'attendaient que les cadeaux et les faveurs de leurs invités ; aussi, de peur de devenir un vil flatteur, me suis-je tenu à l'écart » ; et plus loin il ajoutait :

Le gros pénis du lama
Est le fléau des nonnes ;
Empêche cela en criant pour éveiller les voisins.

Tout de même, le comportement de Reting Rinpoché et de ses amis est jugé inadmissible par une large majorité de la population. Les critiques pleuvent, et ils sont quelques lettrés à citer volontiers Nagarjuna[2] pour rappeler que le chemin de la sagesse et de la vertu ne passe pas par le désir, qui fait au contraire partie des trois poisons avec l'ignorance et la haine. Alors voici ce que l'on entend, dans les rues, dans les temples :

Le désir envers une femme naît principalement
De l'idée que son corps est pur ;
Mais il n'est rien de pur
Dans le corps d'une femme.

---

1. *Le Fou divin*, de Drukpa Kunley, Albin Michel, 1982.
2. Cet érudit du Ier ou du IIe siècle enseigne la théorie du Madhyamika, la « voie du milieu ».

La bouche est un récipient empli de salive
Répugnante et d'ordure entre les dents,
Le nez de morve, de mucus et de glaire,
Les yeux de leurs propres saletés et larmes.

Le corps est un récipient empli
D'excréments, d'urine, avec reins et foie ;
Celui dont la vision est obscurcie et qui ne voit pas
Une femme ainsi, désire son corps.

Tout comme certains niais désirent
Un joli pot d'immondices,
Ainsi les ignorants, les esprits obscurcis
Et les mondains désirent les femmes.

Si le monde est attaché fortement
Au corps répugnant et nauséabond
Qui devrait entraîner le détachement,
Comment peut-il être conduit à la libération du désir[1] ?

Une chape de plomb est tombée sur la capitale.

Pendant que le régent et ses amis dépensent dans la luxure les deniers de l'Etat, les Lhassapas manquent de tout.

L'inflation est galopante.

Et pourtant, pas une voix ne s'élève pour appeler à la révolte, au soulèvement : on attribue l'origine de leurs malheurs à un karma collectif négatif. Ce remords provoque chez certains un profond besoin d'expiation, seule manière, selon eux, de préparer une renaissance meilleure, puisque cette vie n'est qu'une étape vers une autre vie comme « les fleurs du printemps s'étiolent en automne[2] »...

Au Tibet, ils sont quelques-uns à abuser des croyances et

1. *La Précieuse Guirlande des Avis au Roi*, de Nagarjuna, éditions Yiga Tcheu Dzinn.
2. Sixième dalaï-lama Rigdzin Tsangyang Gyatso.

de la foi de tout un peuple. Parmi eux, Reting Rinpoché et ses trois compères, bien sûr, mais également certains membres du kashag, quelques élus de l'Assemblée nationale tibétaine, et une poignée de dignitaires des monastères...

A Lhassa arrivera l'inévitable jour où ceux qui ont fauté ainsi vont devoir affronter les effets des karmas positifs et négatifs qu'ils ont eux-mêmes mis en œuvre.

Le soir, auprès de l'âtre, nombreux sont les anciens à raconter cette terrifiante histoire : « Un jour, dans la montagne, une mère réduisait en poudre une tête de chèvre qu'elle glissait ensuite dans sa tchouba. Son enfant était attaché sur son dos. Elle lui lançait régulièrement des regards emplis d'amour. Arriva un chien affamé. La mère s'empara de la pierre dont elle se servait comme ustensile et en frappa l'animal. Un lama qui passait par là observa la scène et s'en alla en souriant. Sa réaction s'explique ainsi : la femme était en train d'écraser avec soin la tête d'une chèvre qui avait été son père dans une vie antérieure ; elle avait frappé sauvagement le chien qui avait été sa mère, et elle offrait la plus grande tendresse à son enfant qu'elle portait sur le dos, alors qu'il fut, par le passé, son pire ennemi [1]... »

*

Un matin du mois d'août 1938, sur les berges du Lhamo-Latso, plusieurs dignitaires de Tashilhunpo sont entrés en méditation.

Combien de temps les lamas sont-ils restés ainsi blottis les uns contre les autres ? Ils seraient bien incapables de le dire. Mais ce fut long, très long.

Evoquer avec leurs compagnons ce qu'ils ont vu est interdit, mais chacun devine que le moment va peut-être devenir

1. Cette histoire, connue sous de nombreuses autres versions, a été racontée, en 1996, à l'auteur par l'oracle du dixième panchen-lama réfugié en Inde.

l'un des plus décisifs dans l'histoire de leur pays et de la lignée gelugpa.

Des moines apportent à Bilung Rinpoché, responsable de ce groupe de recherche, de la tsampa trempée de thé et, surtout, de quoi écrire.

Pendant ce temps, les autres ont fait cercle autour du feu et prient en attendant que le lama ait fini de consigner ses observations : trois lapins poursuivent un tigre féroce ; une dame d'une incomparable élégance lui est également apparue, elle porte une coiffe triangulaire ; un lion dort sur une des marches de pierre d'un monastère ; il y a aussi des cellules de moines, et deux arbres très anciens se dressent droits vers le ciel...

Transcriptions et dessins achevés, le parchemin est scellé à la cire rouge sur laquelle Bilung Rinpoché appose le sceau du monastère de Tashilhunpo.

Ici prend fin la mission qui s'en retourne aussitôt à Lhassa.

La tradition veut en effet qu'après la mort du Panchen-Lama le parchemin contenant la transcription des visions observées par cette délégation à Lhamo-Latso soit présenté au Dalaï-Lama en personne ou au régent. Il revient normalement à Kundun de décider de l'instant où il prendrait connaissance du récit et où il l'interpréterait.

Le neuvième panchen-lama Choekyi Nyima avait fait de même lors de l'audience qu'il avait accordée peu avant sa disparition à Kelsang Rinpoché, écoutant son récit et le dirigeant vers le village de Taktser.

Il y a cependant un problème : au contraire du défunt souverain tibétain, le neuvième panchen-lama n'a laissé aucune indication au moment de sa mort, pas même un signe pouvant aider les autorités gelugpas à trouver sa réincarnation.

Il a donc fallu que le conseil des Khenpos et le kashag orientent les recherches eux-mêmes en se basant uniquement sur les témoignages de ceux qui se sont rendus au lac des Visions. Des moines rapportent un fait dont il faut tenir compte : au moment de ses prosternations, Bilung Rinpoché a souvent dirigé sa tête en direction de l'est du pays, une direction confirmée à plusieurs reprises par les transes de l'oracle de Nechung.

L'est du Tibet ?... Une fois de plus le territoire contrôlé par les seigneurs de la guerre chinois.

*

Justement dans l'Amdo, en septembre 1938, les négociations sont bien engagées avec Ma Bufang qui a convié la famille de Lhamo Dhondup à demeurer quelque temps à Xining.

Otage sans l'être vraiment, mais otage quand même.

Ce jour-là, l'invraisemblable se produit : des cavaliers chinois investissent le village, et, surtout, la maison de Dekyi Tsering et de Choekyong Tsering...

Ces hommes prennent des photos de la famille, des bâtiments : la cuisine, les kangs, la cour intérieure, l'étable, tout y passe...

Kelsang Rinpoché est présent avec les autres membres de la délégation. Ma Bufang lui demande si l'enfant de Taktser est bien la réincarnation du treizième dalaï-lama.

Sans se démonter, le chef du groupe d'enquête lui répond qu'il y a d'autres candidats, que la décision dépend non pas de lui, simple lama de Sera, mais des autorités de Lhassa. Avant de pouvoir désigner le nouveau souverain tibétain, il est donc absolument nécessaire de conduire tous ces enfants dans la capitale tibétaine. Ce ne sera pas Lhassa, pas tout de suite, mais Xining avant le monastère de Kumbum !

Enceinte pour la dixième fois, et pour ainsi dire à terme, déplacer amala de sa demeure de Taktser vers la ville sous contrôle chinois n'a pas été de tout repos, même pour Ma Bufang que l'on disait si cruel !... Les femmes tibétaines sont les véritables chefs de famille, en charge le plus souvent des ressources matérielles. Prendre la décision de quitter Taktser n'a pas fait de difficulté : l'unanimité s'est faite sans problème autour d'amala. Mais, si cela n'avait pas été le cas, elle aurait alors dû trouver un compromis qui satisfasse les parents, les enfants et tous les autres membres du cercle familial vivant sous le même toit...

Tout le monde se réunit donc sous le regard médusé des guerriers chinois. Surpris par l'aplomb d'amala, Ma Bufang laisse faire : il y a là pala, Tsering Dolma et son mari Tashi Tsering, Gyalo Thondup qui arrive de l'école et croit un bref instant que ses parents sont prisonniers des Chinois. Kelsang Rinpoché a été autorisé à se joindre au groupe.

Par chance, il a réussi à glisser en aparté à amala que Lhamo Dhondup était l'enfant qu'on attendait à Lhassa et qu'il fallait absolument garder ce secret-là.

En route pour Xining... Amala refuse de séjourner dans la demeure de Ma Bufang. On lui trouve donc une auberge où, à tout moment, elle risque d'accoucher, surtout après un tel périple à cheval !

Pala et un oncle de la famille sont conviés à se rendre dans la résidence du gouverneur chinois de la région, avec Lhamo Dhondup... D'autres enfants sont là en compagnie de leurs parents. Tous les garçonnets pleurent, à l'exception de Lhamo Dhondup qui, repérant un siège vacant, s'y installe tout à son aise et observe d'un œil tranquille ce qui se passe autour de lui.

Ma Bufang a remarqué son petit manège. Il s'approche, se penche vers l'enfant et lui demande s'il sait qui il est. Lhamo Dhondup lui répond par l'affirmative... De quoi faire tomber les derniers doutes du Chinois : si l'enfant réincarné du treizième dalaï-lama se trouve dans cette pièce, ce ne peut être que le frère de Taktser Rinpoché qui, âgé de seize ans, vit au monastère de Kumbum.

Ma finit par renvoyer les autres familles et leur progéniture tout en exigeant que Lhamo Dhondup et ses proches restent à Xining. Il rencontre longuement pala et amala, et il se présente à eux non pas en ennemi mais en ami, promet tout, même de prendre soin de la ferme de Taktser, le temps que durera leur absence. Le seigneur de la guerre vante au passage les qualités des chevaux de Choekyong Tsering, non sans faire remarquer le puissant caractère de ses propres destriers.

Les semaines passent.

Kelsang Rinpoché rencontre Ma Bufang à plusieurs reprises : le lama craint surtout que le Guomindang n'apprenne l'existence de l'enfant-réincarné. Il faut agir vite...

Le seigneur de la guerre se décide enfin : il réclame à la délégation une première rançon de cent mille pièces d'argent.

Le gouvernement tibétain s'acquitte aussitôt de la somme mais l'avidité de Ma Bufang ne s'arrête pas là... Prétextant que des moines de Kumbum cherchent à proclamer eux-mêmes la réincarnation du treizième dalaï-lama, il triple la mise, exigeant que lui soit versée la somme exorbitante de trois cent mille pièces d'argent supplémentaire.

Kelsang Rinpoché a beau expliquer que des doutes existent et que cette somme est trop énorme, Ma reste intraitable...

Le lama de Sera en informe donc le gouvernement tibétain, mais, pour éviter l'interception du message, il le fera transporter de la main à la main jusque dans la capitale tibétaine.

Le message met plusieurs mois pour parvenir à destination, et la réponse autant pour revenir.

L'année 1938 passe ainsi, de négociation en négociation, Ma Bufang refusant toujours le départ de Lhamo Dhondup pour Lhassa.

Dans la capitale tibétaine, la situation n'est guère plus claire.

Le kashag y reproche au régent d'avoir découvert la réincarnation du treizième dalaï-lama dans une province sous contrôle chinois, situation dont le Guomindang peut, à tout instant, tirer profit : par exemple, en le faisant disparaître pour désigner un autre enfant à sa place.

Tout est possible. Et, du coup, Kelsang Rinpoché, ignorant ce qui se trame dans la capitale, cherche d'autres solutions.

Il finit par en trouver une : des marchands musulmans de Xining doivent se rendre en pèlerinage à La Mecque et traverser l'Amdo, première étape de leur long périple. Ils passeront ensuite près de Lhassa avant de filer vers l'Inde.

Au terme d'âpres discussions, les marchands musulmans acceptent de verser la rançon réclamée par Ma Bufang contre l'engagement des autorités tibétaines à rembourser cette somme en roupies indiennes.

Ma ne se démonte pas pour autant, garde en otage Lobsang Tsewang et promet de le libérer contre l'envoi d'un ensemble complet des habits du treizième dalaï-lama assorti d'une collection de manuscrits écrits en lettres d'or ; à condition aussi que l'enfant-réincarné atteigne sain et sauf la capitale tibétaine.

Entre-temps, amala accouche d'une petite fille qui décède.

Trois mois plus tard, profitant des troubles qui secouent la région de Xining, l'otage tibétain parvient à s'échapper.

Au monastère de Kumbum, Lhamo Dhondup, enfant peu ordinaire, se tient à l'écart de tous les moinillons qui gravitent autour de lui : il dessine des maisons dans la terre et soutient à tous qu'il ira bientôt vivre dans l'une d'elles.

Le 21 juillet 1939, au petit matin, le convoi quitte le monastère de Kumbum pour Lhassa.

DEUXIÈME PARTIE

1940-1949

6

Jeux d'ombres et nuits câlines

> « C'est un malheur qu'il y a trop peu d'intervalle entre le temps où l'on est trop jeune, et le temps où l'on est trop vieux. »
>
> MONTESQUIEU.

Assis sur un coussin dans la chambre qu'il partage avec son frère aîné Thubten Jigme Norbu, Lhamo Dhondup est muré dans un silence pesant.

Dans la cour principale du monastère, il entend les ultimes préparatifs précédant son départ. La mélodie monotone des mantras ne parvient pas à étouffer le tapage criard des moines qui harnachent les mulets et les chevaux.

Habituellement, à cette heure de la nuit, le vent qui chante dans les arbres a balayé les montagnes et apporte un peu de fraîcheur. Là, rien. Pas un souffle d'air.

C'est l'aîné qui décide de rompre le silence, peut-être pour profiter encore des heures joyeuses passées ici avec son frère, la deuxième réincarnation de la famille, Kundun... Ensemble, ils se souviennent de l'installation de Lhamo Dhondup dans les appartements privés de Kelsang Rinpoché, de ses escapades dans la chambre de Cho-la... Et la découverte des coucous – fascinant !... Et la cérémonie d'intronisation suivie de la bénédiction, de l'échange des khatas et tous les moines du monastère, du plus âgé au plus jeune des moinillons venus pour saluer et recevoir une pièce d'argent de leur futur souverain : gamin, Lhamo Dhondup voulait toujours aider les moins privilégiés, êtres humains, animaux – même les insectes.

Une année s'est à peine écoulée et voilà déjà l'heure de quitter le monastère, de tourner le dos à Taktser, le village, la maison qu'il faut ancrer dans sa mémoire, à tout jamais.

La rançon a été versée à Ma Bufang : trois cent mille pièces d'or. Le monastère de Kumbum a réclamé sa part : Kelsang Rinpoché a dû la verser. En revanche, le gouvernement tibétain a failli. Une fois n'est pas coutume. Le kashag finira néanmoins par réunir l'argent et par rembourser ce dû aux marchands musulmans, mais longtemps après.

La caravane est prête avec ses trois cent cinquante chevaux et mulets... Accompagnent le quatorzième dalaï-lama : Choekyong Tsering, qui va bientôt changer de nom, il a quarante ans ; Dekyi Tsering, prête à modifier son nom, elle aussi, elle a trente-neuf ans ; Gyalo Thondup qui a dix ans et Lobsang Samten qui va sur ses sept... Sans oublier le groupe de recherche toujours conduit par Kelsang Rinpoché, sur qui pèse une très lourde responsabilité, et les marchands musulmans pressés de prendre enfin le chemin de La Mecque.

A l'intention de chacun des membres de la famille tibétaine qui va partir avec lui, le chef de la caravane adresse un verset du Coran : « Rien ne vous atteindra hormis ce que Dieu vous destine. »

Abandonner Taktser et sa vallée n'a pas été une mince affaire, un arrachement plutôt : restent en effet dans cette demeure confiée à des cousins tant de souvenirs enfouis, de secrets partagés faits de petits bonheurs et de misère, de vie et de mort.

Une partie de la famille n'a pas quitté le village : *mola*, la grand-mère maternelle du Dalaï-Lama ; Tsering Dolma, enceinte à dix-neuf ans de son mari Phuntsok Tashi. Thubten Jigme Norbu va, quant à lui, poursuivre son éducation religieuse au monastère de Kumbum, non sans chagrin d'ailleurs : c'est dans cet endroit qu'il a pris conscience de l'énorme travail à accomplir pour devenir un véritable maître bouddhiste.

La séparation avec sa famille est difficile. En les observant, il a le cœur gros, et s'il n'en dit rien, ils sont quelques-uns qui l'ont entendu soupirer. Il se tient d'ailleurs un peu en retrait et pense à ce temps éloigné déjà, un peu plus de dix ans, ce qui lui paraissait un siècle, où il voyait régulièrement ses parents, sa grand-mère, ses frères et sœur. Autant de souvenirs enfouis resurgissent : il revit ses longues escapades avec les autres gamins du village sur la colline avoisinante, écoute le sifflement aigu et particulier des drapeaux à prières exposés été comme hiver aux quatre vents ; il entend encore la voix d'un vieux moine chantant des airs très anciens d'opéra tibétain, d'une voix qui avait souvent suscité chez lui un sourire amusé ; et il y a eu le jour de son intronisation comme réincarnation de Taktser Rinpoché. Un grand moment pour la famille ! Un énorme événement pour la vallée ! Il se revoit adolescent entrant dans le temple de Tashi Khyil : il avait alors parfois l'impression de n'être pas un être terrestre comme les autres ; et son esprit flottait dans une atmosphère supérieure : à ce moment-là, l'air qu'il respirait lui paraissait d'une pureté divine.

Et puis la caravane s'est mise en route.

Thubten Jigme Norbu l'a accompagné pendant deux bonnes heures. Il ne peut l'exprimer à personne, mais il aurait tellement souhaité poursuivre ce long périple avec ses parents et ses deux frères.

Quelques larmes lentes et silencieuses coulent sur sa robe monacale. Enfin, il a rebroussé chemin.

Déjà, la caravane se confond avec l'horizon : nous sommes le 21 juillet 1939. Et le message codé a bien été télégraphié de Xining vers Lhassa.

Durant les semaines qui ont précédé ce départ, amala a veillé sur tout et sur tous. L'abbé de Kumbum lui a promis de prendre soin de la famille, de contrôler les récoltes. On a beau lui expliquer que sa vie va changer à Lhassa, amala se comporte déjà comme la « Grande Mère ».

En cet été 1939, les ragots visant la famille de Lhamo Dhondup ont fini par s'atténuer. Chacun a vu partir la caravane avec un gros serrement au cœur. Des remords aussi : durant plusieurs étés, les habitants de Taktser et de la région ont souffert de la grêle et de la sécheresse ; avec les tempêtes particulièrement terribles de ces derniers hivers, ils ont manqué de nourriture et de vêtements.

Et voilà que, dans les semaines qui ont précédé son départ pour Lhassa, Chenrezig, dont Lhamo Dhondup est désormais l'émanation, leur a apporté les sept espèces de grains – sarrasin, orge, moutarde, blé, riz, sésame, pois – et des fruits en abondance, au point de pouvoir remplir à nouveau les granges des monastères aussi bien que les leurs.

*

Au départ de Taktser, amala, toujours aussi prévoyante, a lourdement chargé les mules : l'avoine pour les bêtes, des dattes, du vinaigre, du thé de Xining pour les musulmans et du tchang – de la bière d'orge – pour les Tibétains, laïcs et religieux.

Tous ont alors emprunté la route caravanière.

D'abord, une région aride. Pas un oiseau dans le ciel. Ils sont passés entre le lac Tsaring Nor et Oring Nor, puis ils ont traversé des forêts de santal, longé une multitude de petits lacs aux eaux cristallines, parcouru des vallées interminables où l'on apercevait des troupeaux entiers de kyangs – les ânes sauvages – et des bharals – des moutons bleus. Croisé aussi des ours et des yacks sauvages.

Parfois les kyangs semaient la panique parmi les chevaux et les mulets de la caravane. Alors, il fallait tirer des coups de feu en l'air pour les chasser...

De plateaux, la caravane est passée dans des plaines fertiles tapissées d'edelweiss. Elle a grimpé des cols balayés par des vents féroces. Lhamo Dhondup et Lobsang Samten quittaient alors le *trel-jam*, un siège attaché par des perches et relié à des mules, pour être portés : le premier par Kelsang Rinpoché, le second par un autre membre du groupe de recherche... Il a fallu aussi franchir des rivières : la Di-Chu a été un moment particulièrement délicat et dangereux ; Lhamo Dhondup et son entourage dans des embarcations petites et rondes en peau de yack, les autres sur des rafiots de bambous ficelés et toilés... Les éclaireurs toujours devant, et un peu partout les animaux qui nageaient au gré du courant jusqu'à l'autre rive.

Il y a eu des pertes en hommes, en bêtes, en biens...

Passé le Tra Tsang-la, le col avant Bumchen, on est enfin en territoire tibétain, à seulement une quinzaine de jours de marche de Lhassa. Près de trois mois se sont ainsi écoulés. Une première délégation avait rejoint la caravane avec des provisions... A Bumchen, un autre émissaire du gouvernement est venu au-devant d'eux : outre la khata, symbole universel de salutation au Tibet, il a présenté à Lhamo Dhondup le *Mendel Tensum*, cette triple offrande symbolique comprenant une image d'or du Bouddha de Longue Vie, un livre de textes sacrés le concernant et un shörten miniature. Un grand moment pour son entourage et la délégation ! Un grand bonheur aussi ! Chacun a alors pris conscience que le treizième dalaï-lama s'était réincarné dans cet enfant.

Cinq jours de marche plus loin, la caravane se rapproche de la capitale tibétaine. Une autre délégation la rejoint, conduite par le chef du kashag, des fonctionnaires de l'Etat et des dignitaires des trois principaux monastères gelugpas, Ganden, Drepung et Sera. On présente à Lhamo Dhondup la proclamation signée des mains du régent Reting Rinpoché faisant de lui le quatorzième dalaï-lama.

Chacun a alors pu remarquer un étrange manège : Lhamo Dhondup a subitement quitté ses habits de petit paysan de l'Amdo pour une robe monacale.

Kelsang Rinpoché s'est approché à son tour, l'a pris dans

ses bras et l'a porté jusqu'au *phebjam*, le palanquin doré qui va le transporter jusqu'à Lhassa.

*

Le 6 octobre 1939, on festoie à Rigya, à cinq kilomètres à peine de Lhassa. Cette coutume est inscrite dans le temps, à une date fixée par les astrologues, à chaque arrivée d'un nouveau dalaï-lama.

On a dressé la tente de Paon en satin jaune, d'une hauteur de 4,50 mètres pour une superficie d'une trentaine de mètres carrés : elle n'avait plus été utilisée depuis juillet 1879, date de l'arrivée du treizième dalaï-lama à Rigya, quelques jours avant son intronisation dans la capitale.

Sous la tente, on s'active encore : lavée et nettoyée, on surfile, on rabat, on reprend une couture, on l'aplatit. Tout doit être parfait pour l'accueil de Lhamo Dhondup.

La noblesse ne s'y est pas trompée : elle veut paraître sous son meilleur aspect. Alors, les plus riches dressent leur propre tente, le plus proche possible de celle du Dalaï-Lama.

Tous les tailleurs sont d'ailleurs débordés par les demandes de tissus, de brocarts, de bannières et d'habits neufs.

Le 7 octobre 1939, c'est le grand jour : en présence du régent, du Premier ministre, du kashag, des supérieurs des monastères gelugpas et des dignitaires des autres lignées, Lhamo Dhondup accorde sa toute première audience, à laquelle le Tout-Lhassa participe.

Les délégations étrangères se pressent aussi. La présence la plus remarquée a été celle du Chogyal du Sikkim[1] : il a offert deux magnifiques étalons blancs au jeune souverain tibétain ; ces deux chevaux rejoindront les écuries du Norbulingka. Pala, dit-on, en avait les larmes aux yeux.

Deux jours d'affilée, Lhamo Dhondup et sa famille vont assister à diverses célébrations : on danse, on chante des

1. Titre donné au souverain du Sikkim.

opéras sacrés, on prie, beaucoup ; on distribue des pâtisseries et des fruits secs : signe de prospérité.

C'est encore sur décision des astrologues du gouvernement que Lhamo Dhondup va se remettre en route : une foule compacte lui fait cortège ; elle grossit à mesure que l'on s'approche de la capitale.

Langdun chevauche en tête, aussitôt suivi de Reting Rinpoché, dans leurs plus beaux atours : leurs montures sont drapées d'un tissu de brocart coiffé d'or.

Le palanquin d'or de Sa Sainteté est porté par seize fonctionnaires vêtus de satin vert et coiffés de magnifiques chapeaux rouges.

Des moines battent le *da-ma*, ce tambour originaire du Ladakh, utilisé seulement pour les grandes occasions ; d'autres jouent de la flûte *suna*. Les sons s'entremêlent, grandissent, vibrent, pénètrent la cité, envahissent les temples, les demeures, le palais.

Paroles de Lhassapa, le da-ma et le suna n'ont jamais paru aussi purs !

Tout au long du trajet, drapeaux et bannières claquent au vent.

Langdun suit un trajet bien précis, tracé de craie jaune et blanche, tout imprégné de symboles du bouddhisme.

Tous les vingt mètres environ, des encensoirs ont été disposés. S'en dégagent d'épaisses odeurs résinées. Mais il n'est pas un Lhassapa sur le bord du chemin qui ne tienne dans une main, comme un petit bouquet de fleurs, des tiges d'encens ; et, dans l'autre, les moulins à prières, qui contiennent le mantra *Om Mani Padme Hum* mille fois répété sur un rouleau de papier consacré par les lamas, tournent un peu plus vite sans doute qu'à l'accoutumée.

Rites immuables !

Dans chacun des gestes ou des actes des Tibétains, dans leurs yeux, dans leur cœur ou leur conscience, on peut lire un respect fervent : Lhamo Dhondup est porteur de tant d'espérances.

On peut le dire, en ce début du mois d'octobre 1939, leurs rêves les plus fous sont des étoiles dans le cœur.

Le cortège a fini par entrer dans la capitale.

A un moment, un étrange personnage s'est avancé en direction du palanquin. Sous son énorme coiffe dorée de trente-cinq kilos, l'oracle de Nechung, en transes, avec un visage effrayant, pose son front contre celui de Lhamo Dhondup, lui entoure le cou d'une khata, susurre des mots inaudibles : à aucun moment, l'enfant de Taktser n'a eu peur.

A partir de ce moment-là Kutenla a accompagné le palanquin jusqu'à l'entrée du Jokhang.

*

On s'en doute, le losar de 1940 a donné lieu à de grandes festivités.

Le Dalaï-Lama va sur ses cinq ans, et malgré son très jeune âge l'enfant a présidé toutes les manifestations organisées en son honneur.

La présentation officielle du souverain a été fixée par les astrologues du gouvernement, en accord avec le régent et les élus de l'Assemblée nationale, au 22 février 1940, quatre jours après le nouvel an tibétain.

Un protocole soigneusement préparé.

Les cérémonies ont lieu dans la grande salle de l'aile est du Potala, le *Si-Shi Phuntsok*[1].

Autour de la famille se pressent les représentants étrangers de Chine, de Grande-Bretagne, du Népal, du Bhoutan et du Sikkim ; on voit également les membres du gouvernement – moines et laïcs –, des lamas incarnés, et les abbés de Ganden, de Drepung et de Sera.

Le grand jour est enfin venu !

---

1. La Salle de Toutes les Bonnes Actions des Mondes Spirituel et Temporel.

Vêtu d'une magnifique robe cérémonielle de brocart, Lhamo Dhondup pénètre dans la salle.

Il précède le régent Reting Rinpoché, désormais son premier précepteur, Tagdra Rinpoché, son deuxième précepteur, les membres du kashag, les chambellans, le maître des Robes, le maître de la Table et le maître des cérémonies religieuses.

Il ne le sait pas encore, mais cette intronisation a probablement été un des moments privilégiés de l'interrègne de Reting Rinpoché, lequel a eu l'honneur suprême de raser le crâne du petit garçon de Taktser dans le temple du Jokhang, et de lui attribuer son nouveau nom : Jetsun Ngawang Lobsang Yeshi Tenzin Gyatso Sisum Wangyur Tsungpa Mepai Dhe Palsangpo.

Ce 22 février 1940, Lhamo Dhondup est donc devenu officiellement le quatorzième dalaï-lama : il sera bientôt connu dans le monde entier sous le nom de Tenzin Gyatso.

Déjà, l'agence Reuter, qui avait annoncé en 1933 la mort de son prédécesseur par empoisonnement, évoque son intronisation, et le *Times* ouvre une large place à l'événement : ces articles enthousiastes sont signés par Hugh Richardson[1].

La famille est couverte de titres : à celui honorifique de Gyalyap Chenmo, désignant « le Grand Père », de Gyalyum Chenmo, désignant « la Grande Mère », il faut ajouter celui de Yapshi qui les anoblit désormais et les autorise ainsi de posséder une maison dans la capitale et de recevoir des domaines. Le père du Dalaï-Lama reçoit également le titre de *kung*, comparable à celui de duc... Il a fallu également changer de patronyme : Choekyong Tsering, Dekyi Tsering et leurs enfants seront pour les Tibétains les Yapshi

1. Administrateur britannique, il séjourne à Lhassa entre 1936 et 1950 et il est alors chef de la délégation britannique dans la capitale tibétaine.

Takhla[1]. Mais, pour Tenzin Gyatso et les autres enfants, leurs parents resteront à jamais amala et pala.

Si amala pose un regard distant sur ces titres, ce qu'ils imposent et ce qu'ils apportent aux siens, tel n'est pas du tout le cas de pala : il a l'air vraiment déstabilisé par ce brutal bouleversement dans son existence.

On le serait d'ailleurs à moins !

Ce à quoi il songe le plus : posséder des chevaux et encore des chevaux. Tous les chevaux du pays.

Pour assouvir sa passion, il faut de l'argent, beaucoup d'argent.

Pala en exige du kashag, lequel, dès 1940, commence à lui verser des sommes considérables à des fins personnelles ; il reçoit aussi un second domaine et une plantation de thé dans le sud du Tibet... Mais ce n'est toujours pas suffisant. Il est le père de Kundun, le kung, le « Grand Père », et il exige toujours plus. Rien ne l'arrêtera...

Surtout, il avoue avoir un faible pour Reting Rinpoché.

A peine arrivé à Lhassa, le piège se referme sur lui.

*

Avec le retour du Dalaï-Lama au Potala, on aurait pu croire que les Tibétains allaient redécouvrir un brin de sagesse.

En fait, il n'en sera rien.

Eh oui ! « une goutte de lait tourné fait tourner tout le lait[2] », c'est très connu ! En outre, « parmi le clergé on trouve des coquins ; sur les montagnes, des herbes vénéneuses croissent parmi les plantes médicinales ; parmi ceux qui se disent vos amis, il existe des gens à l'esprit malfai-

1. Takhla se traduit littéralement par « la maison qui recherche le bonheur ». A un moment, on avait pensé les appeler Yapshi Taktser, du nom de leur village.

2. *Le Chemin de la Grande Perfection*, de Patrul Rinpoché.

sant. « Gardez-vous donc toujours avec prudence », dit à juste titre une maxime[1]...

Ils sont bien là, les coquins ! Entourant Reting Rinpoché, il y a toujours son frère chambellan et ses deux amis Nyungné Lama et Khardo Rinpoché.

Voilà quelques jours encore, les Lhassapas criaient au passage de leur jeune souverain : « Le jour de notre bonheur est arrivé ! » Mais en vérité, dans la capitale, rien ne change. On nomme comme on dégrade, à l'envi ; tel est promu à quelque bon poste aussi vite qu'il en est déchu. On distribue généreusement des biens fonciers donnés et réquisitionnés moult fois, puis on les confisque sans explication aucune.

A peine le Dalaï-Lama est-il installé dans ses « appartements d'en haut », au dernier étage du Potala, sa résidence d'hiver, que Reting Rinpoché accouche d'un nouveau caprice : il n'est plus à quelques foucades près, notre régent !

Alors le voilà qui réclame des terres supplémentaires, quelques domaines, tout simplement une dotation du kashag. Comme un jeune coq prétentieux, Reting claironne à l'envi qu'il a trouvé la réincarnation du treizième dalaï-lama. N'est-ce pas un argument suffisant pour qu'on satisfasse tous ses desiderata ?

L'Assemblée nationale tibétaine se réunit.

Le bon vieux temps où les favoris s'étripaient sans vergogne est de retour !

Un gouverneur s'insurge, refuse de se soumettre aux exigences de Reting et tente des alliances avec certains élus qu'on dit intègres.

Quelle grave erreur !

La réaction ne tarde pas : l'homme est condamné à l'exil ; il n'en reviendra pas.

En revanche, le régent sort affaibli de cette affaire. Le kashag n'a finalement pas cédé à ses exigences et lui octroie seulement quelques terres sans grand intérêt.

---

1. On l'attribue à un lama, Rajah Du Dugyul.

Tant qu'il s'agit de manœuvres politico-financières, les Tibétains se montrent relativement indulgents, mais il y a des limites à ne pas dépasser... Le karma veille et, croyez-le, celui-là on n'y échappe pas ! C'est d'ailleurs inscrit à jamais dans les soutras[1] : « L'homme ordinaire qui viole la moralité s'expose à cinq dangers : les biens qu'il recherche, il ne les obtient pas comme il le souhaite ; ceux qu'il a obtenus, il les perd en un jour. En quelque endroit qu'il aille, personne ne le respecte. Sa mauvaise renommée et sa mauvaise réputation se répandent dans le monde. Lors de la destruction de son corps, à la fin de sa vie, il entre dans les enfers[2]... »

Chacun perçoit comme jamais auparavant la nervosité des Lhassapas.

Comme un inlassable bavardage agacé, des rumeurs se répandent. Premier brocardé : Reting Rinpoché, connu pour ses frasques et ses escapades nocturnes dans le village de Shöl, au pied du Potala, pour ses créatures de débauche, sa propension basse et rampante à la corruption, ses penchants pour le commerce – avec ses amis, dans ses appartements, il possède la troisième structure commerciale du pays... Sans parler de sa liaison quasi officielle avec une dame de Lhassa.

Chacun se souvient de son arrivée dans la capitale, de son installation au Potala.

De mémoire de Lhassapa, on n'avait jamais vu autant d'arrogance dans la voix et l'attitude du régent, mais on l'excusait – il avait tout juste vingt ans – lorsqu'il fustigeait les élus de l'Assemblée nationale, les lamas jouisseurs... Il n'hésitait pas à lancer à la cantonade : « ... j'ai visité l'académie de Ganden. Et à Ganden, chaque moine se cherchait

---

1. Les soutras sont les textes contenant les enseignements originels du Bouddha. Ils peuvent prendre la forme d'un dialogue entre le Bouddha et ses disciples, autour d'un thème particulier.

2. *Mahâparinirvana-soutra,* Sermon de la grande Extension complète.

un petit ami. Aussi, par crainte de gaspiller ma semence, me suis-je tenu à l'écart[1]. »

L'affaire est bien plus grave qu'il n'y paraît. En matière de semence, le régent n'a pas hésité à gaspiller la sienne avec toutes sortes de créatures dans les bas-fonds de la capitale. Passe encore. Il n'est pas le seul, n'a pas été le seul, et ne sera pas le seul.

Le pire, c'est cette liaison.

La dame est connue des Lhassapas.

Elle vit pour ainsi dire à demeure dans les appartements du régent : elle y poursuit, commente-t-on avec un grand éclat de rire, son éducation spirituelle.

Des affiches sont placardées chaque nuit sur les arbres de la capitale, près des temples, à l'approche du Jokhang. Elles content les histoires croustillantes de la dame et de son amant Reting Rinpoché.

Cela ne peut plus durer.

Et pourtant, il existe des antécédents célèbres en la personne du sixième dalaï-lama Rigdzin Tsangyang Gyatso qui écrivait des poèmes amoureux dans lesquels il parlait de son aimée, de sa belle :

Ô mon amour, mon cœur s'en va
A la pensée d'avoir pu t'épouser ;
Tu serais à mon bras, tel un joyau prisé
Que découvre l'océan au creux de ses draps[2]...

Mais il a écrit aussi son amour perdu et la débauche qui s'est ensuivie dans Shöl, déjà :

Dans mon palais, le lieu du Ciel sur la Terre,
On m'appelle Rigdzin Tsangyang Gyatso,
Chenrezig réincarné.

---

1. *Le Fou divin*, de Drukpa Kunley, *op. cit.*
2. *Vie et chants d'amour du sixième dalaï-lama*, par K. Dhondup, Claire Lumière, 1987.

Mais en contrebas de mon palais
Dans la petite ville de Shöl
On m'appelle Chelpo Dangzang Wangpo, le débauché,
Car nombreuses sont mes maîtresses[1].

L'histoire a mal fini, à l'heure de la fuite du sixième dalaï-lama, le seul de ses semblables à n'avoir pas de sépulture au Potala, ce qui, des vastes plaines de la Chine aux plateaux du Tibet, a fait sa légende.

Au moins en reste-t-il ses poèmes.

On ne peut pas en dire autant de Reting Rinpoché !

Dans le *Sutta-nipâta*, le Dépôt des Sermons, il est dit : « L'homme qui est corrompu par les femmes, corrompu par l'alcool et corrompu par les dés, qui gaspille tout ce qu'il gagne, tel est le visage de celui qui se perd... »

Tel est le visage de Reting Rinpoché, régent et premier précepteur du quatorzième dalaï-lama.

*

En 1940, amala attend son quatorzième enfant.

Il devient donc urgent de trouver une demeure décente à la famille Yapshi Takhla : le kashag lui en procure une près du Norbulingka, le palais d'été où a résidé l'enfant-réincarné jusqu'à son intronisation ; elle fait partie de ces maisons réquisitionnées au gré des diktats du régent ou du gouvernement tibétain.

Le printemps revenu, le Dalaï-Lama est transporté au Norbulingka, ce qui facilite bien les choses.

Proche du palais, la maison familiale, qu'on appelle la ferme Gyatso, permet quelques escapades au petit Tenzin Gyatso et à son frère Lobsang Samten, compagnon de chambre et de jeu, avec la complicité de quelques moines du palais...

Repas pris en famille, rires, jeux, le bonheur semble là.

1. *Ibid.*

Ebullition dans la capitale : on oublie un peu les frasques du régent pour s'occuper du premier anniversaire de Tenzin Gyatso, en tant que souverain du Tibet.

Le temps passe très vite...

Le 6 juillet de la même année, Kundun fête déjà ses cinq ans.

Les drapeaux à prières et les bannières flottent sur le toit du Potala et du Norbulingka.

En ce matin d'été, l'enfant est peut-être bien loin de songer au combat qu'il aura bientôt à engager.

Dans la salle d'audience, Kelsang Rinpoché l'observe.

Et puis, les cérémonies ont débuté par des offrandes d'encens de genévrier.

La famille de Kundun vient de quitter la ferme Gyatso pour le Norbulingka : elle va présenter ses vœux, imitée par le kashag et les personnalités les plus en vue politiquement et religieusement.

La salle d'audience est comble lorsque Reting Rinpoché et Tagdra Rinpoché, les deux précepteurs, lui offrent la pilule de longue vie.

Les vœux exprimés, Kundun, accompagné d'un imposant cortège, est ensuite transporté dans son palanquin d'or à Tsung Lha Yar Sur, à deux kilomètres de la capitale.

C'est sous la tente qu'on va répéter une nouvelle fois l'offrande d'encens de genévriers : le Tsechag Lekhung – le département du Trésor – offre une grande fête en l'honneur de la famille Yapshi. En retour, amala et pala organiseront, de leur côté, deux jours de festivités en l'honneur des fonctionnaires.

Sur la colline de Tsung Lha Yar Sur, on chante, on danse, on prie, mais on boit, on rit, on fait bombance aussi.

Au sortir de ces journées, Lhassa se prépare déjà à célébrer Shotön – le grand festival du yaourt –, et amala à accoucher.

A cette époque, la mère du Dalaï-Lama profite volontiers

des jardins du Norbulingka où elle rejoint ses deux fils, Tenzin Gyatso et Lobsang Samten.

Ces instants de partage privilégiés auront hélas bientôt une fin, car Kundun n'a pas encore commencé ses études monastiques.

Ensemble, la mère et les deux frères aiment flâner le long des allées, s'asseoir au pied d'un bosquet, regarder les arbres, les fleurs, jouer avec les animaux [1].

Assis sur une pierre près de l'étang, Lobsang Samten et Tenzin Gyatso s'amusent. Il est courant que des bouddhas et des bodhisattvas se manifestent auprès des animaux, sous une forme ou une autre, pour les aider. Ainsi, les chiens d'un tulku meurent souvent le jour de la crémation de leur maître.

Amala pense qu'il va être temps de demander une audience à son fils le Dalaï-Lama : une naissance étant proche, elle aimerait tellement que ce soit lui qui donne son nom au bébé.

Depuis 1920, Shotön est incontestablement l'événement social et culturel le plus important du Tibet. Instaurée par le monastère de Drepung, l'ancien siège du gouvernement du Grand Cinquième, cette tradition annuelle a été développée ensuite par le treizième dalaï-lama, à la fin du mois d'août ou au début du mois de septembre : les pâturages sont encore verdoyants et les moines sortent tout juste de leur retraite d'été.

C'est l'occasion pour les douze troupes d'opéra régionales et les quatre compagnies d'opéra principales [2] de présenter toutes leurs œuvres dans les jardins du Norbulingka.

En cette année 1940, tandis que dans la lointaine Europe

---

1. Les animaux font partie d'un des six mondes avec ceux des enfers, des esprits avides, des hommes, des demi-dieux et des dieux qui composent le samsara – le cycle des existences – dans lequel, du fait de leur karma, ils renaîtront et renaîtront sans fin jusqu'au moment de leur totale libération.

2. Gyankhara, Chungpa, Shangpa et Komulanga.

le nazisme semble triompher et qu'en Asie la guerre sino-japonaise fait rage, Shotön se tient pour la première fois en présence du quatorzième dalaï-lama : l'événement est de taille, et les représentations étrangères s'y pressent. Parmi les invités, Hugh Richardson, le consul britannique en poste à Lhassa, grand amateur de mets au yaourt, à base de lait de dri si délicieux.

Cinquième jour de Shotön, personne n'a remarqué l'absence d'amala. Elle a fait signe à Tsering Dolma – sa fille aînée vient d'arriver de Taktser – de l'accompagner.

Vite, des serviettes, des chiffons, une paire de ciseaux ou un couteau !

Un endroit ! Les premières douleurs sont là...

La maison ? Impossible. Elle est occupée par la famille.

Les appartements de Sa Sainteté ? Occupés aussi.

En fait, il y a du monde partout.

Un endroit discret ?

Il n'y a... oui, il n'y a que le cellier...

Ce sera finalement le garde-manger du Norbulingka : ici, en plein festival du yaourt, le quatorzième enfant de Dekyi Tsering et de Choekyong Tsering va voir le jour : une petite fille.

Quelques jours plus tard, amala sollicite une audience au Dalaï-Lama.

Elle lui demande de bien vouloir donner un nom à sa petite sœur.

Tenzin Gyatso répond : « Jetsun Pema ! »

Jetsun Pema sera donc le « Lotus vertueux » de la famille Yapshi Takhla.

*

En ces fins de journées d'été, Lhassa offre un spectacle haut en couleur.

L'ambiguïté de la situation heurte la vanité des uns, chamboule le sens de la bienséance des autres : on doute, on jalouse, on négocie, on commerce et on corrompt allègrement...

Le petit peuple, lui, pâtit des restrictions imposées par le gouvernement. La misère s'est installée à cause de l'épouvantable cherté des denrées, on manque de tout.

Les pires souffrances endurées sont à la fois morales et spirituelles.

Ainsi le Tibet aborde-t-il ce sombre avenir que lui avait prédit le prédécesseur de Tenzin Gyatso, temps de douleur où pas une lumière ne brillera au cœur des ténèbres.

Et ce n'est pas la seule présence de Kundun, âgé de cinq ans seulement, qui peut changer le cours des événements.

Plus un jour dans la capitale sans que les fortunés ne festoient sur les berges de la rivière Kyi-Chu ou du Tsangpo[1], la « rivière de la Félicité », qui baignent la ville.

Les cerfs-volants sillonnent le ciel, on tient le vent au bout de sa ficelle, on bataille entre familles... Et le soir, c'est à qui offrira le repas, à qui organisera la prochaine fête.

Reting Rinpoché ? Le régent ne manque pas une occasion pour étaler son arrogance. Il a pris l'habitude de rejoindre ses amis à bicyclette. Une demi-heure à peine après avoir quitté ses appartements, le voilà sur quelque vaste étendue herbeuse où se dressent des tentes blanches richement décorées de brocarts. Des femmes s'y entraînent au badminton, tandis que le Tout-Lhassa se presse pour voir le régent jouer au football, ou admirer le médecin de la mission britannique dans ses démonstrations de plongeon ou de cricket... seul contre lui-même. Succès garanti !

La noblesse reçoit beaucoup, à demeure. Dans quelques maisons tibétaines, on nage dans le luxe et l'opulence... On s'habille à l'occidentale en reniant la traditionnelle tchouba ; on s'éclaire à la lampe à gaz ou à la lampe Tilley, préférant le whisky écossais au tchang, l'habituelle bière d'orge ; buvant du vin de Golconde et, pour les femmes, des liqueurs sucrées.

On s'enivre de mots et d'alcools en compagnie du régent et de ses amis...

---

1. Le Brahmapoutre prend sa source au Tibet.

Quelques rares aristocrates ont voulu imiter Reting Rinpoché. Ils se sont à leur tour munis d'un gramophone : ici et là on entend la voix et la trompette de Louis Armstrong, on danse sur *Wild Man Blues*...

La mission britannique, elle, possède un appareil de cinématographie : le régent et quelques privilégiés y découvrent pour la première fois les actualités de l'Empire britannique, le roi George VI, le Premier ministre Winston Churchill, la guerre en Europe, mais ceux-là aiment mieux regarder les films de Charlie Chaplin, encore que, aux *Lumières de la ville*, leur préférence aille à *La Ruée vers l'or*...

*

Le Dalaï-Lama a été transporté au Potala. Il va y passer son premier hiver.

Reting, son précepteur, est parti pour Samyé, le tout premier monastère bouddhiste du pays construit par Padmasambhava [1] – appelé par les Tibétains *Guru Rinpoché* – dans la haute vallée du Brahmapoutre.

Raison invoquée : une retraite. Un peu de spiritualité, un repli sur soi, une forte remise en question ne peuvent pas lui faire de mal, d'autant qu'il connaît parfaitement ce texte du treizième dalaï-lama où l'on retrouve l'écho de quelques-uns de ses abus :

La consommation immodérée d'alcool
Renforce la racine de toutes les faiblesses ;
L'usage du tabac est une faiblesse en soi.
Nous devons examiner les activités de notre esprit,
de notre corps, ainsi que nos paroles,
Et considérer les habitudes néfastes comme du poison.

---

1. Introducteur du bouddhisme au Tibet au VIIIe siècle. Il est né dans l'Uddiyana au nord de l'Inde. Ses voyages le conduisirent le long de l'Himalaya, du Cachemire au Ladakh, au Sikkim et au Bhoutan. Il représente l'apôtre idéal pour le « Toit du Monde ».

Puissions-nous apprendre à nous dégoûter de nos fautes,
Et nous résoudre dès lors à les éviter.

Il ne m'est pas nécessaire d'énumérer
Les effets préjudiciables de la consommation d'alcool.
Le Bouddha lui-même s'est exprimé clairement sur ce sujet.
De même sur le tabac, mauvaise herbe née du sang d'un démon.
La puanteur des fumées monte d'abord,
Et dérange les êtres célestes,
Puis descend et pollue la résidence aquatique de centaines de milliers de nagas[1].

Reting Rinpoché médite, mais :

Ni dans l'espace céleste, ni au fond de l'océan,
Ni dans une caverne des montagnes où l'on pénétrerait,
On ne peut trouver d'endroit en ce monde
Où celui qui s'y tient puisse être délivré d'une mauvaise action[2].

Sur le chemin du retour, le régent séjourne une semaine dans son monastère avant de regagner la capitale où règne une tension effroyable.

A Radeng, Reting consulte son astrologue, lequel dresse son horoscope pour l'année 1941.

Plein de bonnes intentions, le devin profite de l'audience pour prédire à Reting Rinpoché d'amères déconvenues s'il se maintient à la régence ; il lui indique le jour le plus propice pour sa démission : le 1er février 1941.

L'astrologue suggère même d'agir avec la plus extrême prudence.

De retour au Potala, le régent explique au Dalaï-Lama

1. Divinités des eaux.
2. *Petavatthu.*

que ses dernières nuits ont été peuplées de rêves inquiétants : des oiseaux gigantesques avec d'énormes becs en acier plongeaient sur lui, lui arrachaient les yeux, la peau, pour finalement déchiqueter son cœur.

Ces rêves, Reting dit les avoir interprétés : il pense courir un grave danger s'il ne se retire pas au plus tôt dans son monastère pour y entreprendre une longue retraite.

Au Tibet, dans l'inextricable entremêlement du spirituel et des superstitions, personne ne l'en aurait empêché, d'autant que, pour renforcer ses propos, le régent n'hésite pas à citer le Grand Cinquième :

La satisfaction procurée par les plaisirs illusoires
Est aussi égarée que le tourbillon d'un danseur ;
Donne naissance à l'esprit de mesure,
Pur comme l'aube annonçant la fin de la nuit.

La vérité est tout autre, bien sûr.

Reting a conscience que les Tibétains lui reprochent surtout ses indélicatesses féminines.

Ainsi, il sait être à la merci d'une nouvelle indiscrétion : il se raconte à Lhassa que le régent mettrait en pratique les acrobaties sexuelles décrites dans une version tibétaine du *Kama Sutra* par Guendun Choephel[1], un moine qui, imitant volontiers Drukpa Kunley, serait, lui aussi, connu pour ses conquêtes féminines.

Sa démission acceptée, Reting délivre un ultime conseil : nommer très vite son successeur en ne consultant ni les oracles, ni le kashag, ni les dignitaires des monastères.

Tagdra Rinpoché, le second précepteur du Dalaï-Lama, devient le nouveau régent et son premier précepteur : la soixantaine bien avancée, l'homme est surtout connu pour

1. (1905-1951) Ce moine était membre du Parti réformateur du Tibet occidental qui, en 1939, avait imaginé donner au Toit du Monde trois principes de base : le socialisme d'Etat, la souveraineté populaire et le nationalisme.

sa rigueur et son conservatisme ; il se dit proche des idées de Tsarong, l'ami et premier favori du treizième dalaï-lama, qui souhaitait moderniser l'armée tibétaine.

Aussitôt la nouvelle connue, il se murmure qu'un accord secret aurait été négocié entre Reting et Tagdra...

On ajoute que le second laisserait la place au premier après trois années d'interrègne...

*

Finalement, le choix de Tagdra Rinpoché comme régent paraît convenir aux autorités tibétaines. Au point que le kashag et l'Assemblée nationale, réunis en session extraordinaire, prennent la décision de lui décerner le titre prestigieux de pandit *kenting ta guo-shri*, un mélange de tibétain, de sanscrit et de chinois qui signifie « érudit et grand professeur, gloire du pays ».

Honorer ainsi un régent n'est ni nouveau ni rare[1], mais tout de même pas si courant que ça.

Tout le monde connaît certes les qualités spirituelles de Tagdra Rinpoché. Quant à celles de diriger un Etat...

Le nouveau régent commence par faire de son chambellan le responsable de son secrétariat privé[2], puis il se met au travail.

---

1. A la mort du septième dalaï-lama, le moine régent Demo Tulku, qui occupa cette fonction de 1757 à 1777, en avait reçu de l'empereur mandchou Qianlong. Les Tibétains avaient conservé cette tradition jusqu'au treizième dalaï-lama : celui-ci décida de mettre fin à cette avalanche de titres, car derrière ce prestige se cachait sournoisement l'expression d'une subornation politique à l'Empire... La majorité des Tibétains l'ignoraient bien évidemment car, pour eux, il s'agissait avant tout d'une marque de distinction dont ils aimaient faire étalage.

2. Le chambellan du régent porte généralement le titre de *dzasak* et siège, à certaines occasions, à l'Assemblée nationale au même titre que les kalöns, les ministres ; il ne recevra en fait que le titre de *kenchung*, fonctionnaire religieux de quatrième rang. C'est signe pour les Tibétains que Tagdra Rinpoché ne dirigera pas longtemps la régence.

Premier dossier à traiter, celui du Panchen-Lama. Le problème traîne depuis trop longtemps. Il est d'autant plus urgent de le régler que les oracles d'Etat, ceux du Dalaï-Lama comme ceux du Panchen-Lama lui-même, ont confirmé la présence de l'enfant-réincarné du neuvième panchen-lama Choekyi Nyima dans l'est du Tibet, dans l'une des régions contrôlées par les seigneurs de la guerre chinois indépendantistes. L'Histoire se répète.

Le régent entre en contact avec l'autorité administrative de Tashilhunpo ainsi qu'avec les lamas dissidents qui errent depuis plus de trois ans dans tout l'est du pays. Ces derniers acceptent finalement de ramener leur guide spirituel dans son monastère.

Pour recevoir les reliques du défunt, il faut d'urgence construire un monument religieux, un stupa : ordre est donné au monastère de s'y employer.

Les Tibétains de la région volent à la rescousse des moines de Tashilhunpo, heureux que l'esprit de leur guide spirituel soit bientôt auprès d'eux.

Du coup, ils ne ménagent pas leurs efforts. C'est qu'en participant à l'édification du stupa ils accumulent des mérites à valoir sur leur prochaine vie !

La dépouille du neuvième panchen-lama arrive à Shigatsé le 2 avril 1941.

*

Une intense émotion accompagne les trois délégations chargées de trouver l'enfant-réincarné qui deviendra le maître de Tashilhunpo.

Pendant plusieurs mois, les hommes – des lamas et des laïcs – vont se diriger au travers des vastes plateaux himalayens vers l'est.

Chaque matin, juste avant d'enfourcher leurs chevaux, les lamas qui les guident leur expliquent les choix possibles et les chances de s'acquitter avec succès de leur mission ; ensuite seulement ils se mettent en route.

Dès le mois d'août 1941, un rapport de six pages des autorités du comté de Litang dans le Kham, rédigé en chinois[1], raconte comment la délégation officielle du kashag conduite par Dingié Rinpoché et lama Houzou Shanggen a trouvé un enfant jugé être la réincarnation du neuvième panchen-lama.

Dans ce document inédit, les délégués expliquent les raisons de leur choix...

> Les parents d'abord : le père, Tudun Lingyang, d'origine bhoutanaise, moine à Tashilhunpo, a suivi le neuvième panchen-lama Choekyi Nyima dans son exil ; à la mort de son maître spirituel, il a rompu ses vœux, erré dans tout l'est du pays ; c'est de manière fortuite que Tudun a croisé un jour une jeune Tibétaine sur le bord d'une piste qui menait au village de Jaya, dans le district de Lihua du Canton de Ganzi : Gesang Quzheng, c'est son nom, allait chercher de la nourriture. Gudun et Gesang se sont mariés ; la jeune femme a alors rejoint son époux dans la caverne où il vivait, près du village de Zheduotang...
>
> Le 25 décembre 1938, entre 5 et 6 heures du matin, une première série d'indices a accompagné la naissance de leur fils : le ciel s'est ébloui d'une intense clarté qui s'est lentement coulée dans l'immensité pour encercler le croissant de lune dans un arc bandé dont la flèche dorée était pointée vers la caverne où il venait de voir le jour ; on raconte même que la pointe de cette flèche est descendue si bas qu'il suffisait de tendre la main pour la saisir... ; aussitôt, le bébé a disposé ses mains à la manière de Tsongkhapa, le grand réformateur du bouddhisme tibétain, les deux index

1. Les noms qui apparaissent dans ce rapport sont traduits dans la phonétique chinoise, afin d'éviter toute erreur et toute interprétation.

liés, les autres doigts tendus vers l'avant, les paumes l'une en face de l'autre, la main droite légèrement plus haute que la gauche...

Dans les semaines et les mois qui ont suivi sa naissance, d'autres indices ont confirmé les précédents : un mantra s'est dessiné sur sa glabelle, la petite proéminence qu'il a juste au-dessus de ses sourcils ; ce même mantra est réapparu à chacun de ses deux anniversaires correspondant aussi à celui du fondateur de la lignée gelugpa... ; l'enfant a parlé très tôt, et ses premiers mots ont été ce mantra qu'il récitait toujours d'une étonnante voix claire et forte, tantôt assis dans la position du lotus tantôt debout... ; entre-temps, il a refusé le sein de sa mère pour ne se nourrir que des aliments contenus dans le bol d'offrandes disposé sur l'autel familial devant la statuette du Bouddha Sakyamuni...

Les deux signataires de ce rapport ont multiplié les visites au couple et à l'enfant.

Persuadés de se trouver en face d'une réincarnation d'un maître bouddhiste de haut rang, Dingié Rinpoché a demandé à ses parents de conduire leur fils dans le principal monastère des environs de Litang et a donné l'argent nécessaire à ce périple.

Objectif avoué : il pourrait mieux observer l'enfant.

Dans les jours qui ont suivi leur installation, les religieux ont, de fait, commencé un certain nombre de tests.

Autre moment insolite : le chef de l'équipe de recherche lui présentant deux oiseaux, l'un en or, l'autre en bois, l'enfant ne marque pas la moindre hésitation et s'empare du volatile en bois, affirmant que cet objet est le sien : or, il appartenait au neuvième panchen-lama Choekyi Nyima.

Par la suite, le gamin n'a plus cessé de livrer ses mystères.

A question précise, réponse immédiate !

Où se trouvait sa famille ?... A Tashilhunpo !

Pensait-il rentrer bientôt chez lui ?... Oui !

Savait-il déjà comment il rentrerait ? A cheval ? En palanquin ?... C'est à cheval qu'il irait à Tashilhunpo. Peut-être même était-ce au cheval du neuvième panchen-lama auquel l'enfant pensait alors !

Instant insolite aussi, un de plus, lorsque lama Houzou Shanggen s'est approché de lui... L'enfant l'a tout de suite reconnu et l'a appelé non pas par son nom mais par son surnom que personne ne connaissait dans la délégation, pas même les serviteurs du lama.

Enfin, il est arrivé à plusieurs reprises que le chef de l'équipe de recherche, plein de ruse, lui laisse entendre qu'au fond il n'était pas le Panchen-Lama mais un imposteur, l'enfant pleurait ou se fâchait, selon les circonstances.

Il y aura d'autres candidats. Parmi eux, quelques-uns mourront des suites d'une soudaine maladie, d'autres survivront, mais l'affaire du dixième panchen-lama ne fait que commencer.

Elle réserve quelques autres surprises.

*

Dans l'entre-temps, le Dalaï-Lama a retrouvé ses appartements d'été au Norbulingka.

Dans la ferme Gyatso, pala continue à faire des siennes : le kashag pliant continuellement devant ses exigences, une drôle d'ambiance règne parfois jusque dans la maison. Amala n'approuve pas le comportement de son mari...

De son côté, le père du Dalaï-Lama agace de plus en plus le kashag et commence à se faire de nombreux ennemis : il accumule les domaines, réclame toujours plus d'argent ; il exige aussi une autre demeure, car la maison dans laquelle vit sa famille ne lui convient plus ; il en veut une neuve, plus grande !

L'argent ? Ses richesses ?... Pala a offert une de ses maisons à un cousin et ne se montre certes pas avare dans ses cadeaux : il a d'ailleurs fait parvenir à son aîné, Thubten Jigme Norbu, une enveloppe contenant une somme rondelette et « un poney de couleur crème [1] » qui lui servira de monture à l'heure d'entreprendre son dangereux voyage de l'Amdo à Lhassa. Mais auparavant, il a donné ordre à l'aîné d'acheter plusieurs centaines de chevaux dans la région de Xining : les plus beaux, pour lui ; les autres seront revendus à l'aristocratie locale.

A Lhassa, amala et pala sont maintenant bien entourés : mola – la grand-mère –, leurs deux filles, Tsering Dolma – vingt et un ans – et Jetsun Pema – neuf mois –, leurs trois fils, Gyalo Thondup – douze ans –, Lobsang Samten – dix ans –, Sa Sainteté Tenzin Gyatso qui aura six ans le 6 juillet 1941, leur gendre Phuntsok Tashi et leur petit-fils Tenzin Ngawang.

Manque à l'appel Taktser Rinpoché, l'autre réincarnation et aîné des fils, qui se morfond toujours dans son monastère de l'Amdo... C'est seulement dans le courant de l'été 1941 qu'il obtient enfin l'autorisation des supérieurs de Kumbum de rejoindre la capitale tibétaine et sa famille. Taktser Rinpoché poursuivra ses études à Drepung, une cité grouillante de moines près de Lhassa : le monastère possède cent quatre-vingts domaines ; vingt mille serfs et seize mille nomades y travaillent.

Une caravane passe dans la région... Des marchands musulmans se rendant à La Mecque acceptent, comme pour son frère deux ans plus tôt, d'emmener Thubten Jigme Norbu, son oncle Chandzo Jampa chargé de veiller sur lui, une trentaine de moines tibétains, plus... une douzaine de moutons destinés à la nourriture. Sans compter des centaines et des centaines de chevaux pour son père et plusieurs dizaines pour lui. La caravane qui emmenait vers Lhassa le Dalaï-Lama comptait dix mille animaux – yacks, chevaux,

1. *Tibet is my Country*, de Thubten Jigme Norbu, en collaboration avec Heinrich Harrer, Wisdom, 1960.

moutons ; celle qui conduit Thubten Jigme Norbu en compte au moins le double, si ce n'est davantage.

Aller au-devant des voyageurs est dans la tradition tibétaine.

Entouré par un groupe de cavaliers, pala chevauche vers son fils aîné et le rejoint deux jours plus tard.

Il lui apporte du thé, de la tsampa et ses gâteaux préférés préparés par amala.

C'est à peine si Thubten Jigme Norbu reconnaît son père, Choekyong Tsering, celui que l'on surnomme le kung : dans « ses habits de soie, il arborait le maintien d'un roi [1] ».

Le lendemain, ils sont rejoints par Gyalo Thondup et Phuntsok Tashi.

Au loin, dans la blancheur immaculée de l'horizon, se dresse le Potala.

L'hiver 1941 sera particulièrement rigoureux.

*

Les retrouvailles familiales ont parfois un côté miraculeux : la porte s'est ouverte sur le Dalaï-Lama.

Et ce soir-là il règne une chaude ambiance chez les Yapshi Takhla. Amala a annoncé à tous qu'elle attendait son quinzième enfant, qui va naître en 1942 : l'histoire du petit Tenzin Chota n'est pas banale, non plus.

D'abord, il est le premier à naître à Tchang Seb-Char, propriété de deux étages et de soixante pièces spécialement construite pour la famille de Sa Sainteté, sur un terrain longtemps convoité par la représentation britannique et qui avait appartenu au treizième dalaï-lama. La demeure est vaste, avec des écuries pour abriter les chevaux préférés du kung et un escalier intérieur pour y accéder directement.

Vient ensuite une époque où amala rend fréquemment

1. *Ibid.*

visite aux oracles, le Nechung et Gadong : le premier est un moine, l'autre un laïc, marié avec enfants.

Tenzin Chota est gravement malade et meurt.

Gadong est au chevet de l'enfant. Soutenu par les chants d'une vingtaine de moines plongés dans les rituels, il entre en transe au rythme des cymbales et des trompes, laisse alors des messages à son secrétaire, seul capable de les déchiffrer...

Tenzin Chota va renaître dans sa propre famille. C'est une certitude. Pas de n'importe quelle manière cependant : au monastère de Drepung, on recherche la réincarnation de Ngari Rinpoché, un intime du treizième dalaï-lama. Peu avant sa disparition, Sa Sainteté lui avait dit : « Nous serons beaucoup plus proches l'un de l'autre dans notre prochaine existence. »

Faut-il qu'amala ait un seizième enfant pour qu'il en soit ainsi ?

Il se peut bien, mais il faut d'abord songer aux funérailles du petit Tenzin Chota... L'astrologue, les lamas, les oracles sont tous du même avis : l'enfant doit non seulement être embaumé dans du sel mais sa dépouille doit rester à Tchang Seb-Char et son corps marqué avec du beurre.

Quand le seizième enfant de la famille Yapshi Takhla vient au monde, en 1946, un petit garçon, le dernier des seize frères et sœurs de Sa Sainteté, Tenzin Choegyal porte une marque sur la fesse, à l'endroit précis où avait été appliqué le beurre sur le corps de son aîné.

Par la suite, Tenzin Choegyal va être reconnu comme la réincarnation de Ngari Rinpoché.

La prédiction du treizième dalaï-lama s'est réalisée : par la voie de la réincarnation, les deux amis Tenzin Gyatso, le quatorzième dalaï-lama, et Ngari Rinpoché sont frères à présent.

7

Magouilles à dix mille pieds

« La vérité d'un homme, c'est d'abord ce qu'il cache. »

MALRAUX.

Nichée dans un angle de l'énorme bâtisse, une petite porte de bois tellement massive que le marteau provoque un bruit sourd chaque fois qu'il retombe.

Tenzin Gyatso la pousse. La porte résiste à sa poussée, se fait terriblement lourde, plus lourde que jamais, comme si elle voulait à tout prix retenir son secret. Et puis, se faisant tout à coup plus légère, elle finit par tourner sur ses gonds.

La porte s'ouvre sur le grand bonheur !

L'air semble aussi pur que le cristal, le ciel aussi vaste que l'espace... Jusqu'à l'enivrement, Tenzin Gyatso s'abandonne enfin aux rayons du soleil. Il sent son cœur battre, son sang pulsé. Il revit. Même si pour tous – les étrangers surtout – il est l'enfant-roi, même si pour les Tibétains il est « Kundun », la « Présence », il n'en demeure pas moins un petit garçon qui, au sortir de l'hiver 1942, va sur ses sept ans.

Une époque charnière.

Ses études ont commencé.

Ce matin de fin mars, il a demandé à Tagdra Rinpoché,

son premier précepteur, le régent, de l'accompagner sur le toit du Potala.

Autorisation obtenue, après les prières du matin, à condition d'y travailler.

La journée s'annonce joyeuse, heureuse.

Les Yapshi Takhla sont attendus aux « appartements d'en haut », la dernière visite de la famille avant de se retrouver au Norbulingka, la résidence d'été, où Sa Sainteté sera transportée bientôt.

Tagdra Rinpoché se tient à l'écart. Il sait que le petit souverain aime se sentir libre de toute surveillance.

Un panorama magnifique s'offre à Tenzin Gyatso, la vallée, les sommets, les troupeaux de yacks sauvages ondulant à perte de vue jusqu'à l'horizon, des ânes sauvages, des antilopes géantes paissant paisiblement sur la berge de la rivière...

L'enfant savoure cet instant, ferme les yeux... Le vent murmure une étrange mélopée, semblable au chant plaintif d'une conque.

Paupières closes, le temps semble lui échapper soudain, mais, depuis ses existences précédentes, il sait déjà que le temps n'existe pas, qu'il est sans existence propre, il n'est qu'illusion... Pour assimiler pleinement cet enseignement, il faut beaucoup travailler et beaucoup pratiquer... C'est le Bouddha lui-même qui l'a d'ailleurs dit : « Je vous ai montré la voie, mais que vous la mettiez en pratique ne dépend que de vous... »

Yeux fermés, Sa Sainteté se promet de beaucoup travailler, pratiquer, méditer.

Autour de lui, toujours ce vent comme le bourdonnement d'un luth.

Un aigle de l'Himalaya plane au-dessus d'eux. L'oiseau se laisse porter par le vent, accélère brusquement sa course, puis, dans un tumulte furieux, disparaît en direction de la rivière Kyi-Chu. Cet aigle lui a donné l'envie de voler.

Mais déjà, Tagdra Rinpoché s'approche.

Finis les rêves, c'est le temps du travail !

Au programme, une des cinq branches secondaires que sont la musique, la danse, l'astrologie, la poésie, la composition. Plus tard viendront les études supérieures qui comprennent de nombreuses disciplines : le sanscrit, la médecine, la dialectique, l'art, l'artisanat, la métaphysique et – la plus importante pour un moine – la philosophie religieuse.

Pour l'heure et pendant encore dix-huit mois, le Dalaï-Lama va essentiellement s'employer, avec le concours de son premier et de son second précepteur, à apprendre à lire le tibétain dans la forme utilisée en imprimerie et connue sous le nom de *U-Chen*. Assis à quelques pas de lui, sur un coussin, son frère Lobsang Samten, dix ans, a entrepris, pour sa part, l'apprentissage de la forme courante de l'écriture tibétaine, *U-Me*, sous la surveillance de Khenrab Tenzin.

Un véritable supplice.

La méthode consiste à retranscrire des lettres sur une planche de bois dont une des faces est peinte en noir et vernie : Tenzin Gyatso et Lobsang Samten la saupoudrent de blanc, puis tracent chaque trait de la lettre à l'aide d'un stylet de bambou en suivant le modèle des caractères – grands au début, et de plus en plus petits par la suite – écrits par Khenrab Tenzin. A peine leur tablette couverte, les deux garçons la nettoient eux-mêmes, et l'opération recommence, inlassablement, impitoyablement.

Plus tard, le Dalaï-Lama et son frère apprendront à écrire sur du papier.

Et puis, Trijang Rinpoché, leur précepteur en second, leur enseignera la grammaire. Kundun et Lobsang Samten passeront ainsi cinq longues années à l'étude de l'écriture tibétaine. Quant à la formation religieuse du Dalaï-Lama, elle ne débutera véritablement qu'à l'âge de douze ans. Mais ce ne sera pas ensemble !

Et pour cause !

Assis au centre du toit, le Dalaï-Lama se lève brusquement, jette un regard provocateur sur Lobsang Samten qui n'en demandait pas tant.

Les deux frères se jettent l'un sur l'autre, hurlent et se comportent comme chien et chat.

Faudra-t-il les séparer ?

Les précepteurs y songent de plus en plus. Pour leur bien.

En attendant, on sermonne, on réprimande, avec fermeté.

Lorsque des milliers de fidèles se prosternent devant lui, le Dalaï-Lama n'a jamais ressenti de crainte particulière. En revanche, l'instant est redoutable, lorsque Tagdra Rinpoché, son premier précepteur, ou Trijang Rinpoché, son précepteur en second, s'inclinent devant lui.

Trois fois ! Trois fois fatidiques, car comme le dit le proverbe tibétain :

Ne craignez pas les dieux,
Ne craignez pas les fantômes,
Ne craignez que vos tuteurs
Lorsqu'ils viennent se prosterner.

Déjà, Tagdra Rinpoché referme la petite porte derrière les deux frères, la verrouille à l'aide d'un énorme cadenas tibétain. Le marteau retombe avec un bruit sourd.

*

Chez les Yapshis, la vie, très mouvementée, commence dès l'aube. On s'apprête, on court dans tous les sens, on crie, on chante, on prie. On s'amuse beaucoup aussi, surtout les enfants qui, pour meubler le temps, jouent à cache-cache : dans la maison, les repaires ne manquent pas ; dans le jardin, c'est plus difficile, mais le terrain qui les entoure s'y prête mieux. Une vraie vie de liberté et d'insouciance, à l'abri des regards extérieurs, car un mur infranchissable encercle Tchang Seb-Char.

Dans la cuisine, amala s'active comme de coutume. Elle a préparé des *momos* [1] pour son fils le Dalaï-Lama.

---

1. Plat traditionnel du Tibet, les momos ressemblent à de gros raviolis, mais ils sont préparés avec de la farine d'orge.

Dehors, les palefreniers ont déjà harnaché les chevaux. En route pour le Potala.

A pied, la plupart du temps ; à cheval, ce matin-là.

Une trentaine de minutes de trajet et des centaines de marches plus tard, à l'extérieur comme à l'intérieur du palais.

Avant de pénétrer dans les lieux sacrés du palais d'hiver et de s'asseoir auprès de son fils, amala a retiré son chapeau amdowa. Pour les étrangers qui rendent visite au jeune souverain, la consigne est beaucoup plus stricte : ni bottes – seules les bottes tibétaines sont autorisées –, ni armes ; on ôte le chapeau et on se munit en tout et pour tout de quelques khatas...

Les Yapshi Takhla passent devant le Namgyal – le monastère privé du Dalaï-Lama –, coupent à travers une cour ; il leur faut franchir encore des marches.

Amala encourage de la voix tout son monde : ils passent devant les mausolées des précédents dalaï-lamas, dont certains, recouverts d'or et de pierres précieuses, atteignent une dizaine de mètres de hauteur.

Ils s'engagent ensuite dans un couloir très sombre, franchissent d'autres marches, très hautes cette fois, que les plus petits ont du mal à gravir...

La mère du Dalaï-Lama ouvre toujours la marche, et, dans un ultime effort, ils entrent dans une pièce tendue de thankas[1] et d'objets sacrés, parsemée d'épais tapis et de coussins.

C'est là que Kundun les attend avec impatience.

---

1. Au Tibet, peinture basée sur l'art religieux indien de l'époque de la dynastie *pala*. Fervents des enseignements religieux indiens, les Tibétains ont suivi scrupuleusement les instructions des artistes indiens et, plus tard, ceux des artistes népalais. C'est au VIIe siècle, dans le Tibet central, que se développe, sous le règne de Songtsen Gampo, la peinture de thanka. C'est encore à cette époque que le Tibet accueille le ver à soie, les moulins en pierre, le papier et l'encre, et qu'il voit la codification de l'écriture et de la grammaire tibétaines.

Rassurée sur sa santé et sur le déroulement des études de ses deux fils, Tenzin Gyatso et Lobsang Samten, amala papote en famille de tout et de rien... Et avant de partager les momos, un moine goûte systématiquement le plat. On ne sait jamais !

Les affaires d'empoisonnement sont en effet courantes au Tibet. Plusieurs dalaï-lamas ont ainsi rejoint les paradis célestes. Le dernier souverain a failli en être victime, il avait alors une vingtaine d'années[1]. Voici l'histoire : Norbu Tsering, un des frères de Demo Rinpoché, le régent, avait sollicité l'aide d'un lama connu sous le nom de Nyagtru. Originaire de l'est du Tibet, ce personnage douteux avait alors fait appel à la divinité Shindjé Tshéda pour certains rites de magie noire et accepté de préparer un *yantra*[2] particulièrement puissant dans le seul but de tuer le souverain. Autour d'une effigie d'homme bras et jambes étendus, le lama sans scrupule avait inscrit divers mantras et, à l'intérieur du corps, le nom de Thubten Gyatso et son année de naissance... Ces rituels achevés, Nyagtru avait glissé le yantra dans la semelle d'une paire de bottes que Demo Rinpoché s'était empressé d'offrir au lama Sogyal[3], un des tuteurs du Dalaï-Lama... Or, concours de circonstances, l'oracle de Nechung avait à cette époque-là connu justement plusieurs transes. Au cours de l'une d'elles, il avait clamé que la vie du treizième dalaï-lama ne tenait plus qu'à un fil, qu'il fallait retrouver au plus vite une paire de bottes offerte au lama Sogyal... Le treizième dalaï-lama s'était empressé de convoquer le religieux. Sogyal avait alors raconté par le détail comment lui était parvenu le cadeau, l'étrangeté de

1. Thubten Gyatso, le treizième dalaï-lama, arrive au pouvoir en 1895, mais Demo Rinpoché reste le régent qui gouverne, déjà à l'époque, dans une ambiance de corruption générale.

2. Diagramme symbolisant une pratique, une divinité ou un ensemble de divinités, généralement composé de dessins géométriques et de mantras.

3. Une autre version raconte que les bottes avaient été directement offertes au treizième dalaï-lama par Demo Rinpoché.

ces bottes, la suspicion qu'elles soulevaient : dès qu'il les enfilait, son nez se mettait à saigner... Ordre avait donc été donné d'apporter les bottes de Sogyal sur les lieux de la réunion. Déposées devant le jeune souverain, entièrement mises en pièces, on avait découvert le yantra dans la semelle intérieure. S'était ensuivie l'arrestation de Demo Rinpoché, Norbu Tsering et de Nyagtru. Assigné à résidence à Lhassa, Demo Rinpoché était décédé peu de temps après, d'où les rumeurs : on aurait noyé l'ancien régent en plongeant son corps dans une immense cuve de cuivre emplie d'eau ; Norbu Tsering et Nyagtru, eux, auraient été assassinés en prison... Au lendemain de cette affaire, le kashag avait confisqué les biens de l'ancien régent tout en faisant savoir qu'il ne reconnaîtrait plus avant longtemps la moindre réincarnation de la lignée des Demo [1].

Il existe évidemment plusieurs versions de cette sordide affaire : selon les unes, Sogyal, ayant éventé la possibilité d'un complot contre le Dalaï-Lama, en aurait aussitôt informé les autorités. Selon d'autres, l'oracle de Nechung aurait lui-même démonté la paire de bottes et découvert le yantra.

Bref, en 1942, à Lhassa, prudence et méfiance s'imposent en tout cas autour du quatorzième dalaï-lama.

A l'heure où, au dernier étage du Potala, deux frères enfin réconciliés s'endorment, leurs précepteurs prennent la décision – la plus sage, selon eux – de les séparer pour les raisons suivantes : Tenzin Gyatso doit se consacrer davantage à ses études. Sous-entendu, Tagdra Rinpoché ne supporte plus les querelles incessantes de ces garnements !

Le crépuscule, qui tombe encore de bonne heure en cette période de l'année sur Lhassa, commence à tout envahir.

1. Les partisans de Demo Rinpoché découvrirent en 1903-1904 que la réincarnation du régent était un neveu du treizième dalaï-lama, une manière astucieuse pour permettre par la suite à nouveau la reconnaissance officielle de la lignée des Demo.

Au loin, les pics enneigés et le ciel gris et froid s'enchevêtrent déjà.

*

Une foule en liesse emplit la capitale : le Dalaï-Lama rejoint le Norbulingka, ses jardins, ses fleurs, ses animaux.

Un merveilleux souvenir pour l'enfant ; la fête pour tout un peuple.

Encore à cette allégresse, Lhassa s'apprête à vivre ces moments très délicats, la famille Yapshi comme les autres.

On sait l'importance qu'accorde le père de Sa Sainteté à ses chevaux : ici et là, il se murmure que pala ne rend jamais visite à son fils sans être passé au préalable dans les écuries du palais d'été.

Cela ne serait pas vraiment très grave s'il n'y avait pas le reste, tout le reste, car pala, au grand désappointement du nouveau régent, s'est perdu, au point d'avoir rendu idolâtres d'eux-mêmes ses nouveaux amis, dont l'incontournable Reting Rinpoché.

Orgueil indécent, vanité, mégalomanie marquent désormais chacun de ses actes. Ainsi, chaque matin, entouré d'amis, de serviteurs qui sont aussi ses gardes du corps, le père du Dalaï-Lama parcourt-il les environs de Lhassa afin d'y dicter sa loi.

Au risque, en cas de refus, de se faire rosser, les cavaliers qu'il croise mettent pied à terre pour le saluer. Qu'un cheval lui plaise, et son propriétaire n'a qu'à bien se tenir. Le prix ? Après discussion, brève et malsaine, le kung lâche quelque pièce. Et de toute façon il est préférable de ne jamais se trouver sur son passage.

Pala a-t-il perdu le principe de vie qui le rattachait aux enseignements du Bouddha ?

C'est grave, très grave. Sans compter cette cupidité maladive qu'on remarque chez lui.

Pala va plus loin encore. Le voici intervenant dans les affaires de l'Etat, au kashag, à l'Assemblée nationale, achetant les juges ou menaçant ceux qui n'abondent pas dans son sens, rendant justice lui-même, refusant d'acquitter les impôts sur ses domaines...

Le père du Dalaï-Lama use et abuse de son nom, de ses titres, de son pouvoir.

En novembre 1942, Tagdra Rinpoché convoque d'urgence une session extraordinaire de l'Assemblée... A l'issue de la séance, le décret tombe. La sentence est terrible : on va la placarder partout :

> *Le père du Dalaï-Lama réquisitionne du fourrage, du grain, du beurre, du sel, du bois de combustible et du fumier de yack chez de pauvres marchands et ne paie pas le juste prix de ces articles. De plus, il inflige de lourdes amendes pour des délits mineurs sans en référer au gouvernement tibétain [...] Pire, il a ordonné à ses fermiers de refuser de fournir le gouvernement en main-d'œuvre, ainsi qu'ils en ont l'obligation.*
>
> *Que le public sache qu'en conséquence il a été ordonné au père du Dalaï-Lama de se comporter de la même façon que les autres Yapshis.*
>
> *Si l'un de ses serviteurs se rendait coupable d'un délit, et si le kashag ne prenait pas les mesures pour juger le père du Dalaï-Lama, alors l'Assemblée nationale instruirait immédiatement le cas.*
>
> *La présente proclamation a été approuvée par l'Assemblée nationale et porte le sceau du kashag.*

Les Yapshis sont effondrés.

Par chance, quelques vrais amis entourent amala : la grand-mère Tsarong, Ragashar Lacham et quelques autres femmes qui lui apportent soutien et réconfort.

Ensemble, elles vont prier dans les temples de la cité, à Ramoché et au Jokhang surtout.

Pala, lui, fait comme si de rien n'était, mais « ne traite pas le mal à la légère en disant "Il ne m'atteindra pas !" ; le récipient s'emplit goutte à goutte : l'insensé, peu à peu, sera comblé par le mal[1]... »

Un esprit de délation pèse sur la capitale.

*

Tagdra Rinpoché, lui, reste enfermé dans sa politique conservatrice.

Pas d'ouverture vers le monde extérieur, pas de modernisation.

Le régent poursuit son intraitable logique intérieure en totale contradiction avec les événements qui secouent le monde. Car, en Asie, la Chine nationaliste et les Etats-Unis se sont alliés face au Japon. En Europe aussi, la Seconde Guerre mondiale fait rage.

Au printemps 1942, deux événements contribuent à modifier le cours de la guerre sino-japonaise.

L'un se déroule du côté de Chongqing, la capitale du Sichuan, où débute l'opération Dragon[2] qui consiste à forger un service secret sino-américain.

L'autre, du côté de New Delhi, où deux Américains doivent se rendre au Tibet.

« A quoi servirait aux hommes la raison si l'on ne peut les influencer que par la violence[3] ? » a écrit Léon Tolstoï peu de temps avant sa mort.

Justement, un de ces deux Américains n'est autre que le petit-fils du grand écrivain russe. De nationalité américaine, on le surnomme William Tolstoï Bill. Quant à son compagnon de route, Brooke Dolan, c'est un explorateur célèbre.

Leur mission ?... Entrer en contact avec Tenzin Gyatso, le quatorzième dalaï-lama, et l'assurer, lui et son gouvernement, du soutien des Etats-Unis.

---

1. Doctrines du *Dhammapada*.
2. *Kang Sheng et les services secrets chinois*, de Roger Faligot et Rémi Kauffer, Robert Laffont, 1987.
3. *La Pensée de l'humanité*.

A cette fin, Bill Tolstoï est d'ailleurs porteur d'une lettre personnelle du président Roosevelt.

Parvenus sur les contreforts himalayens, à l'issue d'une longue équipée, les deux hommes engagent un guide sepoy. Ils chevauchent en direction de Lhassa.

Trois mois plus tard, dans un décor surréaliste, cette audience avec l'enfant-dieu restera gravée à jamais dans leur mémoire : de la part du gouvernement américain, Bill Tolstoï lui offre un couple d'oiseaux, un modèle réduit de bateau et une montre gousset en or. Une des passions du Dalaï-Lama consiste alors à démonter et à remonter des montres pour en étudier les mécanismes. Sa Sainteté a essuyé quelques échecs retentissants, et des ressorts sont restés inutilisés entre ses mains, même si certaines montres se remettaient en marche.

Tolstoï remet également au jeune Dalaï-Lama la lettre rédigée et signée le 3 juillet 1942 par le président Franklin D. Roosevelt :

« Comme vous le savez, le peuple des Etats-Unis, associé à celui des vingt-sept autres nations, est engagé dans une guerre qui a été imposée au monde par des pays portés à la conquête et qui cherchent à détruire partout la liberté de pensée, de religion et d'action.

« Ces Nations unies combattent aujourd'hui pour leur défense et pour la préservation de la liberté ; confiantes qu'elles seront victorieuses parce que leur cause est juste et leur détermination inébranlable... »

Les Américains demandent un droit de passage sur le territoire tibétain. En contrepartie, le kashag va exiger des armes, des munitions, des émetteurs radio !

A Washington, conscient de ce que vaut l'indépendance tibétaine si chèrement acquise en 1913, un Irlando-Américain, général de surcroît et patron de l'OSS – *Office of Strategic Services* –, donne son accord.

L'irritation des Chinois, ce pragmatique s'en moque ; et

leurs revendications pour un rattachement du Tibet à la Mère Patrie, ce n'est pas son problème, pas dans l'immédiat.

Question de stratégie et de bon sens, personne, ce jour-là, n'a demandé si les Etats-Unis voleraient au secours des Tibétains si les Chinois nationalistes ou communistes violaient l'intégrité de leur territoire.

Simples émissaires, Tolstoï et Dolan auraient d'ailleurs été bien embarrassés pour répondre. Reste que, sur la première radio de l'OSS acheminée en territoire tibétain, le petit-fils de Léon Tolstoï pianote ce message enthousiaste :

Nous avons été remarquablement traités ici, et j'espère que nous avons jeté les bases d'un avenir fructueux. Les Tibétains savent mieux désormais ce que symbolisent les Etats-Unis d'Amérique. Nous avons des amis ici.

Les deux envoyés reprennent le chemin de Chongqing en mars 1943, s'arrêtent au monastère de Radeng où ils auront une longue conversation avec l'ancien régent Reting Rinpoché.

Tout au long de ce périple interminable vers la Chine, Tolstoï et Dolan sont frappés par les menaces qui pèsent sur le peuple tibétain : pas une semaine, pas un jour sans qu'on leur parle d'une invasion prochaine.

Sans le savoir, la mission Tolstoï porte en germe la plus extraordinaire équipée de l'après-guerre dans cette région : la guerre secrète du Tibet pour son indépendance.

A Yan'an, cette zone peuplée de grottes devenue la capitale de la révolution après la Longue marche de 1934-1935, mûrit en effet un plan pour la prise du pouvoir communiste, qui comprend, comme chez les nationalistes, l'annexion du Tibet... Mais pour l'heure, ses stratèges Mao Zedong[1] et

1. Fondateur du Parti Communiste Chinois (PCC) en 1921, Mao, né en 1893, fut le vainqueur de la guerre civile contre les nationalistes au sortir de la Seconde Guerre mondiale (1946-1949). Dès lors il régna sans partage, comme président à la fois du Parti et de la République populaire, qu'il dirigea jusqu'à sa mort en 1976.

Kang Sheng[1], en tête, ont fort à faire : ils préparent les premières purges, lancent la première « Révolution culturelle » dans l'histoire de la Chine, la « Campagne de rectification ».

*

En 1944, voici que l'on reparle à nouveau du Panchen-Lama.

C'est notamment le cas à Kumbum, ce monastère de l'est du Tibet qui avait accueilli le Dalaï-Lama avant son voyage vers Lhassa.

Dans le temple, l'abbé vient de fermer à clef la malle d'où il a sorti divers objets à placer méticuleusement sur une petite table, au centre de la pièce. Cela fait, il attend patiemment que les moines achèvent leurs prières, et il finit même par se joindre à eux.

Au début du second semestre de 1944, les recherches pour trouver la réincarnation du neuvième panchen-lama Choekyi Nyima sont sur le point d'aboutir.

Les trois délégations se trouvent à Kumbum. Elles ont pour mission de désigner le dixième panchen-lama, lequel se trouverait dans la salle.

Sur dix candidats présélectionnés, quatre sont décédés d'une maladie mystérieuse.

Est-ce le fait du hasard ?... On mentionnera plutôt le karma négatif de ces enfants.

Restent donc six, tous originaires de l'Amdo, région sous contrôle de Ma Bufang, le seigneur de la guerre chinois.

Parmi eux, l'enfant choisi par Dingié Rinpoché.

---

1. (1898-1975) Chef des services secrets chinois. Kang Sheng est un nom de guerre et signifie « naissance paisible ». Le fils de Shandong s'est appelé tour à tour Zhang Shaoqing (Zhang est son nom de famille). Puis Zhang Shuping. Il est arrivé à Shanghai sous le nom de Zhang Zhen. Toujours à Shanghai mais dans la clandestinité, il se fait appeler Zhao Rong. Kang Sheng devient son nom le plus connu, au moins à partir de 1933, en URSS. Son pseudonyme de peintre est Lu Jushi.

L'heure est au dénouement.

Lorsque l'abbé du monastère relève la tête après une longue méditation, ses yeux arborent une expression réjouie.

Un an déjà que l'on attendait ce moment. Une année entière à espérer, à prier. En vain.

Un an aussi que les trois délégations s'étaient préparées à l'événement. Jour et nuit, les religieux ont multiplié les cérémonies et les offrandes jusqu'à ce matin.

Parmi les six enfants assis face à un parterre de dignitaires religieux et de laïcs, Lobsang Tseten, fils de Kongpo Tseten et de Sonam Drölma.

Né le 3 février 1938 dans la région de Karang Bidho, dans une famille paysanne semi-nomade, son frère Gönpo Kyab est sourd-muet.

Au moment où se déroule cette journée, l'enfant a six ans.

Ayant participé à différentes épreuves de sélection, il a déjà reconnu des objets qui parvenaient des affaires personnelles du neuvième panchen-lama. Mais rien de probant jusqu'alors.

Cette fois pourtant, tout paraît différent.

On l'observe, on l'épie, on étudie sa tenue, sa manière de s'exprimer, on dissèque son caractère. Et lui, Lobsang Tseten, agit avec lucidité, discernement. Se montrant précis, plus habile de ses gestes qu'à l'accoutumée, il répond à toutes les questions que les adultes lui posent. Quelqu'un remarque bien qu'il semble bégayer, mais de manière si imperceptible.

L'enfant touche une bague, l'enfile à son doigt : Choekyi Nyima la portait souvent...

L'enfant saisit un bol de thé : celui du défunt Panchen-Lama.

L'enfant enfile une veste, prend une perle : toutes deux appartenaient à Choekyi Nyima.

L'enfant bégaie, surtout lorsqu'il est en colère. Comme le Panchen-Lama.

Tout serait simple, s'il n'y avait dans la salle un autre

gamin qui, lui aussi, a reconnu les objets. Bien plus rapidement même que le petit Lobsang Tseten.

Ce deuxième enfant est le candidat pressenti par Dingié Rinpoché et lama Houzou Shanggen.

Des deux, qui est le dixième panchen-lama ?

Personne dans la salle n'est capable de dire lequel des enfants est la réincarnation.

Seule certitude : les quatre autres candidats ont été éliminés et retirés de la pièce.

Qu'ont prédit les oracles ? Ils disent que ce jour sera porteur d'une heureuse nouvelle, d'une joie profonde, intense.

Quelque chose doit se passer.

Mais quoi ?

Soudain, voici que Lobsang Tseten, qui se redresse sur son coussin, se lève, arrange sa tchouba : avisant un homme, il traverse le temple, s'avance dans sa direction, l'observe une fraction de seconde, dit : « Katchen Pasang ! »

Murmures.

Lobsang Tseten n'a jamais rencontré cet inconnu, et, pourtant, il vient de prononcer son nom sans commettre d'erreur.

Dans l'assistance, on s'étonne. Originaire du district de Riwoché, Katchen Pasang a chanté l'opéra pour le neuvième panchen-lama : il était même son interprète préféré.

Pour cette raison-là, l'enfant l'aurait reconnu et appelé par son nom. A la fin des épreuves de sélection, après une journée harassante pour tout le monde, Lobsang Tseten s'est également tourné vers les personnalités religieuses et laïques. Allant là encore vers elles, il a serré quelques mains, hoché la tête avec un petit air amusé devant certains, et délivré une marque d'affection à très peu de gens. Uniquement à ceux qui faisaient partie de l'entourage du neuvième panchen-lama.

Le conseil des Khenpos fait enfin le lien entre Lobsang Tseten et les révélations du Lhamo-Latso, le lac des Visions [1].

De tous les enfants pressentis, Lobsang Tseten est le seul à être né l'année du tigre-terre du calendrier tibétain (1938) ;

1. Voir p. 140-141.

cette année est suivie par l'année lièvre-terre (1939) : les trois lapins étaient donc destinés à courir après un tigre ; la dame élégante, belle comme une divinité, n'est autre que la déité du Panchen-Lama : elle ouvre le rideau pour accueillir Sa Sainteté au moment de son intronisation.

Enfin, au cours de leurs investigations, Bilung Rinpoché a découvert que les cellules du monastère de Karang Bidho ressemblaient fort à celles de ses visions. Et devant la porte de l'abbé se dressaient deux arbres hauts et forts, identiques à ceux apparus sur le lac.

Lobsang Tseten devient donc le dixième panchen-lama. Mais il ne sera ordonné que cinq ans plus tard, le 10 août 1949, au monastère de Kumbum, sous le nom de Lobsang Trinley Lhundrup Choekyi Gyaltsen.

A l'âge de six ans, Choekyi Gyaltsen devient, à son tour, l'otage de Ma Bufang, dans le monastère de Kumbum.

En 1944, sept ans après la mort du neuvième panchen-lama et onze après celle du treizième dalaï-lama, toutes les ambiguïtés demeurent au sein de la lignée gelugpa, les divisions aussi.

Le terrain est totalement miné.

Et là-dessus, pression des nationalistes chinois : le Guomindang s'empresse de désigner à la succession du neuvième panchen-lama l'enfant pressenti par le conseil des Khenpos, lequel parvient à convaincre les autorités de Nankin de l'authenticité de leur candidat.

Qu'adviendra-t-il de l'autre ?

Pressenti par Dingié Rinpoché et lama Houzou Shanggen au nom du kashag et du gouvernement tibétain, l'enfant de Litang est, bien sûr, écarté : on lui confère néanmoins un statut de tulku de « second rang ».

Il quittera le Tibet en 1950 pour un très long exil en Europe, où il vit aujourd'hui : il porte le nom de Panchen Aetu Rinpoché [1]...

1. Pour des raisons évidentes de sécurité, j'ai préféré taire l'endroit précis où vit cette réincarnation.

*

La société tibétaine se perd.

Les Tibétains s'abîment dans l'incroyable déraison d'une noblesse et de dignitaires religieux irresponsables.

La corruption s'ajoute à la passion du pouvoir.

Tyrannie ? Servitude ? Rien de tout cela, mais tout cela à la fois.

Tagdra Rinpoché se montre incapable de remettre de l'ordre dans le pays comme dans le système politique et social. Seule la haine le guide : prononcer le nom de Reting Rinpoché suffit à provoquer chez lui des colères terrifiantes.

Le Tibet souffre, les Tibétains s'abîment.

Les raisons ?...

Un isolationnisme primaire explicable par le relief très particulier du Toit du Monde, une politique décadente, la confusion permanente entre les événements politiques et le karma n'y sont pas étrangers.

Dans cet imbroglio politico-religieux, les Tibétains ne sont pas privés de liberté : ils ne savent tout simplement pas la vivre. Par lâcheté parfois, par routine ensuite, par ignorance le plus souvent. Ne l'oublions pas, une large majorité d'entre eux est illettrée. De toute leur histoire, ils n'ont jamais reçu de véritable culture politique, à l'exception peut-être des premiers mois de règne du treizième dalaï-lama. Mais dans sa volonté de modernisation, ce prédécesseur avait essuyé un cuisant échec.

En 1944, Tagdra Rinpoché accepte le principe d'une nouvelle concession : les autorités britanniques de Calcutta ayant décidé de lui fournir des armes, le régent autorise l'ouverture d'une école anglaise à Lhassa.

Le scandale est énorme ! Les dignitaires religieux de Sera, Drepung et Ganden s'offusquent. Ils poussent à la fermeture de cette école, et, finalement, ils y parviennent.

La situation devient surréaliste : vingt ans plus tôt, le treizième dalaï-lama avait été confronté à une conjoncture similaire pour un même résultat ; sous la pression de ces mêmes monastères, il avait été obligé de fermer l'école anglaise.

Depuis l'indépendance de 1913, l'étau se referme peu à peu sur le Tibet, dans l'indifférence générale. Mais cette fois, les choses s'accélèrent.

Chiang Kai-shek a envoyé à Lhassa un de ses plus proches conseillers, Shen Tsung-lien. Ce n'est certainement pas pour humer le bon air de la capitale tibétaine !

Il faut bien l'avouer, Tagdra Rinpoché et son gouvernement n'ont de cesse d'accumuler les erreurs. Par leurs maladresses, ils ont préparé le terrain à un conflit armé avec le puissant voisin chinois : avant d'être communiste, l'invasion du Tibet aura failli être nationaliste.

Les événements se précipitent, et il n'y a que les étrangers de passage à Lhassa pour sentir la tragédie qui se prépare.

Tous les ingrédients sont réunis.

Sa Sainteté Tenzin Gyatso a neuf ans : il ne peut gouverner avant ses dix-huit ans. D'ici là, tout est possible.

Ses parents ?

Amala n'est qu'amour et compassion et ne sait pas ce que signifient les mots « politique, pouvoir, puissance »...

Pala, lui, reste empêtré dans ses affaires et encombré de ses vrais faux amis, comme Reting Rinpoché : pour lui, comme pour le petit peuple de Lhassa, un tulku qui a trouvé la réincarnation du Dalaï-Lama ne peut avoir commis les méfaits que certains lui reprochent :

La loi parle de justice, mais favorise les puissants.
Les gens ordinaires ne peuvent user librement de ce qui leur revient.
En vérité, tous rivalisent, profitant les uns des autres.
Quelle triste scène :
La tête est abominable, la queue immonde à pleurer[1]...

1. Kelsang Gyatso, le septième dalaï-lama.

*

En cette nuit de septembre, les Lhassapas ont peur.

Profonde, opaque, l'obscurité emprisonne la cité.

Il pleut fort et dru.

Le vent s'engouffre en rafales dans les ruelles, rugit, siffle, grogne, ricane.

Il parle aux habitants de la ville, insulte les divinités protectrices, les portant au courroux. Un petit garçon vient de naître et porte des cornes. Il serait la réincarnation du roi Langdarma[1], le persécuteur des bouddhistes assassiné en 842 par un moine[2].

Le vent porte la nouvelle.

Jusqu'au Potala, aux temples du Jokhang, de Ramoché.

Partout où existent des disciples du Bouddha.

Un bien mauvais présage.

Le bouddhisme tibétain est en danger, le peuple du Dharma aussi.

Le vent charrie la nouvelle par-delà les cimes enneigées, dans les vallées, les hameaux, les bourgs, les camps de nomades, les cavernes.

Partout, les Tibétains traînent leur détresse.

On dit que c'est bien pis à Lhassa, et on répand les pires médisances sur le kashag, les kalöns, les régents, l'ancien et le nouveau.

Le temps des troubles et de la confusion est venu.

Depuis fort longtemps, les moines du collège de Dje du monastère de Sera, collège auquel appartient Reting Rinpoché, ont codifié un système de prêts aux paysans pour les années de mauvaises récoltes, barême qu'accompagnent des abus incroyables et des taux d'intérêt exorbitants.

En cette saison des récoltes, les moines de Sera battent

1. Avec Langdarma s'éteint la dynastie des Yarlung. On assiste alors à l'éclatement du pouvoir tibétain entre principautés et monastères.

2. Il s'agit de Pelgyi Dordjé.

vallées et plateaux pour récupérer leur dû. Et gare ! Pas de remboursement, c'est la bastonnade garantie !

Or, le kashag a aboli ce système : trop nombreux sont les nobles et les moines à s'enrichir.

Les habitants du district de Lhundrup sont les premiers à relever le front : pas question donc de céder à la pression des moines de Sera, à leurs menaces.

Lorsque les moines arrivent dans le district, les villageois, rassemblés en demi-cercle, se prosternent. C'est la tête basse et le dos courbé que le chef du village passe devant les cavaliers pour aller à nouveau devant le rinpoché, le lama incarné, qui mène le groupe.

Le front à toucher le flanc du cheval, le malheureux paysan sent tous les regards posés sur lui. Il frémit de peur.

Et de nouveau, des ordres aboyés, des femmes en pleurs, des enfants qui se cachent, des hommes qui hurlent leur détresse mêlée de colère.

Sous leurs yeux, les moines ouvrent les étables, confisquent les récoltes, réquisitionnent les chevaux. Dans la vallée, ils s'emparent des troupeaux de yacks et de moutons, plusieurs centaines de têtes.

Bientôt, ils seront dans un autre hameau, un autre bourg. Une catastrophe !

Au mois de décembre 1944, le collège Dje de Sera, principal auteur de ces exactions, invite l'ancien régent Reting Rinpoché à inaugurer un temple tout juste restauré.

Le temple est si plein que les nouveaux arrivants, énervés, décident de rester à l'extérieur : tous sont des aristocrates, des lamas de la région, partisans de l'ancien régent. Ils se dévisagent avec insistance, s'épient, commentent les dernières nominations de Tagdra Rinpoché. Paroles mesurées – à cause du lieu – mais regards qui ne trompent pas... Tous savent l'existence de l'enfant à cornes, tous en connaissent la signification : il faut agir. Au besoin, en éliminant Tagdra Rinpoché.

Le régent vient en effet de procéder à un profond remaniement de l'administration tibétaine en nommant des hommes à lui à tous les postes clés.

Bien évidemment informé, Reting Rinpoché a finalement décidé de récupérer la régence. Et d'ailleurs qui n'a remarqué chez lui l'intolérable irascibilité savamment entretenue par ses partisans dès lors qu'ils prononcent le nom de Tagdra Rinpoché ? A l'en croire, son sursaut d'indignation, de colère noire serait tout juste provoqué par la scandaleuse injustice du régent à son égard.

L'inauguration du temple aussi n'est pas liée au hasard. Elle a été habilement préparée.

Du coup, la confusion est dans tous les esprits.

Reting Rinpoché n'a-t-il pas été reçu en audience privée par le Dalaï-Lama ?

C'est la première fois depuis sa démission.

Et n'y a-t-il pas eu ce long entretien avec Tagdra Rinpoché ?

Nul doute, les deux hommes sont de mèche.

En s'associant, quelles manœuvres secrètes préparent-ils ?

Dans Lhassa, on murmure que Tagdra Rinpoché démissionnerait, laisserait la place à Reting. Il se dit qu'ils appliqueraient à la lettre l'accord passé entre eux trois années plus tôt.

Le Tibet flirte dangereusement avec la guerre civile. Tandis que pèse de plus en plus la menace d'une invasion chinoise, il n'y a personne pour ramener dignitaires et aristocrates à la raison.

Décembre 1944, du côté du district de Lhundrup, les habitants tiennent conseil et décident d'en référer à leur représentant local, un certain Choephel Thubten, fraîchement nommé par Lhassa, assisté de son frère Djokdrup Tendar. A cette fin, une délégation se met immédiatement en route.

Homme de Tagdra Rinpoché, l'administrateur s'insurge devant tant d'injustice, demande à ses hôtes de retourner chez eux et promet d'intervenir auprès des différents abbés de Sera.

De fait, il envoie deux émissaires au collège Dje, porteurs d'un message qui ne souffre aucune discussion. Les moines doivent restituer le bétail et les chevaux confisqués, rendre les céréales volées et cesser les exactions contre leurs administrés.

L'affaire aurait pu s'arrêter là, mais les religieux de Sera n'ont pas abattu la totalité de leurs cartes.

Ils commencent par informer Reting Rinpoché qui a été formé par le collège Dje de Sera. Puis, assurés de son soutien, ils refusent d'obtempérer aux ordres de l'administrateur. Des cavaliers quittent mystérieusement le monastère dans la nuit.

Et là, drame. Choephel Thubten, l'administrateur, retrouve son frère dans la neige, rossé de coups, la nuque brisée, mort.

L'écho de cette tragédie atteint bientôt la capitale où le régent décide de réunir le kashag en session extraordinaire. Il s'agit de nommer une commission d'enquête dont on confiera la direction à un noble, Sampho Tsewang, et à un lama, Khyenrab Wangchuk.

Logiquement, la commission se rend d'abord dans le district. Choephel Thubten raconte ce qui s'est passé aux envoyés de Lhassa, les villageois aussi.

Les abbés des collèges incriminés s'enferment, quant à eux, dans un mutisme obstiné qui les accuse.

Lorsque le kashag prend connaissance du rapport rédigé par la commission d'enquête, nous sommes déjà fin janvier 1945.

Tagdra Rinpoché demande au gouvernement de transférer les coupables, une trentaine de moines, lamas incarnés et dobdos, dans la capitale pour répondre de ce crime odieux. Lorsqu'il apprend que les abbés des collèges concernés restent sourds aux ordres du gouvernement, le régent n'exprime néanmoins aucune surprise.

Ses lèvres se crispent. Pas question d'abandonner les poursuites contre de pareils criminels.

Deux jours avant le losar de l'année 1945, le kashag ordonne que les autorités religieuses de Sera remettent les coupables à la justice avant le début de la *Mönlam Chenmo*[1], la « Grande Prière », qui se déroule une quinzaine de jours après leur demande.

La réponse des abbés des collèges Dje et Ngagpa de Sera ne tarde guère. D'abord, ces faux naïfs s'étonnent de l'attitude du régent et du kashag, et s'interrogent sur les raisons de tant d'acharnement. Ensuite, ils déplorent de voir comparaître des moines devant un tribunal civil. Et, pour finir, ils menacent de ne pas assister aux cérémonies collectives de bons vœux qui accompagnent chaque année nouvelle.

Le coup est imparable.

Avec le losar, des milliers de moines grouillent à tous les coins de rue de la capitale.

L'absence des autorités religieuses de Sera serait aussitôt remarquée.

On décide donc de surseoir au procès. Ce n'est toutefois que partie remise.

L'affaire resurgit trois mois plus tard, en avril 1945, lorsque le régent et le kashag décident de repasser à l'offensive. Laisser le crime de Djokdrup Tendar impuni serait courir le risque énorme de voir se multiplier de telles vilenies.

Il faut en terminer.

Le gouvernement désigne une commission spéciale.

Les abbés des collèges de Sera finissent enfin par répondre à une de ses convocations.

On décide un procès.

Il a lieu, enfin : vingt-neuf moines, dont un Mongol – ils sont nombreux à Sera –, répondent du meurtre du frère de l'administrateur du district de Lhundrup ; les abbés qui ont menacé de boycotter les cérémonies religieuses du losar

1. Instituée par Tsongkhapa en 1409.

sont démis de leurs fonctions, et remplacés ; les moines, chassés du monastère, leurs biens confisqués.

Le Dalaï-Lama n'est toujours qu'un enfant – dix ans au moment des faits. Autant dire une marionnette entre les mains des régents qui se succèdent.

*

Reting Rinpoché s'est retiré à Radeng.

Par les temps qui courent, c'est plus prudent. C'est en tout cas ce que lui a conseillé son lama astrologue.

Par une nuit d'hiver 1946, Reting écoute le mugissement du vent et de la neige qui semble avoir redoublé à mesure que la nuit avance et que les ténèbres s'épaississent.

A 2 heures moins le quart, il s'empare d'une lampe, regagne sa chambre, le visage illuminé d'un large sourire. Logiquement, à cette heure-ci, le mauvais coup devrait être perpétré...

En effet, cette nuit-là, alors qu'il rentrait d'une soirée bien arrosée, Lhalu Tsewang Dordjé, le fils de Lungshar, l'ex-favori et ex-secrétaire d'Etat aux Finances du treizième dalaï-lama, essuie des coups de feu. Des tireurs isolés, de surcroît malhabiles. Car il n'est pas touché. Son cheval sera tué.

Et c'est à partir de cet hiver 1946 qu'une succession d'événements se produit.

Ainsi, Chiang Kai-shek a-t-il invité personnellement Reting Rinpoché à participer au congrès de Nankin. Reting n'a pas pu se déplacer en personne, mais il a confié une lettre à deux délégués de la région de Kantsé, dans le Kham oriental sous domination chinoise.

Que contient cette lettre ? L'ex-régent y requiert tout simplement le soutien du Guomindang et de la Chine nationaliste dans son projet de renverser Tagdra Rinpoché.

La mise en œuvre de ce plan scabreux suit.

Au moment du festival du beurre, il est de tradition que le régent, le kashag et les hauts fonctionnaires de l'Etat participent au défilé dans les rues de la capitale jusqu'au Jokhang, où vont se tenir ensuite des cérémonies religieuses.

Or, depuis quelques jours, toutes sortes de bruits circulent dans la ville : une embuscade devrait être tendue sur le chemin du temple ; on chercherait à assassiner le régent et ses plus proches collaborateurs.

Le kashag fait donc annuler l'apparition publique. Ce serait pure folie que de provoquer les instigateurs d'un tel complot. Un nom est sur toutes les lèvres : celui de Reting Rinpoché. Mais il est toujours à Radeng.

Que faire, surtout qu'un mystérieux paquet est déposé au secrétariat de la régence ?

Il pèse très lourd.

On le pose dans un coin. On verra plus tard.

Un moine de passage s'en approche, s'apprête à l'ouvrir. Un drôle de bruit s'en échappe. Un chuintement léger... Une bombe !

Le moine hurle.

Une explosion sourde emporte les vitres, endommage la pièce où le malheureux se trouvait encore quelques instants plus tôt. C'était comme si le Potala avait tremblé sur toutes ses fondations !

Il y a les rumeurs, les silences comme autant d'accusations. Il y a l'enquête et tout le reste.

La représentation officielle tibétaine de Nankin vient d'ailleurs de confirmer les craintes de la régence : Reting Rinpoché manigançait bien un coup d'Etat.

Le 14 avril 1947, une autre session extraordinaire se tient dans une des immenses salles du Potala : autour de Tagdra Rinpoché, on distingue le kalön lama Rampa, le kalön Surkhang, Lhalu, Kashöpa, le chambellan Jampal Khyenrab Tenzin.

L'heure est grave : il s'agit de décider du sort de Reting Rinpoché.

En fin de séance, Tagdra Rinpoché se redresse, fixe chacun d'un regard triste. La sentence tombe : arrestation de Reting.

Le régent confie cette mission périlleuse à deux de ses ministres, Surkhang et Lhalu.

Les deux représentants du gouvernement quittent Lhassa le soir même pour le monastère de Radeng avec une escorte.

*

Couvre-feu à Lhassa.

En attendant l'ouverture de son procès, Reting Rinpoché croupit dans une geôle.

Des tirs sporadiques troublent les nuits des Lhassapas : les partisans de Reting ont distribué des armes aux moines et aux régiments amis.

La noblesse s'inquiète, au point de troquer certains objets de valeur avec les marchands népalais, au point d'échanger leurs habits de soie et de brocart contre des vêtements de fabrication locale, puis de se réfugier dans le Potala.

Le 20 avril 1947, trois jours après l'arrestation de Reting, l'artillerie, déployée au-dessus de la ville, tire quelques coups de canon en direction du collège Dje de Sera.

Les moines ripostent comme ils peuvent : ils possèdent un seul canon, de fabrication artisanale.

Le kashag a demandé le renfort d'autres régiments, notamment ceux basés à Gyantsé.

Pendant ce temps, les soldats de la garnison de Drapshi ont commencé le pillage des maisons.

Les marchands évitent la capitale. Les stocks s'épuisent. La population commence à crier famine.

Les jours passent, la tension continue à monter.

Malgré les injonctions à se rendre, les moines de Sera refusent toujours de déposer les armes : ils exigent la libération de Reting Rinpoché.

Et c'est dans cette atmosphère que s'ouvre son procès.

Dans ses confessions écrites, l'ex-régent reconnaît avoir fait appel à Chiang Kai-shek pour un lâcher de tracts réclamant la démission de Tagdra Rinpoché. On parle alors d'une conspiration de grande envergure qui devait déboucher sur l'élimination physique du régent en place et de ses proches.

Pour la durée du procès, dix-sept hommes en armes ont reçu ordre de garder Radeng.

Mais, par une nuit sans lune, des moines du monastère se faufilent hors de leurs cellules, surprennent les soldats dans leur sommeil, les égorgent.

L'information connue, le kashag décide d'envoyer la troupe.

Les militaires montent à l'assaut du monastère, investissent les lieux, occupent les appartements privés de Reting.

De part et d'autre, on se tue. A l'intérieur des bâtiments, les soldats pillent, brûlent, broient les objets sacrés les plus précieux, découpent les lettres dorées de manuscrits très anciens, lâchent leurs chevaux dans le temple.

Et ils sont là, plusieurs dizaines, à brasser des milliers et des milliers de pièces d'argent chinoises, en riant aux éclats, et tentant d'en enfouir de pleines poignées dans les poches de leur uniforme. Au moment du repli, l'image est grotesque : ils sont quelques-uns à ne pas pouvoir monter à cheval ; il faut l'aide de leurs compagnons pour les hisser sur leurs montures.

Le pire, c'est que ces soudards n'ont rien épargné, ni les jardins, ni les fleurs. Ils ont même arraché les plus beaux arbres pour les replanter au gré de leurs amitiés les plus douteuses.

Quant aux officiers qui les commandaient, ils se sont approprié leur part d'argent et partagé les huit cents costumes de soie et de brocart de Reting.

Le 29 avril, les moines du collège Dje de Sera montrent enfin quelques signes d'épuisement. Ainsi les voit-on sortant leurs divinités, écœurés par leur incapacité de les protéger, après les avoir dépouillées de leurs habits. Puis, abandonnant leur monastère, les voilà qui tentent d'atteindre les collines avoisinantes ou de rejoindre Radeng.

Rattrapés, ils seront abattus sur place.

Au même moment, on discute de la peine à infliger à Reting.

Va-t-on lui brûler les yeux ?

Comme Lungshar, risque-t-il l'énucléation ?

Tandis que Tagdra Rinpoché s'oppose à tant de barbarie, Kutenla, en transes, se frappe plusieurs fois la poitrine, lance des graines d'orge en l'air.

On dit que, dans le Potala même, Reting a été soumis à des traitements inhumains. Le fait est que, souffrant de faim, de froid, il tombe très vite malade.

A la nuit tombée, des habitants de Shöl et même de Lhassa disent avoir entendu des cris monstrueux, comme des hurlements de loup blessé, traverser les murs.

On raconte que le Dalaï-Lama, âgé de douze ans, a voulu rendre visite au prisonnier, mais il en aurait été empêché par ses conseillers.

C'est le 8 mai 1947 que l'ancien régent va enfin mourir dans sa cellule du Potala : il aurait été empoisonné, ses organes génitaux broyés.

Phénomène étrange, on l'aurait trouvé en position de méditation.

Plus étonnant encore : le bol qu'il utilisait habituellement pour boire le thé aurait été projeté en l'air et se serait encastré dans un pilier de bois à l'autre bout de la pièce : l'extérieur du bol était devenu l'intérieur, et l'intérieur, l'extérieur.

On dit aussi que Reting aurait choisi d'arrêter lui-même son cœur, bien avant que le poison n'ait eu le temps d'agir.

Le 18 mai, Tagdra Rinpoché ordonne que les autres comploteurs soient châtiés : deux cent cinquante coups de fouet pour le frère de Reting.

Le fouet aussi pour les moines du collège Dje, autorisés, eux, à rejoindre ensuite leurs familles.

La plupart de ces religieux ont été emprisonnés dans la caserne située près du Norbulingka, la résidence d'été du Dalaï-Lama.

Les biens de Reting seront finalement vendus aux enchères, pour l'essentiel. Quelques millions de *sangs* qui vont opportunément regonfler les caisses du département des Finances, bien mises à mal ces derniers temps.

Enfin, les objets de valeur et les vêtements de soie, de brocart, volés par les militaires réapparaissent dans la capitale : on les vend en sous-main dans les coins de rue les plus fréquentés par la noblesse et les dignitaires religieux.

8

Règlements de comptes à Lhassa !

J'ai scruté les jours faux, les justices boiteuses,
L'impur flambeau des mœurs sur qui le vent soufflait.

Victor Hugo.

A l'issue de la Seconde Guerre mondiale, tout a changé sur l'échiquier international.

Depuis le 15 août 1947, l'Inde est indépendante. Son drapeau national remplace celui de l'Union Jack.

Au Tibet, les missions britanniques et les agences commerciales de Lhassa, Gyantsé, Gartok et Yatung sont logiquement indiennes.

Une aubaine dont les autorités de Lhassa ne profiteront pas. Elles ont pourtant connu un premier succès d'estime en 1946, en envoyant en Inde une « mission de félicitations[1] » aux nations alliées, au vice-roi Wavell[2] et au président

1. A sa tête, Gyalo Thundop et Phuntsok Tashi, le deuxième fils d'amala et son gendre, partis pour la Chine. Ils visitent pendant un an l'Inde avant de gagner Nankin où doit s'ouvrir l'Assemblée constituante à laquelle vont siéger les Tibétains du Sichuan, du Qinghai et du Yunnan, aux côtés des autres peuples de la Chine.

2. Archibald Percival Wavell (1853-1950), vice-roi des Indes de 1943 à 1947. En 1945, il réunit à Simla une conférence pour former un Conseil exécutif, amorce d'un futur gouvernement indien.

Truman[1], via son ambassade de New Delhi ; en mars 1947, le drapeau tibétain avait même flotté pour la toute première fois aux côtés de celui des autres nations parties prenantes de la conférence panasiatique organisée par le Parti indien du Congrès. Ses deux délégués – pour ne pas dire « ambassadeurs » – avaient été reçus officiellement par le pandit Jawaharlâl Nehru et par le Mahatma Gandhi. Et bonne nouvelle : pour ce dernier, alors au sommet de sa notoriété, le Tibet constituait bel et bien une nation indépendante. Evidemment, la Chine élève une protestation.

A situation nouvelle, politique nouvelle ? En principe, mais ici, à Lhassa, rien de nouveau, justement : l'immobilisme le plus complet.

Tagdra Rinpoché, qui porte en lui les vagues réminiscences de son passé religieux et politique, confus et incertain, ne se montre décidément pas à son avantage : il s'enfonce de plus en plus dans une amnésie historique bientôt fatale pour le Tibet et atteint le comble de l'incompétence lorsqu'il omet de reconnaître le tout nouveau gouvernement indien : il faudra attendre le 11 juin 1948 pour que le kashag répare cette erreur et accepte que New Delhi reprenne à son compte les traités concernant le Tibet signés par l'ex-Empire britannique.

Tagdra atteint de nouveaux sommets dans l'impéritie quand il s'ingénie à solliciter Londres pour que cette dernière soutienne l'indépendance du Tibet. C'est oublier l'attitude des représentants britanniques aux Indes et, à travers eux, celle de l'Occident tout entier. Entre la fin du XIXe siècle et le début du XXe siècle, l'empire cherchait à établir des relations commerciales avec le Tibet ; pour y parvenir, il était absolument indispensable de régler les différends frontaliers qui opposaient les deux pays. A l'époque, les Britanniques hésitaient entre une négociation directe avec les Tibétains ou le recours à certains procédés obliques avec les Chinois. Ils finirent par signer avec Pékin des accords qui devaient régler les

1. Président des Etats-Unis de 1945 à 1953.

questions afférentes au commerce et à la circulation, au Tibet comme en Birmanie : le 17 mars 1890, un premier texte délimitait la frontière entre le Tibet et le Sikkim et établissait les normes de communication qui devaient régir les relations entre les autorités tibétaines et britanniques aux Indes ; le 5 décembre 1893, un nouvel accord anglo-chinois octroyait à la Grande-Bretagne certains droits commerciaux dans le sud du Tibet, entre les frontières du Sikkim et du Bhoutan... A Lhassa, le kashag ayant jugé ces accords caducs, les incidents s'étaient multipliés : en 1904, les forces britanniques investissaient la capitale ; et, le 7 septembre 1904, le gouvernement tibétain signait, en l'absence du treizième dalaï-lama – en exil en Mongolie et en Chine –, un traité confirmant les frontières et les droits commerciaux ; personne n'y avait fait mention de la Chine ; et, plus surprenant encore, Pékin n'avait soulevé aucune protestation... Que de non-dits dans cette affaire ! A commencer par les ambiguïtés et les lâchetés des Britanniques : craignant que la Russie n'étendît son influence en Asie, Londres reconnaissait la suzeraineté de la Chine sur le Tibet et négociait directement avec Pékin, dès lors qu'il s'agissait du Toit du Monde. Décidément, les subtilités orientales n'étaient pas la tasse de thé des Anglais. Si leur diplomatie de salon accordait au Tibet une souveraineté tacite dans ses affaires intérieures, cette décision a priori favorable à Lhassa allait se révéler désastreuse. En fait, Londres avait laissé le champ libre aux Mandchous qui, en 1910, envahirent le Toit du Monde.

Mais revenons à nos années 40. Cette vision sommaire des Anglais, certains que le Tibet relevait de l'autorité chinoise, révélait un parti pris incompréhensible – que l'on retrouvera quelques décennies plus tard dans l'attitude de la Grande-Bretagne à l'égard de Chiang Kai-shek : la Seconde Guerre mondiale vient à peine de s'achever que l'Histoire se répète déjà.

En novembre 1947, une autre délégation conduite par Shabakpa[1], le secrétaire d'Etat aux Finances, quitte Lhassa.

---

1. L'accompagnent : le général Surkhang Lhawang Tobgye, ancien

Son périple est en fait une longue quête pour réunir une réserve d'or correspondant à la valeur de la monnaie fiduciaire en circulation. Il est assez paradoxal, là encore, que les Tibétains n'aient jamais cherché à tirer profit des nombreux sites métallifères qu'abrite leur propre territoire – bauxite, uranium, fer, chrome, charbon, lithium, sel, mica, étain, or et pétrole – et qu'ils aient préféré demander de l'aide à la Grande-Bretagne et aux Etats-Unis.

Dans un premier temps, Shabakpa se rend en Chine, à Shanghai, Pékin, Nankin, où la délégation arrive en mai 1948 : les nationalistes apposeront, non sans réticence, un visa sur ces passeports tibétains qui leur ont été montrés à l'entrée comme à la sortie du pays. Et c'est en envoyés d'un pays libre et indépendant que Shabakpa et ses compagnons présenteront leurs félicitations à Chiang Kai-shek pour sa nouvelle désignation d'avril 1948 à la présidence chinoise.

Le périple de la délégation tibétaine se poursuit aux Etats-Unis et en Europe : Honolulu, San Francisco, Washington (Shabakpa est porteur d'une lettre du Dalaï-Lama pour le président Truman) et, enfin, Londres.

A Washington, Truman refuse de recevoir les Tibétains : pas question d'offusquer Chiang Kai-shek. Shabakpa et ses amis ont pu s'entretenir avec quelques élus américains.

A Londres, c'est le Premier ministre travailliste Attlee, successeur à ce poste de Winston Churchill, qui les reçoit. Là aussi, la prudence reste de mise. Personne n'entend prendre Chiang Kai-shek de front.

*

Dans les années d'après-guerre, Tenzin Gyatso, futur souverain du Tibet, a poursuivi ses études religieuses à Lhassa. L'enfant doit mémoriser une quantité incroyable de textes sacrés, de traités, et leurs commentaires. Pour l'y aider, sept

---

de l'école anglaise de Gyantsé, un négociant Yarphel Panda, et un fonctionnaire, Chankhyim Thubten Tsepal.

érudits des sept collèges de Drepung, Ganden et Sera se succèdent auprès de lui, tantôt au Potala, tantôt au Norbulingka. Force est de reconnaître qu'il existe de graves lacunes dans sa formation : personne ne le prépare à l'exercice du pouvoir.

Certes, le Dalaï-Lama lit le *Tibet Mirror*[1], ce journal en langue tibétaine publié au Bengale par un de ses compatriotes chrétien, parcourt sans vraiment les comprendre les textes et observe les images légendées en anglais de *Life* et de l'*Illustrated London* que lui transmet régulièrement la représentation britannique. Il prend aussi connaissance des rapports succincts préparés par des lamas dont l'expérience en sciences politiques est totalement inexistante.

Le Tibet se meurt aussi de sa non-politique.

Il se trouve qu'à l'époque deux Autrichiens échappés par miracle d'un camp de prisonniers britannique – Heinrich Harrer et Peter Aufschnaiter – se sont installés à Lhassa. Parlant le tibétain, ces hommes sont parfaitement intégrés à la population autochtone.

Pour le jeune Dalaï-Lama, leur présence constitue un hasard heureux. Autant dire que chaque arrivée de Heinrich Harrer au Potala ou au Norbulingka sera vécue par Sa Sainteté comme une grosse bouffée de détente et de liberté.

Une amitié profonde va naître de leurs rencontres. Harrer sera même considéré comme son précepteur occidental pour lui apprendre l'anglais, la géographie, les rudiments de la politique.

A leur contact, Tagdra Rinpoché lui-même commence à prendre conscience de la gravité de la situation de son pays.

Pour Harrer et Aufschnaiter, pas une seule semaine sans montagne. Quand ils n'escaladent pas un sommet, les deux amis entraînent volontiers dans leur sillage Lobsang Samten et quelques compagnons de jeu. Au programme pour le frère

1. L'abonnement du treizième dalaï-lama courait toujours. Il s'agit du seul journal d'information internationale en langue tibétaine.

du Dalaï-Lama, alors âgé de quinze ans : patin à glace, ski et, plus rarement, initiation à l'alpinisme, toutes activités totalement inconnues à l'époque au Tibet.

Rien d'étonnant donc à ce que nos deux Autrichiens soient reçus à Tchang Seb-Char.

Heinrich Harrer, en personne, racontera en ces termes sa première rencontre avec amala et pala :

> *On nous fit traverser un grand jardin planté de carrés de légumes et de bosquets de saules superbes, puis nous arrivâmes devant le palais. On nous conduisit au premier étage ; une porte s'ouvrit et nous nous trouvâmes en présence de la mère du roi-dieu. Nous nous prosternâmes avec respect devant elle. Elle était assise sur un trône de petite taille, dans une vaste pièce lumineuse, entourée de serviteurs. Elle était l'image même de la dignité aristocratique. L'émerveillement empreint d'humilité que ressentent les Tibétains envers la « Sainte Mère » nous paraît parfois étrange, mais nous fûmes frappés par la solennité de ces instants... La Sainte Mère nous sourit et elle était visiblement heureuse lorsque nous lui tendîmes les écharpes [khatas]. Puis, rayonnante, elle nous serra la main, contrairement à la coutume tibétaine. Le père du Dalaï-Lama, un vieil homme très digne, fit son entrée au même moment. Nous nous inclinâmes à nouveau et lui offrîmes les écharpes avec cérémonie, après quoi, il nous serra la main sans plus de façons*[1].

Chacune des apparitions des Autrichiens est vécue comme une fête par les enfants de Tchang Seb-Char aussi. Et c'est réciproque : Harrer adore par exemple promener la petite cadette Jetsun Pema sur ses épaules dans les jardins de la vaste demeure. Depuis leur rencontre, il produit une forte impression sur la sœur du Dalaï-Lama : ses yeux bleus l'intriguent, les reflets de l'or ardent de son épaisse cheve-

1. *Sept Ans au Tibet*, Heinrich Harrer, Paladin-Grafton, 1988.

lure aussi. Perchée ainsi, elle prend un malin plaisir à glisser ses doigts dans les cheveux de l'Autrichien.

Lorsque le soleil décline, Lobsang Samten et ses amis aiment s'asseoir dans le jardin. Tchang Seb-Char leur paraît alors mystérieuse, emplie de sombres recoins bruissant de secrets. Il arrive parfois que les yeux de Heinrich et de Peter se moirent de tristesse. Pleins de nostalgie, ils évoquent alors leurs montagnes, en Autriche : on y perçoit des bruits différents de l'immensité himalayenne. Mais on y entend aussi la voix des loups hurlant à la lune. Quand les alpinistes rentrent au refuge, ils se racontent toutes sortes d'histoires de bêtes féroces et de fantômes. Harrer affirme d'ailleurs connaître leurs ruses : ils vous épient, paraît-il, derrière les vitres du refuge, ouvrent tout grand leurs yeux quand l'obscurité pénètre dans les recoins ; c'est alors qu'ils sont capables de toutes les bassesses. Et de conter l'histoire de cet étranger venu vivre à la montagne : au bout de quelques jours, l'homme s'est muré dans un long silence, puis il s'est isolé des autres hommes, de ses amis, de sa famille, et il a refusé de se nourrir ; enfin, il est mort après d'insupportables souffrances, sans que le médecin, qui ne quittait plus son chevet, ait pu diagnostiquer un quelconque mal. Pour l'Autrichien aussi, c'est une bien étrange chose que ce fantôme qui adopte les mêmes attitudes qu'un kyirong ou qu'un thep-rang.

A Tchang Seb-Char, les jeux ne s'arrêtent pas aux seules escapades de Lobsang Samten et de ses deux amis étrangers. Les filles sautent à la corde, font de la balançoire. Et lorsque le palefrenier n'est pas dans les parages – volontairement d'ailleurs –, c'est à un des Autrichiens que revient le droit de grimper à un arbre du jardin et d'y nouer la corde. On se dispute beaucoup, on se chamaille de même, on joue à la course, le dernier arrivé à l'arbre poussant les autres, ou à cache-cache avec Heinrich et Peter. Lobsang Samten, quant à lui, préfère s'éclipser, laissant ses deux amis se dépêtrer avec les minots.

Quelquefois, le calme règne sur Tchang Seb-Char. Les

enfants sont alors assis en cercle ; près d'eux, des sacs emplis d'os de mouton qu'ils polissent, chacun ayant glissé une grosse pierre entre les jambes, pour les transformer en osselets ; ils les colorient ensuite en vert, jaune, rouge, bleu. Les disputes recommencent dès qu'il s'agit de choisir ses couleurs.

Harrer et Aufschnaiter ont tout de suite remarqué la vivacité des enfants tibétains. Entre les parties de cache-cache et les osselets, c'est à celui qui se montrera le plus inventif. Il existe en effet différentes manières de s'amuser avec les osselets : l'une consiste à creuser de petits trous dans la terre ; les discussions vont d'abord bon train pour choisir les couleurs des osselets ; décision prise, chacun pose un osselet dans un trou ; à tour de rôle, les enfants jettent une pierre plate en l'air ; si la pierre retombe dans le trou de son osselet, c'est gagné ! On ramasse le tout. Bien sûr, il ne faut pas que la pierre tombe dans un trou adverse, car alors la partie est perdue.

Lobsang Samten, quant à lui, partage la passion des Lhassapas pour les cerfs-volants. Un de ses meilleurs amis aide volontiers l'adolescent à préparer son cerf-volant pour un futur défi, une nouvelle bataille dans le ciel constellé d'engins multicolores.

Mais l'école dans tout cela ?

A cette époque, Lhassa compte un certain nombre de petites structures créées par des fonctionnaires pour la noblesse et les enfants de leur propre famille.

Thubten Jigme Norbu et Gyalo Thondup, les deux frères aînés du Dalaï-Lama, ayant eu comme précepteur un moine de grande érudition, c'est à son adjoint, demeuré à Lhassa, qu'amala s'est adressée pour s'occuper de Jetsun Pema, la cadette de ses filles, de sa petite-fille Khando, la dernière née de Tsering Dolma et de Phuntsok Tashi, âgée de quatre ans, de son petit-fils Tenzin Ngawang, six ans, et des trois enfants de ses serviteurs.

Hier, compagnons de jeux, les voici maintenant sur le chemin de l'école.

Levés très tôt, de mauvaise humeur, souvent à moitié endormis, c'est sous la haute responsabilité de Jetsun Pema, l'aînée du groupe, qu'on se met en route.

Une vingtaine de minutes à cheval, été comme hiver.

A 3 500 mètres d'altitude, voilà qui remet les idées en place. Habillés de tchoubas épaisses, emmitouflés jusqu'à la tête de couvertures, chaudes et douces, mains enfoncées dans des moufles, après avoir avalé un grand bol de thé tibétain, un peu de tsampa, ils sont presque prêts. Reste une dernière opération : appliquer sur chacun des visages et sur les mains un mélange de lait et de miel, puis recouvrir les lèvres et les doigts de cire d'abeille de façon à éviter les gerçures.

C'est dans cet accoutrement que les Lhassapas aperçoivent chaque matin cet étonnant convoi quitter Tchang Seb-Char pour rejoindre la demeure de leur précepteur.

En chemin, Jetsun Pema n'est pas la dernière à passer une langue gourmande sur ses lèvres. Pensez donc ! Du lait, du miel et de la cire d'abeille ! Impossible d'y résister.

L'apprentissage de la calligraphie qui suit constitue une nouvelle torture pour ces gamins qui, hier encore, ne pensaient qu'à jouer. La méthode d'apprentissage du tibétain écrit est la même pour tous. Jetsun Pema et ses petits compagnons, assis sur un coussin, en tailleur, ont chacun leur planche. Alors, la torture commence.

Des heures plus tard, épuisés, les enfants peuvent enfin regagner Tchang Seb-Char, retrouver amala, les parties de cache-cache ou de balançoire. Jamais de devoirs à la maison ! Ce n'est pas dans les habitudes tibétaines.

La soirée est toujours joyeuse, surtout lorsque Heinrich Harrer partage le repas avec la famille Yapshi.

Jetsun Pema garde encore en mémoire ce moment où l'Autrichien est arrivé dans la cuisine avec un plat occidental. Un poulet rôti.

Amala a goûté. Elle a léché ses doigts. Pala aussi.

Et Jetsun Pema ? Le poulet rôti est devenu une de ses

gourmandises, avec le chocolat et la moutarde, qu'elle découvrira plus tard !

Au monastère de Kumbum, sous domination chinoise encore nationaliste, Lobsang Tseten, neuf ans – trois de moins que le Dalaï-Lama –, n'est toujours pas intronisé comme dixième panchen-lama.

Lui aussi a appris à écrire. Il étudie, sous le contrôle de ses précepteurs, de la même manière que le fait Tenzin Gyatso.

Lobsang Tseten a témoigné de ces années-là :

Je n'ai pas le souvenir que mon plus jeune tuteur m'ait jamais frappé. Il me pinçait simplement l'oreille ou donnait parfois une claque sur mon crâne rasé quand il se mettait en colère et qu'il me reprochait de ne pas réussir à réciter les textes sacrés. Mais sa gifle n'était pas assez forte pour me faire mal. Pourtant, il avait une technique particulière pour me battre : la main légèrement incurvée, il frappait avec un « paf » qui résonnait clair et fort. Je trouvais cela drôle, et j'espérais parfois une seconde gifle. Je ne pouvais pas m'empêcher de rire à cette idée stupide, ce qui le faisait encore plus enrager. Mais il était bon. Quand il était en colère, il perdait patience et criait, la barbe en bataille et les yeux écarquillés. Il brandissait parfois le poing devant nous, mais je n'avais pas peur. Je le trouvais même franchement drôle[1]*...*

*

Le Dalaï-Lama est au Norbulingka.

Devant chaque entrée de la résidence d'été, des hommes montent la garde, colosses de deux mètres recrutés dans tout le pays.

1. Archives personnelles de l'auteur, traduit du tibétain à Dharamsala, Tibetan Library, Dharamsala.

Le son des trompes résonne dans Lhassa, dans les vallées, jusqu'aux plus lointains horizons, les murmures des mantras aussi. Mais il y a d'autres bruits, tant et tant d'autres bruits.

Harrer et Lobsang Samten oublient leurs doutes, leur fatigue, le froid, le vent, pour ne plus songer qu'au plaisir de skier.

La piste file droit vers la capitale. Une brève descente encore, et la montée, difficile malgré l'aspect modeste de l'éminence. Tous deux aiment bien s'arrêter au sommet et promener leurs yeux de tous côtés.

Jambes allongées, mains posées sur les genoux, ils ont besoin de retrouver leur souffle avant d'encaisser la terrible nouvelle : Lhamo Dhondup, devenu Tenzin Gyatso, le quatorzième dalaï-lama, ne serait pas le Dalaï-Lama !

Aux dires de Tagdra Rinpoché et de ses amis, il n'y a aucun doute possible : Tenzin Gyatso serait un imposteur mis en place par Reting Rinpoché. Il serait en réalité Ditru Rinpoché.

Et l'autre Ditru Rinpoché ?

Parent de Thubten Gyatso, le souverain défunt, il serait en fait le vrai Dalaï-Lama !

C'est en tout cas la dernière des rumeurs qui se propage dans Lhassa...

En réalité, Tagdra Rinpoché insupporte la famille de Sa Sainteté.

Y a-t-il une raison ou plusieurs à cela ?

Les Yapshi Takhla ont toujours été proches de Reting Rinpoché et ce n'était pas pour plaire au vieux régent.

Et comme Kelsang Rinpoché n'est plus là non plus, il n'y a plus grand monde pour s'opposer aux arguments de Tagdra Rinpoché ni à ses combines.

D'abord les humiliations subies par pala.

Ensuite, sa mort : il venait d'assister à une séance de travail avec son fils le Dalaï-Lama, le régent et le kashag pour débattre des affaires courantes et du programme de la journée. Pala rentrait chaque jour sur le coup de 11 heures, guetté par ses enfants et petits-enfants quand ceux-ci n'étaient pas à l'école ; rapportant toujours une friandise, le plus souvent du riz accompagné de raisins secs, dans son bol en bois.

Mais, un matin, on a empêché les enfants d'entrer dans sa chambre.

C'était le dernier jour de l'année tibétaine.

Depuis quelques jours déjà, pala se plaignait de lourdeurs, de vertiges, de malaises inexplicables.

Amala vient d'envoyer un messager au Potala pour en avertir son fils, le Dalaï-Lama.

On craint le pire pour pala. Mais c'est si inattendu qu'on se pose beaucoup de questions.

Jour du losar, l'espoir renaît chez les Yapshi Takhla. Pala semble se porter un peu mieux. Il s'est levé et a insisté pour allumer les lampes à beurre sur l'autel familial et accomplir les offrandes du nouvel an.

Amala lui a proposé du thé qu'il a bu en famille et en présence des serviteurs et des moines qui viennent lire régulièrement les textes sacrés.

Du coup, Thubten Jigme Norbu a décidé d'aller présenter ses vœux à quelques amis. Mais, peu de temps après son départ, un messager l'a rejoint pour lui demander de rentrer au plus vite à Tchang Seb-Char.

A son retour, son père est déjà mort.

Les médecins sont là, les moines du monastère de Namgyal aussi : tout le monde prie, lit le *Bardo Thödol*, le Livre des Morts tibétain.

Les nouvelles se répandent déjà dans la capitale tibétaine : pala souffrait d'un cancer. Autre version : il aurait été victime d'une intoxication alimentaire.

Sa conduite suscite aussi bon nombre de commentaires.

De là à penser que pala aurait pu être assassiné...

Ce qui gêne dans l'affaire, c'est cette pesante certitude : toute opération visant à éliminer Reting Rinpoché passait obligatoirement par l'élimination de Kelsang Rinpoché – mais il est déjà mort ! – et par celle du père du Dalaï-Lama :

très proches, les deux hommes l'étaient aussi de Kelsang Rinpoché, adversaire de Tagdra Rinpoché.

Alors, que s'est-il passé ?

Gyalo Thondup, un des frères aînés de Sa Sainteté, confirmera l'existence d'un tel document : d'après ce texte, les assassins auraient utilisé une herbe connue sous le nom d'« éléphant fou ».

Après la mort de pala, de Kelsang Rinpoché et de Reting, le régent et le kashag n'ont de fait plus qu'une seule idée en tête : faire table rase du passé Reting.

Une relecture de l'histoire qui passerait d'abord par l'arrestation, voire l'élimination de tous les fils d'amala. Des fils très occupés pour l'heure. Thubten Jigme Norbu, qui va sur ses vingt-six ans, transporte les cendres de son père jusqu'à Kumbum, dans une petite urne attachée à son dos. Kumbum où se trouve justement Lobsang Tseten, le dixième panchen-lama. Thubten Jigme Norbu ? Désormais l'abbé de ce monastère. S'il y parvient sain et sauf. Bien sûr !

Quant à Gyalo Thondup, dix-huit ans, il séjourne à Nankin avec son beau-frère Phuntsok Tashi.

Lobsang Samten, quinze ans, vit auprès d'amala à Tchang Seb-Char – il est le seul garçon laïc de la famille.

Enfin, le petit dernier, Tenzin Choegyal, né en 1946, renommé Ngari Rinpoché, porte toujours sur sa fesse gauche la marque de beurre de son petit-frère décédé deux ans plus tôt : renaissant auprès de sa fratrie, il est la troisième réincarnation de la famille et le seizième et dernier enfant d'amala et de pala.

Ecartés les hommes, resterait pour les comploteurs à régler le cas des femmes : amala, la « Grande Mère », Tsering Dolma, l'aînée, et Jetsun Pema, la cadette, que Tagdra et le kashag renverraient alors à Xining.

L'affaire est d'autant plus grave qu'amala est seule à affronter Tagdra Rinpoché et ses complices : son mari décédé, ses fils éloignés de Lhassa, reste Tenzin Gyatso, que l'on peut considérer comme otage à l'intérieur du Norbulingka.

Une première solution s'offre à amala : en appeler à Ma Bufang, le seigneur de la guerre chinois, qui voue beaucoup de respect à la famille du Dalaï-Lama. Qu'amala l'appelle à son secours, Ma n'hésiterait pas une seconde : il marcherait sur la capitale tibétaine pour tirer son fils des griffes de Tagdra. Sa Sainteté pourrait ainsi continuer à creuser un sillon de sagesse sur le Toit du Monde. Mais, seul inconvénient, le pays tomberait aux mains des Chinois.

La deuxième solution consisterait à s'en remettre aux déités, aux divinités protectrices, à toutes les émanations des bouddhas...

Excepté son fils, est-il quelqu'un à Lhassa pour comprendre les souffrances d'amala, pour partager ses peurs, ses doutes ?

Ils sont déjà si peu nombreux à afficher clairement leurs opinions. La peur les en empêche, la lâcheté aussi.

Tsarong, un haut fonctionnaire de l'Etat, ne partage pas les visions apocalyptiques du régent.

Un jour, il confie à amala que la vérité viendra des dieux. Et la vérité va effectivement venir d'eux.

Tagdra Rinpoché, le kashag, les oracles ont fini par se réunir pour une divination, dans l'objectif de confirmer une réincarnation qui ne saurait souffrir aucune contestation.

La cérémonie s'accompagne d'offrandes, de prières, de rituels destinés à favoriser la concentration.

On va donc tirer au sort : Tagdra inscrit lui-même les noms de Ditru Rinpoché et de Tenzin Gyatso sur deux morceaux de papier qu'il pique dans deux boules de tsampa d'égale grosseur.

C'est encore lui qui va tourner le bol, son bol, jusqu'à ce qu'une boule en jaillisse : « Tenzin Gyatso », indique la feuille une première fois ; « Tenzin Gyatso », une deuxième fois, indique l'autre boule ; « Tenzin Gyatso », une troisième fois.

A présent, il n'y a plus de doute possible !

Les divinations ont donné à trois reprises la même réponse : Lhamo Dhondup, l'enfant de Taktser, le fils d'amala, est bien le quatorzième dalaï-lama.

Après le tirage au sort, Tagdra et ses amis auraient arboré une mine déconfite. Toutefois, ils n'oseront plus s'opposer à la décision des déités[1].

D'autres projets de manipulations et de malversations les occupent. En ligne de mire, le dixième panchen-lama cette fois.

*

A Kumbum, Lobsang Tseten ne cesse de manifester des qualités peu banales.

A neuf ans, en cette année 1947, il étonne son proche entourage ; aimant par exemple s'asseoir au milieu des novices pour leur enseigner les textes sacrés du Dharma ; leur parlant longtemps, si longtemps que même les lamas s'arrêtent pour recevoir, eux aussi, les enseignements de l'enfant.

Lobsang n'est-il pas le dixième panchen-lama ?

Pour en être convaincu, il suffit de l'observer quand il offre des nœuds tressés de sa main, ces nœuds auxquels on attribue un pouvoir de protection.

Tout serait parfait dans le meilleur des mondes s'il n'y avait pas ces dissensions sempiternelles entre le kashag et le conseil des Khenpos, l'administration du défunt Panchen-Lama.

---

1. Entretiens de l'auteur avec le Vénérable Tenzin Topgyal, alors député-secrétaire des Affaires religieuses et culturelles, sur la base du texte original traduit du tibétain en anglais des confidences faites par Dekyi Tsering, la mère de Sa Sainteté Tenzin Gyatso, à sa petite-fille Yangzom Dolma, la fille aînée de Gyalo Thondup et de Diki Dolkar, entre 1970 et 1978, date à laquelle Yangzom Dolma aurait achevé la rédaction de ces confidences : c'était trois ans avant la mort de amala. Yangzom Dolma est née en 1950 et décédée en 1982, à l'âge de trente-deux ans. Cf. Dekyi Tsering, *op. cit.*

Depuis sa désignation en 1944, le kashag réclame à cor et à cri le transport de Lobsang Tseten à Lhassa. Pas seulement son transfert d'ailleurs, mais celui de tous les candidats pressentis.

S'agit-il de nouvelles manœuvres de la part du gouvernement tibétain pour imposer l'enfant pressenti par Dingié Rinpoché ?...

Le fait est que, subitement, le kashag s'inquiète de l'âge de Lobsang.

Le neuvième panchen-lama est en effet décédé le 1er décembre 1937, et Lobsang est né le 19 février 1938. Deux mois et dix-huit jours séparent seulement le décès de la renaissance. Trop peu pour le kashag qui aurait souhaité un intervalle d'au moins neuf mois, correspondant au temps d'une grossesse.

La réaction du conseil des Khenpos ne tarde guère.

Pour eux, le choix de Lobsang Tseten demeure conforme à la doctrine : un tulku peut se réincarner de son vivant dans le corps d'une autre personne, selon son affinité naturelle avec un être rencontré dans sa vie antérieure. Et d'avancer plusieurs exemples de mystiques ayant désigné de leur vivant des femmes enceintes comme leur future mère. Avant de mourir, ils commençaient ainsi leur transfert de conscience... Or, rappelons-le, le neuvième panchen-lama Choekyi Nyima n'avait laissé aucun signe de nature à aider à la recherche de sa réincarnation.

La situation va se compliquer plus encore avec le retour en scène des Chinois du Guomindang.

Chiang Kai-shek décide de soutenir la candidature de Lobsang Tseten.

Nankin publie à cette fin un décret en date du 3 juin 1949 :

L'enfant du Qinghai, Lobsang Tseten, a un esprit pur et empli de sagesse. Les examens auxquels nous nous sommes livrés ont prouvé qu'il est bien la réincarnation du neuvième panchen-lama. Il sera donc dispensé du tirage au sort et deviendra, par autorisation spéciale, le dixième Panchen Erdeni.

Non sans habileté, Nankin tente ainsi de se substituer aux autorités tibétaines, transformant ce faisant une désignation purement spirituelle en une affaire politique. Les Chinois font référence à l'édit impérial promulgué par l'empereur mandchou Qianlong. En 1793, celui-ci avait voulu mettre fin aux désordres – déjà ! – provoqués par la désignation des réincarnations des dalaï-lamas, des panchen-lamas et des autres héritiers des grandes lignées bouddhistes tibétaines : son texte comprenait vingt-neuf points.

Trop désireux de disposer enfin d'un agent en territoire tibétain, le Guomindang pousse le bouchon encore plus loin. Approuvant la désignation du petit Lobsang Tseten, les nationalistes chinois lui transmettent des cadeaux dont une grande quantité d'or, et ils envoient un représentant au monastère de Kumbum pour présider l'intronisation.

Les cérémonies auront lieu le 10 août 1949...

En présence d'un représentant chinois et de Thubten Jigme Norbu, frère du Dalaï-Lama et abbé de Kumbum, les lamas de Tashilhunpo vont procéder au rituel de la tonsure. Lobsang Tseten deviendra donc officiellement le dixième panchen-lama Choekyi Gyaltsen.

En guise de réplique, le kashag décide d'expulser Shen Tsung-lien, le délégué chinois proche de Chiang Kai-shek, et les quatre cents résidents, dont quelques-uns passent par ailleurs pour des agents communistes. Ce n'est pas surprenant puisque Mao vient justement de gagner la guerre civile.

En Chine, les nationalistes vivent leurs dernières heures.

Chiang Kai-shek s'apprête à embarquer sur un navire de guerre à destination de l'île de Taiwan, avec ses compagnons les plus fidèles.

Dans ce contexte, le Guomindang charge Ma Bufang d'une mission de confiance. Il doit proposer au nouveau Panchen-Lama et à sa famille de le rejoindre

Les rencontres auront lieu à Kumbum durant l'été 1949, quelques jours après l'intronisation de Choekyi Gyaltsen.

Conseillé par deux agents nationalistes, Ma presse les parents du Panchen-Lama et le conseil des Khenpos de quitter le Tibet, accompagnés de l'enfant alors âgé de onze ans.

A Kumbum, les réunions se multiplient, toujours de nuit et toujours en l'absence du Panchen-Lama.

Ma propose de lui confier Choekyi Gyaltsen, à charge pour lui de le protéger jusqu'à Taiwan.

Un soir de réunion, l'enfant surgit soudain. Il entre dans une folle colère d'avoir été écarté jusqu'ici de discussions et de décisions le concernant au premier chef.

On lui explique alors les derniers développements de la situation : déroute des nationalistes, arrivée des communistes.

Quelle décision prendre ?

Parmi les Khenpos, il y a des lamas qui œuvrent en sous-main pour Mao Zedong.

C'est le dixième panchen-lama Choekyi Gyaltsen en personne qui refuse de quitter le Tibet, son pays, son peuple.

Le Panchen-Lama sera sous peu l'otage de la république populaire de Chine, le nouveau régime allié de l'URSS et ennemi des Occidentaux.

Et Mao n'en demandait pas tant !

TROISIÈME PARTIE

1950-1963

9

Dîner de dupes chez les rouges !

De la Terre monte soudain une rumeur :
Le Tigre est dompté.
Et les larmes qu'ils versent
Coulent comme un torrent de pluie.

Mao ZEDONG.

« Le peuple chinois est debout ! » s'écrie Mao Zedong.

Des milliers de Chinois se sont rassemblés pour entendre la voix du maître amplifiée par les haut-parleurs disposés sur la place Tienanmen qui résonne de ses appels, de ses invectives.

Ruban rouge à la boutonnière, devant son immense portrait accroché au balcon, le nouveau « Fils du Ciel » délivre son message, son « mandat du Ciel », ce lien sacré qui unit désormais le peuple chinois à la dynastie communiste.

En ce 1er octobre 1949, la clameur monte encore, lorsque Mao Zedong proclame :

> *Au nom du Conseil consultatif politique du peuple chinois, je proclame la République populaire de Chine.*

Le drapeau de soie rouge frappé de cinq étoiles d'or qui s'élève dans le ciel bleuté suscite d'autres clameurs : « Mao Zedong Wanxue ! » « Vive Mao Zedong ! »

En cette date historique, qui oserait contester les principes énoncés par le parti communiste ?

Dans une Chine pauvre, archaïque, corrompue, pourquoi ne pas accorder sa confiance à Mao et au PCC ?

Le peuple chinois est peut-être debout mais l'économie du pays est à genoux. Autant dire que sur les six cents millions de Chinois, une large majorité approuve et appuie implicitement les opérations menées par le parti contre les bourgeois et les capitalistes, la succession répressive du mouvement contre-révolutionnaire, l'éradication systématique des institutions religieuses, la confiscation par la force des biens-fonds et de toutes les richesses de ceux qui passent pour être des « droitiers ».

On dénonce sa famille, ses amis, on nettoie, on purge. La peur qu'inspirait le recours à la violence, accentuée par l'opacité créée par la propagande politique et par le cloisonnement dû à l'éducation de la pensée, s'est avérée une manœuvre de contrôle de la population des plus réussies.

En 1949 et dans les quelques années qui vont suivre, tout un peuple, ou presque, a confiance en tout ce que fait, entreprend et dit le Parti communiste chinois.

« L'Orient est rouge », s'exclame encore Mao Zedong.

Au Vietnam, Hô Chi Minh, à la tête de ses troupes communistes, libère son pays du colonialisme français. Les colons hollandais ont quitté Djakarta et l'Indonésie proclame aussi son indépendance. La rébellion des Huks pourrait fort bien l'emporter aux Philippines. Et l'agitation « révolutionnaire » secoue la Corée où, sur la péninsule nord, un communiste formé en Chine, Kim Il-sung, dicte sa loi.

A en croire les clameurs rouges, Staline et Mao Zedong sont deux soleils dans le ciel obscurci de la planète : ils scellent d'ailleurs leur alliance sanguinaire le 14 février 1950 par un traité d'amitié, Staline assurant à Mao la protection de son « parapluie nucléaire ».

Sur le plan intérieur, Pékin promulgue, le 18 mai 1950, la réforme agraire qui va s'accompagner d'un gigantesque transfert de population : quarante-six millions d'hectares confisqués à quinze millions de propriétaires et redistribués à trois cents millions de paysans pauvres et sans terre.

Ce grand chambardement s'accompagne aussi de l'assassinat de trois millions de Chinois, d'autant d'emprisonnements, et de déportations en masse : dès le 1er octobre 1949, dix millions de Chinois sont envoyés dans les *laogais*[1], des camps de travail très spéciaux où les geôliers emploient les techniques les plus « performantes » pour « remodeler la pensée », dont le caractère despotique s'approche du lavage de cerveau. Mao Zedong et ses complices n'ont qu'un objectif : détruire la pensée, c'est-à-dire l'essence même de l'être humain, pour le reprogrammer et en faire une bête à produire pour la clientèle occidentale.

On est musulman, direction le laogai ; on est chrétien, va pour le laogai ; on est bouddhiste, laogai ; on est intellectuel, démocrate, contestataire, quelques années au laogai ! Commencé en 1949, ces goulags à la chinoise n'ont jamais cessé.

Dès que Mao Zedong s'est installé dans la Cité interdite, comme tout empereur chinois, il caresse le fol espoir d'étendre sa domination sur la Corée et sur le Tibet. Bientôt, en 1950, son corps expéditionnaire combattra aux côtés des troupes de Kim Il-sung.

Reste le Tibet.

Du coup, Mao charge Lin Biao[2] d'élaborer un plan, une

1. Aujourd'hui encore, six à huit millions de Chinois, dont des ethnies minoritaires et des Tibétains bien sûr, sont enfermés dans les laogais. Un exemple, le laogai n° 2 situé dans l'Amdo, le Qinghai chinois, est une peausserie dont les agences commerciales se trouvent à Hong-Kong ; celles-ci exportent vers le Japon et l'Australie. Dans d'autres laogais de la région, à Xining par exemple, outre la maroquinerie, les laogais exportent de la mousse plastique, de l'équipement pour eau et électricité, de l'outillage pour les pays occidentaux.

2. (1907-1971) Membre du Comité permanent du Parti communiste chinois, il devient ministre de la Défense nationale en 1959 : il est le maître d'œuvre de la Révolution culturelle entre 1966 et 1969. Il est éliminé politiquement et physiquement en 1971.

stratégie, pour « libérer » le Tibet de l'emprise du Dalaï-Lama, de la théocratie, et sortir le pays du servage.

Les agents du *tewu*[1] ont déjà commencé à grouiller au pourtour du Toit du Monde, à Lhassa et dans les autres grandes villes du pays.

L'Inde voisine s'inquiète.

Zhou Enlai envoie ses émissaires pour rassurer le pandit Nehru avec qui il escompte lancer le grand mouvement du tiers monde qui se concrétisera lors de la conférence de Bandung.

La « libération du Tibet du joug féodal et impérialiste » devrait se réaliser de manière pacifique.

Pendant toute l'année 1950, la guerre psychologique donne le ton.

Le 1er janvier 1950, « l'Armée de libération du peuple (ALP) doit, parmi ses tâches essentielles, libérer le Tibet ».

Le 5 août, l'agence de presse Xinhua cite un dirigeant de la Commission militaire, Liu Bocheng :

Le Tibet doit être ramené dans la grande famille de la patrie.

Le 30 septembre 1950, le Premier ministre Zhou Enlai monte en première ligne, à l'occasion du premier anniversaire de la République populaire : « Il est grand temps de libérer le Tibet ! » lance-t-il.

*

Entre septembre et octobre 1949, Thubten Jigme Norbu, l'aîné de la famille du Dalaï-Lama, a finalement accompli une mission importante pour la mémoire familiale : disperser les cendres de son père dans les environs de Taktser, son village natal.

1. Littéralement, services spéciaux, utilisé pour désigner la communauté des renseignements chinois.

Mais, dans ce laps de temps, les communistes ont franchi la frontière à Ya'an, la ville chinoise qui sépare les deux pays, puis le pont de Luding – en tibétain, *Chadzampa* – qui marque traditionnellement la frontière, et se sont installés à Dartsedo : on se trouve dans le nord du Kham et de l'Amdo, dans le Qinghai.

Ma Bufang, le gouverneur chinois du Qinghai, n'a pas attendu l'arrivée des troupes communistes pour s'enfuir : elles occupent donc l'Amdo sans avoir rencontré la moindre résistance.

Subjugués par les discours idylliques, certains Amdowas n'hésitent pas à collaborer : des civils du PCC distribuent en effet de l'argent aux populations locales et leur promettent le bonheur, une vie meilleure, la richesse, le respect de leurs coutumes et de leur religion.

En revanche, Thubten Jigme Norbu vit le martyre à Kumbum, le monastère dont il est devenu l'abbé.

Le dixième panchen-lama Choekyi Gyaltsen, imposé par les nationalistes du Guomindang, a réussi a quitter Kumbum, de nuit, quelques semaines avant l'arrivée des rouges.

Une fuite temporaire certes, mais qui ne manque pas d'inquiéter le frère aîné du Dalaï-Lama qui risque d'être tenu pour le responsable de cette « absence volontaire ».

Le Panchen-Lama reviendra très vite à Kumbum : des membres influents de son conseil d'administration, manipulés par des agents de Pékin, ont en effet adressé à Mao Zedong un télégramme de félicitations, dont la teneur est une aubaine inespérée.

Au président Mao du gouvernement central populaire, et à Zhu De, commandant en chef de l'Armée populaire de libération, en sollicitant respectueusement votre lecture.

L'intelligence et l'audace des tactiques mises en place par Vos Excellences ont permis de sauver le pays et son peuple. La nation entière s'est réjouie partout où est apparue l'Armée de la Justice.

Ayant reçu les faveurs de la Chine tout au long de sa vie, le Panchen-Lama vous exprime sa gratitude et son respect.

Depuis plus de vingt ans[1]*, je lutte sans relâche pour l'intégrité de la souveraineté tibétaine. J'ai mauvaise conscience de n'avoir pas réussi à atteindre mon but. Je reste donc au Qinghai, mais j'attends vos ordres pour retourner au Tibet.*

Il est heureux que sous la direction de Vos Excellences, le nord-ouest de la Chine ait été libéré et le gouvernement central populaire établi. Les hommes courageux et droits se sentiront encouragés. Nous pouvons dorénavant prévoir la paix et le bonheur du peuple, espérer le rétablissement de notre pays et attendre la libération du Tibet.

Le 23 novembre 1950, Mao Zedong et Zhu De répondent à ce message. C'est le signe que, pour eux, la seconde étape de l'annexion du Tibet peut commencer. Voici ce que dit ce texte :

C'est avec plaisir que nous avons reçu votre télégramme daté du 1er octobre.

Le peuple tibétain aime sa patrie et s'oppose à l'invasion étrangère. Mécontent de la politique réactionnaire du gouvernement nationaliste, il devient volontiers une partie de la nouvelle Chine, unie et riche, dans laquelle toutes les nationalités coopèrent dans l'égalité.

Le gouvernement populaire central peut certainement combler les espoirs du peuple tibétain. J'espère que vous travaillerez avec acharnement, avec tous les Tibétains qui aiment la patrie, à la libération du Tibet et à l'union entre les Tibétains et les Hans.

---

1. Les auteurs de ce télégramme, au nom du Panchen-Lama, font ici mention de sa vie précédente, à l'époque où Choekyi Gyaltsen était encore le neuvième panchen-lama Choekyi Nyima.

Thubten Jigme Norbu ne décolère pas. Il vient de mettre en garde le conseil des Khenpos : il leur a parlé de manière effrayante des conséquences de leur intolérable initiative. Leur zèle procommuniste livre le Panchen-Lama, un enfant de onze ans, au nouveau maître de Pékin, et met en danger la vie même du Dalaï-Lama.

Le 24 novembre, Radio-Pékin annonce que le Panchen-Lama en personne a lancé un appel à Mao Zedong pour « libérer » le Tibet.

*

A Lhassa, la vie des Yapshi Takhla bascule totalement dans la tragédie.

Après la mort de Choekyong Tsering, la mère du Dalaï-Lama s'est débarrassée des effets personnels de son mari, empêchant ainsi son esprit de rester dans leur demeure.

Aussitôt la période de deuil achevée, le kashag s'est empressé de nommer un conseiller, soi-disant pour aider amala à gérer ses biens. En réalité, Tagdra Rinpoché la plaçait sous surveillance, ce en quoi amala n'était pas dupe.

Elle décide alors de quitter Lhassa quelques semaines, sous prétexte de visiter deux ou trois de ses nombreux domaines, l'un étant géré par son neveu Chen Chen ; en fait, elle pense ainsi échapper aux rumeurs.

Tsering Dolma, Jetsun Pema et ses neveux l'accompagnent.

Le groupe quitte Lhassa sous bonne escorte, en direction de Duntse où les Yapshis possèdent une autre maison, laquelle, dit-on, a appartenu à Tsongkhapa, le fondateur de la lignée gelugpa : trois cents familles vivent sur ces terres.

Ce n'est pas la première fois qu'elle séjourne dans cette demeure et, chaque fois, elle a éprouvé une sensation bizarre. Amala est très superstitieuse.

Cette fois encore, ce sentiment remplit son cœur d'une sorte de douleur prophétique, tandis que les serviteurs ferment les volets et que la lumière du jour ne pénètre déjà plus dans la demeure.

Tard dans la soirée, amala emprunte l'escalier qui mène aux étages – il y en a cinq –, le couloir qui donne sur sa chambre.

A chaque point cardinal de la maison, on trouve un autel richement décoré : il y en a donc quatre, dont celui qui se trouve à son étage.

Les serviteurs sont déjà couchés. Les enfants aussi.

Amala est seule. Et elle regarde, intriguée, cet autel, les thankas magnifiques et très anciennes suspendues au mur, juste au-dessus des statuettes et des images des divinités. Les lampes à beurre crépitent. Il n'y a là rien d'anormal. Mais il y a ce tambour, tendu d'une peau particulièrement épaisse ! Lors de son premier séjour, elle n'avait pas remarqué ce détail. Et, surtout, il y a cette odeur de sang.

La mère de Sa Sainteté s'effraie, appelle les moines.

L'odeur de sang persiste.

Un lama lui explique alors qu'un habitant du domaine est sans doute mort ou sur le point de décéder. A chaque mort, il en est ainsi. A chaque disparition, le phénomène se reproduit.

Le religieux conseille alors à amala de gagner sa chambre. Lui et ses compagnons prieraient et feraient des offrandes toute la nuit pour le disparu.

Le lendemain, amala ordonne que le convoi se remette en route. Elle tient à se rendre à Tashilhunpo, le monastère du Panchen-Lama, pour s'y recueillir.

Les moines l'y accueillent chaleureusement : on lui prépare une maisonnette dans le jardin, un endroit agréable.

Les jours s'écoulent enfin paisiblement, entre prières et promenades.

C'est à Tashilhunpo qu'amala apprend l'existence de Choekyi Gyaltsen, le dixième panchen-lama, dont les parents sont, comme elle, des paysans de l'Amdo [1].

---

1. Entretiens de l'auteur avec le Vénérable Tenzin Topgyal. Cf. Dekyi Tsering, *op. cit.*

Sa région lui manque terriblement, Taktser aussi. Mais du fait des récents événements, impossible de s'y rendre : elle risquerait d'y perdre la vie.

A peine rentrée à Lhassa, voilà que Tsering Dolma tombe gravement malade. Les médecins du Men-Tsee-Khang, l'Institut de médecine et d'astrologie de Lhassa, se relaient à son chevet. Son état est jugé suffisamment alarmant pour la transporter en Inde. Et on profitera de l'occasion pour placer les enfants au pensionnat. La décision a été prise par amala et par le Dalaï-Lama. Dans les années d'avant-guerre, il était fréquent que des familles de l'aristocratie tibétaine envoient leurs enfants en pensionnat dans les missions chrétiennes indiennes : ce sera également le cas pour Jetsun Pema, sa nièce et son neveu, les deux enfants de Tsering Dolma.

A Tchang Seb-Char, tout le monde s'affaire à la préparation de ce voyage. Amala distribue les ordres, désigne les serviteurs qui veilleront sur ses deux filles, reçoit beaucoup des marchands népalais, indiens et tibétains pour échanger la monnaie locale et des pièces d'argent et d'or contre des roupies indiennes. Plus l'heure du départ approche, plus la masse de billets indiens impressionne : il faut à l'époque quinze roupies pour un sang. Autant dire que pour subvenir au séjour de tous ces gens, payer les frais d'hospitalisation de Tsering Dolma et de pensionnat pour Jetsun Pema et ses deux neveux, c'est une montagne de roupies qu'il a fallu rassembler.

Les préparatifs avancent : les bagages, les malles sont méticuleusement fermés et protégés d'une bâche épaisse ; les chevaux ont été choisis parmi les meilleurs des écuries du kung, des lamas et des moines géants – les fameux dob-dos –, des Amdowas et des Khampas – redoutables guerriers armés de poignards et de fusils – et, enfin, un oncle des enfants formeront le reste de l'escorte.

En route pour Kalimpong, via le Sikkim, non sans avoir été au préalable reçus en audience par Sa Sainteté : échange de khatas, ultimes conseils. Ce matin-là, chacun promène une profonde tristesse.

Quelques semaines plus tard, Tsering Dolma, accueillie chez des amis de Gangtok, la capitale du Sikkim, peut se reposer enfin, avant son hospitalisation à Calcutta.

Jetsun Pema et les enfants de l'aînée des Yapshis rejoignent, quant à eux, en milieu d'année scolaire, le couvent Loreto, de Darjeeling, où officient des sœurs irlandaises.

Le changement est soudain, brutal, total aussi ; celui-ci est assorti d'une urgence : apprendre au plus vite l'anglais.

*

Au mois d'août 1950, Shabakpa rencontre une délégation chinoise à New Delhi. Mais les entretiens achoppent sur l'essentiel : aucune discussion sur le Tibet ne peut avoir lieu en territoire étranger. Une mission doit se rendre à Pékin. Mao considère désormais le Tibet comme une région stratégique, vitale pour la défense du sud et de l'ouest de la Chine : il craint surtout un encerclement.

Au mois de septembre 1950, quarante mille hommes de l'ALP franchissent le Yang-Tsé-Kiang en plusieurs points.

En face des « rouges », il n'y a personne. Les huit mille cinq cents Tibétains forment une armée d'opérette, avec tout au plus une cinquantaine de pièces d'artillerie et deux cents mitrailleuses. Autant le dire, le Tibet n'a aucune défense.

A Kumbum, si certains proches du Panchen-Lama se sont rapprochés de la république populaire de Chine, il n'en va pas de même pour Thubten Jigme Norbu.

Ceux qui le connaissent bien découvrent sur son visage l'image même de la désolation.

Le petit peuple de l'Amdo, les ex-partisans du Guomindang et les anticommunistes affluent vers Kumbum, dans le secret espoir de trouver refuge auprès de Taktser Rinpoché, l'abbé du monastère frère aîné du Dalaï-Lama, et du dixième panchen-lama Choekyi Gyaltsen.

Leurs récits sont cruels : ils ont d'abord entendu des

déflagrations près des monastères ; une fois les moines achevés à coups de hache, les temples étaient pillés, les textes sacrés brûlés ; ensuite, les soldats de l'ALP y lâchaient les chevaux.

Tashi Khyil, le monastère près de Taktser, est totalement détruit. Les habitants du village souffrent de famine. Et à Xining, on a ouvert un laogai.

Thubten Jigme Norbu ne peut en supporter davantage. Il se rend à Xining pour y rencontrer le gouverneur.

Au début, il s'était hasardé à croire au message délivré par Mao Zedong. Un espoir de courte durée ! Il y a eu les rassemblements des Amdowas, dans les villages, dans les hameaux. Pendant des heures et des heures, les communistes leur délivraient leur propagande. Et les premiers réfugiés de Kumbum lui ont raconté les séances qu'ils appelaient *thamzing* : un jugement populaire appliqué par les militaires et par des Tibétains manipulés par des agents du tewu. Les personnes mises en cause se tiennent, pendant plusieurs heures, debout face aux villageois sur la place du bourg, du hameau, du village : ils s'autocritiquent, même des fautes qu'ils n'ont pas commises. Pendant ces séances, les Chinois ne frappent jamais leurs victimes ; ils poussent les Tibétains à le faire : s'ils ne cognent pas suffisamment fort, ce sont eux qui prennent la place du malheureux ou de la malheureuse, au centre du cercle, enchaînés, souvent les bras en croix. A l'issue de la séance, on choisit un des enfants de la famille, le plus jeune, pour tuer son père, sa mère, un frère, un oncle...

A Xining, le gouverneur communiste du Qinghai lui promet d'ouvrir une enquête. Il n'en est évidemment rien. En revanche, le frère aîné du Dalaï-Lama est soumis à un interrogatoire en règle : on veut tout savoir sur ses faits et gestes ; on les dissèque ; on fouille ses appartements, ses affaires personnelles, on lui réclame une liste détaillée de la noblesse amdowa, de leurs biens, la liste des monastères, de leurs districts, on l'interroge sur telle famille, ou telle autre qu'on disait proche du Guomindang ; on veut connaître ses richesses personnelles.

Du coup, les Chinois décident même de détacher à Kumbum deux cerbères pour veiller sur Taktser Rinpoché. Deux anges gardiens, agents du tewu, spécialement dressés pour le déstabiliser. Ainsi, lorsqu'il médite ou accomplit des rituels d'offrandes dans le temple, ils ouvrent la porte avec violence et le provoquent au point de lui demander si ses prières ont déjà nourri les gens de Taktser qui meurent de faim ; aussitôt ses prières terminées, ils lui imposent d'étudier des slogans politiques, le poussent à modifier ses modes de pensée, à adopter une attitude nouvelle, ce qui lui éviterait à l'avenir bien des désagréments. Et le reste du temps, ces deux hommes font tout pour discréditer Thubten Jigme Norbu, l'abbé de Kumbum, et son frère, le Dalaï-Lama : évidemment, ils prennent en exemple Choekyi Gyaltsen et son entourage qui, eux, sont de bons Chinois, fidèles à la Mère Patrie.

L'aîné des Yapshis n'en peut plus. Aussi, le jour du premier anniversaire de sa nomination à la tête du monastère, Thubten Jigme Norbu supplie les moines d'accepter sa démission.

Un mois plus tard, les Chinois le convoquent à Xining et lui donnent l'ordre d'aller à Lhassa exposer les doléances de la république populaire de Chine au Dalaï-Lama. Les autorités de Xining vont même plus loin : ils suggèrent de faire de Taktser Rinpoché un héros de la Mère Patrie : il doit donc persuader son jeune frère d'épouser les thèses communistes et l'amener à accueillir les soldats de l'Armée de libération du peuple en grands vainqueurs à Lhassa. En cas de refus du Dalaï-Lama, il faudra l'éliminer physiquement. Thubten Jigme Norbu pourrait même s'en charger. Etre traître au Tibet, à sa famille, à ses croyances, tout cela n'est que bagatelle dès lors qu'il s'agit de servir les grands desseins de la Chine communiste et de Mao Zedong.

Dans un premier temps, l'aîné des Yapshis rejette en bloc les ordres des Chinois ; mais la pression devient si forte qu'il décide finalement de quitter Kumbum et d'abandonner du même coup ses compatriotes à leur triste sort, d'oublier aussi tous les projets auxquels il avait songé pour son monastère et les districts qui en dépendaient.

Le voilà qui chevauche en direction de Lhassa : on lui a donné trois chevaux, un pistolet, trois fusils, une vingtaine de chargeurs, un peu d'argent. Ses deux cerbères l'accompagnent jusqu'à la frontière du Qinghai ; ensuite, Thubten Jigme Norbu devrait être pris en charge par des cavaliers khampas.

La frontière est encore loin.

Les deux Chinois font tout pour ralentir sa marche vers Lhassa.

On se rapproche enfin de la zone frontalière.

Thubten Jigme Norbu est presque sauvé.

C'est alors qu'un des Chinois s'exclame, dans un grand éclat de rire : « La ville de Chamdo, dans le Kham, est tombée ! »

Nous sommes le 19 octobre 1950.

Radio-Pékin vient en effet de se déchaîner :

> *L'impérialisme anglo-américain opprime le Tibet, il faut le libérer !... Aucune ingérence dans les affaires tibétaines ne saurait être tolérée.*

Les rouges retiennent captif Ngabo Ngawang Jigme, le gouverneur du Kham. Mais il n'est pas le seul prisonnier. Et voilà qui explique la réaction du média communiste.

Dès juillet, Pékin avait envoyé à Chamdo un religieux nommé Gerda pour négocier avec les Khampas, mais il décède de mort violente dans des conditions inexpliquées.

Avec Chamdo aux mains des Chinois commence l'une des plus longues guerres secrètes de ce siècle entre un pays épris de liberté, sans culture politique mais indépendant, et la plus peuplée des puissances communistes du monde.

En entendant l'appel à la guerre contre l'impérialisme anglo-saxon, un homme sursaute. Cet ancien pilote de la

RAF, Robert Webster Ford, employé par le gouvernement de Lhassa, réside en effet à Chamdo. On lui a demandé d'établir le premier réseau radio et de communication. Les Tibétains le considèrent un peu comme un représentant officiel de Londres dans la région.

Tandis que les dizaines de milliers de Chinois de l'Armée de libération gravissent, non sans mal, les contreforts du Kham, Ford se dit avec cet humour *typically british* : « L'impérialisme anglo-saxon au Tibet ! *Who, me ?* »

Ford n'est pas le seul Anglais vivant dans le Pays des Neiges. Richardson[1] se trouve encore à Lhassa, comme historien.

On a peut-être, côté chinois, exagéré en envoyant plusieurs divisions pour capturer le *British* de Chamdo.

D'autres impérialistes ? Il y a un opérateur radio à Lhassa. D'origine indienne, il s'appelle Reginald Fox et souffre d'une arthrite rhumatoïde qui le handicape. Enfin, n'oublions pas les deux Autrichiens, Peter Aufschnaiter et Heinrich Harrer.

Chamdo pris, Ford se retrouve au laogai pour cinq ans, histoire de « remodeler » son esprit et son éducation. Les rouges l'accusent de l'assassinat du prélat Gerda, et, tout comme des centaines de Tibétains, il est entraîné dans les centres spéciaux d'interrogatoire mis en place par le tewu dans la province de Chengdu.

Le 24 octobre, Radio-Pékin annonce que les forces chinoises ont reçu l'ordre de « consolider les défenses de la frontière occidentale de la Chine ».

Les rouges marchent sur Lhassa.

*

Dans l'entre-temps, Lhassa a connu un tremblement de terre de très forte amplitude. Aussitôt interprété par les

1. H.E. Richardson était administrateur britannique à Lhassa entre 1936 et 1950.

oracles d'Etat, la nouvelle se répand dans la capitale : la cité est menacée, le Dalaï-Lama aussi.

Le mois d'octobre s'achève à peine lorsque Thubten Jigme Norbu se présente au Potala. Il demande à rencontrer le Dalaï-Lama, toutes affaires cessantes.

Un orage éclate avec une fureur terrible sur Lhassa, à l'instant même où il pénètre dans la chambre de son frère, mais il ne prête attention ni au tonnerre ni aux éclairs.

Son visage est creusé par la souffrance. Jamais Sa Sainteté n'avait remarqué une telle lividité cadavérique chez son aîné.

Thubten Jigme Norbu se met alors à faire le récit des événements qui secouent l'est du pays, l'Amdo et le Kham.

Il raconte l'avancée des troupes chinoises, la prise de Chamdo, la famine dans leur village natal et dans toute la région, l'attitude intolérable de certains Khenpos qui ont livré le Panchen-Lama aux communistes, le comportement odieux de quelques aristocrates et de dignitaires religieux qui ont préféré la collaboration, la trahison aux travaux forcés.

Il accuse aussi : les puissants autocrates et les hauts dignitaires religieux qui auraient dû secourir le peuple et qui ne l'ont pas fait : quelques-uns moisissent dans les camps ; pour d'autres, leur lâcheté a été leur tombeau.

Enfin, il conte par le détail la résistance : de jeunes et braves cavaliers khampas ont sacrifié leur vie pour le Tibet et son jeune souverain. Leur courage doit être un exemple pour tous.

Le kashag tarde évidemment à réagir.

Les Lhassapas expriment alors leur ras-le-bol des régents, des lamas, tulkus et autres : on réclame la tête du vieux Tagdra ; on veut s'en remettre au Dalaï-Lama. Sa Sainteté qui va seulement sur ses seize ans ne peut gouverner. Ainsi le veut la Constitution ! Sauf si elle est modifiée...

Le régent en appelle aux Nations unies.

Alors qu'elles réclament à cor et à cri l'envoi d'une commission d'enquête, les autorités tibétaines reçoivent ce la part de la communauté internationale un revers sanglant : le 15 novembre 1950, la question du Tibet est en effet soulevée à l'Assemblée des Nations unies à l'instigation du Salvador ; mais le 24, la question est ajournée *sine die* : le Tibet relève, dit-on, « de la compétence nationale chinoise »... Les Britanniques, quant à eux, expriment leur sympathie pour le peuple tibétain, mais regrettent de ne pouvoir intervenir dans cette affaire. La Grande-Bretagne a pourtant beaucoup à se reprocher dans cette partie de l'Asie.

L'Inde se confond en mises en garde diplomatiques. Seule la Chine nationaliste aurait bien voulu agir, mais elle ne s'est pas encore remise de sa « déculottée militaire » de 1949.

Lorsqu'en 1913 le treizième dalaï-lama Thubten Gyatso a proclamé l'indépendance du Tibet, il n'a pas jugé utile d'ouvrir des ambassades dans différentes capitales du monde ; il n'a pas pensé non plus à adhérer à la Société des nations. L'indépendance n'a jamais fait aucun doute à ses yeux.

En 1950, cette indépendance n'aurait dû souffrir aucune contestation, sauf que, depuis 1913, le Tibet avait beaucoup régressé, et la faute en incombe pour beaucoup aux dignitaires religieux et aux régents... Toujours est-il que le Tibet est désormais livré à un tragique destin.

Malgré son très jeune âge, le Dalaï-Lama prend conscience qu'il est impossible de vivre dans un isolationnisme total, fût-on sur le Toit du Monde. Sa Sainteté se trouve dans le même superbe isolement que le négus Hailé Sélassié lorsque celui-ci protestait à la Société des nations avant-guerre, lors de l'invasion de l'Ethiopie par les Italiens.

*

La population n'a de cesse de réclamer l'intronisation de Tenzin Gyatso. Les Lhassapas ont peur : ils l'expriment sur les affiches placardées près des temples.

L'oracle de Nechung, entré en transes, assure que Tagdra

Rinpoché doit démissionner et que « son temps est venu ! »... Du coup, sur recommandation du kashag, l'Assemblée nationale se réunit en session extraordinaire.

Sans expérience politique, à seize ans, Tenzin Gyatso est la seule personne en qui les Tibétains veulent encore croire.

La décision n'est pas facile à prendre.

L'adolescent hésite.

Le peuple a besoin de lui. Il a besoin des siens.

Lorsqu'il se décide enfin, le Dalaï-Lama a totalement saisi le sens de la responsabilité qui lui échoit : elle touche à la structure fondamentale de l'être humain.

Il faut insister sur son âge : Tenzin Gyatso n'a pas seize ans lorsqu'il prend en main le destin de son peuple. Et le sien en même temps.

L'intronisation est célébrée le 17 novembre 1950.

Malgré l'avancée des troupes chinoises, malgré les récits des exactions qui leur parviennent de plus en plus nombreux, les Lhassapas crient leur joie.

La fête sera de courte durée.

*

Le premier acte politique du jeune souverain est de nommer aussitôt deux Premiers ministres, deux fortes personnalités : un moine, Lobsang Tashi ; et un laïc, Lukhangwa.

Après une longue concertation, une première décision est prise qui consiste à envoyer des missions diplomatiques en Chine, aux Etats-Unis, en Grande-Bretagne, au Népal. Une seule arrivera à destination, la première.

Deuxième décision : des rumeurs alarmantes font état de l'arrivée très prochaine des rouges à Lhassa. Rester au Potala ferait courir un danger très grand au Dalaï-Lama.

Une partie de la noblesse a déjà abandonné le navire : elle fuit en direction de l'Inde ou du Népal.

Au début du mois de décembre, l'Assemblée nationale se réunit à nouveau. Une réunion d'une extrême importance : les élus supplient en effet Sa Sainteté de quitter Lhassa pour éviter que le symbole de l'intégrité tibétaine ne tombe entre les mains des communistes : ils détiennent déjà l'autre symbole en la personne du dixième panchen-lama Choekyi Gyaltsen.

Le Dalaï-Lama quitte Lhassa le 18 décembre dans la nuit pour Dromo, dans la vallée de Chumbi, à un peu plus de trois cents kilomètres de la capitale, et surtout à une dizaine de kilomètres à peine de la frontière indienne.

Accompagnent Sa Sainteté : amala, Ngari Rinpoché, Thubten Jigme Norbu qui ne peut plus rester plus longtemps au Tibet : il passe aux yeux des Chinois pour un traître ; Lobsang Samten, devenu fonctionnaire de l'Etat : gravement malade, il est transporté sur un brancard, fermement attaché à des chevaux. Lorsqu'il s'évanouit, les médecins qui restent en permanence auprès de lui le font revenir à lui en lui appliquant des fers chauffés au rouge sur la peau.

A Gyantsé, c'est Heinrich Harrer qui se joint à la caravane. Sa présence est un réconfort pour la mère du Dalaï-Lama et pour son ami Lobsang Samten, que l'on voit déjà mort avant la fin du périple. Lobsang survivra à son traitement de choc !

Pas de palanquin. Tout le monde voyage à cheval. Lorsqu'on franchit un col, balayé par des vents terribles, on descend et on s'agrippe à la queue de l'animal. Les gardes ouvrent la marche, les serviteurs suivent. Mais l'étrange caravane en ce plein hiver est aussi composée d'un millier de bêtes, si ce n'est davantage, dont des centaines de mules : les unes transportent de la poudre d'or ; les autres, plus nombreuses, des barres d'argent et des pièces anciennes.

Ce précieux trésor restera caché pendant neuf ans, jusqu'en 1959, avec la complicité du Chogyal du Sikkim.

Le Dalaï-Lama et son tout nouveau gouvernement s'installent dans le modeste monastère de Dungkhar qu'ils ont fini par atteindre le 2 janvier 1951.

Dans les jours qui suivent leur arrivée, le temps a encore

changé. La neige tombe plus épaisse et des tourbillons de vent la soulèvent.

Comme il regarde les flocons de neige tombant à chaque instant plus épais et plus serrés, le Dalaï-Lama est surpris de distinguer dans la clarté naissante un groupe de cavaliers montant lentement vers Dungkhar.

Mais qui peut avoir l'esprit aussi fou pour se risquer en un tel endroit en plein hiver ?

Les Yapshis sont annoncés : il y a Tsering Dolma, dont l'état de santé s'est nettement amélioré après avoir reçu des soins à Calcutta. Preuve en est, elle est là ! Jetsun Pema, elle, était ravie de quitter Loreto pour retrouver Sa Sainteté, Lobsang Samten, un grand jeune homme de vingt ans maintenant, et Ngari Rinpoché, l'intenable petit frère ; sont là aussi les neveux Tenzin Ngawang et Khando Tsering.

Et qui retrouve-t-on à Dungkhar ? Leur plus fidèle compagnon de jeu, l'Autrichien Heinrich Harrer.

Cette réunion de famille durant l'hiver 1950-1951 dans la vallée de Chumbi, près du Sikkim, est un miracle de plus.

Les enfants ne réalisent pas encore les problèmes politiques auxquels sont confrontés le Dalaï-Lama et son gouvernement. D'ailleurs, les réunions s'éternisent.

A l'approche du printemps, Kundun et Lobsang Samten s'autorisent quelques longues promenades au bord de la rivière. Ce dont profitent aussi les enfants et Heinrich Harrer. Au programme : la construction de petites digues qui permettent d'attraper à la main des carpes, des saumons sauvages, des truites aussi.

L'Autrichien en a l'eau à la bouche. Mais pas question ! Décidément, cet homme-là a de drôles de mœurs. Griller une carpe sur un barbecue ! Manger du saumon sauvage ! Dévorer une truite ! Pensez donc !

Jetsun Pema donne l'exemple : on attrape les poissons et on les rejette aussitôt à l'eau, de l'autre côté de la digue. Au cas où Heinrich aurait l'idée saugrenue d'essayer de les repêcher !

*

Abandonné par la communauté internationale, replié à Dungkhar, plus proche du chemin de l'exil que du cœur de son pays, le Dalaï-Lama n'a guère d'influence ni de contrôle sur ce qui se trame.

De plus, son gouvernement est divisé : une partie voudrait profiter de leur présence dans la vallée de Chumbi pour prendre définitivement le chemin de l'exil ; une autre partie veut négocier sur la base des propositions télégraphiées par Ngabo Ngawang Jigme, le gouverneur du Kham passé du côté des rouges : il invite une délégation à se rendre à Pékin pour négocier un règlement pacifique du problème sino-tibétain ; restent les fidèles de Sa Sainteté qui pensent que ce séjour dans ce monastère isolé ne peut s'éterniser : un retour à Lhassa serait plus honorable que la fuite.

De Dungkhar, Tenzin Gyatso pèse calmement le pour et le contre, désigne finalement quatre émissaires pour accompagner Ngabo Ngawang Jigme à Pékin. A aucun moment il ne pressent un piège, puisque aucun des membres de cette délégation n'a autorité à signer un quelconque document sans avoir obtenu son accord.

Pour le Dalaï-Lama, il ne fait aucun doute qu'après la révolution de 1911 la Chine s'acheminerait lentement vers le communisme. Il ne parvenait pas à concevoir qu'il pût exister, pour les Tibétains, des affinités avec Mao Zedong et ses amis. Pour plusieurs raisons d'ailleurs : le 8 juillet 1949, alors que Chiang Kai-shek se repliait sur l'île de Formose, le kashag convoquait Shen Tsung-lien, son représentant à Lhassa, pour lui notifier que les liens d'allégeance découlant de l'époque impériale n'avaient plus aucune raison d'être, qu'il lui fallait donc quitter le territoire tibétain au plus vite, avec les trois ou quatre cents résidents chinois.

Il est important de rappeler la complexité des relations qui unissaient les dirigeants tibétains et ceux de l'Empire mandchou, qui concevaient entre les deux Etats le lien de *chöyön*, un terme évoquant une relation symbiotique entre une personnalité religieuse et un protecteur laïc.

Pour les Tibétains en effet, le Dalaï-Lama incarne davantage les relations d'un maître spirituel avec son protecteur laïc que celles d'un sujet avec son souverain. Les deux nations trouvaient donc leur compte dans cette situation, avec un point en commun : leur méfiance vis-à-vis des étrangers quels qu'ils soient.

Ce lien symbiotique, Mao Zedong et ses conseillers le connaissent parfaitement, et c'est sur ses ambiguïtés-là que Pékin entendait s'appuyer aussi pour faire avaler un accord déjà rédigé et tout prêt à la signature.

A Pékin, Ngawang Jigme Norbu et ses quatre compagnons découvrent avec surprise que le dixième panchen-lama Choekyi Gyaltsen, qu'ils n'avaient encore jamais rencontré, a également été invité : Sa Sainteté est arrivée, le 27 avril 1951, par avion, avec quarante-cinq personnes formant son entourage.

Le gouverneur de Chamdo a-t-il été informé de la présence du Panchen-Lama à ces négociations ?

On n'en est pas certain.

En tout cas, ses quatre compagnons sont allés d'étonnement en étonnement lorsqu'ils ont vu que Choekyi Gyaltsen, âgé de treize ans, et une partie du conseil des Khenpos allaient participer à une réunion politique de la plus grande importance. Or, rappelons-le, dans la lignée gelugpa, les panchen-lamas ont un pouvoir temporel très limité ; ils n'ont aucun droit de succession aux dalaï-lamas, et aucun pouvoir de signature sur un quelconque document concernant la souveraineté du Tibet.

En affichant sa présence, en ce 29 avril 1951, les communistes affirment clairement leur intention d'opposer Choekyi Gyaltsen à Tenzin Gyatso : ils font ainsi du dixième panchen-lama leur principal porte-parole pour le Tibet, au détriment du quatorzième dalaï-lama.

Le 23 mai 1951, Ngabo Ngawang Jigme et les quatre

Tibétains qui l'accompagnent signent un « Accord en 17 points » dans des conditions toujours jugées inacceptables par le Dalaï-Lama et son gouvernement, un document où l'on s'est empressé de contrefaire, à Pékin même, le sceau du jeune souverain tibétain.

C'est ce jour-là que le Tibet a cessé d'exister en tant que nation indépendante.

Quelques points de cet accord méritent d'être cités : « Le peuple tibétain s'unira pour chasser hors du Tibet les forces agressives de l'impérialisme » : or, il n'y a plus eu de présence étrangère sur le territoire tibétain depuis 1913, date de l'indépendance proclamée par le treizième dalaï-lama, et date à laquelle les Mandchous ont été chassés du Tibet ; « Le gouvernement local du Tibet contribuera activement à l'entrée au Tibet de l'Armée de libération du peuple et au renforcement de la défense nationale » : c'est l'article 2 ; quant à l'article 8, il précise : « Les troupes tibétaines seront réorganisées par étapes, au sein de l'ALP, et deviendront une partie des forces nationales de défense de la république populaire de Chine... »

Cela va de soi, Pékin n'a pas omis de glisser dans cet accord des promesses, notamment celle de ne pas toucher au statut, aux fonctions et au pouvoir du Dalaï-Lama, celle de respecter la liberté religieuse, celle de ne forcer personne à accepter les réformes entreprises par les forces d'occupation.

Il y a bien sûr une suite à l'histoire. Car la première rencontre entre Mao Zedong et le jeune Panchen-Lama va avoir lieu quelques jours seulement après la signature forcée de l'« Accord en 17 points ». Ce jour-là, le Président lui dit : « Une bien belle victoire que cet accord, mais ce n'est qu'un premier pas. Le deuxième consistera à le faire appliquer. Cela sera au prix d'un travail acharné. »

Le même soir, Mao offre un banquet pour célébrer la « libération » du Tibet.

Choekyi Gyaltsen est installé à une table, juste à côté de Zhou Enlai.

Tout de suite après l'allocution du maître de Pékin, c'est un jeune moine bouddhiste de treize ans, vêtu de sa robe cérémonielle, qui est poussé sur l'estrade pour lever un toast et prononcer son premier discours politique.

Les mots du Panchen-Lama sont lourds de sens :

La question de la nationalité en Chine, la question tibétaine qui demeure sans solution depuis tant d'années, ont été résolues sous la direction du président Mao.

La libération du Tibet est un événement heureux dans la grande famille multiraciale de la Chine...

De retour à la table de son hôte, Zhou Enlai se montre particulièrement enjoué.

Mais qui, à ce moment-là de l'histoire de la Chine communiste et du Tibet, peut blâmer l'attitude de Choekyi Gyaltsen ?

Aux yeux des Tibétains, l'adolescent passe déjà pour un « lama rouge ».

Irréparable erreur !

En vérité, personne ne sait encore – et personne n'a pu le deviner – que, durant les premières années d'occupation de son pays, le Panchen-Lama avait entrepris un long sommeil hivernal, derrière lequel il dissimulait tant bien que mal l'ardeur de ses véritables passions, des inflexions plus vibrantes qui, toutes, avaient pour sens le Tibet et le peuple tibétain. Mais on l'apprendra longtemps après.

*

A Dungkhar, Tenzin Gyatso prend connaissance du message enthousiaste que lui a adressé Choekyi Gyaltsen à propos de l'accord signé à Pékin.

Le souverain examine attentivement le document, se disant que Mao Zedong et ses amis tentaient de faire des deux autorités spirituelles de la lignée gelugpa des marionnettes entre leurs mains, ce que les nationalistes chinois n'avaient pas réussi avec le treizième dalaï-lama et le neuvième panchen-lama.

Kundun répond par un télégramme à Choekyi Gyaltsen daté du 19 juillet 1951, l'avant-veille de son départ pour la capitale tibétaine :

Des divinations favorables m'ont assuré que le précédent Panchen-Lama est véritablement réincarné en vous.

J'ai donc pris la décision d'annoncer que vous vous installerez au monastère de Tashilhunpo.

Nous souhaitons rapidement votre retour et vous prions de nous informer de l'itinéraire que vous envisagerez d'emprunter.

C'est vers la mi-août que le Dalaï-Lama s'installe à nouveau au Norbulingka.

Le 5 septembre, Tenzin Gyatso fait savoir au Panchen-Lama qu'il lui a envoyé des émissaires.

Cette délégation composée de laïcs et de dignitaires religieux des monastères de Drepung, Ganden et Sera atteint Kumbum en décembre.

Il faut noter ce grand changement dans l'attitude du jeune souverain tibétain qui souhaite à tout prix régler les différends avec l'autre autorité spirituelle de la lignée gelugpa, et surtout mieux le connaître, car Kundun ne croit pas un seul instant que Choekyi Gyaltsen est un être mauvais, un traître à sa patrie. Il est alors bien le seul à le penser.

Entre-temps, trois mille soldats de la 18e armée chinoise ont fait leur entrée dans Lhassa.

Pour manifester leur hostilité, les Lhassapas leur lancent des quolibets, leur jettent des pierres, chantent des comptines pour chasser les démons. Mais ces démons-là ne repartiront jamais !

A Kumbum, le monastère est occupé par des militaires et par des agents du tewu : la plupart des moines qui y vivent ont fait allégeance à Pékin ; ceux qui ont refusé ont été transférés dans des camps ou tués.

Le lendemain de leur arrivée, la délégation rencontre le Panchen-Lama et le conseil des Khenpos.

Le chef du groupe leur annonce alors que, de Kumbum à Lhassa, les habitants des districts traversés ont été déclarés corvéables : les villageois seront en effet contraints de prendre en charge le transport des personnes et des biens appartenant à la caravane du Panchen-Lama et de son entourage.

Choekyi Gyaltsen quitte finalement Kumbum le 19 décembre 1951 et arrive à Lhassa après quatre mois d'un voyage harassant.

Si les Lhassapas accueillent le nouveau maître de Tashilhunpo avec beaucoup de ferveur, il n'en va pas de même pour le Dalaï-Lama. Sa première entrevue avec son cadet de trois ans a été jugée glaciale par tous les observateurs, tibétains et chinois.

Au cours de cette réunion informelle, Tenzin Gyatso et Choekyi Gyaltsen se promettent cependant de régler définitivement les différends qui ont opposé leurs prédécesseurs à travers les siècles.

A l'abri des regards, le quatorzième dalaï-lama et le dixième panchen-lama décident en revanche de poursuivre leurs relations sur les bases d'une profonde et réelle amitié.

10

La horde rouge

> « L'homme est né libre, partout il est dans les fers. »
>
> Jean-Jacques ROUSSEAU.

Au Tibet, la vérité s'inscrit dans les méandres équivoques de ses ambiguïtés historiques, sociales et religieuses.

« Comprendre l'importance de la vérité pour réduire les malentendus, les doutes, les craintes ; cultiver la compassion, qui vient d'un profond respect du droit des autres, afin de développer cet engagement pour la vérité », voilà ce à quoi s'attache Tenzin Gyatso en cette année 1952.

Malgré une adolescence contrariée par les événements qui l'ont conduit à accepter de prendre en charge le destin d'une nation occupée, divisée et corrompue, on note en lui tant d'énergie spirituelle, d'obstination et de fierté courageuses, que le Dalaï-Lama soulève l'admiration de tous.

Tenzin Gyatso aborde cette année nouvelle avec recueillement : Tagdra Rinpoché est décédé.

Sa Sainteté a tenu à consacrer, en personne, le stupa funéraire de son vieux précepteur et régent, en présence de milliers de moines. Ce, malgré l'omniprésence des militaires en armes et de civils chinois qui filmaient les cérémonies.

Installé au Norbulingka pour l'été, le Dalaï-Lama entraîne sans plus de cérémonie Lobsang Samten dans les jardins.

Les deux frères empruntent les allées du parc en direction d'un des étangs où ils s'assoient sur une pierre plate. Ils évoquent quelques souvenirs d'enfance : la mort de leur père, la disparition de Tagdra. Leur mère leur manque, mais elle doit rentrer bientôt de Kalimpong.

Au travers de leurs réflexions, on sent qu'ils n'ont pas abandonné toute espérance.

Lobsang Samten en est convaincu : le Dalaï-Lama est l'unique source de lumière qui parviendra à éclairer les épaisses ténèbres qui se sont abattues sur le Tibet.

Et pourtant, les nouvelles ne sont guère rassurantes.

En sus des trois mille militaires qui, depuis le 26 octobre 1951, ont, comme par défi, installé leur campement sur les terrains en prolongement du Norbulingka, les deux frères ont appris que vingt mille autres soldats occupent les principales villes, Shigatsé, Gyantsé, Yatung, Gartok. Ils contrôlent aussi les points stratégiques le long de la frontière indienne et népalaise.

Le regard pensif du Dalaï-Lama intrigue Lobsang Samten.

Tenzin Gyatso lui explique alors que le combat contre les rouges lui paraît totalement inégal.

Son frère reste un long moment silencieux, scrute toutes les pensées de son aîné de trois ans, puis lui raconte combien, au monastère de Dungkhar, il avait redouté la visite du général Zhang Jingwu, nommé commissaire et administrateur des Affaires civiles et militaires au Tibet. Les Yapshis avaient appris par la radio, le 26 mai 1951, que les négociations menées à Pékin avaient abouti. Contre toute attente, Chiang était arrivé dans la vallée de Chumbi, *via* l'Inde, porteur d'une lettre du président chinois et d'une copie de l'« Accord en 17 points ».

Un fâcheux enchaînement de circonstances survient après cette entrevue entre le Dalaï-Lama et Lobsang Samten.

D'abord, le général supporte de plus en plus mal les provocations des Lhassapas, petits et grands. S'il les avait comprises, nul doute qu'il se serait montré d'une cruauté inouïe.

Un matin, il débarque en fanfare au Norbulingka, accable le Dalaï-Lama de reproches, exige que ces pratiques cessent : ce sont là comportements « d'arriérés et de réactionnaires », proteste-t-il.

En retour, Tenzin Gyatso lui offre une vague promesse. Mais il sait pertinemment que rien ne peut arrêter les quolibets de la foule. Par exemple, lorsque les Lhassapas applaudissent au passage des militaires, c'est leur manière à eux de chasser les démons... Une pratique très courante chez les Tibétains.

Et ces démons ? Ce ne sont ni le khyirong ni le theprang...

Comment l'expliquer à ce Chinois, fût-il général ?

Comment le lui faire comprendre ?

La perception de la pensée tibétaine, leur attachement à des coutumes ancrées depuis des siècles dans leur quotidien, voilà des évidences que Zhang Jingwu, façonné dans le moule maoïste, est incapable de saisir.

Ensuite, il y a eu ce harcèlement permanent sur le Dalaï-Lama et son gouvernement : les autorités militaires réclament en effet vingt mille tonnes d'orge.

L'atmosphère pèse comme une chape de plomb sur l'Assemblée tibétaine.

Comment satisfaire les exigences chinoises puisque les réserves d'orge sont presque épuisées car il appartient à la population de subvenir aux besoins de l'armée chinoise ?

Leur refus provoque une réaction en chaîne.

Un rapport parvient au Dalaï-Lama, avec copie au kashag.

Le général Zhang Jingwu accuse Lobsang Tashi, le moine, et Lukhangwa, le laïc, les deux Premiers ministres tibétains, d'être des « impérialistes » : il réclame leur tête.

Le kashag tergiverse un peu. Pas trop longtemps.

C'est le cœur plein d'amertume, vaincus par le chagrin, humiliés et offensés, que Lobsang Tashi et Lukhangwa devront démissionner.

Une abdication sans honneur.

Une affaire de grande conséquence, d'autant que les rouges envisagent en plus de prélever des impôts et taxes supplémentaires pour soutenir le financement de la guerre qu'ils mènent contre les Américains en Corée.

Au moment du déploiement de l'Armée de libération du peuple sur le sol tibétain, s'est produit un autre phénomène curieux.

Le kashag et les hauts dignitaires des monastères des quatre lignées du bouddhisme tibétain – nyingmapa, sakyapa, kagyupa, gelugpa – ont donné la consigne, dans les temples, dans les monastères, devant les autels familiaux, de multiplier les pudjas, les cérémonies religieuses, de doubler, voire de tripler ou de quadrupler les offrandes aux déités.

Au Tibet, pas un disciple n'oserait douter de la sincérité et de l'efficacité de ces invocations et ainsi rompre le fameux lien initiatique, samaya, qui existe entre lui et son lama ou son tulku. Un lien qui doit être respecté à tout prix.

On distribue les drapeaux à prières par milliers ; on prépare des moulins à prières, par milliers aussi : on y introduit des rouleaux contenant le mantra *Om Mani Padme Hum*, par milliers encore ; enfin, on fournit de l'encens en abondance.

Ainsi, ponctué par le roulement monotone des mantras, le son des hautbois et le battement sourd des tambours, dans le brouillard matinal, quelquefois sous une pluie battante, affrontant le vent, une tempête de sable ou de neige, des centaines de Tibétains gravissent, par petits groupes, les rochers, les cols, traversent les forêts, longent des lacs, contournent un torrent, une cascade surgie des sommets invisibles, pour se rendre sur les sites sacrés, nombreux au Tibet, au pied d'un mendong ou d'un stupa.

On monte sur les hauteurs, des collines ; on franchit des cols ; mais on grimpe parfois bien plus haut encore.

Les plus vieux restent aux abords des hameaux, des campements de nomades.

Et là, sur le site, les tulkus exécutent des rituels, presque toujours les mêmes : ils prennent une grosse pincée d'orge grillé, consacrée par le maître ou les oracles, la dispose dans la paume de leur main gauche : surtout, on n'interrompt pas le chant lancinant des mantras ; enfin, ils jettent les graines et l'encens dans le feu qu'ils entretiennent avec des branches de genévrier, un feu qu'ils arrosent de temps en temps d'huile afin que des flammes s'en échappent.

Au moment de l'invasion chinoise, les rituels se sont poursuivis nuit et jour, pendant plusieurs semaines. Tulkus, lamas, moines et disciples multiplient les prières, les chants sacrés ; les religieux lisent des textes ; tous implorent les bouddhas et les bodhisattvas, persuadés que la pureté de leurs pensées, la valeur de leurs offrandes, les nuages d'encens portés au gré des vents, vers l'est, l'ouest, le nord ou le sud du pays, suffiront à garantir leur liberté et leur indépendance.

Dans les monastères aussi, les oracles sont entrés en transes. Mais de leurs divinations ne sont sortis cette fois que de bien mauvais présages.

Et pendant tout le temps que les Tibétains boivent les paroles des dignitaires des quatre lignées du bouddhisme local, on perçoit déjà en 1952 – à commencer par l'Amdo et le Kham – l'inflexible détermination de Pékin à vouloir transformer profondément la société tibétaine sur le modèle maoïste.

Ce sont ces mêmes tulkus, ces mêmes aristocrates, qui, hier corrompus par les régences, l'ont été par les communistes qui ont poussé leur tout jeune souverain à accepter l'« Accord en 17 points ».

Du coup, c'en est fini de l'indépendance du Tibet !

*

A Tashilhunpo, le monastère près de Shigatsé, l'atmosphère est devenue étouffante.

Pékin accordant à Choekyi Gyaltsen une importance politique dont n'avait jamais réellement bénéficié ses prédécesseurs, des officiels chinois, militaires et civils, arrivent chaque jour un peu plus nombreux, mordus de curiosité de découvrir un gamin de quatorze ans, chouchou du président Mao et de Zhou Enlai.

Les maîtres de Pékin le voient jouer un rôle de premier plan au Tibet, à un point tel que le Panchen-Lama participe très fréquemment à des réunions du comité de la Division du travail de Shigatsé, au détriment bien évidemment de sa formation spirituelle.

L'adolescent n'en dit pas un mot, ni à sa famille, ni à son proche entourage, mais il a tout de suite deviné l'esprit démoniaque de ses hôtes, capables de le briser en un rien de temps.

Le pire, c'est que si cela se produisait un jour, cette destruction se ferait avec la complicité de quelques-uns de ses Khenpos, membres influents du conseil d'administration de son monastère et fidèles collaborateurs de l'ennemi.

Alors, pour se ressaisir, il lui arrive de contempler le portrait du Dalaï-Lama sur son autel personnel.

A la vue de son regard, doux et généreux, il aime se rappeler leur toute première rencontre.

Mais, sur l'autel, juste devant le portrait de Tenzin Gyatso, des civils lui ont imposé la photo du président Mao, plus grande que celle du dignitaire tibétain.

Le dixième panchen-lama a saisi l'habile perfidie de ces Chinois qui tentent de l'opposer au quatorzième dalaï-lama, à qui historiquement il incombe d'être au moins son tuteur si ce n'est son ami.

Vu les circonstances, le Dalaï-Lama pourra-t-il être les deux à la fois, le tuteur et l'ami ?

Amis, ils le sont déjà, car ce qui les unit l'un à l'autre, c'est ce lien d'esprit à esprit qui permet aux deux principaux maîtres spirituels de la lignée gelugpa de se retrouver en symbiose à des niveaux psychiques supérieurs au commun des êtres humains, lesquels nous paraissent si souvent inimaginables ou incompréhensibles.

Choekyi Gyaltsen tressaille à l'idée que la lutte contre l'occupant puisse être perdue d'avance.

Certes, les rouges lui ont dévoilé une large partie de leurs cartes, mais ils n'ont pas vu, et encore moins saisi, les siennes. Les Tibétains, eux aussi, pensent qu'il est le « lama des Hans ».

Mais quelle méprise de la part des autorités chinoises d'oser imaginer un seul instant que lui, le Panchen-Lama, trahirait et son pays, et ses traditions, et sa religion, et le Dharma !

Si le Dalaï-Lama avait accepté, en 1951, la proposition de Washington de quitter le Tibet d'abord pour l'Inde, ensuite pour un long exil aux Etats-Unis, les autorités de Pékin lui auraient certainement proposé de s'installer au Potala, pour l'hiver, ou au Norbulingka, pour l'été.

Choekyi Gyaltsen, le nouveau maître de Tashilhunpo, contemple toujours l'autel, l'image du Dalaï-Lama, occulte le portrait de Mao, et sourit dans le clair-obscur. Dans sa vie précédente déjà, alors qu'il était le neuvième panchen-lama Choekyi Nyima, les ambans[1], les commissaires impériaux mandchous, avaient fait pression sur lui pour qu'il prenne la place du treizième dalaï-lama, alors en exil : Choekyi Nyima avait même été transporté au Norbulingka où il avait occupé les appartements du souverain tibétain ; puis il avait rendu visite au Jokhang pour se recueillir devant Jowo, la statue du Bouddha historique ; il avait à ce point sympathisé avec Lien Yu, l'amban le plus détesté des Lhassapas, que les deux hommes, qui se rendaient ensemble à des représentations d'opéra tibétain, avaient été conspués de concert par la foule ; les Lhassapas avaient même lancé de la boue et des chaussettes sales sur leur palanquin. L'affaire avait tourné court, mais chacun se souvient encore de cette chanson de rue :

1. Fonction instaurée en 1728.

Le moine sur le toit du Jokhang
Serait devenu un voleur
Si l'aube ne s'était pas levée
Pour le chasser[1].

Ces événements s'étaient produits en 1910.

Et les communistes avaient l'insupportable outrecuidance de penser qu'en 1951, c'est-à-dire plus de quarante ans plus tard, ils allaient manipuler à ce point le dixième panchen-lama Choekyi Gyaltsen.

C'est mal connaître la jeune réincarnation du neuvième panchen-lama !

Certes, la proposition n'est pas venue des autorités chinoises, puisque le Dalaï-Lama a choisi de rentrer à Lhassa auprès de son peuple et de ses souffrances.

Le Panchen-Lama éclate d'un rire bruyant : il en est convaincu, il aurait rendu les rouges noirs de rage, mais il aurait payé de sa vie sa jeune arrogance.

*

Thubten Jigme Norbu a abandonné définitivement le nom de Taktser Rinpoché.

Pour lui, le bouddhisme est un mode de vie, une conduite, une philosophie.

De là à concevoir avec certitude qu'il est la réincarnation du défunt Taktser Rinpoché, voilà qui est bien délicat à affirmer : il n'accepte pas l'idée qu'on ne puisse se tromper dans un tel choix. C'est là un long débat qu'il ne veut pas engager avec les siens. Seule certitude : il ne se voyait pas

1. Dans ce refrain populaire, le moine fait référence au neuvième panchen-lama Choekyi Nyima, « l'aube » signifie le début de la résistance tibétaine. A l'époque, le treizième dalaï-lama avait envoyé en mission secrète deux de ses proches, Jampa Tendar, un moine, et Trimön, alors secrétaire d'Etat aux Finances, pour organiser la lutte contre les Mandchous.

passer l'entièreté de son existence dans un monastère, Kumbum ou ailleurs. Ce n'est pas pour autant qu'il rejette la foi. Il s'agit simplement du désir de connaître d'autres expériences, d'un autre choix de vie.

De plus, l'aîné des Yapshis n'est pas homme à s'épancher avec ses proches sur sa situation de réincarnation, même si, dans des moments de solitude, il s'interroge beaucoup sur son passé récent et son avenir immédiat. Et quand on l'interroge, Thubten offre pour toute réponse à ses interlocuteurs, écoute, patience et modération.

Installé à Kalimpong, avec une partie de la famille, il est bientôt contacté par une association, « le Comité pour une Asie libre », émanation de la CIA, qui lui propose de gagner les Etats-Unis pour y séjourner quelque temps.

Après mûre réflexion, il accepte ce nouveau destin.

Plusieurs raisons déterminent ce choix, dont l'une concerne l'Amdo et le Kham : les nouvelles qui lui arrivent sont tragiques. Mais Pékin a fait un faux calcul en envahissant le Kham : il est en effet impossible d'y maintenir en permanence une armée sur le pied de guerre sans qu'elle y soit depuis longtemps préparée et entraînée ; ce n'est pas le cas des troupes chinoises envoyées sans formation préalable sur les plateaux himalayens.

Autre jugement hasardeux du pouvoir communiste : la résistance des Khampas ; or, ce sont des cavaliers émérites et de rudes combattants.

Au début de l'invasion, leurs opérations de guérilla ont encore un côté amateur, mais, chaque fois qu'ils pénètrent dans cette région du Tibet, les Chinois n'en mènent pas large.

Surgissant des cimes enneigées, les Khampas les harcèlent en permanence, leur tendent des embuscades, et, une fois l'opération terminée, ils rejoignent les grands sommets pour se cacher dans les nombreuses grottes et cavernes d'où il est pratiquement impossible de les déloger.

Hommes et chevaux sont habitués aux altitudes, tandis que les soldats lancés à leur poursuite souffrent de dysbarisme : les vertiges, les névralgies, les troubles visuels, les paralysies, la paresthésie deviennent alors leurs pires ennemis ; et ils tombent les uns après les autres en syncope.

Lin Biao a analysé la situation. Il le sait : il ne vaincra jamais les Khampas.

Du coup, le général maoïste accélère la phase de stabilisation dans l'Amdo et le Kham et, avec Deng Xiaoping, il se livre dès lors à son passe-temps favori, les réformes agraires, les « rectifications », les exécutions massives de récalcitrants, la profanation des sanctuaires et la destruction des monastères, les exactions et les massacres qui, s'ils font du Tibet un pays martyr, n'en font certainement pas un Eden du communisme à la chinoise.

A Tatsang, dans l'Amdo, dès 1951, les rouges expédient en Chine les garçons âgés de quinze à vingt-cinq ans, sous le prétexte qu'ils y recevront une éducation bien meilleure que celle donnée par l'ancien « système autocratique féodal », lequel doit être « déraciné, après la persécution religieuse ».

Toujours en 1951, alors que l'« Accord en 17 points » a été signé à Pékin par une délégation tibétaine, toujours dans l'Amdo et dans le Kham, les militaires chinois encerclent villages, bourgs, hameaux, campements de nomades, pour retirer cette fois les garçons âgés de huit à quinze ans à leurs familles : civils chinois et collabos jurent qu'ils emmènent juste ces malheureux enfants voir des films et des pièces de théâtre. Retour prévu deux ou trois jours plus tard. En vérité, des centaines et des centaines d'adolescents ont disparu ainsi et ne sont jamais réapparus au Tibet [1].

Les détails de ces crimes odieux dans l'Amdo et dans le Kham parviennent jusqu'à Lhassa. A Kalimpong aussi.

Thubten Jigme Norbu ne reste pas insensible à ce qui s'y passe. Il décide de quitter sa famille pour gagner au plus

1. Déposition n° 210, dans le rapport présenté à la Commission internationale de juristes par le comité juridique d'enquête sur la question du Tibet, Genève, 1960.

vite Calcutta. De là, il lui sera plus facile d'organiser son voyage vers les Etats-Unis.

Juste avant son départ, il écrit à son frère, le Dalaï-Lama, une lettre très longue dans laquelle il avoue que l'inaction lui pèse, mais qu'il n'en oublie pas pour autant le Tibet, le peuple tibétain et ses souffrances : retourner dans son pays lui serait de toute façon fatal, ayant refusé, deux ans plus tôt, d'assassiner le Dalaï-Lama, si Sa Sainteté n'ouvrait pas, de son plein gré, les portes de Lhassa à l'Armée de libération du peuple.

Ce que Thubten omet volontairement de préciser dans sa missive, ce sont ses véritables projets.

A Calcutta, l'aîné des Yapshis apprend justement que la délégation tibétaine, qui a signé l'« Accord en 17 points », a été placée sous haute surveillance à l'ambassade de Chine de la ville indienne.

Thubten parvient à rencontrer ses compatriotes prisonniers, tout comme il s'entretient avec le général Zhang Jingwu.

Il a juste le temps de glisser quelques mots à Phuntsok Tashi, son beau-frère, avec le fol espoir que celui-ci ne le trahira jamais.

Enfin, le départ pour les Etats-Unis.

Thubten Jigme Norbu y est attendu par un certain Robert Ekvall, fils de missionnaires qui ont vécu dans l'Amdo et parlent couramment le dialecte de sa région natale. C'est une chance.

Gravement malade, Thubten est d'abord hospitalisé et soigné ; puis, il gagne la Virginie où les Ekvall ont mis une fermette à sa disposition.

Pour Thubten Jigme Norbu, une autre vie commence.

Les Tibétains, ignorant tout des projets de l'aîné des Yapshis, croient à une trahison, version soutenue par les communistes.

*

A l'autre bout du monde, Gyalo Thondup, le cadet de sept ans de Thubten, prend pleinement conscience que le peuple tibétain souffre de l'oppression communiste et dans son corps et dans son esprit.

Il est en effet de plus en plus difficile de parler du Tibet dans les nombreux pays qu'il vient de traverser, accompagné de son épouse chinoise Chu-tang et de leur première petite fille Yangzom Dolma, venue au monde en 1950.

Grâce à une partie des cinquante mille dollars que le couple Chiang Kai-shek et sa femme lui avaient généreusement offerts pour continuer ses études de sciences politiques, Gyalo Thondup et sa petite famille ont pu rejoindre l'aîné des Yapshis en Virginie.

Ce périple lui a pris près de trois ans. Du fait du refus des Britanniques de lui accorder un visa pour Hong-Kong où vivait la mère de Chu-tang, Gyalo Thondup et les siens ont entrepris un voyage que l'on peut appeler héroïque, de Taiwan aux Etats-Unis *via* le Japon !

De palaces point, de festivités point, de tourisme point. Rien de tout cela.

Gyalo Thondup et Chu-tang ont simplement ouvert grand les yeux, ouvert grand les oreilles.

Ils ont regardé, écouté, vu et entendu.

Agé bientôt de vingt-trois ans, Gyalo Thondup a tiré de nombreux enseignements de ses rencontres : l'isolement international du Tibet lui a soudainement sauté aux yeux.

La situation est même bien plus dramatique qu'il ne l'avait pensé.

Son imagination a travaillé. Son esprit aussi. Il a beaucoup réfléchi, beaucoup partagé avec son épouse chinoise.

Un jour, il découvre ces mots de Rainer Maria Rilke : « Dans le moindre tu trouveras un Maître que tu ne pourras, du plus profond de toi-même, jamais assez servir. »

Ce Maître, il l'avait, il l'a toujours : il s'appelle Tenzin Gyatso. C'est son frère cadet, le quatorzième dalaï-lama, le souverain du Tibet.

Gyalo Thondup se confie à son aîné.

Les deux frères partagent le même avis. Mais quelque chose les sépare : Gyalo Thondup, le seul laïc de la famille, veut montrer au monde entier ce qu'un Tibétain, aux dires des communistes chinois « arriéré » et tout droit sorti du « féodalisme théocratique », peut faire quand il travaille pour la liberté et pour son pays.

Pour Thubten Jigme Norbu, c'est pure folie que de retourner au Tibet actuellement !

Au pays, Gyalo Thondup passe pour avoir été le protégé de Reting Rinpoché, puis celui de Chiang Kai-shek.

Personne ne l'a oublié, ni les Lhassapas, ni les rouges.

Et puis, aux Etats-Unis, on lui propose d'entrer à l'université de Stanford. C'est une chance à saisir. Celle-ci ne se représentera pas une autre fois.

Au terme de journées entières passées dans des discussions orageuses, Gyalo Thondup arrive cependant à convaincre son aîné.

Il lui explique qu'il a mis beaucoup de temps pour comprendre et reconnaître la valeur de la liberté.

Trop longtemps plongé au cœur des ténèbres, il a fini par saisir aussi le sens à donner à l'intérêt national.

En fin de compte, son sort se confond avec celui du Tibet, avec celui du Dalaï-Lama. Ensemble, ils avaient concocté des projets de réforme : il est urgent de les mettre en œuvre, si les Chinois leur en laissent le temps et la possibilité.

Février 1952, Gyalo Thondup quitte les Etats-Unis pour l'Inde, accompagné de sa femme et de sa fille.

Au lieu d'éprouver de l'excitation à l'idée de retrouver les siens et de leur présenter enfin Chu-tang et Yangzom Dolma, Gyalo Thondup tremble au contraire d'appréhension. Normalement, personne ne les attend à Kalimpong, dans la maison louée par sa sœur aînée Tsering Dolma.

Tandis qu'il se dirige vers la véranda éclairée, Gyalo Thondup ne peut s'empêcher de penser aux heures heureuses passées en famille à Tchang Seb-Char. Et là, comme tout ce qui lui arrive lui paraît si étranger : les bruits, les sons, les odeurs sont tellement différents de ceux de Lhassa.

Et le bonheur éclate ! Soudain, inattendu.

Tous ces visages qui le regardent, médusés mais heureux, dans la lumière matinale, sont un embrasement de joie. Il y a amala, qui vient d'écourter sa visite des lieux sacrés du bouddhisme en Inde, Tsering Dolma et ses deux enfants, Tenzin Ngawang et Khando Tsering, et puis il y a la cadette, le « lotus vertueux » de la famille, Jetsun Pema.

En fait, amala avait bien reçu le message de son fils ; elle avait décidé de l'attendre en famille à Kalimpong.

Présentations faites, Chu-tang avoue attendre son deuxième enfant. Il faut donc trouver très vite une maison pour la famille : on en choisit une à Darjeeling, juste de l'autre côté de la vallée. Chu-tang va y accoucher de son bébé Tenzin Khedrup.

La toute première fois qu'ils se sont trouvés seuls dans leur maison de Darjeeling, Gyalo Thondup et Chu-tang ont décidé d'y accueillir Jetsun Pema et les neveux et nièces de la famille, tous en pensionnat dans la région : c'est pour les Yapshis une belle manière de reconstituer la famille, au moment des vacances scolaires.

Amala ne cache pas son bonheur et peut songer tranquillement à son retour au Tibet, auprès de Tenzin Gyatso.

*

A Lhassa, le Dalaï-Lama et Gyalo Thondup partagent une même ambition, qui passe par une vaste réforme agraire. Cela fait plusieurs années qu'ils y pensent, mais, à l'époque de la régence de Tagdra Rinpoché, ils étaient dans l'impossibilité de faire quoi que ce soit.

Les choses sont très différentes aujourd'hui.

Tenzin Gyatso détient le pouvoir temporel au Tibet, mais pour combien de temps encore ?

Il faut agir vite, très vite, avant que les Chinois n'entreprennent leurs propres réformes.

Pour Pékin, « le système social du Tibet est un système de servage extrêmement rétrograde. Il n'est guère d'autre partie du monde où les seigneurs exploitent, oppriment et persécutent les travailleurs avec une telle cruauté. Même ceux qui n'ont cessé d'exprimer leur "sympathie" pour les rebelles tibétains ne peuvent donner la raison de l'enthousiasme avec lequel ils soutiennent un système aussi rétrograde[1]... »

Dans les bureaux des autorités chinoises de Lhassa, une énorme carte du Tibet a été accrochée au mur. Les rouges se sont en effet lancés dans une subtile partie d'échecs qui devrait leur permettre, entre plusieurs « avancées sociales », d'éliminer définitivement le Dalaï-Lama du jeu politique, soit en le transformant en une marionnette spirituelle au Potala, soit, si besoin est, en le tuant. D'ailleurs, ils ne supportent pas la résistance que leur oppose cet adolescent de dix-sept ans, lequel, en plus, s'arroge le droit de les narguer en contredisant les grandes vérités du président Mao avec ses préceptes bouddhistes d'un autre âge.

Dans la capitale tibétaine, des noms roulent épars dans les bouches de l'occupant : les Yapshis, à commencer donc par Tenzin Gyatso, Thubten Jigme Norbu, Gyalo Thondup, Lobsang Samten, Ngari Rinpoché, mais ils ne sont pas les seuls : il y a aussi les chefs rebelles khampas. Que la liste est longue !

Pour l'heure, Pékin s'attache à faire croire au monde entier la rapacité de l'Etat tibétain, de ses seigneurs monastiques, de sa noblesse corrompue, et du jeune Dalaï-Lama et de sa famille : dans la partie d'échecs que les communistes ont engagé sur le plateau himalayen, Tenzin Gyatso devrait être facile à éliminer.

De son côté, à partir de 1952, Shabakpa, chef des missions commerciales tibétaines en Inde, aux Etats-Unis et en

1. *The Dark, Backward, Cruel Serf System in Tibet*, p. 213-221. *The Rebirth of the Tibetan People cannot be halted*, par Chang Lu, p. 222-224.

Grande-Bretagne, a commencé la rédaction d'un long rapport sur la situation du Tibet avant l'invasion chinoise, rapport qu'il remettra sept ans plus tard, en 1959, à la Commission internationale des juristes. Ces notes lui serviront aussi à écrire ses Mémoires.

Voici donc ce que Shabakpa écrit sur le servage dans son pays : « ... cette pratique n'existe au Tibet sous aucune forme que ce soit. Comme dans d'autres pays d'Asie, la terre appartient en fin de compte à l'Etat, et depuis longtemps elle a été attribuée, parfois sous forme de grandes propriétés, à des personnes qui ont rendu des services. Les monastères servent l'Etat par la prière et les cérémonies religieuses ; les autres propriétaires sont en réalité des fonctionnaires chargés de l'administration de ces domaines. Toutefois la plus grande partie de la terre appartient à de petits propriétaires qui versent directement un impôt au gouvernement et ne sont soumis à aucune autre restriction de propriété, quelle qu'elle soit. Dans les vastes propriétés, appartenant aux monastères et aux grands propriétaires fonciers, les fermiers détiennent des terres séparées du reste, qu'ils cultivent pour subvenir aux besoins de leurs familles. Ils paient un loyer en nature au propriétaire ou mettent à sa disposition les services d'un membre de leur famille, soit comme domestique soit comme travailleur agricole. Les autres membres de la famille jouissent d'une complète liberté ; ils peuvent se livrer à l'activité de leur choix, embrasser une profession quelconque, entrer dans un monastère ou travailler sur leur propre terre. En 1909, le treizième dalaï-lama édicta un Règlement qui reconnaissait à tous les locataires le droit de faire appel directement à lui dans le cas de mauvais traitements ou d'abus de pouvoir commis par le propriétaire. »

Les réformes préparées par le Dalaï-Lama et Gyalo Thondup durant la régence de Tagdra sont au préalable le fruit d'un bilan sans concession de la situation, avant qu'ils n'aient pensé à proposer de nouvelles lois agraires qui contiendraient des mesures drastiques : tous deux estiment en effet que le bouddhisme n'est plus compatible avec une répartition inégale des richesses. Ils ont donc décidé de frapper un grand coup sur deux secteurs distincts : le foncier et les impôts.

Pour ce faire, ils voulaient créer une commission de réformes d'une cinquantaine de membres chargée d'étudier toute proposition avant de la soumettre au vote à l'Assemblée nationale.

En matière de répartition foncière, le Dalaï-Lama confirme d'ailleurs les propos de Shabakpa : au Tibet, les terres appartiennent à l'Etat.

Mais dans son propre projet, le souverain précise quelques points : les paysans recevaient un lot en contrepartie d'un bail. Pour régler leur fermage, les uns donnaient une part de leur récolte au gouvernement, ce qui constituait en fait la source principale des stocks gouvernementaux destinés aux monastères ; les autres fournissaient un travail. Ces taxes ou ces contributions par le travail n'étaient pas d'un montant très élevé. Toutefois, si la terre appartenait à l'Etat, le fermage devenait, lui, héréditaire : le plus grand honneur d'un paysan serait de transmettre son domaine intact ou agrandi à ses héritiers ; d'autre part, le paysan avait le droit de louer, d'hypothéquer ou de vendre son lot de terre, mais c'était très rare.

La réforme foncière devait, quant à elle, s'appliquer en premier lieu aux propriétés privées ou devenues telles parce que octroyées, de plus ou moins longue date, à des familles de l'aristocratie tibétaine et à des monastères. Les deux frères envisageaient de récupérer toutes les terres pour les retransformer en propriétés de l'Etat, en échange d'une compensation plus ou moins conséquente selon les cas. Ensuite, on les auraient redistribuées aux paysans, lesquels, devenus fermiers d'Etat, se seraient retrouvés tous sur le même pied d'égalité sociale...

De tout temps, l'Etat tibétain avait fixé le montant imposable de chaque province. Mais de tout temps aussi, les autorités provinciales avaient prélevé des taxes supplémen-

Le treizième dalaï-lama Thubten Gyatso. Il proclame l'indépendance du Tibet en 1913. Il décède en 1933. © diir Dharamsala

En 1954, Tenzin Gyatso, le quatorzième dalaï-lama *(à droite)*, et Choekyi Gyaltsen, le dixième panchen-lama *(à gauche)*, sont reçus par Mao à Pékin. © diir Dharamsala

Le Dalaï-Lama et sa famille, en 1956, à New Delhi.
Sa mère (amala) se trouve à gauche de Sa Sainteté. © diir Dharamsala

Le Dalaï-Lama et sa mère,
à Dharamsala, en Inde.
Ce sont les premières
années d'exil. © Gamma

En 1956, le quatorzième dalaï-lama et le dixième panchen-lama sont invités à New Delhi pour le 2 500e anniversaire de la naissance du Bouddha (Bouddha Jayanti). © diir Dharamsala

Le dixième panchen-lama Choekyi Gyaltsen bénit des réfugiés tibétains à Kotah House, à New Delhi, en 1956. © diir Dharamsala

Arrêté en 1964, le dixième panchen-lama est accusé par des représentants du peuple chinois, durant une séance d'autocritiques publiques *(thamzing)*, à Pékin. Le portrait de Mao est accroché au mur, derrière le Panchen-Lama.
© diir Dharamsala

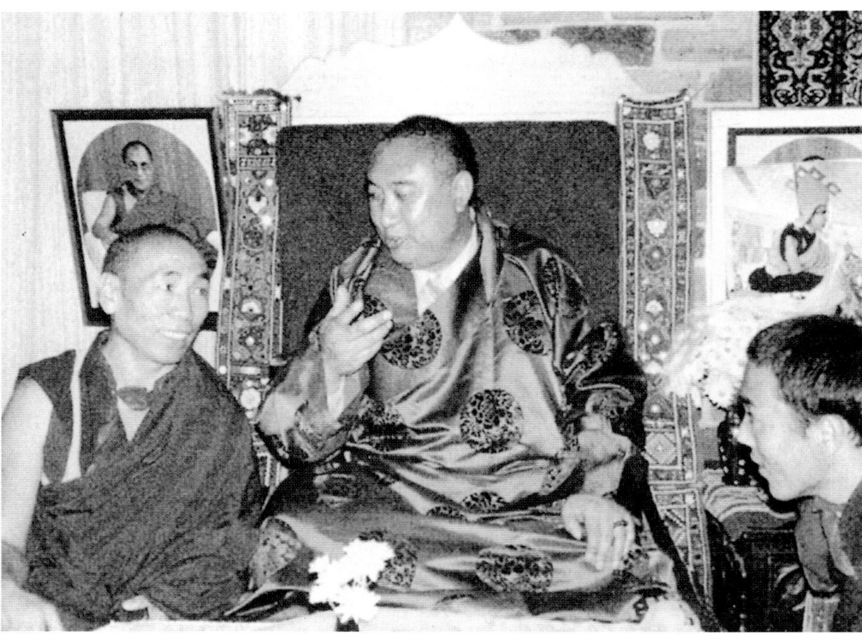

Le dixième panchen-lama Choekyi Gyaltsen, dans sa résidence à Pékin, 23, rue Jin Bac, quelques semaines après sa libération de la prison de Qin Cheng, en 1979. © diir Dharamsala

Tenzin Choedrak, médecin personnel du Dalaï-Lama, en audience privée avec Sa Sainteté Tenzin Gyatso, dans sa résidence de Dharamsala.
© diir Dharamsala

Gyalo Thondup *(à gauche)*, un des frères du Dalaï-Lama, aux côtés du dixième panchen-lama (*au centre*) et de Phuntsok Wangyal, à Pékin, en 1980.
© diir Dharamsala

Ngari Rinpoché, frère du Dalaï-Lama, reçoit l'auteur à Kashmire Cottage, à Dharamsala. © Marie Van Grasdorff

Thubten Ngodup, l'actuel oracle de Nechung, est consulté régulièrement par Tenzin Gyatso, le quatorzième dalaï-lama. © Marie Van Grasdorff

Le Dalaï-Lama reçoit l'auteur en audience privée.
© Marie Van Grasdorff

Jetsun Pema, sœur cadette
du Dalaï-Lama, avec l'auteur,
à Dharamsala. © Marie Van Grasdorff

Le Dalaï-Lama tend son *mala*
(rosaire) à une perruche blessée
que Sa Sainteté soigne.
© Marie Van Grasdorff

Le dix-septième karmapa
Urgyen Trinley Dordjé a fui le Tibet
le 28 décembre 1999. Il est arrivé
à Dharamsala, le 5 février 2000.
Il a été officialisé depuis par le
Dalaï-Lama. © Men-Tsee-Kang, Dharamsala

Le dix-septième karmapa Trinley
Thayé Dordjé désigné par
Shamar Rinpoché,
le Karmapa à la coiffe rouge.
Sa Sainteté vit à Kalimpong,
en Inde. © N. Le Corre/Gamma

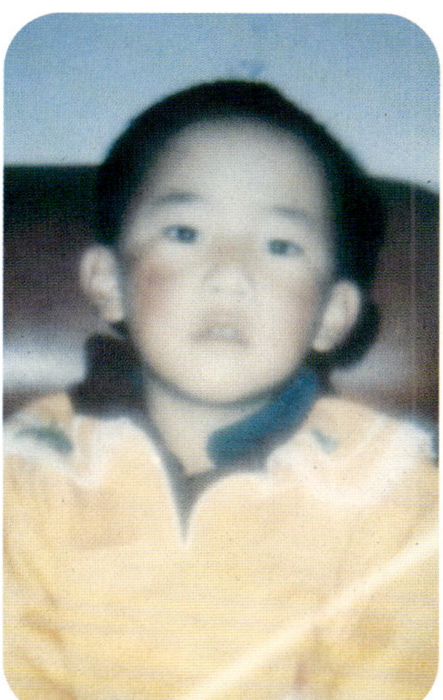

Guendun Choekyi Nyima, désigné en
mai 1995 comme étant le onzième
panchen-lama. Enlevé par les Chinois,
à l'âge de six ans, il est toujours porté
disparu. © Gamma

Norbu, le onzième panchen-lama,
nommé par Pékin, quelques semaines
après l'enlèvement de l'enfant désigné
par le Dalaï-Lama. Il a le même âge
que Guendun. © Gamma

Portrait de Sa Sainteté Tenzin Gyatso, le quatorzième dalaï-lama.
© Ulf Andersen/Gamma

taires, non officielles, pour couvrir diverses dépenses. Il n'y avait jamais eu ni de décret ni de loi pour limiter ces prélèvements, pas un décret pas une loi, non plus, pour les interdire.

Or, le Dalaï-Lama et Gyalo Thondup comptaient supprimer toutes ces pratiques.

Dans leur projet, les autorités locales devaient reverser à l'Etat la globalité des sommes prélevées. En revanche, elles percevraient un salaire fixé par le gouvernement central

De telles réformes n'iraient probablement pas sans mécontentement, d'autant plus que, depuis un certain nombre d'années déjà, le gouvernement prêtait de l'argent aux paysans en difficulté. Il y avait eu des abus, et quelques-uns en avaient profité pour s'enrichir énormément.

Lorsque la commission d'enquête avait apporté les preuves de ces malversations, le Dalaï-Lama et son frère s'étaient aussitôt employés à classer les bénéficiaires de ces prêts en trois catégories : ceux qui ne pouvaient rembourser ni le capital ni les intérêts ; ceux dont le revenu annuel était insuffisant pour rembourser les intérêts, mais leur permettait de reverser le capital, au moins par acomptes ; enfin, ceux qui, enrichis par l'obtention incontrôlée de prêts, pouvaient et devaient restituer capital et intérêts...

Pour le jeune souverain, de telles réformes paraissaient justes : celles-ci et toutes celles qui allaient suivre devaient permettre au Tibet d'entrer dans l'ère moderne, dans une société plus équitable et, finalement, plus fidèle aux enseignements du Bouddha que par le passé :

Fais que les aveugles, les malades, les humbles,
Les sans-protection, les misérables
Et les estropiés aient également
Nourriture et boisson sans jamais en manquer[1].

1. *La Précieuse Guirlande des Avis du Roi*, de Nagarjuna, *op. cit.*

Mais les rouges vont empêcher la mise en œuvre de ces réformes, lesquelles allaient être de toute manière rejetées par les élus de l'Assemblée nationale tibétaine.

Gyalo Thondup en tire aussitôt la conclusion qu'il n'y a rien à attendre de l'occupant, et pas grand-chose non plus du gouvernement tibétain.

Il demande alors aux autorités chinoises de visiter les domaines familiaux situés près de la frontière indienne. Droit accordé, à condition, auparavant, de jurer fidélité à la Mère Patrie.

Le frère de Kundun est incapable d'une action qui pourrait paraître comme une lâcheté aux yeux de ses compatriotes, mais il promet tout de même afin de pouvoir quitter Lhassa.

C'est dans le plus grand secret que Gyalo Thondup organise son déplacement. Il n'avertit même pas le Dalaï-Lama du jour de son départ, n'emportant sur lui qu'une petite somme d'argent et aucun effet qui aurait pu compromettre ses autres projets.

Sa fuite est ressentie comme une désertion.

Hier pronationaliste, Gyalo Thondup passe désormais pour procommuniste.

*

Quand Gyalo Thondup arrive à Darjeeling, un matin à 6 heures, après avoir traversé, durant l'hiver 1953-1954, les immensités himalayennes, le vent souffle presque autant que dans son Amdo natal.

La neige, l'épuisement, la maladie ont multiplié les derniers kilomètres par dizaines.

Ses espoirs sont détruits, ses mots sont inaudibles, il n'est que l'ombre de lui-même. Et pour franchir les derniers mètres qui le séparent de sa maison, les serviteurs ont accouru pour le soutenir dans son ultime effort : la malaria a eu raison et de ses forces et de son courage.

Personne chez les Yapshis n'est en mesure de dire avec

exactitude combien de semaines se sont écoulées entre l'arrivée de Gyalo Thondup à Darjeeling, son lent rétablissement, et la naissance de Ngawang Tempa, le troisième enfant du couple. Mais les vacances d'hiver de Jetsun Pema, devenue une jolie adolescente de quatorze ans, de Tenzin Ngawang, treize ans et Khando Tsering, onze ans, les enfants de Tsering Dolma, restée auprès d'amala et de sa grand-mère à Tchang Seb-Char, ont paru une éternité ; pour Yangzom Dolma, quatre ans, et Tenzin Khedrup, deux ans, aussi.

Par chance pour eux, Lhamo Tsering, le secrétaire de Gyalo Thondup, aidé par les serviteurs de la maison, veille à ce que toute cette jeunesse ne soit pas coupée de ses racines.

Tandis que Gyalo Thondup se rétablit lentement, il arrive que les enfants le surprennent à contempler les sommets himalayens, en direction du Tibet.

Ils n'en comprennent pas encore les raisons.

C'est avec une profonde déchirure dans le cœur que les yeux de Gyalo se perdent dans des horizons lointains, comme s'il y regardait les derniers vestiges d'une civilisation.

Les enfants ne le savent pas non plus : le couple persiste à croire encore en l'avenir.

Leurs désespérances, leurs ennuis d'argent, que les adolescents devinent mais dont ils n'ont jamais eu à souffrir, tout cela se ramènerait bientôt à de petites anecdotes qu'ils raconteraient un jour en riant.

Impossible que leur histoire se termine par une tragédie.

*

La fin de la guerre de Corée, en juillet 1953, est vraisemblablement une des explications de la terrible répression engagée au Tibet par les Chinois.

Il existe d'autres hypothèses à ce durcissement brutal. Pékin craint en effet que les démarches diplomatiques entreprises par le Dalaï-Lama et ses frères, Thubten Jigme Norbu et surtout Gyalo Thondup, s'ajoutant au soulèvement des tribus khampas dans l'est du pays, n'aboutissent à une intervention américaine au Tibet.

Sous quelle forme ? C'est une autre affaire.

Le président Truman a posé une condition préalable à une intervention sur le Toit du Monde : le rejet par le jeune souverain tibétain de l'« Accord en 17 points ».

Le Dalaï-Lama ne l'a pas fait à l'époque.

On sait ce qu'il en est advenu par la suite.

Un déplacement du Dalaï-Lama à Washington a été un temps évoqué. Une hypothèse raisonnable, s'il y avait eu un réel suivi.

Côté tibétain, Tenzin Gyatso en a été dissuadé par ses conseillers religieux, des tulkus en rupture de ban avec la politique internationale et davantage prêts à vouer leur âme au diable communiste. Les oracles d'Etat consultés ont, au cours de leurs transes, confirmé la dangerosité d'un tel déplacement pour leur jeune souverain : la superstition continue donc à prendre le pas sur le réalisme politique. Pour couronner le tout, ces mêmes gens rappellent au Dalaï-Lama qu'il doit achever ses études spirituelles. Compte tenu du contexte, ses examens finaux auraient pu attendre quelques mois encore.

Côté américain, Washington cache son jeu. On va s'en apercevoir un peu plus tard. En tout cas, le président Truman se refuse à apporter un franc soutien au Tibet, au risque d'aggraver les tensions en Asie après l'échec de la guerre de Corée, même s'il a été question à un moment d'encercler la Chine d'un véritable « cordon sanitaire » pour l'empêcher d'inoculer le virus communiste sur l'ensemble de l'Asie.

Côté indien, c'est le pandit Nehru qui ne cesse de tergiverser. S'il désapprouve en privé le déploiement de l'Armée de libération du peuple sur le Toit du Monde, il n'en demeure pas moins d'un grand réalisme : Pékin contestant certaines régions frontalières – Aksai Chin, NEFA [1] –, l'Inde

1. La convention tripartite de Simla, signée le 3 juillet 1914, cédait toute la région montagneuse du Sud-Est pour former la North-East

signe finalement avec la Chine un accord par lequel elle renonce à ses droits extraterritoriaux sur le Tibet et adhère aux « Cinq principes de la coexistence pacifique ».

Février-mars 1954, lors du Mönlam, les célébrations religieuses qui suivent le nouvel an tibétain, Tenzin Gyatso, le quatorzième dalaï-lama, reçoit sa pleine ordination dans le temple du Jokhang.

Les autorités chinoises de Lhassa en profitent pour l'inviter à Pékin, à la demande du président Mao Zedong.

Une même invitation est envoyée au dixième panchen-lama et aux chefs des autres lignées.

A la fin du mois de juin 1954, une tension règne à Shigatsé, la deuxième ville du pays, près de Tashilhunpo. Choekyi Gyaltsen, âgé de seize ans, est resté trop longtemps éloigné de son monastère, de ses moines et de ses fidèles ; tous tremblent à l'idée de le voir repartir en Chine. Ils pensent aussi qu'il ne reviendra pas de sitôt.

Plusieurs centaines de personnes grouillent en permanence dans la ville, au monastère, sous un soleil de plomb.

Elles se lamentent, pleurent, prient, font des offrandes. Et tout cela s'éternise.

A Tsurphu, le monastère du Karmapa Rangjung Rigpe Dordjé, situé au nord-ouest de Lhassa, les pèlerins se comptent par plusieurs centaines aussi. Même s'il va sur ses trente et un ans, moines et laïcs estiment que leur Karmapa à tout à craindre d'un tel déplacement : son opposition aux rouges est connue des Tibétains.

A Lhassa, les rumeurs se précisent du départ imminent de leur souverain pour Pékin.

On assiste à d'énormes palabres sur les rives de la Kyi-Chu, alors que les regroupements sont interdits par l'occupant.

Frontier Agency, l'actuel Etat indien de l'Arunachal Pradesh. La signature de la convention et d'un accord commercial entre la Grande-Bretagne et le Tibet plaçait ce dernier au rang des nations indépendantes.

Les militaires chinois se sont d'ailleurs déployés. Et les Lhassapas frappent dans leurs mains pour les éloigner, ces envahisseurs qui sont venus, si nombreux, gâcher leur existence.

D'autres rumeurs leur parviennent, plus lointaines encore : ce sont les cris de milliers de moines qui affluent des monastères de la région.

Partout, on ressent de l'hostilité.

Les choses se précisent au début du mois de juillet.

Le kashag organise une cérémonie d'adieu sur les berges de la rivière qui traverse Lhassa.

Le palanquin doré approche. C'est le Dalaï-Lama, entouré de sa garde personnelle, des hauts dignitaires religieux, et des officiels chinois.

Les militaires les surveillent de près.

Le calme, soudain : on prie, on fait là encore des offrandes.

*

En ce 11 juillet 1954, deux mondes à part sortent ensemble de la capitale : d'un côté, le Dalaï-Lama, amala, Tsering Dolma, Lobsang Samten, Ngari Rinpoché, des fonctionnaires de l'Etat, des religieux et des serviteurs tibétains ; de l'autre, un escadron chinois commandé par le général Zhang Jingwu, un des signataires de l'« Accord en 17 points », et, surtout depuis trois ans, commissaire et administrateur des affaires civiles et militaires du Tibet. Au total, trois cents personnes aux caractères, aux pensées, aux coutumes si disparates...

Trois cents personnes. Les Tibétains ont l'habitude de l'altitude, du froid, des tempêtes de sable ou de neige, des privations. Face à eux, les soldats n'ont pas vingt ans. Armés de vieux fusils ou de mitraillettes, vêtus de leurs uniformes délavés, eux n'ont pas l'habitude de parcourir ces vastes plateaux himalayens.

A la tête de cette étrange caravane, le Dalaï-Lama et son

entourage, encadrés des généraux. Suivent le seizième karmapa Rangjung Rigpe Dordjé, chef spirituel de la lignée kagyupa, et Chung Rinpoché, le maître spirituel de la lignée nyingmapa, à l'époque délégué dans le Kham.

Cinq jours plus tard, le 16 juillet, le dixième panchen-lama Choekyi Gyaltsen part, à son tour, pour Pékin : une centaine de personnes l'accompagne.

A Tashilhunpo et à Shigatsé, l'atmosphère est tout aussi lourde qu'à Lhassa.

A la vue des militaires placés sous le commandement du général Fan Ming, des enfants lancent des cailloux, tandis que les adultes font la claque pour chasser les rouges. En vain.

Le trajet est long et dangereux.

La première caravane précède toujours la suivante de quatre ou cinq jours, jamais davantage : un subterfuge pour que les deux autorités spirituelles de la lignée gelugpa ne puissent se rencontrer et encore moins se parler.

Depuis trois jours, on avance très lentement.

Le terrain est à pic, la pente si raide que chacun est descendu de sa monture. Seuls les enfants restent en selle. Les guides tibétains devront mener les yacks et les dris sur lesquels on les a fortement attachés.

Il n'y a plus la moindre fleur, que des cailloux à perte de vue.

Les hommes s'y tordent les chevilles.

Les sabots dérapent, les escarpements blessent les flancs. Les chevaux saignent.

C'est pure folie que d'avoir emprunté cette voie.

Pas question d'arrêter, pourtant ! Pas question non plus de rebrousser chemin.

Le Dalaï-Lama y a songé. Pas pour lui, mais pour épargner les siens.

Les Chinois s'énervent, hurlent, excitent les bêtes. On

perd trop de temps, estiment-ils, pressés d'obtempérer aux ordres de leurs supérieurs.

Alors, le drame survient.

Un yack tombe, un autre...

Et puis quelques mètres plus loin, un cheval plonge dans le vide. Par chance, sans son cavalier.

Scène d'hypnose : les hennissements désespérés du cheval cristallisent les peurs.

Ah ! Combien de mantras les Tibétains ont-ils faits pour qu'il n'arrive rien à leur souverain, rien à amala, rien non plus aux autres hiérarques, rien au Panchen-Lama !

Et puis, voici que survient quelque chose de totalement irréel.

Un aigle de l'Himalaya, ailes largement déployées, plane, majestueux, au-dessus du jeune souverain. Quelques secondes qui se font éternité.

La première caravane a perdu plusieurs dizaines de bêtes. La seconde, ayant emprunté le même trajet, en a perdu beaucoup plus au moment du franchissement d'un pont de fortune : les animaux ont été entraînés avec leur chargement dans les eaux torrentielles qui se déversaient au fond d'une gorge.

Un peu plus tard, c'est un glissement de terrain qui a failli emporter un groupe : de loin, on arrivait à peine à suivre les pierres qui roulaient à se toucher avec un fracas assourdissant. Pour les éviter, il fallait rester collé à la paroi et y maintenir, si possible, les animaux apeurés.

Il aurait suffi d'un écart, même minime, pour que les éboulis n'emportent amala, le cadet des Yapshis, ses serviteurs et les soldats qui les suivaient.

Deux jours d'enfer encore, avec des haltes pour la nuit dans des abris de fortune.

On traverse une vallée verdoyante. Suivent dix journées de marche pour atteindre la frontière chinoise.

Au sommet d'une colline, des hommes, des femmes, des enfants, tous vêtus d'habits sergés bleus, regardent passer les deux caravanes : ce sont des détenus des laogais, les camps de prisonniers du régime.

Des véhicules attendent.

On y embarque le Dalaï-Lama, sa famille, les fonctionnaires et les religieux qui accompagnent Sa Sainteté.

Même chose pour le Panchen-Lama, sa famille, et le conseil des Khenpos.

Même chose pour les autres hiérarques.

Après quelques jours de repos, les deux caravanes accompagnatrices rebrousseront chemin, l'une en direction de Lhassa ; l'autre rejoindra Shigatsé et le monastère de Tashilhunpo.

Pendant ce temps, le convoi est arrivé à Chengdu, première ville chinoise après la frontière : plusieurs avions les y attendent pour les transporter à Xian, où ils arrivent le 1er septembre 1954.

Le souverain tibétain, les hiérarques des autres lignées et le Panchen-Lama montent alors pour la première fois dans un « dragon d'acier » flambant neuf, orné de drapeaux rouges et d'un énorme portrait de Mao.

Douze heures de trajet pour rejoindre Pékin, la capitale chinoise, où les attendent le président Mao Zedong, Zhu De, Zhou Enlai, Deng Xiaoping et les autres sommités du parti.

Applaudissements, congratulations, la jeunesse chinoise est présente, nombreuse.

Le grand cirque peut commencer.

*

En 1954, Pékin a conservé de fortes empreintes de son passé. La capitale du Nord reste encore ce « Moyen Age vivant », raconté par Claude Roy [1].

Au sortir de la gare, on installe tout le monde dans des

1. *La Chine dans un miroir*, de Claude Roy, Clairefontaine, Lausanne, 1953.

voitures soviétiques. Les drapeaux rouges étoilés claquent de part et d'autre des capots.

Le Dalaï-Lama est logé au pont de la Rivière Impériale, une bâtisse de trois étages : le dernier étage lui est réservé ; amala et les siens s'installent au deuxième ; le Panchen-Lama et les chefs des autres lignées séjournent, eux, au palais de la Libre Vue.

Le temps du trajet, Tenzin Gyatso devine mille senteurs qui traversent, par effluves, le lacis de vieilles ruelles, imagine des centaines d'échoppes derrière leurs enseignes de soie, un peuple grouillant d'activité, de petites gens sachant mener à bien leurs tâches, même les plus difficiles.

Le général Zhang lui explique que tous ces quartiers doivent disparaître, la mère patrie souhaitant faire table rase des tares du passé pour mieux propulser la république populaire de Chine dans un monde prospère et heureux, mais il omet de préciser ce que sont, pour les rouges, les tares du passé : la prospérité et le bonheur.

Zhang vante la grande victoire du communisme au Vietnam d'où les Français se sont retirés depuis le mois de mai, non sans avoir essuyé auparavant une défaite humiliante à Diên Biên Phû, grâce, assure-t-il, au soutien et aux conseils de la grande Chine.

Enfin, il se réjouit de la première Assemblée nationale populaire tenue le 15 juillet : le président Mao a été réélu ; Liu Shaoqi a été nommé à la tête de l'Assemblée ; Zhou Enlai, désormais chef du gouvernement, a confié à Deng Xiaoping le secrétariat général du PCC ; Deng cumule aussi les postes de vice-Premier ministre, de vice-président de l'Assemblée et du Conseil national de défense.

Le général espère que ces grandes nouvelles réjouiront le Dalaï-Lama, mais il ne cache pas sa déception : Gyalo Thondup a en effet télégraphié de Kalimpong pour annoncer qu'il ne viendrait pas à Pékin ; le reste de la famille non plus. A cela, l'explication d'amala est simple : sa famille a certainement de bonnes raisons pour ne pas honorer de leur présence le président Mao ; même si elle le regrette, elle aussi ! Ce comportement d'amala a rendu furieux le général.

Les choses en étant restées là, amala a quand même senti un changement dans l'attitude de Zhang. Déjà peu amicales, leurs relations se sont peu à peu tendues. La vie est alors devenue plus difficile pour la mère du Dalaï-Lama.

Le 11 septembre 1954, Mao Zedong reçoit pour la première fois le Dalaï-Lama, le Panchen-Lama et les chefs des autres lignées.

Amala est invitée à participer à cette rencontre.

L'interprète, un Tibétain nommé Phuntsok Wangyal, a autrefois été chassé de Lhassa où il travaillait dans le scolaire. Communiste notoire, il a alors rejoint le « comité de libération de Chamdo » dont il est devenu un membre influent.

Ambiance d'apparence cordiale : Mao se déclare ravi que le Tibet soit revenu dans le giron de la Chine. Et il ne manque pas de rappeler à ses hôtes qu'il est, lui aussi, une émanation : pas celle de Chenrezig[1], le bodhisattva de la compassion ; pas celle d'Amitabha[2], le bodhisattva de l'Infinie Lumière, dont le Dalaï-Lama et le Panchen-Lama sont bien évidemment les émanations ; mais celle de Manjushri[3], le bodhisattva de la connaissance.

Le tour est joué ! Le communiste Mao, athée de surcroît, reprend sans hésitation à son compte l'héritage des empereurs mandchous.

En septembre 1954, ses deux principaux interlocuteurs

1. Avalokiteshvara en sanscrit, Chenrezig est également très vénéré en Chine sous le nom de Guanyin, et au Japon sous celui de Kannon ; il y est parfois représenté sous un aspect féminin.

2. Amitabha jouissait d'une popularité considérable en Chine, au Japon et bien sûr au Tibet, mais également dans l'Himalaya. Il est considéré comme le Bouddha primordial de la famille du Lotus, ou Padma, famille de bouddhas à laquelle appartiennent les êtres humains.

3. En chinois, Wenshu : les empereurs étaient considérés comme l'émanation de ce bodhisattva de la connaissance.

ont, pour le Dalaï-Lama, dix-neuf ans, et pour le Panchen-Lama, seulement seize ans. Aux yeux de Mao, des gamins. Comment le leader communiste pourrait-il en deviner la maturité précoce ?

Tenzin Gyatso est venu à Pékin avec le secret espoir de négocier une solution non violente pour son pays.

Au début de leurs entretiens, les réponses de Mao ne peuvent que le rassurer. Mais l'atmosphère s'est très vite alourdie, lorsque le souverain tibétain s'est heurté au refus de Mao de mettre immédiatement en application l'« Accord en 17 points ».

Il n'en est plus question, en effet. Mao a imaginé beaucoup mieux pour le peuple tibétain : un « comité préparatoire pour la région autonome du Tibet », organisme qui fonctionnerait en lieu et place du kashag et de l'Assemblée nationale tibétaine. Le Dalaï-Lama en deviendrait le président ; le Panchen-Lama un des vice-présidents ; et Ngawang Jigme Norbu, le grand repenti, le secrétaire général.

Tenzin Gyatso décrypte les plan maoïstes : lui, le Dalaï-Lama, contrôlera Lhassa et la région centrale du Tibet ; à partir de Tashilhunpo, le Panchen-Lama dirigera l'ouest du pays ; enfin, Ngawang Jigme Norbu aura la haute main sur le Kham avec son « comité de libération de Chamdo ». Bref, le Tibet est divisé en trois. Et il n'y peut plus rien.

*

Pendant ce temps, le comportement d'amala, qui ne manque pas une occasion pour se dérober aux banquets, aux visites des musées, des universités, finit par agacer ses hôtes.

Elle ne supporte plus tous ces gens qui ne lui laissent pas un instant de répit, uniquement dans le dessein de lui montrer ce qu'est le communisme à la chinoise.

Amala a sa réponse : le maoïsme, c'est le lever à 4 heures du matin, sept jours sur sept ; et retour le soir, toujours très tard, sept jours sur sept aussi.

Lorsqu'il n'y a pas de banquet, les repas sont pris en famille, au coup de sonnette. Amusant au début. Après...

La mère du Dalaï-Lama n'en peut plus.

Une autre visite d'école ?

Cette fois, c'en est trop. Et pour cause, une vieille arthrite vient de s'éveiller. La douleur est insupportable.

Le lendemain, conformément au programme, on doit se rendre dans une usine.

Impossible, amala souffre trop. A l'arthrite s'est ajouté autre chose.

Le surlendemain, Zhang vient la voir pour l'inviter dans une coopérative fermière comme le Tibet en abritera dans quelques mois !

Surtout pas ! Amala fait des allergies au pollen, au lait.

Le plus étrange est que le général Zhang se laisse prendre chaque fois. En l'occurrence, pourtant, il préfère appeler le médecin. S'il devait lui arriver malheur, les foudres de toute la Chine communiste lui tomberaient dessus.

L'homme arrive au chevet de la Tibétaine et lui prescrit quelques médicaments. Mais une fois que Zhang a le dos tourné, elle les dissimule.

Hier, amala souffrait de ceci, de cela. Aujourd'hui, elle a mal ici, elle a mal là, aussi.

Zhang est aux petits soins.

Le médecin revient. Cette fois, il décide de prescrire une série de piqûres à laquelle la malade ne peut échapper.

Quelques jours plus tard, elle laisse finalement entendre au général qu'elle se sent un peu mieux, vantant du même coup les qualités du médecin chinois. Elle pense même avoir la force de participer à quelques visites, à condition que celles-ci ne soient pas trop épuisantes.

Zhang trouve l'idée excellente.

Trois mois s'écoulent ainsi[1].

---

1. Entretiens de l'auteur avec le Vénérable Tenzin Topgyal. Cf. *op. cit.*

Lors du dernier entretien avec le Dalaï-Lama, Mao lui lance, plein d'arrogance : « Hier, je vous ai expliqué que mon salaire était modeste, mais que j'avais beaucoup de frais : je fume, je bois du thé et j'ai besoin d'acheter beaucoup de livres ; ce qui fait qu'il me reste très peu d'argent. Maintenant que vous partez, je n'ai pas de cadeau à vous offrir, sauf ces quelques mots : unité, progrès et développement... »

Puis, en conclusion de leurs multiples rencontres, le président chinois, meilleur marxiste que diplomate, ajoute : « La religion est un poison. »

11

Mangeurs de tsampa contre mangeurs de riz

> « Certaines vérités n'ont de force que dans l'ombre et piétinées. Au grand jour, elles s'envolent, regagnent leur ciel impérissable »
>
> Roger NIMIER.

A Lhassa, les Tibétains prononcent des mots de soutien convenus, avec lesquels ils partagent désormais leurs interrogations et leurs peurs, mais leurs sentiments s'entremêlent : le mois de février 1955 vient de s'écouler, on vient de célébrer losar, et pas la moindre nouvelle de la délégation conduite par leur jeune souverain.

Les Tibétains s'accrochent au ferme espoir que Tenzin Gyatso va finir par revenir de son voyage en Chine, sain et sauf, et en bonne santé.

Toutes leurs invocations, toutes leurs discussions vont en ce sens. Pas un instant sans qu'ils n'y songent, scrutant le ciel, les nuages, les arcs-en-ciel, le moindre signe qui pourrait aller dans le sens de leurs pensées, tant il est vrai que le Tibet connaît de terribles bouleversements : les prédictions du treizième dalaï-lama sont en train de se réaliser, et, pour l'heure, il n'y a plus personne pour les guider.

*

Après avoir multiplié les rencontres avec les dirigeants de la Chine populaire et les cadres du PCC, le Dalaï-Lama a été autorisé à s'entretenir avec des personnalités de passage à Pékin – Nikita Khrouchtchev, le premier secrétaire du PC soviétique ; U Nu, le président de Birmanie ; Nehru, qui veut à tout prix éviter un conflit avec son puissant voisin –, voyagé en Mandchourie et en Mongolie intérieure. Les hôtes tibétains, Dalaï-Lama en tête, embarquent à bord d'un train qui va les transporter vers Shanghai, avant-dernière étape de leur périple.

C'est un jeune homme totalement transformé qui achève son séjour en terres chinoises : ses proches le voient accablé, abattu, consterné. Et ce ne sont pas les deux mille caractères chinois qu'on lui a enseignés qui vont y changer quelque chose. Le Dalaï-Lama vit dans le chagrin.

« L'Internationale des désespérés », vous connaissez ?

C'est ce train et tous les gens qui se trouvent à son bord. Les rouges ne les lâchent pas d'un pouce.

Pour le Dalaï-Lama, les Chinois ne semblent rien comprendre au bouddhisme : les prosternations, les drapeaux et les moulins à prières, les malas ne sont pour eux que grigris permettant à des lamas de s'enrichir sur le dos d'un peuple « d'arriérés ».

Tenzin Gyatso a beau leur expliquer que les pratiques de sa religion aident à une transformation de l'esprit, ses interlocuteurs le cinglent alors de terribles paroles : « La seule croyance possible est le marxisme ! »... Des répliques emplies de mépris.

Pour le Toit du Monde, cela signifie l'éradication de ses traditions religieuses : le bön – la religion originelle –, le bouddhisme, le christianisme et l'islam qui y sont pratiqués aussi.

Aux yeux de Pékin, la transformation de la société tibétaine et de sa culture passe par une destruction systématique de ses religions, de ses croyances, et par la disparition de sa langue...

A Shanghai, l'espoir aurait pu renaître.

Les habitants y paraissent moins malheureux que dans le Nord. Les hommes s'agitent, travaillent dans une joie apparente. Dans leurs soieries et leurs brocarts, les femmes sont belles. Elles rient volontiers.

L'uniformité rencontrée à Pékin et dans les autres villes chinoises semble avoir disparu. En certains endroits, on devine encore les vestiges de l'ancienne Chine.

Il y aurait de quoi se laisser influencer.

Mais le Dalaï-Lama hausse les épaules en regardant les larges avenues par lesquelles les officiels les font passer. Le cortège évite systématiquement les endroits les plus hideux et les plus misérables. A ses yeux, cette visite de Shanghai allie le meilleur mais jamais le pire, le soleil mais jamais l'obscurité totale.

*

Avant l'invasion de 1949, le Tibet comptait au moins six cent mille moines.

Kumbum avait la capacité d'en accueillir plusieurs milliers.

Cinq ans plus tard, en 1955, en arrivant au monastère, sur le chemin de Lhassa, les témoignages que Tenzin Gyatso reçoit de ses disciples ne lui permettent pas encore de peser l'étendue du drame tibétain. Il le devine seulement.

Kumbum a été vidé de ses moines : on les a transférés en Chine ; ceux qui résistaient ont été tués sur place, leurs corps jetés dans des fosses communes ; des autres on ne sait rien depuis des mois, voire déjà des années.

Les temples ont été pillés de leurs plus belles œuvres : le reste a été brûlé, sans égard pour des textes sacrés fort anciens.

Ce ne sont pas les célébrations organisées durant son séjour qui vont le faire changer d'avis, ni les paroles de ses compatriotes répétant, bénédiction après bénédiction, le visage baigné de larmes : « Par la grâce du président Mao, les Amdowas vivent heureux et ne manquent de rien ! »

Il en est certain : le Tibet est perdu. Mais son peuple ?

Dans la première fureur du chagrin, Tenzin Gyatso a, lui aussi, éprouvé une folle envie de se rebeller contre l'arrogante obstination et la barbarie de l'occupant. Mais il a préféré se taire et lui opposer son apparente humeur nonchalante et un sourire qui en dit long sur sa détermination.

Au terme de longues tractations, amala et sa famille ont finalement été autorisées à se rendre à Taktser, accompagnées de quelques membres de la délégation.

Départ dans le petit matin, en voiture... Le convoi emprunte une route construite récemment aux dires des interprètes.

Deux heures plus tard, ce sont les mêmes qui invoquent un tremblement de terre pour expliquer, penauds, que la route est coupée : le reste du trajet se fera donc à cheval.

Amala est épuisée. Une sourde angoisse l'étreint.

Tenzin Gyatso aussi est désemparé.

La vallée où il a passé son enfance s'étend à perte de vue devant eux, nue, désolée.

Un isolement qui frappe tous les esprits.

*

L'hiver de 1955 s'achève lentement lorsque le Dalaï-Lama et les siens arrivent à Taktser.

Le guide leur donne ordre d'arrêter les chevaux à l'orée du village et de mettre pied à terre.

Un homme s'avance au-devant d'eux : il est chinois.

La première à s'étonner est la mère de Sa Sainteté : où sont donc sa maison, le toit de tuiles turquoises, la porte, les petites fenêtres, le mât dans la cour ?

Elle ne perçoit plus les sifflements si particuliers que le vent faisait autrefois dans les drapeaux à prières...

Amala pose des questions, beaucoup de questions.

Elle reçoit des réponses, peu de réponses.

Les autorités du Qinghai ont pensé au bien-être de sa famille. Elles ont exigé de l'abbé de Tashi Khyil et de ses moines la destruction de l'ancienne maison. A sa place, on en a rebâti une autre.

C'est certainement la dernière chose qu'amala s'attendait à découvrir.

Taktser, au cœur de ses souvenirs : les rêves de son défunt mari, qui souhaitait finir ses jours dans la maison de son enfance ; ce lieu où elle s'est mariée, où est né Lhamo Dhondup, la réincarnation du treizième dalaï-lama, où elle a donné le jour à Tsering Dolma, l'aînée, à Thubten Jigme Norbu, la première réincarnation de la famille, à Gyalo Thondup, à Lobsang Samten ; cet endroit où plusieurs de ses enfants sont décédés à cause du kyirong... Tout s'effondre.

Ses jambes fléchissent, ses mains tremblent.

Les soldats postés devant la porte, en armes, seront les premières personnes qu'elle aperçoit dans la cour.

Des ordres claquent.

On fait grand bruit.

Dès que l'arrivée du souverain tibétain et d'amala a été connue, la nouvelle s'est répandue dans la vallée.

Des Amdowas surviennent...

Mais d'où sortent-ils donc, ces hommes et ces femmes au visage décharné, dans leurs tchoubas usées et rapiécées ?

Amala va d'abord au-devant d'eux, se dirige ensuite vers la maison.

Un officier lui ouvre la porte.

Elle entre, précédée par le Dalaï-Lama.

Amala n'éprouve plus cette sensation de bien-être qu'on ressentait ici par le passé ; bien au contraire, un sentiment de profond malaise l'oppresse.

La cuisine ? Il n'y a plus le pâle soleil de la fin de l'hiver qui pénétrerait par les petites fenêtres.

Et les autres pièces ? Il y en a beaucoup, à tel point qu'on peut loger tout le monde, la famille, les amis et... les intrus.

Au retour de Chine, la mère du souverain avait émis le

vœu de passer par son village, quitté quinze ans plus tôt. Mais son passé se rétrécit désormais à sa seule imagination, à sa seule mémoire, à croire que toutes les puissances du mal, tous les démons courroucés, tous les kyirongs se sont acharnés sur cette maison et sur cette famille.

Le Dalaï-Lama exige de donner une bénédiction aux gens qui attendent dehors dans le froid hivernal.

Il y a eu bien peu d'échanges, quelques bavardages anodins avec les enfants, jamais ce mot de trop qui aurait pu mettre en danger les pauvres gens de la vallée. De toute façon, Tenzin Gyatso est épié dans chacun de ses gestes, dans chacun de ses mots. S'il reste quelques instants seuls avec amala, on l'écoute derrière la porte.

Alors, ils repartent, le cœur lourd. Trois ou quatre heures viennent de s'écouler, guère plus[1].

Les Amdowas les regardent s'éloigner.

Un flot de larmes coule sur leurs visages.

Ils se prosternent, commencent à réciter des mantras. Mais désormais cela leur est formellement interdit ! Les soldats les invectivent, hurlent qu'ils sont des misérables, des réactionnaires, et, que, s'ils ne cessent pas immédiatement leurs jérémiades passéistes, ils vont les tuer.

Alors que les yeux du Dalaï-Lama sondent les lointains horizons, des nuages s'amoncellent au-dessus de Taktser, le ciel s'obscurcit, une tempête éclate, sauvant, pour quelques heures peut-être, leurs compatriotes d'horribles séances de tortures thamzing. Simple répit dû à la fureur des éléments...

*

Le 9 mars 1955, Pékin annonce la création d'un comité chargé de préparer l'autonomie régionale du Tibet.

1. Entretiens de l'auteur avec le Vénérable Tenzin Topgyal. Cf. Dekyi Tsering, chez Viking Penguin, Lowenstein Associates Inc.

Dans la région du Kham, des combats meurtriers opposent l'armée chinoise à la résistance tibétaine soutenue par les populations locales autour des villes de Lithang, Batang, Dergué, Chamdo et Kantsé.

Les rouges sont englués dans des contrées où les altitudes dépassent souvent 4 500 mètres et les températures varient entre – 25 °C et – 40 °C.

Pour la Chine, une guerre de vingt ans vient de commencer au Tibet.

Le Dalaï-Lama arrive en avril à Lhassa, précédé de vingt-quatre heures par amala dont la mère, âgée et malade, réclamait la présence : dix mois se sont passés.

Fidèles à leurs traditions, les Lhassapas sont allés à la rencontre de leur souverain, mais les communistes sont omniprésents. Des haut-parleurs, accrochés aux toits des maisons, aux quatre coins de la ville, crachent à longueur de journée des bordées de slogans et de chants patriotiques.

Les célébrations de son vingtième anniversaire se sont déroulées le 6 juillet au Norbulingka.

Tenzin Gyatso passe ensuite toutes les matinées ensoleillées de juillet et d'août à déambuler dans les jardins. Son frère, Lobsang Samten, l'accompagne parfois. Le plus souvent possible, amala, Tsering Dolma et Ngari Rinpoché les rejoignent.

La santé de la grand-mère s'est améliorée ; la présence d'amala l'a surtout rassurée.

Fréquemment, des moines, se rendant au temple, aperçoivent leur souverain dans le matin crépusculaire, seul, assis au bord de l'étang, l'esprit ailleurs, tandis qu'il prend la mesure de l'ampleur de la tragédie qui se joue sous ses yeux.

Le reste de la journée, le souverain se partage entre les réunions avec le kashag, les sessions à l'Assemblée, à laquelle il n'ose plus guère se fier, les audiences privées avec les autorités chinoises et les quelques rares contacts avec les Khenpos, l'administration du Panchen-Lama.

Quand le soir tombe, Tenzin Gyatso sombre dans une profonde tristesse. Sa solitude morale est, pour lui, la pire des souffrances.

Quand il a appris que Pékin venait d'accepter une trêve négociée dans le Kham par une délégation conduite par le seizième karmapa Rangjung Rigpe Dordjé – il est originaire de la noblesse khampa et d'une famille fort respectée dans la région –, une très faible lueur d'espérance a brillé dans ses yeux. Lueur qui s'est éclaircie encore lorsque, le 1er octobre 1955, la séance inaugurale du « comité préparatoire de la région autonome du Tibet » s'est tenue : le Dalaï-Lama espérait encore faire appliquer à la lettre l'« Accord en 17 points ».

Et puis l'obscurité est retombée.

La trêve n'aura finalement été qu'un leurre pour permettre aux troupes chinoises de se réorganiser.

Au sortir de l'hiver 1956, les soldats de l'Armée populaire de libération repartent à l'assaut des villes et des monastères.

Durant le mois de mai de cette année-là, plusieurs centaines de militaires chinois tombent sous les coups de boutoir du *Tensung Danglang Maggar*, l'Armée nationale volontaire de défense (ANVD) tibétaine qui multiplie les opérations de guérilla dans le Kham.

En représailles à cette offensive coûteuse, les Chinois encerclent Lithang. Pour l'occasion, Mao, jamais à court d'imagination, invente un nouveau slogan : « Les lamas à la maison ! »

Le monastère tombe le 1er juin sous les bombardements des Iliouchine. Le gouverneur de la ville sera mis à mort sur la place ; les abbés décapités. On torture les survivants : certains sont achevés et jetés dans des fosses communes ; les autres emmenés de force vers des destinations inconnues.

*

Pendant que l'on se bat dans l'est du pays, on inaugure à Lhassa, le 22 avril 1956, le Comité préparatoire pour la Région autonome (CPRAT), en présence de Chen Yi, représentant le comité central du PCC, vice-président du Conseil de l'Etat et chef de la délégation du gouvernement central. Le CPRAT est constitué de cinquante et un membres : ils sont quinze à représenter le gouvernement local, c'est-à-dire le Dalaï-Lama ; dix, le Panchen-Lama et son conseil des Khenpos ; dix, le comité de libération de Chamdo ; cinq, le gouvernement central du Tibet, c'est-à-dire Pékin ; les onze derniers sont des dignitaires religieux des trois plus grands monastères gelugpas et diverses personnalités laïques. Le président en est le Dalaï-Lama ; le premier vice-président, le Panchen-Lama ; le deuxième vice-président, le général Zhang Guo-hua, commandant de la région militaire du Tibet depuis 1952.

Ce jour-là, Chen Yi déclare : « Dans l'esprit des autorités centrales, les réformes au Tibet doivent être réalisées avec l'accord du peuple tibétain. Le Parti communiste chinois et le gouvernement central du peuple considèrent que ces réformes ne peuvent être accomplies que dans la mesure où les dirigeants et le peuple tibétains sont unanimes à les exiger et fermement décidés à les obtenir. Elles ne pourraient donc être exécutées par des membres d'une autre nationalité. Par la suite, ce seront encore les dirigeants et les membres de toutes les classes du Tibet qui examineront et régleront les affaires intérieures du peuple tibétain[1]. »

En réalité, coincé entre le Panchen-Lama, Ngawang Jigme Norbu et les représentants du gouvernement central, le Dalaï-Lama a perdu tout pouvoir. Chen Yi doit toutefois essayer de persuader le souverain tibétain d'unir ses efforts aux autres membres du comité pour une transformation en profondeur de la société tibétaine.

Le 6 mai, lors d'une autre réunion du CPRAT, Chen Yi

1. *La Question du Tibet et la Primauté du Tibet*, Commission internationale de juristes, Genève, 1959.

dit au Dalaï-Lama et au kashag combien la question tibétaine préoccupe le pouvoir central. Il annonce la suspension pour une durée de six ans des réformes prévues par l'« Accord en 17 points ». Et de préciser : « Mais ne soyez surtout pas inquiets ! Certes, le programme de réforme a été suspendu, mais nous pouvons maintenant discuter de celles qui seront appliquées dans le futur. Il en va du bien-être du peuple tibétain. Lorsque nous avons exproprié les capitalistes en Chine, leur vie n'en fut absolument pas affectée. Personnellement j'avais beaucoup d'amis capitalistes à l'époque où j'étais maire de Shanghai et de Nankin ; ils étaient tous très riches et possédaient de nombreuses usines et autant de commerces. Nous avons racheté leurs entreprises et effectué une transformation pacifique de notre société. Les capitalistes, les travailleurs et la patrie ont tous tiré profit de nos actions [1]. »

Dans le même temps, Chen Yi exploite à fond la jeunesse et l'inexpérience du Panchen-Lama, âgé de dix-huit ans, et inaugure avec lui à Shigatsé une école où sont inscrits trois cents étudiants, tous issus de la noblesse et triés sur le volet. Dans cet établissement, on va enseigner le tibétain, le chinois et le hindi, pratiquer l'équitation et le tir, apprendre la photographie ; au programme encore, une formation militaire obligatoire !

Dans son discours d'inauguration, Chen Yi explique que le Tibet aura besoin « d'un grand nombre de cadres, de spécialistes de l'économie, de la culture, de l'éducation, de l'art et des sciences ».

La lecture de ces événements semble confirmer que, face à la puissance chinoise, le dixième panchen-lama Choekyi Gyaltsen a définitivement choisi son camp : il serait bien « le lama des Hans ».

Un fait troublant est à noter : le maître de Tashilhunpo,

1. Traduit du chinois pour l'auteur, en 1996. Department of International Relations and Information, gouvernement du Tibet en exil, Dharamsala.

poussé par ses Khenpos, demande même aux Chinois d'accélérer le programme de réforme et de transformer la région du Tsang et Shigatsé, la deuxième ville du Tibet, en une zone expérimentale.

*

A Lhassa, les Chinois omniprésents ont nommé Lobsang Samten, vingt-trois ans, grand chambellan auprès de son frère Dalaï-Lama.

Les Chinois savent que Tenzin Gyatso et Lobsang Samten ont partagé leur enfance à Taktser d'abord, au Potala et au Norbulingka ensuite. Tout en étant très différents, les deux frères éprouvent beaucoup d'affection l'un pour l'autre. Marié à Namgyal Lhamo, on prête à Lobsang Samten un caractère versatile, plutôt malléable ; on le dit bon, généreux. Lui ne rêve que d'une chose : apprendre aux Chinois et aux Tibétains à vivre ensemble.

Les Lhassapas ont évidemment remarqué les nombreuses visites de l'aîné des deux frères aux autorités communistes locales.

De quoi jaser sur le dos des Yapshis !

Après le père, les fils, Thubten Jigme Norbu, Gyalo Thondup et Lobsang Samten...

Amala endure ces nouvelles accusations comme elle le peut. Tout cela lui paraît terriblement injuste.

Dans sa demeure de Tchang Seb-Char, loin des rumeurs, elle est une mère de plus en plus inquiète, d'autant que Lobsang Samten ne jouit pas d'une forte constitution. Or, le médecin qui s'occupait jusqu'alors de la famille vient de décéder. Il ne reste que deux vieux médecins – *emchis* [1] –, sur les quatre traditionnellement prévus, pour veiller sur la santé du Dalaï-Lama et de sa famille.

1. En devenant médecin personnel du Dalaï-Lama, un emchi est alors honoré du titre de Lhamènpa, par lequel, aujourd'hui encore, les Tibétains appellent tous les médecins du Dalaï-Lama.

Il faudrait ne pas tarder à en désigner deux autres.

En séance avec son gouvernement, le Dalaï-Lama évoque la situation

Le kashag s'adresse alors au Men-Tsee-Khang, l'Institut de médecine et d'astrologie de Lhassa, et convoque six candidats, tous majors de leur promotion.

Les astrologues ont bien sûr étudié le jour le plus favorable, afin de procéder à un tirage au sort au Men-Tsee-Khang... Le premier nom à sortir est celui de Yönten Tcharchin[1] ; le second est celui de Tenzin Choedrak[2].

Le docteur Choedrak n'est pas un inconnu pour les Yapshis, et surtout pas pour la mère de Tenzin Gyatso. En 1952, alors qu'elle séjournait à Kalimpong avec une partie de sa famille, tombée gravement malade, elle avait réclamé à son fils la présence d'un médecin tibétain. Le kashag demanda au directeur du Men-Tsee-Khang[3] d'envoyer un emchi auprès d'amala. Il en choisit un, tout droit sorti des études, major de sa promotion, mais sans expérience aucune... Quelques jours plus tard, à Kalimpong, Tenzin Choedrak fut conduit au chevet de la malade. Il lui lut les pouls, prescrivit plusieurs traitements, lui fit prendre la pilule précieuse *pang-gyen 15*... En fait, il changeait de prescription à mesure que le mal évoluait... Un matin, amala, enfin guérie, appela Tenzin Choedrak : elle ne se sentait pas bien du tout. Le docteur fit une nouvelle lecture des pouls, observa ses yeux, sa langue... Le malheureux se trouvait dans l'incapacité de formuler un diagnostic... Soudain, amala explosa de rire... et avoua à Tenzin Choedrak qu'elle avait volontairement avalé un piment, histoire de le tester ! Depuis ce jour, une forte complicité existait entre elle et son médecin.

---

1. Torturé, celui-ci mourra quelques années plus tard dans les geôles chinoises.

2. L'auteur est le seul biographe du docteur Tenzin Choedrak (1920-2002). Il a écrit également avec lui *Le Palais des arcs-en-ciel*, chez Albin Michel, 1998, et *Les Secrets de la médecine tibétaine*, Plon, 2002.

3. Khenrab Norbu, fondateur du Men-Tsee-Khang, est le maître qui a formé Tenzin Choedrak.

Revenons en 1956... L'audience se déroule, par une belle matinée du mois d'août, au Norbulingka : le Dalaï-Lama doit officialiser la nomination de ses deux nouveaux médecins.

Yönten Tcharchin est déjà passé devant le souverain, dans l'ordre du tirage au sort.

C'est au tour de Tenzin Choedrak.

Enfermé dans sa timidité, le jeune médecin approche, d'un geste emprunté.

Il se prosterne trois fois de suite devant le souverain.

Le Dalaï-Lama lui sourit et, le regard empli de malice, lui fait signe de s'avancer encore un peu.

Tenzin Choedrak tend une khata, se courbe légèrement, afin de permettre à Sa Sainteté de lui en encercler le cou.

Le médecin n'oubliera jamais cette sorte de tic qu'a Kundun de remonter, d'un geste mécanique, les épaisses lunettes qui pèsent sur son nez. Et il se souviendra, sa vie durant, de son rire cosmique, qui a empli la salle d'audience ce jour-là... En y réfléchissant bien, hormis les lunettes, tout en Tenzin Gyatso rappelle amala : la même forme du visage, les yeux... Une ressemblance indéniable.

L'audience se prolonge.

On s'étonne. Sans se préoccuper le moins du monde de ce qui se passe autour de lui, le Dalaï-Lama converse tranquillement avec le médecin : la santé de sa grand-mère et d'amala, que les rumeurs accablent, l'inquiète.

L'audience s'achève.

Tenzin Choedrak, désormais Lhamènpa, quitte le Norbulingka pour la demeure des Yapshis : il doit se présenter à amala, à Ngari Rinpoché, à Tsering Dolma. Excepté mola, la grand-mère, il connaît déjà tout le monde.

La mère du Dalaï-Lama lui propose de rester pour le dîner ; ce soir-là, comme souvent, c'est elle qui prépare le repas pour la famille, le majordome, les serviteurs et les religieux de passage...

Le lendemain matin de sa nomination, Lhamènpa prend ses nouvelles fonctions : il retourne à la résidence d'été du

Dalaï-Lama pour la toute première consultation. Sa lecture des pouls a beaucoup amusé Tenzin Gyatso. Mais par la suite Sa Sainteté a commencé à poser des questions sur la médecine tibétaine auxquelles Tenzin Choedrak s'est efforcé de répondre de son mieux (!), espérant que le souverain s'en montrerait satisfait.

Le soir, devant son autel personnel, Lhamènpa invoque les déités pour leur demander de lui donner la force et les capacités d'être un bon médecin pour Sa Sainteté et sa famille, et il cite Shantideva, le grand sage indien du VIIe ou VIIIe siècle :

Aussi longtemps que durera l'espace,
Aussi longtemps qu'il y aura des êtres,
Puissé-je moi aussi demeurer,
Afin de soulager la souffrance et les misères du monde.

Aussi longtemps qu'il y aura des êtres souffrants,
Et jusqu'à ce que leurs maladies soient guéries,
Puissé-je être, pour les aider,
Leur médecin, leur remède et leur serviteur.

Une belle et très longue amitié va bientôt lier le Dalaï-Lama à Tenzin Choedrak.

*

Depuis 1950, et pendant les années qui suivent, la CIA recrute et forme de nombreux spécialistes des opérations spéciales. Le bilan tiré à l'époque par le général Douglas MacArthur est d'une simple évidence : trop de pertes parmi les agents coréens pour de trop maigres résultats. A partir de là, le général, à vrai dire peu amateur de ces actions paramilitaires clandestines, tente de sortir du théâtre des opérations ses experts de la division spéciale.

Que faire de ces effectifs, nombreux et bien entraînés ? En 1953, au sortir de la guerre avec la Corée, la division spéciale se tourne vers d'autres pays, dont la Chine communiste : elle y suscite des mouvements de résistance, monte des opérations d'infiltration, jusqu'au jour où deux de ses opérateurs, John Downey et Richard Fecteau, se font capturer avec les agents nationalistes dont ils avaient favorisé l'infiltration.

Ce nouveau constat d'échec détourne alors la division spéciale de la Chine pour s'attacher à des régions plus favorables à ses activités : l'insurrection des Huks aux Philippines écrasée grâce à la CIA en constitue un exemple ; les nationalistes chinois maintenus en Birmanie, où ils se livrent au très rentable trafic d'opium, en est un autre ; la consolidation du régime de Diem au Vietnam, un troisième.

L'intérêt de la CIA pour le Toit du Monde s'amorce dans les années 1955/1956.

Gyalo Thondup et Shabakpa ont fait de leur « comité d'aide sociale pour le Tibet » le point névralgique de la résistance ; et l'ANVD s'organise de mieux en mieux sur le terrain.

Comme Gyalo Thondup et Diki Dolkar – son épouse est chinoise – entretiennent d'excellentes relations avec les nationalistes de Taiwan, les Tibétains s'adressent tout naturellement à leurs amis.

Taiwan accepte de larguer des armes et du matériel pour la guérilla au-dessus du Kham ; mais la CIA se cache derrière ces premières opérations au Tibet. Le problème tibétain prend d'ailleurs une telle ampleur que Taiwan pousse Gyalo Thondup et Shabakpa à négocier directement avec les chefs de la division spéciale.

Le 20 septembre 1956, le Népal et la Chine signent un traité par lequel les Népalais reconnaissent la souveraineté de la Chine communiste sur le Tibet et abandonnent les concessions qu'ils y possédaient en vertu du traité de 1856.

Le 15 novembre, des rapports parviennent en Inde, faisant état de nouveaux combats entre la résistance tibétaine et les troupes chinoises.

Sur ces entrefaites, Thubten Jigme Norbu, qui vient de passer trois années au Japon à visiter le pays, à étudier le japonais et à nouer de nouvelles amitiés pour le Tibet, débarque à Darjeeling.

L'aîné des Yapshis découvre une activité débordante dans la maison de son frère et de sa belle-sœur. Tous ses neveux et nièces sont là, eux aussi. Et il y a Jetsun Pema, sa sœur cadette qui vient tout juste d'avoir seize ans : il ne l'avait pas revue depuis son départ aux Etats-Unis.

La famille peine à cacher une certaine fébrilité. La nouvelle a été rendue officielle : le Dalaï-Lama va participer aux cérémonies du deux mille cinq centième anniversaire de la naissance du Bouddha – Buddha Jayanti ; le Panchen-Lama et les autres hiérarques du bouddhisme tibétain seront du voyage.

Il a fallu d'âpres discussions entre Shabakpa et Gyalo Thondup, représentant officieusement les Yapshis en Inde, et Nehru pour amener le pandit à adresser une invitation en bonne et due forme au Dalaï-Lama et à quelques autres dignitaires religieux du Tibet.

Enfin, il a fallu avoir recours à l'entremise du maharadjah du Sikkim, alors président du *Mahabodhi Society for India* pour que les autorités d'occupation finissent par lâcher du lest dans cette affaire : elles soupçonnent une manœuvre politique de la part des Yapshis installés en Inde.

A Darjeeling, des gens viennent de partout, de New Delhi, de Kalimpong, de Mussourie, et... de plus loin encore.

L'arrivée du Dalaï-Lama en Inde n'explique pas tout.

Gyalo Thondup entre et sort sans cesse. Parfois, il disparaît plusieurs jours de suite. Rien ne l'arrête.

De là à lui arracher des informations sur ses activités.

Le soir, au dîner, pris en famille, en présence de Thubten, Gyalo Thondup s'exprime volontiers sur l'évolution de la situation. Cinq à dix minutes peut-être, c'est un grand maximum : il a pour principe de ne pas trop en dire.

On passe ensuite à d'autres discussions.

Ces derniers soirs, après avoir avalé un peu de soupe, il lui arrive de repousser son bol avec une impatience nerveuse, inhabituelle chez lui.

Gyalo Thondup se lève alors de table et rejoint la pièce voisine, ouvre un tiroir, en sort du papier, s'assoit devant le bureau pour écrire, rectifie sur une feuille quelques mots en tibétain rédigés la veille.

Enfin, il prépare l'encre, la presse. La machine fait un bruit infernal.

Peu importe, il faut toujours de nouveaux tracts.

Et il en est ainsi depuis plusieurs mois déjà.

Tard dans la nuit, il arrive que Gyalo Thondup et Diki Dolkar relèvent la tête pour se regarder.

Après quelques secondes de rêverie, ils se remettent au travail.

La résistance tibétaine ne peut attendre.

En ce mois de novembre, Thubten Jigme Norbu rejoint volontiers son cadet pour rédiger les textes en tibétain.

Pendant que les trois petits du couple – Yangzom Dolma, Tenzin Khedrup et Ngawang Tempa – dorment à poings fermés, Jetsun Pema, et les enfants de Tsering Dolma et de Phuntsok Tashi – Tenzin Ngawang et Khando Tsering – aident les adultes à plier les tracts : on se bouscule chez eux pour soutenir leur cause.

Chaque matin, les sacs sont enlevés et transportés sur une base aérienne américaine. Largués au-dessus de Lhassa, des régions de l'Amdo, du Kham et du Tibet central, les tracts appellent les Tibétains à rejoindre la résistance.

Un véritable parcours du futur combattant : partant du Tibet, les recrues doivent traverser la chaîne himalayenne, se reposer quelques jours dans les environs de Darjeeling, avant d'être dirigés vers le Pakistan voisin.

Les volontaires tibétains embarquent ensuite dans des

avions de l'armée américaine. Direction une île du Pacifique nord ou la Californie, où ils reçoivent une formation à la guérilla dans les camps d'entraînement des Marines.

Un an plus tard – quelquefois moins –, on les parachute au-dessus des zones de résistance : sur eux, 132 dollars en coupures tibétaines et chinoises, une radio de marque japonaise ancienne, un pistolet, une mitraillette. Un bracelet qui encercle leur poignet contient une pilule de cyanure.

Leur mission consiste à informer, infiltrer, recruter, former leurs hommes ; ensuite, harceler l'ennemi.

Pour eux, le combat continue.

*

A cette époque, Gyalo Thondup est certainement, avec Shabakpa, l'homme qui connaît le mieux ce qui se passe au Tibet depuis l'invasion chinoise.

Des heures durant, il s'entretient avec Thubten pour lui expliquer que, d'une part, la région autonome représente environ un tiers du Tibet d'avant l'invasion. Surtout, il lui fait un récit détaillé des exactions commises par les Chinois dans leur pays.

Les derniers témoignages sont terrifiants.

Dans l'Amdo et dans une large partie du Kham rattachés au Qinghai, les rouges bombardent les monastères, pillent les œuvres sacrées, brûlent ce qui leur paraît le moins intéressant et, depuis 1951, déportent les jeunes Tibétains : lors d'assemblées locales, les autorités annoncent des chiffres en augmentation constante de ces transferts en Chine où les enfants apprendraient les méthodes modernes d'agriculture et la gestion des communes. De rares informations parviennent en retour. Un témoin raconte avoir été obligé d'assister dans son village « à la crucifixion d'un homme issu d'une famille aisée nommée Patung Anga. Il vit allumer un feu sous lui et sa chair grésiller. En tout, vingt-cinq autres personnes appartenant à des familles aisées furent crucifiées, et le témoin assista à tous les supplices » : ce sont les fameuses séances de thamzing... Ce même témoin qui fait partie de l'ANVD a vu les Chinois « tuer vingt-quatre personnes à Jeuba en leur enfonçant des clous dans les yeux. Là encore, la population fut contrainte d'assister aux exécutions. Les victimes appartenaient aux classes moyennes, et les Chinois déclarèrent qu'elles avaient mérité leur sort parce qu'elles ne s'engageaient pas dans la voie du communisme, ayant refusé de collaborer et d'envoyer leurs enfants à leurs écoles[1] ».

Des témoignages plus troublants sont parvenus à Gyalo Thondup et à Shabakpa, de Tatsang, dans l'Amdo. Il les résume pour son frère : « Les Chinois prirent les nouveau-nés en charge, en expliquant aux parents qu'ils seraient plus à l'aise pour travailler. Ceux qui refusèrent furent exécutés : "leur cerveau est pourri, et il faut éviter aux enfants la même dégradation." Les vieillards et infirmes furent également séparés de la population, et on ne leur donna que le strict minimum pour se nourrir[2]... »

Dans l'Amdo et dans le Kham, en 1955 et 1956, on parle aussi de stérilisations et d'avortements forcés.

Les témoins reviennent souvent sur les enlèvements d'enfants : « Tous les nouveau-nés furent enlevés à leurs parents dix à quinze jours après leur naissance. Toutes les naissances devaient être déclarées, et le personnel médical faisait la tournée des maisons pour y prendre les enfants. On expliqua à la population que les communistes et les Chinois devaient s'en occuper. Personne ne savait où les bébés avait été emmenés : en tout cas ce n'était pas à l'hôpital local. Parmi les noms de parents cités par les témoins figurent ceux de Chagmo-gya et de Digmochi[3]. »

Ces faits se sont déroulés à Doy-Gyatsang, mais ce témoignage s'avère très important pour la suite : « En 1955, les

1. Déposition n° 1, du rapport présenté par Commission internationale de juristes, dans *Le Tibet et la république populaire de Chine*, 1960.

2. Déposition n° 18, *ibid.*

3. Déposition n° 1, *ibid.*

Chinois annoncèrent que les petits enfants de quatre à six ans devaient être emmenés pour être endoctrinés, car ils empêchaient leurs parents de travailler. Dans le village du témoin, environ soixante-dix familles, une vingtaine d'enfants furent emmenés. A partir de 1956, des infirmières furent chargées de les soigner pendant deux ou trois ans, puis on devait les envoyer à l'école [1]. »

Ainsi, partout au Tibet, on voit des camions emplis d'enfants partir pour la Chine [2].

S'agit-il vraiment de prendre soin des enfants enlevés aux Tibétains ? On l'apprendra par la suite, quelques enfants partis pour la Chine n'y ont reçu aucune éducation : ils ont travaillé dans les champs. Pour d'autres, on ne sait pas ce qu'ils sont devenus.

Mais les nourrissons ?

Il ne s'agit pas d'accuser, seulement de constater des faits. Cet extrait du livre du Chinois Wei Jinsheng est particulièrement marquant et démontre, s'il en est nécessaire, que les Tibétains ne sont pas les seules victimes de la politique de Mao Zedong. Le peuple chinois l'est tout autant. Le dissident chinois évoque d'autres nourrissons, de la république populaire de Chine cette fois : « Nous longions justement le village... Les rayons éclatants du soleil éclairaient les mauvaises herbes, d'un vert de jade, qui poussaient entre les murs de terre, soulignant ainsi le contraste avec les champs de riz alentour et ajoutant à la désolation du paysage. Devant mes yeux, parmi les mauvaises herbes, surgit soudain une scène qui m'avait été rapportée au cours d'un banquet : celle de familles échangeant entre elles leurs enfants pour les manger. Je distinguais clairement le visage affligé des parents mâchant la chair des enfants contre lesquels ils avaient troqué les leurs. Les gamins chassant les papillons dans les champs situés près du village me

1. Déposition n° 39, *ibid.*
2. Déposition n° 32, *ibid.*

semblaient être la réincarnation des enfants dévorés par leurs parents. Ils me faisaient pitié. Mais leurs parents me faisaient davantage pitié encore. Qui les avait obligés à avaler, dans les larmes et la douleur des autres parents, cette chair humaine qu'ils n'auraient jamais, même dans leurs cauchemars, pensé devoir goûter ? J'ai compris alors qui était ce bourreau, "tel que l'humanité en plusieurs siècles, et la Chine, en plusieurs millénaires, n'en ont produit qu'un seul"[1] : Mao Zedong. Mao Zedong et ses sectateurs qui, par leur système et leur politique criminels, avaient contraint des parents rendus fous par la faim à livrer à d'autres la chair de leur chair pour qu'ils apaisent leur faim, et à recevoir la chair de la chair d'autres parents pour apaiser la leur. Mao Zedong qui, pour laver le crime qu'il venait de commettre en assassinant la démocratie, avait lancé le "Grand Bond en avant" et obligé des milliers et des milliers de paysans hébétés par la faim à abattre à coups de binette leurs anciens compagnons et à sauver ainsi leur propre vie grâce à la chair et au sang de ces compagnons d'enfance. Non, les bourreaux ce n'étaient pas eux, les bourreaux, c'étaient bien les Mao Zedong et consorts[2]. »

Pendant ce temps, la réforme agraire[3], appliquée depuis deux ans déjà (1955-1956) dans l'Amdo et dans le Kham, se révèle désastreuse. Traditionnellement cultivé au Tibet, l'orge a été remplacé par du blé. Du fait des conditions climatiques dans ces régions, les récoltes n'arrivent que très

1. Formule adressée (dans un tout autre contexte) par Lin Biao à Mao Zedong, dans un discours prononcé le 18 septembre 1966.

2. Extrait de *Mon évolution intellectuelle entre 16 et 29 ans, dans La Cinquième Modernisation et autres écrits du printemps de Pékin*, par Wei Jinsheng, Christian Bourgois éditeur, 1997. Le dissident chinois a été libéré du laogai en novembre 1997.

3. La loi fut promulguée en Chine le 18 mai 1950. Quarante-six millions d'hectares de terres furent réquisitionnées et redistribuées à trois cent millions de Chinois, paysans pauvres ou sans terre. Quinze millions de propriétaires furent dépouillés de tous leurs biens.

rarement à maturité ou gèlent sur pied. Dans les vallées, les autorités locales chinoises ont imposé aux fermiers la culture de toutes les terres, et l'on voit ainsi de vastes étendues de blé qui ne pousseront jamais. Or, depuis des siècles et des siècles, fermiers et nomades laissent en jachère de vastes étendues de terres qui servent alors de pâturages pour leurs troupeaux.

Non content de ce bouleversement, les rouges prélèvent trente *gyamas*, environ quinze kilos, de nourriture par personne. Dans ce quota n'est pas prise en compte la part des personnes âgées et des handicapés. Les Tibétains se nourrissent uniquement de tsampa et de thé. Les familles des militaires et les premiers colons perçoivent, quant à eux, entre trente et trente-cinq gyamas de riz et de farine, et trois gyamas et demi d'huile par personne et par mois.

De nombreux témoins ont vu les soldats de l'Armée de libération chasser les troupeaux de yacks sauvages et de kyangs, les ânes sauvages, avec des automitrailleuses, lâchant de longues rafales au milieu de rires hystériques. Derrière suivent des camions : les témoins ont été obligés de charger les carcasses sur leurs plates-formes.

Ces tueries abominables sont porteuses d'une autre catastrophe qui concerne la faune et la flore. Dans certaines zones, les Chinois ont d'ailleurs entamé une déforestation massive d'espèces fort anciennes.

Thubten Jigme Norbu ferme les yeux. Les choses deviennent floues.

Pendant quelques secondes, les deux frères errent en tous sens dans la maison. La tristesse les envahit. Quoi qu'il advienne désormais dans leur pays, plus rien ne sera comme avant.

Il fait encore nuit.

L'aîné se contente d'un soupir malheureux, pensant à ces années, dix au plus, où tout a basculé dans leur existence. D'anciens souvenirs resurgissent : le monastère de Kumbum dont il a été l'abbé, sa démission sous la contrainte, son village, l'arrivée à Lhassa, sa vie à Drepung, l'assassinat de son père, son départ pour les Etats-Unis, la Virginie, l'université de Berkeley où il étudiait encore trois ans plus tôt, le Japon, et maintenant Darjeeling, la résistance... Il imagine les combats dans les montagnes, l'odeur du sang, la mort, les hurlements de détresse... Des larmes coulent sur son visage.

Les deux frères prennent alors la décision de pousser leur jeune frère à demander l'exil aussitôt son arrivée : la vie de Tenzin Gyatso et d'amala est en jeu.

Le 15 novembre 1956, des rapports leur parviennent à propos de nouveaux combats particulièrement meurtriers entre les forces armées chinoises et les résistants de l'ANVD.

Un télégramme leur parvient également : en ce mois de novembre 1956, le Dalaï-Lama et sa famille ont quitté Lhassa pour Tashilhunpo, le monastère du Panchen-Lama, après quoi, ensemble, ils suivront la route empruntée par les caravaniers, *via* la vallée de Chumbi.

C'est donc dans une atmosphère pesante que le Dalaï-Lama et les autres dignitaires du bouddhisme tibétain débarquent avec leur délégation à New Delhi. Le Dalaï-Lama et le Panchen-Lama sont encadrés et séparés par de nombreux fonctionnaires chinois, agents du tewu, le service secret, et officiers de l'Armée de libération du peuple.

Vers Rajgat, le lieu de crémation de Gandhi où le Dalaï-Lama s'est longuement recueilli, des milliers de personnes se pressent sur le chemin des hôtes tibétains du gouvernement indien et de leurs gardes-chiourme chinois

Ensuite, le cortège s'est scindé. Le Dalaï-Lama et certains hôtes tibétains et chinois sont attendus à la résidence présidentielle, le Rashtrapati Bhavan, pour un déjeuner avec le président indien, le docteur Rajendra Prasad, le vice-président, le docteur Rada Krishna, et le Premier ministre, le pandit Nehru.

Pour la première fois, on a pu entendre la voix du Dalaï-Lama délivrant des enseignements bouddhistes à Bodhgaya,

Ajanta, Bénarès et dans de nombreux autres sites sacrés, mais aussi prononçant des discours officiels préalablement rédigés par les Chinois à Lhassa...

Les délégations tibétaines parcourent l'Inde dans un train mis à leur disposition par Nehru.

Amala profite de ce voyage pour mieux lier connaissance avec la mère du Panchen-Lama. Les deux femmes papotent volontiers de leur petit quotidien, de broderie, de cuisine, de tricot. Des conversations plus sérieuses sont quasi impossibles : un fonctionnaire chinois qui comprend parfaitement le tibétain se tient tout près.

Le Dalaï-Lama rejoint le plus souvent possible amala, sa sœur cadette Jetsun Pema et Lobsang Samten. Ici encore, leurs propos sont écoutés. Si ce n'est par un Chinois, cela peut être par un Tibétain de la délégation, attitude de collaboration qui attriste beaucoup amala.

Dans les rares moments de vraie solitude, le souverain tibétain laisse vagabonder ses pensées au gré des magnifiques paysages indiens qui défilent sous ses yeux ; l'Inde où ses aînés Thubten Jigme Norbu et Gyalo Thondup, des Tibétains exilés et des amis indiens les poussent à rester, lui et le Panchen-Lama.

Le Dalaï-Lama a probablement pris la décision de rentrer au Tibet le 10 décembre 1956, à l'issue d'un entretien avec Zhou Enlai et le pandit Nehru. Le ministre chinois des Affaires étrangères promet à ses interlocuteurs que le Tibet jouira de son autonomie, que la Chine n'y introduira pas le communisme par la force.

L'heure de la séparation s'avère délicate : à mi-séjour, Lobsang Samten a dû subir une opération chirurgicale.

Amala, sollicitée par Gyalo Thondup, va rester un mois de plus à Calcutta.

Tsering Dolma, Jetsun Pema et Ngari Rinpoché l'accompagnent ; les deux enfants de sa fille aînée et de Phuntsok Tashi sont là aussi.

Le Dalaï-Lama est reparti à Lhassa où il parvient en avril 1957. Phuntsok Tashi, son beau-frère, l'accompagne.

Le souverain s'installe directement au Norbulingka.
Thubten Jigme Norbu regagne les Etats-Unis.
Gyalo Thondup et Diki Dolkar sont rentrés à Darjeeling : leur mission ne s'arrête pas là, bien au contraire.

Au Tibet, la situation se dégrade jour après jour.

*

Pendant ce temps en Chine, la collectivisation dans les campagnes a abouti à un dramatique échec.
Les « masses prolétaires » si chères au régime grondent, s'agitent, se soulèvent un peu partout.
Les grèves paralysent les villes, on se bat sur les docks de Canton, les usines sont bloquées par les grévistes.
Le chômage, dont Mao et les siens nient jusqu'à l'existence, n'en atteint pas moins des records.
Les salaires sont dérisoires.
Le peuple chinois meurt de faim.
La lune de miel entre le Parti communiste chinois et les classes populaires semble tirer à sa fin.
Le 2 mai 1957, Mao Zedong, que le pouvoir, l'idéologie et la mégalomanie aveuglent, lance le mouvement des « Cent Fleurs » ; il prend à son compte le précepte de Confucius : « Que cent fleurs s'épanouissent, que cent écoles rivalisent », invitant les intellectuels et les artistes à exprimer leurs critiques vis-à-vis de la politique appliquée par le parti.
Pour l'occasion, le dictateur rouge formule un nouveau slogan : « Ne tais rien de ce que tu sais ; ne garde rien pour toi de ce que tu as à dire... » Il promet : « On ne blâmerait pas celui qui parle ; on mettrait à profit ce qu'il dit. »
En 1957, Harry Wu[1] a vingt ans. Il est un étudiant à

1. Rencontre avec l'auteur lors d'une tournée de conférences en France, Harry Wu, né à Shanghai en 1937, est l'auteur de *Retour au laogai,* Belfond, 1997. Ce texte est extrait d'une des deux préfaces écrites pour Gilles Van Grasdorff : celle-ci concerne *Cent Mille Eclairs dans la nuit*, avec Me Gilbert Collard, Presses de la Renaissance, 1999,

Pékin. C'est un Han : « Parce que j'étais issu d'une classe sociale aisée, parce que, de plus, j'étais catholique, enfin parce que j'avais tenu des propos hostiles à la répression armée soviétique du soulèvement populaire de Budapest en 1956, je fus déclaré par le bureau du parti "contre-révolutionnaire droitier..." Au départ, la plupart des gens n'avaient pas pris conscience du piège que tendait le parti communiste à travers la politique des Cent Fleurs. Dès que les intellectuels et les étudiants notamment eurent exprimé leurs critiques, voire formulé des opinions politiques non orthodoxes, le parti annonça qu'il ne considérait plus comme bienvenu "l'épanouissement des Cent Fleurs" et qu'il avait désormais l'intention "d'arracher les mauvaises herbes". Alors, il déclencha le "mouvement anti-droitier". Mao Zedong chargea Deng Xiaoping d'organiser la répression. On évalue à près d'un million le nombre de personnes déclarées "contre-révolutionnaires droitiers" lors de la répression politique de 1957. J'étais l'un d'entre eux... Sous le régime communiste, n'importe quel individu déclaré "ennemi du Parti" ou membre d'une "classe ennemie" se voyait condamné aussi sûrement qu'un juif sous le régime nazi. Mais les "contre-révolutionnaires droitiers" désignés par le pouvoir étaient trop nombreux pour que l'on puisse immédiatement les arrêter, les interroger et les condamner tous. Le gouvernement communiste adopta alors une méthode d'élimination progressive : il commença par arrêter ceux qu'il disait les "droitiers ultra-réactionnaires". Il institua parallèlement une mesure de « rééducation par le travail », la faisant passer par un type de "sanction administrative", ce qui permettait de prononcer des condamnations sans plus avoir à engager de procédure juridique. En condamnant les droitiers au moyen d'une telle mesure, le gouvernement communiste avait trouvé une méthode aussi pratique qu'efficace. Je faisais alors partie des "droitiers ordinaires", c'est

---

et *Guendun, l'enfant oublié du Tibet*, Presses de la Renaissance, 1999 et Pocket 2002.

pourquoi je ne fus arrêté que deux ans plus tard, en avril 1960, et condamné à la “rééducation par le travail”. c’est alors que commença ma vie au laogai. J’y passai dix-neuf ans, jusqu’au jour où je fus relâché, à l’âge de quarante-deux ans. »

*

En 1957, le Tibet est de plus en plus divisé : d’un côté, le Dalaï-Lama, respectueux de sa conception de la non-violence et qui appelle régulièrement à un arrêt des combats ; de l’autre, les collaborationnistes, toujours plus nombreux ; et, enfin, la résistance armée, combattants de l’ANVD et du groupe *Mimang* réunis sous une même bannière, le *Chushi Gangdrug*, « Quatre rivières, six chaînes de montagnes », du nom du Tibet oriental d’autrefois. Ils seraient au nombre de quatre-vingt mille, hommes, femmes et enfants, à vivre dans la clandestinité.

Depuis le mois de mai, un groupe de commerçants khampas organise régulièrement des cérémonies de longue vie pour le Dalaï-Lama, récoltant des dons pour offrir un trône en or à leur souverain qui va bientôt fêter ses vingt-deux ans. Le leader de ce groupe, Gompo Tashi, sera bientôt désigné comme le chef du *Chushi Gangdrug*.

En juillet, deux mois plus tard, on organise au Norbulingka des célébrations en vue d’offrir ce trône au souverain tibétain : c’est pour lui l’occasion d’apprendre que la résistance entend intensifier la lutte contre l’occupant.

De fait, les résistants multiplient les attaques contre les garnisons chinoises et les ouvriers qui travaillent à la construction des routes.

Le 22 avril 1958, on célèbre à Lhassa le deuxième anniversaire du CPRAT (comité préparatoire pour la région autonome).

Chen Yi assiste à la réunion et y intervient. Plus marquante sera cependant l’intervention de Zhang Jingwu : « Le prestige du Comité préparatoire s’accroît sans cesse au sein de la population tibétaine. Ses membres ont bénéficié d'un entraînement pratique. L'habileté technique, l'aptitude professionnelle, la compréhension politique et le patriotisme de ce personnel ont augmenté. Ces réalisations ont permis de poser des bases pour le futur établissement de la région autonome du Tibet[1]. »

Lorsque le général Zhang Guo-hua prend la parole, c'est pour constater la coopération du « personnel tibétain » : « Une résolution a été adoptée en 1957, afin d'abolir la corvée que devaient accomplir les gens de toutes nationalités qui travaillent ou étudient dans les bureaux de l'Etat ; cette mesure a permis d'organiser des conditions favorables à la réalisation d'une tâche aussi exceptionnellement importante que la formation des cadres. De même, diverses résolutions ont été adoptées qui visaient à instaurer graduellement de l'ordre dans le domaine des transports et des communications ; ce sont, par exemple, les « règlements sur les automobiles privées dans le district du Tibet » et « les dispositions provisoires réglementant les véhicules à traction animale dans le district du Tibet[2]. »

Le 23 mai 1958, Deng Xiaoping présente le rapport qui lance officiellement le « Grand Bond en avant[3] ».

En septembre, il sillonne la Chine et une partie du Tibet pour appeler à la généralisation des communes populaires. Des centres expérimentaux sont installés à Lhassa, Shigatsé et Lhokha.

Radio-Pékin et le PCC vantent à grand renfort de propagande les vertus de ces communes qui laissent entrevoir aux paysans des classes moyenne et pauvre la possibilité de sortir d'une situation médiocre pour devenir *turing* – président – ou *dhutang* – contremaître –, à condition de savoir dénon-

1. *La Question du Tibet et la Primauté du Droit*, Commission internationale de juristes, Genève 1959.
2. *Ibid.*
3. Le 25 janvier 1958, Mao a donné l'ordre de « rattraper l'Angleterre en quinze ans » ; la production chinoise devait augmenter de 33 % l'an.

cer au bon moment tous les « réactionnaires » qu'ils connaissent.

Pour sédentariser les nomades, c'est-à-dire la majorité de la population, on leur confisque les troupeaux, on les transfère dans les communes. Les leaders qu'on y forme seront envoyés par la suite dans d'autres régions pour créer de nouvelles communes. Et ainsi de suite... Les turings et les dhutangs pourront de cette façon aider leurs compatriotes tibétains à entrer dans « l'ère moderne ». Les communes vont en effet bénéficier d'une certaine autonomie ; ainsi, en cas de nécessité, elles pourront venir en aide aux autres communes en cours de développement.

La pression de la Chine sur le Toit du Monde s'intensifie.

La campagne « anti-droitière » touche les fonctionnaires qui ont osé mettre leurs compatriotes en garde contre le « Grand Hanism » : ceux-là se voient accusés à leur tour de soutenir le nationalisme tibétain réactionnaire.

A la fin de l'année 1958, la plupart des six mille deux cents monastères ont été rasés : il n'en reste plus que deux mille sept cents.

Les Tibétains fuient en masse les zones de combat pour rejoindre la capitale. Quinze mille personnes cherchent refuge à Lhassa et dans ses environs ; ils s'installent à Lhokha, qui devient alors très vite le fief du mouvement de résistance *Chushi Gangdrug*.

*

Le Dalaï-Lama n'a pas l'intention d'engager le combat contre les rouges. Il sait la partie trop inégale. Et pourtant, il a été informé qu'après les services spéciaux de Taiwan c'est la CIA qui a largué ses premières armes sur les zones tenues par la résistance.

Tout ce qu'il sait... et tout ce qu'on ne lui dit pas, pour le ménager : il n'a que vingt-deux ans... Les atrocités commises par les Chinois contre les populations laïques et religieuses le terrifient : on fusille, on pend, on étrangle, on ébouillante, on enterre vivant des moines, on décapite, on mutile... Au cours d'intenables séances de thamzing, les pauvres gens dans leurs villages et les familles sont forcés à assister à des crimes odieux : on oblige les enfants à abattre leurs parents d'une balle dans la nuque ; on contraint les moines à forniquer avec les religieuses sous le regard humiliant de leurs tortionnaires ; on paie des femmes pour violer les religieux ; on attelle des lamas à des charrues, et leurs bourreaux les montent comme des bêtes de somme, pour les torturer ensuite jusqu'à la mort. Et puis, on stérilise des femmes dès l'âge de douze ans, on avorte de force les mères jusqu'à huit mois et demi de grossesse [1].

Le Dalaï-Lama y voit « l'effet de la politique expansionniste de la Chine ; la volonté programmée de détruire le Tibet, d'éliminer son peuple, de mettre la main sur un sous-sol riche ; et la haine, enfin, qui engendre tous les crimes [2] ».

Et voilà que des rumeurs laissent entendre que les rouges s'en prendraient bientôt aux Yapshis, à mola, à amala, à Ngari Rinpoché qui, au monastère de Drepung, subit, à l'âge douze ans, pressions et humiliations.

L'idée de quitter le Tibet pour un long exil a germé dans l'esprit de la famille au début de l'hiver 1958/1959.

Amala et Tsering Dolma en parlent entre elles, échafaudent des plans. Lorsqu'une idée lui vient, Tsering Dolma contemple sa mère avec un sourire lugubre. L'impatience, la peur amènent quelquefois à des idées aussi originales que farfelues ! Fille et mère partiraient toutes les deux, dégui-

---

1. De multiples dépositions de Tibétains victimes des atrocités chinoises peuvent être consultées dans le rapport présenté à la Commission d'enquête internationale de juristes, *Le Tibet et la république populaire de Chine*, par le Comité juridique d'enquête sur la question du Tibet, 1960.

2. Entretien avec l'auteur à Dharamsala, en 1994. Ces entretiens entre Sa Sainteté Tenzin Gyatso, le quatorzième dalaï-lama et Gilles Van Grasdorff sont devenus un livre, *Terre des dieux, malheur des hommes*, J.-C. Lattès, 1995, Livre de Poche, 1996.

sées en nonnes ; il faudrait seulement songer à se raser le crâne, à se noircir le visage pour paraître plus vraies que nature.

Amala observe son aînée avec un mélange d'étonnement et de compassion.

La fuite, elles ne sont pas les seules à y songer. Des aristocrates s'y préparent, d'autres sont déjà partis, certains sont sur le point de quitter Lhassa dans le plus grand secret, cette capitale remplie d'indicateurs, de collabos.

La sœur du seizième karmapa est même venue jusqu'à Tchang Seb-Char pour lui proposer de fuir avec eux : à Tsurphu aussi, la situation est devenue intenable, les rouges encerclent le monastère et tirent à vue.

Le Dalaï-Lama consulte régulièrement ses oracles : le moment n'est pas venu. Il en informe les siens. Attendre, il faut attendre. Pourtant, la situation ne cesse d'empirer.

Les Chinois accusent le kashag d'être à la solde de la résistance ; de son côté, le *Chushi Gangdrug* est convaincu que le gouvernement tibétain collabore ouvertement avec l'ennemi. Du coup, le kashag envoie une mission à Lhokha : elle ne reviendra jamais ; les cinq hommes rejoignent les combattants de la liberté.

*

Le Panchen-Lama adresse au président Mao un message de vœux pour le nouvel an chinois : Choekyi Gyaltsen lui promet de travailler à réprimer le sabotage au Tibet.

Suit le nouvel an tibétain, losar 1959, février/mars...

Pendant le Mönlam, le festival de la « Grande Prière », les Tibétains oublient pour quelques jours la répression, la guerre, l'occupation : le Dalaï-Lama passe, dans le temple du Jokhang, son dernier examen public de maître en métaphysique.

Des centaines de lamas et de moines et les Lhassapas se pressent autour du Jokhang pour participer, eux aussi, à cet événement rare et purement religieux.

Les forces armées chinoises se sont déployées autour des temples de la capitale.

Le 3 mars, l'oracle de Nechung, entré en transes, recommande à Sa Sainteté de ne sortir à aucun prix de son palais.

Le 5, dernier jour de la « Grande Prière », Tenzin Gyatso décide de s'installer au Norbulingka : il encourt trop de risques à se déplacer d'un endroit à un autre.

Des rumeurs d'enlèvement sont déjà parvenues jusqu'à lui ; s'il n'y a jamais trop prêté attention, celles-ci se font de plus en plus persistantes.

A peine installé dans sa résidence d'été, il reçoit la visite de deux officiers, porteurs d'une invitation à une représentation théâtrale au quartier général chinois.

Le 7, le Dalaï-Lama laisse entendre qu'il se rendra à cette manifestation.

Le 9, Tenzin Gyatso confirme cette déclaration, laquelle sème la confusion dans les esprits de tous les Lhassapas. Leur souverain aurait-il la mémoire courte ?... Durant ces deux dernières années, plusieurs dignitaires religieux et hauts fonctionnaires de l'Etat, connus pour leur hostilité aux rouges, ont été conviés à des réceptions ; tués ou empoisonnés [1], ils n'en sont jamais revenus...

Ce même jour, le Dalaï-Lama reçoit, de la part des autorités militaires chinoises, une requête hautement insolite. Inquiétante, même : il doit venir seul, sans ses ministres, et n'être accompagné d'aucun de ses gardes du corps.

Le 10 mars, au petit matin, Tenzin Choedrak quitte Chang Seb-Char pour sa visite quotidienne au Dalaï-Lama. Il est surpris par la foule qui se masse autour du Norbulingka, enfle de minute en minute. Les femmes sont à l'origine de ce mouvement : elles hurlent des slogans hostiles aux Chinois, réclament leur départ du Tibet, exigent l'indépendance de leur pays.

---

1. *La Question du Tibet et la Primauté du Tibet*, Commission internationale de juristes, Genève, 1959.

Le médecin ne peut approcher du palais. Il est alors le témoin privilégié du premier soulèvement des femmes tibétaines dans l'histoire de son pays. Elles sont dix, vingt, peut-être même trente mille Lhassapas à bloquer le Norbulingka. Impossible d'y entrer, et pas question d'en sortir, surtout s'il s'agit du Dalaï-Lama.

Les Chinois crachent des ordres dans les haut-parleurs, exigent que l'on se disperse.

La tension monte.

Une Jeep du gouvernement, avec son escorte chinoise, essaie d'approcher : elle est prise à partie par la foule.

Connu pour être un indicateur, Sampho tente de percer la foule à moto. Projeté à terre, il est lapidé à mort.

Plus tard, dans la matinée, les manifestants s'organisent : une partie contrôle le Norbulingka ; une autre se disperse dans les rues, appelle tous les Lhassapas à rejoindre le soulèvement, et élève des barricades ; des monticules de bois s'érigent en plusieurs endroits de la ville : ce sont les caches de la résistance ; des armes y sont camouflées.

Entre-temps, un ami des Yapshis parvient, après moult détours, à Tchang Seb-Char.

Un calme serein y règne. Les serviteurs vaquent à leurs occupations. Ils ne semblent au courant de rien.

Amala, quant à elle, exécute une broderie. Tsering Dolma et mola sont auprès d'elle.

Personne n'est venu à Tchang Seb-Char.

Phuntsok Tashi, le gendre, apparaît soudain, complètement affolé. Son chauffeur qui devait venir les chercher a failli se faire molester. Heureusement pour lui, des Lhassapas l'ont reconnu.

Le temps presse. Les Chinois peuvent surgir à tout moment.

Les serviteurs ferment portes et fenêtres, s'enferment à l'intérieur de la maison. Ils doivent veiller sur la grand-mère, et ne sortir sous aucun prétexte.

Amala et Tsering Dolma quittent Tchang Seb-Char sans rien emporter avec elles.

Lorsqu'ils parviennent au palais d'été, Sa Sainteté vient d'envoyer trois de ses ministres au QG chinois.

Il est 13 heures.

Le message dont ils sont porteurs est d'une extrême clarté : le Dalaï-Lama ne viendra pas.

A l'intérieur du Norbulingka, on s'organise aussi : on commence par évincer les « mangeurs de riz » ; et les « mangeurs de tsampa » se réunissent pour prendre les mesures d'urgence qui s'imposent autour du Dalaï-Lama et de sa famille.

Dans la nuit du 10 au 11 mars, des milliers de personnes, femmes, hommes, enfants, restent groupés autour du Norbulingka.

Des véhicules de l'armée chinoise sillonnent les rues pour appeler au calme.

Les Lhassapas n'y croient plus et s'attendent à un coup de force.

Ils n'ont pas tout à fait tort. Pour l'heure, les troupes d'occupation se déploient sur les hauteurs, au nord de la rivière Kyi-Chu, pointant leurs canons sur le Potala et le Norbulingka.

Le 11 mars, cinq mille femmes se réunissent en assemblée et décident d'envoyer une délégation au Norbulingka : elles veulent que l'indépendance soit déclarée.

Quelques minutes plus tard, c'est en présence des émissaires féminines que le Dalaï-Lama et ses quelques fidèles proclament solennellement l'indépendance du Tibet.

La journée se passe ensuite, de réunion en réunion. Tenzin Gyatso s'oppose à une épreuve de force : la population serait anéantie.

Chacun y va alors de sa solution, de sa suggestion. Devenu cinquième personnage de l'Etat depuis qu'il est le médecin personnel du souverain, Tenzin Choedrak choisit de ne pas se battre. Il faut négocier à tout prix.

La nuit tombe. Tenzin Choedrak demande l'autorisation de rejoindre Tchang Seb-Char pour rassurer la grand-mère des Yapshis et les serviteurs restés auprès d'elle.

C'est en arrivant à la maison qu'il apprend la terrible nouvelle : Ngari Rinpoché, le plus jeune des fils d'amala, a été enlevé par les Chinois.

Ils sont venus à Tchang Seb-Char aussi : huit hommes en armes et quatre femmes qui insistaient pour savoir où se trouvaient amala et Tsering Dolma ; ils ont fouillé les soixante pièces de la demeure, le cellier, les caves, puis sont repartis comme ils sont venus, la rage au ventre.

Une peur panique saisit Tenzin Choedrak. Il veut repartir à la recherche de Ngari Rinpoché. Mola l'en empêche. Elle a peur, elle est très âgée, et supplie le médecin de rester auprès d'elle.

Ce que Tenzin Choedrak ignore, c'est que des Lhassapas cherchent, eux aussi, Ngari Rinpoché. En fait, la plus jeune des réincarnations a été emmenée au quartier général chinois. Les poings fermés, les deux généraux Zhang Jingwu et Zhang Guo-hua ne décolèrent plus. Ils se sentent piégés, et ils ne l'apprécient guère. Ce n'est pas ce sale gamin qui les intéresse, mais le Dalaï-Lama : ils le provoquent un peu, l'injurient... Des coups de poings pleuvent... sur la table, pas sur lui.

Vers la fin de l'après-midi, on lui ordonne de ficher le camp.

Ngari Rinpoché reprend alors le chemin de Drepung.

Un serviteur d'amala l'intercepte juste avant qu'il n'arrive au monastère et le ramène au Norbulingka, sain et sauf[1].

A l'intérieur de la résidence d'été, en ce soir du 11 mars 1959, chacun a compris que le gouvernement tibétain dirigé par le quatorzième dalaï-lama Tenzin Gyatso n'avait rien à proposer aux Chinois.

Les rouges n'ont pas programmé un règlement pacifique de la question tibétaine. Jamais !

1. Entretiens de l'auteur avec Tenzin Choedrak, le médecin personnel de Sa Sainteté Tenzin Gyatso.

Pour Pékin, l'assimilation, l'éradication du peuple tibétain, de sa culture, de sa langue constituent les seules solutions possibles.

Une variante *soft* de la solution finale.

*

Nuit du 11 au 12 mars... Il est 2 h 30, heure avancée pour une cité autrefois paisible. Ce n'est plus le cas à Lhassa.

Le temps a changé et la neige qui, pendant les derniers jours, tombait en flocons épais contre les fenêtres, couvre le jardin de Tchang Seb-Char d'un épais parterre soyeux.

La route qui mène au Norbulingka paraît vierge de toute trace de pas au moment où les gardes, les moines dobdos, terminent leur ronde.

Tenzin Choedrak se réveille en sursaut.

Les Chinois ont tiré au canon. Deux coups seulement... Un tir de semonce, avant l'assaut. Les obus sont tombés dans les jardins du Norbulingka.

Des coups de feu claquent.

Des mitrailleuses répliquent : le *Chushi Gangdrug* veille.

Les rouges vont passer à l'offensive. Leur objectif : le Potala et Shöl, le village à flanc de colline, le Norbulingka et... Tchang Seb-Char : des tirs sporadiques visent la maison des Yapshis.

Tenzin Choedrak se lève, crie des ordres, va chercher mola, et entraîne tout le monde dans la cave où ils s'enferment.

Le matin du 12 mars, une assemblée est improvisée à Shöl, autour d'une cinquantaine de fonctionnaires tibétains. On prépare des documents relatifs à la déclaration d'indépendance ; et, dans une lettre à l'intention de Shabakpa, on décrit la situation, on y expose des faits, des événements avec des dates précises ; enfin, on le supplie de faire connaître à l'opinion internationale la vérité sur l'occupation du Tibet par la république populaire de Chine. Cette lettre ne parviendra jamais à son destinataire.

Ce même matin du 12, au lever du jour, un premier obus tombe dans le jardin de Tchang Seb-Char.

On tire de partout. Les gardes sont abattus, les murs qui entourent la résidence, défoncés.

Des ordres pleuvent.

On enfonce la porte de la cave.

Mola s'est blottie contre Tenzin Choedrak, tient son mala et récite avec lui le mantra *Om Mani Padme Hum*.

Après, tout se précipite.

Les soldats jaillissent dans la cave, pointent des baïonnettes sur les Tibétains, une majorité de moines, sans armes, et obligent Tenzin Choedrak, la grand-mère du Dalaï-Lama, le majordome, les serviteurs, à sortir dans le froid glacial.

Dans la neige, vingt-cinq corps ensanglantés gisent : les gardes de Chang Seb-Char armés de mousquetons et de poignards qu'ils n'ont pas eu le temps d'utiliser.

Les survivants sont prisonniers. On leur ligote les mains, les pieds, on les enchaîne les uns aux autres.

Mola est laissée libre, parce que trop âgée.

L'enfer commence pour les autres : Tenzin Choedrak et ses compagnons sont emmenés à la maison des Tsarong, transformée en prison de transit.

Pour la plupart, on ne les reverra jamais.

Ce 12 mars 1959, commencent pour Tenzin Choedrak vingt et un ans de laogai, de travaux forcés : il en sortira en 1980. Vingt et un ans de tortures quotidiennes pour cet homme en survie permanente.

Au moment où on le ligote, dans le jardin des Yapshis, sa seule pensée est tournée vers le Dalaï-Lama et sa famille.

*

Du 12 au 17 mars, les Lhassapas sont rassemblés à Shöl.

Pendant ce temps, les Khampas de l'ANVD, les hommes du *Chushi Gangdrug* prennent position le long de la rivière Kyi-Chu.

Des chevaux sont sortis du Norbulingka. A un poste de

contrôle, des soldats ont demandé ce qu'ils allaient faire. Le Tibétain leur a expliqué qu'il fallait du foin pour les animaux.

Les Lhassapas ne se doutent de rien.

Les Chinois s'interrogent.

Le 15 mars, l'oracle est de nouveau entré en transes : ce n'est pas le bon jour. Il y a grand danger. Il faut patienter, attendre encore.

Et puis il a connu d'autres transes le matin du 17.

Nechung susurre des mots inhabituels.

Le Dalaï-Lama s'approche, tout près. Kutenla lui glisse dans l'oreille de partir, ce soir même. Surtout, ne pas tergiverser.

Toujours en transes, l'oracle s'empare d'un papier, d'une plume. Il tremble, crache des mots, la bave coule de sa bouche ; il écrit.

Kutenla se colle contre le Dalaï-Lama, lui tend le papier. L'oracle y a décrit l'itinéraire que les Yapshis devaient emprunter pour atteindre l'Inde sains et saufs.

Un dernier regard entre le souverain et son oracle. Kutenla s'écroule soudain, mort, aux pieds de Sa Sainteté. L'esprit de sa déité, entré pour la première fois dans le corps d'un être humain en 1544, vient de sortir de sa réincarnation, mission accomplie.

Le Nechung renaîtra, c'est une certitude.

Dans l'obscurité de ce soir, le Dalaï-Lama entre dans le temple pour prier devant Mahakala, sa divinité tutélaire personnelle : il invoque les déités pour permettre à l'oracle de Nechung d'avoir une bonne renaissance.

Les lampes à beurre grésillent, les mantras roulent sur les lèvres des moines qui font des offrandes de tsampa.

Le moment est venu.

Le Dalaï-Lama regagne son appartement. On l'y attend pour enfiler un uniforme chinois. Il est calme, serein.

Plus nerveux s'avèrent amala, Tsering Dolma, Ngari Rinpoché.

Sous son uniforme, la mère de Sa Sainteté a enfilé une

fourrure. Il a fallu leur trouver des bottes au barkhor, et les moines les ont badigeonnées de poussière. Ngari Rinpoché porte un casque, il en rit aux éclats. On lui fait signe de se taire.

A croire que l'esprit du Nechung veille sur eux, et Mahakala, et toutes les divinités du bouddhisme tibétain, et... pour ceux qui n'y croient pas, disons que la chance leur sourit.

Un brouillard épais s'étale autour de la résidence d'été.

La ville grouille de militaires.

Dans Lhassa, les tirs s'intensifient.

Soudain, des voix. Des ombres se frôlent. La voie est libre.

Juste avant de quitter son corps, le Nechung a indiqué l'heure de départ du premier groupe : 20 h 45.

Amala enfourche une mule ; son arthrite persiste et la fait horriblement souffrir, surtout par ce temps humide. Tsering Dolma et Ngari Rinpoché se tiennent à ses côtés. La porte s'entrouvre : le groupe fonce plein sud, car les rouges occupent le Nord et le Nord-Ouest, la résistance tenant ferme dans la partie méridionale du Tibet.

Quinze minutes plus tard, c'est au tour du Dalaï-Lama et de son beau-frère Phuntsok Tashi de quitter sa résidence.

Un homme s'avance vers lui.

Tout va bien.

Le groupe passe devant un camion : l'oracle de Gadong, les précepteurs et les fidèles du kashag sont cachés sous une bâche. Le chauffeur a ordre de démarrer à 9 h 30 précises.

En cette nuit du 17 au 18 mars 1959, leur vie à tous est suspendue à un fil, séparée du campement militaire par l'épaisseur des ténèbres qui ajoute à ce brouillard tombé comme un voile protecteur sur le Norbulingka.

Les lumières qu'ils aperçoivent, très faiblement, invitent à la plus extrême prudence.

Le Dalaï-Lama et les petits groupes qui progressent devant et derrière lui sont désormais dans un autre monde.

S'ils ne voient personne, s'ils n'entendent pas un murmure, ils ne sont jamais seuls : on veille sur eux.

L'un après l'autre, ils atteignent les rives de la Kyi-Chu.

Un appel... Des ombres s'animent. Une trentaine de cavaliers attend.

Echange de khatas, remerciements murmurés. A la tête de ces hommes, des chefs dont certains ont l'âge de leur souverain : une vingtaine d'années, tout au plus.

Vite, à cheval !

Amala souffre le martyre. Ayant dû abandonner Tchang Seb-Char à la hâte, elle n'a pas pu emporter de vêtements chauds.

Après s'être dirigés plein sud, les cavaliers chevauchent vers le sud-est, tout droit vers la barrière himalayenne.

Une fois celle-ci franchie, plusieurs pistes peuvent les mener à la frontière bhoutanaise ou indienne.

Une arrière-garde de quatre cents cavaliers armés jusqu'aux dents couvre leur fuite.

*

Le 19 mars, à 1 heure du matin, les Lhassapas se réveillent sous les bombardements et les tirs de mitrailleuses.

Sur des dizaines de kilomètres, dans la neige qui recouvre la vallée, les soldats de l'Armée populaire cherchent d'éventuels fuyards.

Des avions survolent la ville, les montagnes, mitraillent les populations, les troupeaux, frappent tous les endroits susceptibles d'accueillir le Dalaï-Lama et sa famille, tirent au hasard en espérant que, parmi les groupes attaqués, il y aura Tenzin Gyatso.

C'est seulement le lendemain, le 20, que le Panchen-Lama est informé des événements de Lhassa.

Hu Bing, secrétaire adjoint du Département du travail du Front uni et professeur de chinois de Choekyi Gyaltsen, se garde bien de lui raconter la vérité.

Le jeune homme s'inquiète, pour amala, pour le Dalaï-Lama, pour les Yapshis.

Pour toute réponse, le Chinois lui martèle que Tenzin

Gyatso a été « kidnappé par des éléments contre-révolutionnaires et que personne ne sait où il se trouve. Peut-être à Lhokha ? Peut-être ailleurs ? »

Le Panchen-Lama observe le Chinois avec ahurissement.

Des soldats, baïonnettes au canon, se sont dispersés dans le monastère. On n'en sort plus, on n'y entre plus.

Hu Bing ment.

Choekyi Gyaltsen le sent, mais s'abstient de le lui dire

Le Chinois profite du désarroi du Panchen-Lama pour préciser ses menaces : « Nous osons espérer que le monastère de Tashilhunpo ne soutiendra pas les rebelles. Si cela devait être le cas, je crains que vous ne soyez alors plus en mesure de contrôler la situation. Nous exigeons de vous que vous préveniez le conseil des Khenpos, les moines et votre force de police – environ cinq cents hommes – de se tenir tranquilles... »

Le Panchen-Lama promet qu'il n'y aura pas d'effusion de sang.

Au moment où le Chinois tourne les talons et s'apprête à sortir de son bureau, Choekyi Gyaltsen le rattrape et lui lance : « Je veux que vous me donniez des nouvelles de Tenzin Gyatso, aussitôt que vous en aurez. Pourvu qu'il soit sain et sauf ! »

Le 23 mars 1959, les Chinois hissent leur étendard rouge étoilé sur le toit du Potala : « Le drapeau national chinois, symbole de lumière et de bonheur, flotte dans la brise au-dessus de Lhassa, saluant la renaissance de l'ancienne cité [1]... »

Entre le 20 et le 23 mars, quinze mille Tibétains ont été exterminés dans la capitale.

Le 23, Nehru, le Premier ministre indien, exprime son inquiétude sur le sort du Dalaï-Lama.

*

---

1. TIN, SWB, 1959, n° 859, p. 2.

Comme indiqué sur l'itinéraire dessiné par le Nechung, le Dalaï-Lama et sa famille ont passé le col de Che-La, traversé en barques faites en peaux de yack le Tsangpo, le Brahmapoutre, sont remontés à cheval, ont traversé un premier village, Kyeshong.

Après dix heures de cheval, une halte a été ordonnée à Ra-me : on adresse un message à deux membres du kashag restés à Lhassa.

A Ra-me, les nouvelles ne sont guère rassurantes : le Norbulingka est bombardé ; le Potala a été atteint : un obus est tombé dans le mausolée du treizième dalaï-lama ; le village de Shöl, en partie détruit, subit de rudes assauts ; Chakpori, l'autre institut de médecine tibétaine, n'existe plus ; aucune trace du docteur Tenzin Choedrak ; mola serait vivante.

Les monastères de Sera, de Drepung et de Ganden sont dévastés.

Enfin, le secrétaire écrit que les soldats retournent méthodiquement chaque cadavre dans la résidence d'été, espérant trouver celui du souverain tibétain.

Le lendemain, les fuyards passent Gyango Gyasang Shika, le col de Sabo-La, pour atteindre Chenye et son petit monastère : les moines voulant capter Radio Lhassa qui, à ce moment-là, n'émet plus, tombent sur une radio américaine : *Voice of America* raconte que de terribles combats ont lieu à Lhassa ; aucune nouvelle du Dalaï-Lama !

Peu après Chenye, un groupe de cavaliers se joint au Dalaï-Lama. A sa tête, Tsipön Namseling, ancien ministre et chef de la délégation envoyée quelques mois plus tôt à Lhokha.

Plusieurs heures de marche et de chevauchée, ils arrivent au monastère de Chongay Riudechen.

Après un peu de repos, ils passent Thosam Thargayling.

Pour cette longue étape, Ngari Rinpoché chevauche aux côtés de son frère. Ils grimpent le terrible col de Yarto-Tag-La, au-dessus des neiges éternelles : au sommet, miracle de la nature, des yacks paissent sur les berges d'un lac gelé.

Nouvelle halte, puis ils descendent en direction de Shopanup pour enfin atteindre Lhuntse Dzong.

Ils vont séjourner deux jours, se reposer dans les fortifications de ce monastère quasi imprenable : Tenzin Gyatso constitue un nouveau gouvernement, l'officialise sur des documents. Les moines organisent des cérémonies d'offrandes, des prières de longue vie pour leur souverain, enfin, les documents sont scellés.

La nation tibétaine existe toujours ; et le quatorzième dalaï-lama en est le garant.

Sa Sainteté adresse, ce jour-là, une lettre au dixième panchen-lama Choekyi Gyaltsen.

Les oracles locaux prédisent à Sa Sainteté que le reste du voyage se fera sans trop de problèmes.

Amala et Tsering Dolma vont prendre une étape d'avance. Malgré la fatigue, elles ont cuit chaque jour du pain pour l'étape du lendemain. Ce matin-là, avant de partir, elles en ont préparé pour Sa Sainteté et son jeune frère.

Au pensionnat, Jetsun Pema suit les événements du Tibet sur la BBC. Les journaux indiens et britanniques titrent en première page sur Lhassa et la disparition du Dalaï-Lama.

Dans la maison de Darjeeling qu'elle rejoint chaque week-end règne une tension inhabituelle.

On craint le pire pour Tenzin Gyatso, amala, Tsering Dolma, Phuntsok Tashi, et Ngari Rinpoché.

A Loreto, les sœurs du couvent se réunissent chaque soir pour la prière destinée à « la famille de Pema ».

Trois semaines interminables vont s'écouler ainsi.

A travers le monde, la nouvelle s'est ensuite répandue : le Dalaï-Lama et sa famille sont sains et saufs.

Ils ont franchi la frontière indienne, ont gagné Tawang et se dirigent vers Tezpur.

L'Inde accorde l'asile politique au souverain tibétain.

Le calendrier indique le 31 mars 1959.

12

Chaque instant de vie est une chance à saisir

Moi, je suis de ce peuple qui dort sans sépulture
Qu'a chaud de mourir sans abdiquer sa foi
Qui n'a jamais baissé la tête sous l'injure
Qui survit malgré tout et qui ne se plaint pas.

Charles AZNAVOUR.

Avril 1959... Au bout de la nuit, au bout d'une ligne de chemin de fer, au bout d'une piste qui mène vers d'autres mondes, d'autres mystères, au cœur des neiges éternelles, on arrive un jour à Tezpur, dans la vallée de l'Assam [1].

Des hommes, des femmes, des enfants, marchent, pieds nus, depuis que la nouvelle a été connue. Ils ont traversé des vallées infinies, franchi des rivières torrentielles, gravi les pentes d'un pas uniforme et lent.

Des peuples en marche. Ils affrontent la faim, la soif...

La chaleur les accable.

Ils ont remonté le Gange sur des centaines et des centaines de kilomètres, ils sont partis de Chandighârh, de New Delhi, de Calcutta...

---

1. Vingt-cinq millions d'habitants pour 78 438 km^2, l'Assam produit 60 % du thé indien, environ 30 % de la production mondiale. Une partie de la population parle indo-européen mêlé de tibétain.

Certains viennent de nulle part : ils sont de nulle part. On les appelle les intouchables.

Tous vont à sa rencontre, et tous savent que certains n'arriveront jamais : l'épuisement, les fièvres, la dysenterie, les bêtes sauvages auront raison de leurs forces et de leur foi.

Tezpur est devenu, par miracle, le point névralgique du monde pour les reporters, les aventuriers et les bouddhistes de l'Inde.

On y parle toutes les langues, mais ces différences n'empêchent pas de se comprendre.

L'avant-veille de l'arrivée du Dalaï-Lama à Tezpur, Georges Reyer câble à *Paris Match*[1] des mots d'apothéose :

Un mauvais chemin ravagé par les moussons s'enfonce vers la vallée d'Assam, une des plus sauvages de l'Inde. Paysage grandiose au creux des collines, le Brahmapoutre, second fleuve sacré de l'Inde, roule en torrent ses eaux jaillies glacées des neiges de l'Himalaya. Car cet infini de sommets arrondis et de pics étincelant de neige qui ne fond jamais, c'est l'Himalaya terrifiant, sans limites, qui s'étend à travers le Tibet jusqu'à la Chine...

C'est de ce monde d'où on ne revient pas – l'Himalaya inspire une véritable terreur aux gens de la plaine – que le Bouddha vivant est revenu...

Georges Reyer vient d'écrire le récit de « la plus grande chasse à l'homme de l'Histoire », dont le héros n'est autre que le quatorzième dalaï-lama Tenzin Gyatso. Il raconte que, dans la nuit du 16 au 17 mars, le souverain tibétain avait eu une vision :

Une prêtresse de Bouddha, vêtue de la robe en poils de yack et pieds nus, demande à voir le Dalaï-Lama.

---

1. N° 523 du 18 avril 1959, *Paris Match* fait sa une, ce jour-là, avec une photo du Dalaï-Lama, et annonce : « Nos envoyés spéciaux nous câblent des Indes : comment le Dalaï-Lama a réussi sa longue marche ».

Quand elle eut relevé son capuchon, il la reconnut. C'était Rhipierdorje, la première femme-soldat du Tibet, capitaine des forces féminines dans la troupe de la résistance, cette Rhipierdorje que cinq cents millions de bouddhistes dans le monde considèrent aujourd'hui comme l'héroïne du Tibet, « la Jeanne d'Arc du bouddhisme ». Rhipierdorje – en tibétain le mot « dorje » signifie à la fois « foudre » et « sceptre » – venait, en effet, prévenir le Dalaï-Lama que les Chinois se tenaient prêts à l'arrêter et que tout était organisé pour sa fuite[1].

Parmi le récit truffé d'anecdotes plus savoureuses les unes que les autres, le reporter français se laisse aller à quelques explications :

Le maître du yoga a supporté, dit-on, sans la moindre fatigue, cette expédition terrible où il a eu raison des forces de ses compagnons les plus aguerris. Un soir, son poney a glissé et a failli culbuter dans un gouffre. Le Dalaï-Lama a sauté juste à temps. Blessé à la jambe, il ne s'est même pas arrêté et a refusé qu'on le soigne et la blessure « s'est cicatrisée instantanément » [...] Mais ce n'est là que peu de chose pour un yogi qui par le contrôle de sa respiration est capable de faire fondre la neige au seul feu de sa foi, peut se faire enterrer pendant un mois et commande aux éléments. Imaginez si l'on rêve dans les villages de l'Inde où les étoiles sont tout près de la rizière en cette saison[2]...

Gyalo Thondup arrive, lui aussi, à Tezpur, pour accueillir les Yapshis.

Heinrich Harrer est avec lui, mais la peur le tenaille. Le Dalaï-Lama le reconnaîtra-t-il encore ?

---

1. Georges Reyer titre son article : « Du Toit du Monde aux Indes le Dalaï-Lama est guidé par la Jeanne d'Arc du Tibet », *Paris Match* n° 523, du 18 avril 1959.
2. *Ibid.*

Harrer décrit dans *Life*[1] le moment émouvant de leurs retrouvailles :

J'avais eu tort de m'inquiéter, car lorsque sa Jeep s'approcha de moi, il me fit des signes et me sourit, ravi de me reconnaître. Lorsqu'il descendit de voiture, mon inquiétude se mua en stupéfaction. Il avait tellement grandi ! Lorsqu'il me congratula comme un trogpo, *un vieil ami, sa voix, celle d'un adolescent en pleine mue lorsque j'avais quitté Lhassa, était maintenant riche et profonde. J'étais également surpris de le voir chausser ses lunettes en public, même si je lui avais suggéré de le faire lorsqu'il avait quinze ans.*

Ce 18 avril est le jour de la toute première déclaration du souverain tibétain dans sa vie d'exilé. Il y raconte une partie de sa fuite et remercie le Premier ministre Jawaharlal Nehru pour son message d'accueil.

Pendant ce temps, Diki Dolkar, l'épouse de Gyalo Thondup, restée à Darjeeling, se rend au couvent de Loreto et y retrouve sa fille, son fils et Jetsun Pema.

Cette même journée du 18 avril, la supérieure de Loreto propose à la famille d'écouter la BBC. Les sœurs irlandaises se joignent à elles pour entendre le texte du Premier ministre indien :

A votre arrivée sain et sauf en territoire indien, mes collègues et moi-même vous adressons nos messages de bienvenue et de salutation. Nous serons heureux de vous accorder, à vous, à votre famille et à votre entourage, les facilités nécessaires à votre résidence en Inde. Notre peuple, qui vous tient en profonde vénération, manifes-

1. *The Miraculous Escape of the Dalai Lama*, par Heinrich Harrer, *Life* du 4 mai 1959.

tera sans aucun doute son traditionnel respect dû à votre personnalité...

C'est encore le 18 avril que, depuis Tezpur, le Dalaï-Lama remercie Nehru de ses paroles d'amitié.

L'Agence d'information Chine nouvelle réagit aussitôt, laissant entendre que Tenzin Gyatso n'est pas « l'auteur » de cette déclaration.

La guerre des communiqués commence.

*

Au couvent, la supérieure de Loreto accorde une journée de congé aux jeunes Yapshis.

En route pour Siligari ! Le temps des retrouvailles !

Voilà déjà trois ans, depuis 1956 en Inde, qu'ils ne s'étaient plus retrouvés en famille.

Le train entre en gare, crachant une fumée épaisse.

Le Dalaï-Lama regarde par la fenêtre. Il observe la foule qui se masse, se presse, gesticule. Des montagnes de mains s'élèvent vers le ciel.

Il y a plusieurs milliers de personnes.

Pour Jetsun Pema, Diki Dolkar et les autres enfants de la famille, cela donne un tumulte de gaieté confuse, un plein d'émotions d'une intensité rare, un mélange de joie diffuse et de tristesse.

Pour la première fois, un sentiment impalpable les dévore : ils sont des exilés, eux aussi.

Ils se frayent un passage, sans craindre pour les habits, et parviennent, au bout de mille efforts, jusqu'au train.

La porte du wagon s'ouvre.

Les gardes se déploient.

Le Dalaï-Lama apparaît, amaigri, épuisé, soucieux, triste.

Les quelques mètres qui séparent le souverain de sa sœur paraissent une éternité.

Jetsun Pema lui tend une khata. Des larmes roulent sur son visage lorsqu'il lui encercle le cou de l'écharpe de soie blanche.

La cadette se rue ensuite dans le wagon pour se jeter dans les bras d'amala.

Il y a une joyeuse assemblée dans le compartiment au moment de ces retrouvailles.

Deux heures, deux heures d'émotions vives, fortes, passionnées.

Deux heures de leur nouvelle vie plus tard, c'est déjà le retour pour Darjeeling qu'il faut rejoindre avant la nuit.

De faibles ombres se reflètent sur le visage d'amala et de Jetsun Pema. Leurs mains se joignent, leurs yeux se noient : les Yapshis sont dans l'incertitude, mais ils promettent de se retrouver, tous ensemble, au moment des vacances scolaires, à Mussoorie.

*

La jeune génération des Yapshis – Jetsun Pema va avoir dix-neuf ans en septembre – supporte mal le pensionnat.

Il ne se passe plus un jour sans que Pema ne pense à Tchang Seb-Char, à Darjeeling, à amala, à ses frères, à sa sœur et à tous les Tibétains emportés dans les tourmentes de l'Histoire...

Au sortir du couvent de Loreto, la sœur du Dalaï-Lama se promet de rester au contact de certaines de ses compagnes. Mais comment ne pas trahir des promesses d'enfance et d'adolescence lorsqu'on est des réfugiés ? Elle s'en rendra d'autant plus compte quand elle vivra pleinement l'exil auprès de Sa Sainteté et qu'il lui faudra alors faire des choix douloureux.

Pour l'heure, Jetsun Pema entend bien profiter des quatre jours qui s'annoncent, quatre jours de vacances, quatre jours heureux...

Gyalo Thondup et Diki Dolkar viennent la chercher le lendemain dans la matinée.

Les Yapshis sont désormais installés à Mussoorie, station des contreforts de l'Himalaya, située au nord de New Delhi...

La veille du départ, Jetsun Pema a eu du mal à trouver le sommeil. L'angoisse de prendre l'avion pour la première fois, elle rêve des retrouvailles avec amala, avec Sa Sainteté, elle aimerait tellement pouvoir aider son frère et, du même coup, le peuple tibétain.

Enfin le départ pour Mussoorie. Voilà Jetsun Pema plongée dans la réalité.

L'avion, drôles de sensations !

L'aéroport de New Delhi, ses odeurs.

Une chaleur poisseuse pénètre les habits, les plaque à la peau : on transpire des tonnes d'eau...

A Mussoorie, la température est plus supportable. Et puis, on est chez les Birla, un riche industriel indien qui a mis sa magnifique demeure à la disposition des Yapshis : le Dalaï-Lama occupe deux pièces ; amala et Ngari Rinpoché partagent une chambre ; Tsering Dolma et Phuntsok Tashi une autre ; les conseillers et secrétaires de Sa Sainteté ont deux pièces pour eux.

Le gouvernement indien s'est chargé de tout, a mis des serviteurs à la disposition des Yapshis.

Mais l'homme à tout faire de la famille, c'est Gyalo Thondup qui vient de louer une maison dans la capitale.

Il manque des tasses, il court la ville pour en trouver ; amala n'a pas de cuillère à café, il la trouve.

A ce propos, c'est à Mussoorie que la mère de Sa Sainteté découvre le café.

Et Gyalo Thondup court, court pour satisfaire les moindres désirs de sa mère : en vérité, les Yapshis manquent de tout.

Dehors, l'armée indienne monte la garde vingt-quatre heures sur vingt-quatre.

Un premier entretien entre Nehru et le Dalaï-Lama a eu lieu, le 27 avril 1959, dans la maison de Birla.

Le Premier ministre indien lui dit alors : « Vous êtes dans un pays libre, agissez comme vous l'entendez. »

L'après-midi même, le pandit s'exprime longuement devant le Parlement indien et il déclare :

Après son arrivée à Mussoorie, on s'est efforcé d'empêcher que le Dalaï-Lama soit harcelé par une foule de gens qui essayaient de le voir, ainsi que par des journalistes. A cela près, aucune restriction n'a été imposée à ses déplacements. Il lui a été notifié qu'il pourrait, ainsi que sa suite, circuler librement et à volonté à l'intérieur et aux alentours de la ville de Mussoorie. Il convient de rappeler que le Dalaï-Lama a non seulement effectué récemment un voyage, long, épuisant et dangereux, mais aussi vécu des événements déchirants qui auraient ébranlé les nerfs de la personne la plus endurcie. Il vient seulement d'avoir vingt-quatre ans.

Nehru invite Pékin à venir rencontrer le Dalaï-Lama en Inde ou à envoyer à New Delhi le dixième panchen-lama Choekyi Gyaltsen (le pandit le connaît depuis les célébrations du deux mille cinq centième anniversaire de la naissance du Bouddha).

Le 29 avril, le Panchen-Lama lui-même rejette l'invitation du pandit, jugeant que cette visite en Inde est « inutile... la question du Tibet ne pouvant être résolue qu'au Tibet ».

Pendant ce temps, Jetsun Pema à la maison, amala en profite pour se promener avec elle dans les jardins des Birla ou pour aller au cinéma, qu'elle apprécie depuis que Heinrich Harrer le lui a fait découvrir à Lhassa. Mais c'est à Calcutta qu'elle a appris à aimer les films indiens, et c'est au cinéma qu'elles vont régulièrement.

Seulement, tout a une fin.

Même si amala se montre très sensible aux attentions de ses petits-enfants et de la cadette de ses filles, une décision s'impose. Elle s'en est entretenue avec Sa Sainteté.

Le quatrième jour de congés scolaires se termine. Il faut songer au retour à Loreto.

Tsering Dolma invite Tenzin Ngawang, Khando Tsering et Jetsun Pema à rejoindre la chambre d'amala.

Le moment est délicat...

Les enfants de Tsering Dolma, dix-huit et seize ans, les compagnons de jeu de toujours, les confidents de pensionnat, la nièce et le neveu de Pema, resteront à Mussoorie ; la sœur du Dalaï-Lama retournera donc seule à Loreto.

La cadette des Yapshis est désespérée à l'idée de devoir quitter sa famille. Et la compagnie de sa nièce et de son neveu va lui manquer.

Ses grands yeux ont un joli regard triste, mais ses mots cachent mal sa déception et son désespoir.

Le Dalaï-Lama a longuement discuté avec elle : Pema, « le Lotus vertueux », doit nourrir une vraie passion pour tout ce qu'elle va entreprendre à l'avenir, et continuer à recevoir une éducation moderne. Tenzin Gyatso est intarissable sur de nombreux sujets et sur les raisons qui ont poussé amala et lui à prendre une telle décision, à tel point que, l'audience achevée, Pema s'est soudain sentie investie d'une mission capitale : achever ses études pour ensuite se mettre au service de son pays.

Autre souci pour les Yapshis, la santé de leur mère... Un après-midi, Tsering Dolma a trouvé amala assise sur un énorme coussin, appuyée contre le mur, le regard livide. Elle parle vaguement à sa fille aînée de ses difficultés à avaler. Or, à Lhassa, des médecins chinois lui avaient conseillé de se faire opérer à Pékin ou à Shanghai ; amala avait refusé.

A Mussoorie, la douleur est réapparue, plus vive que par le passé.

Tsering Dolma a informé ses trois frères, Thubten Jigme Norbu, Gyalo Thondup et Tenzin Gyatso.

Une réunion de famille s'impose, durant laquelle Sa Sainteté propose à sa mère de la faire hospitaliser à l'étranger pour y subir des examens, voire une intervention chirurgicale.

Amala, cinquante-neuf ans, a alors une réaction qui peut

paraître puérile aux yeux de ses enfants : elle ne veut pas se faire opérer par peur de mourir sur la table d'opération.

Les trois frères et la sœur observent leur mère et se montrent circonspects dans leur attitude. Persuader amala tient du miracle !

En aparté, ils se promettent de reporter leur attention sur l'état de santé de leur mère.

A Mussoorie, le Dalaï-Lama rencontre aussi les membres de la Commission internationale de juristes. Celle-ci s'était réunie en janvier 1959 en congrès à New Delhi pour définir et clarifier la notion de légalité ou de Primauté de droit[1] dans toutes ses manifestations : institutions, procédures et principes.

L'Asie y étant largement représentée, rien d'étonnant que des voix s'y soient élevées pour constater la gravité de la situation dans le Pays des Neiges.

Puis sont survenus les événements de mars, la fuite du Dalaï-Lama, les combats entre la résistance et les forces chinoises.

La Commission internationale des juristes a donc demandé à un de ses membres de constituer une équipe d'experts en charge de recueillir les preuves de la violation des Droits de l'homme au Tibet : Purshottam Trikamdas, juriste indien de grande réputation, secrétaire général de la Commission indienne de juristes, un des fondateurs du Parti socialiste indien, ancien secrétaire du mahatma Gandhi, a participé à la lutte pour l'indépendance de son pays et a passé six années en prison, dont une au secret, dans les geôles britanniques. D'évidence, Purshottam Trikamdas est l'homme de la situation.

Après avoir longtemps vécu avec le désespoir, la pauvreté et la misère, le Dalaï-Lama et l'avocat indien ont posé ensemble un regard sur leur vie passée : l'un se trouvait à Lhassa aux prises avec les communistes chinois ; l'autre

1. *Rule of law.*

croupissait en prison. Trikamdas explique alors au souverain tibétain que, durant son année de mise au secret, se regardant un jour dans un morceau de miroir brisé, maigre, décharné, à demi mourant, effrayé par son aspect physique, il sut, à ce moment-là, que le mahatma Gandhi et l'*ahimsa*[1] finiraient par triompher, grâce à son message universel :

La non-violence est la plus grande force
Que l'humanité ait à sa disposition.
Elle est plus puissante
Que l'arme la plus destructrice inventée par l'homme.

Le 6 juin 1959, Tenzin Gyatso accorde un entretien exclusif à Mattesh Chandra, publié dans le *Hindustan Times*.

Puis le 20, Sa Sainteté répond aux critiques incessantes des Chinois, notamment du Panchen-Lama, organise une conférence de presse, y dénonce l'« Accord en 17 points », et accuse la république populaire de Chine de vouloir éradiquer la culture, la religion et la race tibétaines.

Dans sa déclaration, il a fait un bilan de la situation : « Durant toute cette période, j'ai essayé patiemment et sincèrement de calmer mon peuple, d'apaiser son ressentiment, et, en même temps, j'ai fait de mon mieux pour convaincre les autorités chinoises à Lhassa d'adopter une politique de conciliation et d'amitié. En dépit d'échecs répétés, j'ai

---

1. Ce terme hindi indique la doctrine d'action politique non violente prônée, au début du siècle dernier en Inde, par le mahatma Gandhi... Le 21 septembre 1985, se référant à la doctrine de Gandhi, Sa Sainteté Tenzin Gyatso fit, à Washington, une déclaration qui est considérée aujourd'hui comme un plan de paix et un programme de gouvernement en cinq points, où figurait la transformation du Tibet en une zone de paix (voir chapitre 14). En 1975, le roi du Népal avait fait pour son pays la même proposition et obtenu le soutien de 117 des membres des Nations unies. Mikhaïl Gorbatchev avait alors également proposé la démilitarisation de la frontière sino-soviétique en zone de paix et de bon voisinage.

persisté dans cette politique, jusqu'au moment ultime de rendre service à mon peuple en restant au Tibet. C'est dans ces circonstances que j'ai été obligé de quitter mon pays, pour lui épargner un autre danger et un nouveau désastre... »

Le Dalaï-Lama a ensuite répondu aux questions des journalistes et donné une première information importante : « En dehors du personnel civil et militaire qui se trouvait déjà au Tibet, cinq millions de colons chinois sont arrivés dans l'est et le nord-est de la province de Tso, auxquels viendront s'ajouter quatre autres millions de colons dont on prévoit l'installation dans les provinces de U et du Tsang, au centre du Tibet. Beaucoup de Tibétains ont été déportés en Chine, ce qui aboutit à une complète absorption de la race tibétaine entreprise par les Chinois... Je vais faire un bref exposé des événements récents, tels qu'ils m'ont été rapportés par mes sujets... Les habitants de Lhassa, hommes et femmes, ont été classés en trois groupes. Le premier groupe est déporté en Chine et l'on ignore tout de son sort. Ceux qui font partie du deuxième groupe sont emprisonnés, interrogés et châtiés sans trêve dans divers postes de commandements chinois de Lhassa. Le troisième groupe, qui reçoit la nourriture la plus misérable, est contraint au travail forcé ; chacun de ses membres doit porter journellement cent charges de terre sous peine d'être privé de nourriture... Des troupes armées sont postées dans les rues de Lhassa, où les Tibétains n'ont pas le droit de converser par groupe de plus de deux personnes, et l'on ne voit plus que des hommes et des femmes d'âge mûr. Le temple principal et d'autres lieux de culte sont fermés. De plus, les Chinois font l'inventaire des réserves du gouvernement tibétain et des biens divers des particuliers et poursuivent une propagande intense pour la formation de communes populaires [1]... »

Lorsqu'un journaliste américain lui demande si la révolte se poursuit au Tibet, Tenzin Gyatso répond : « Le Tibet

1. *US News & World Report*, le 6 juillet 1959.

étant un vaste pays, on se bat encore dans certaines régions, différents endroits à l'est et au nord de Lhassa sont au pouvoir des Khampas[1]... »

« Vous avez écrit récemment trois lettres aux autorités chinoises au Tibet, qu'espérez-vous obtenir ? » A cette question d'un autre journaliste américain, Sa Sainteté répond avec sa franchise coutumière : « J'ai écrit trois lettres aux Chinois, à un moment critique où ils avaient entre leurs mains le sort d'innombrables personnes. Cette mesure avait été prise dans une intention pacifique. Lorsque les circonstances dans lesquelles ces lettres furent écrites ont été portées à la connaissance de l'opinion publique mondiale, elles n'ont pu que témoigner de l'ampleur qu'avait revêtue l'oppression chinoise[2]... »

A la question inévitable sur le rôle du Panchen-Lama, le Dalaï-Lama estime que Sa Sainteté Choekyi Gyaltsen « a été soumise à l'influence chinoise depuis sa jeunesse et n'a jamais joui de la moindre indépendance[3] ».

Enfin, lorsqu'on lui demande s'il entend « réclamer des armes au nom des révoltés », le souverain tibétain est tout aussi clair : « Bien que je n'aie pas l'intention de laisser sans aide l'armée volontaire de défense nationale, mon intention est de l'assister au moyen de solutions pacifiques plutôt que par la force militaire[4]. »

*

Le 1er octobre 1959, Mao Zedong, Lin Biao qui vient de remplacer Peng Dehuai à la tête du ministère de la Défense, Zhou Enlai et la nomenklatura au grand complet du Parti communiste chinois célèbrent sur la place Tienanmen le dixième anniversaire de la révolution.

1. *Ibid.*
2. *Ibid.*
3. *Ibid.*
4. *Ibid.*

Un homme manque à l'appel : Deng Xiaoping, empêché d'assister à l'avènement des « Dix Glorieuses » à cause d'un problème à la jambe.

Pékin s'embrase.

Le ciel est bleu et des milliers de drapeaux rouges étoilés d'or bruissent au vent.

On se congratule, on s'enfièvre de discours. Tout paraît si beau !

Le Quotidien du Peuple s'en prend de nouveau aux « droitiers », ceux-là même qui refusent de reconnaître « les succès remarquables du Grand Bond » : bientôt vingt millions de morts pour une tragédie qui s'étend d'un bout de la Chine au fin fond du Tibet, une tragédie portée par la famine [1].

*

Début avril 1959, Tashilhunpo...

L'école technique inaugurée par le dixième panchen-lama et Chen Yi à Shigatsé vient de faire l'acquisition de quatre-vingt-seize chevaux, portant l'effectif de sa cavalerie à trois cent cinquante unités.

Poussé par les lamas rouges de son administration, Choekyi Gyaltsen met ses jeunes cavaliers à la disposition des forces chinoises pour les aider à éliminer « les dernières poches de résistance réactionnaire ».

Le 30, le Panchen-Lama déclare que la révolte du Tibet a été matée.

L'ordre étant rétabli, les « réformes démocratiques » seront activement mises à exécution.

Quelques mois plus tard, en 1960, à Pékin, Choekyi Gyaltsen devient vice-président du Congrès national du peuple.

Son nouveau statut lui permet de se déplacer à l'intérieur du Tibet, mais Sa Sainteté continue à vivre en liberté sur-

1. Il faudra vingt ans pour que les Chinois la reconnaissent.

veillée, de sorte que la police secrète chinoise s'est installée à l'intérieur du monastère de Tashilhunpo.

Cette année-là, le Panchen-Lama décide de se rendre dans le Qinghai pour rencontrer ses disciples. La politique du « Grand Bond en avant » a provoqué la désolation dans ces provinces où vivent des Hans, des Huis, des Boanans, des Mongols, des Tus, des Mandchous, des Dongxiangs, des Salars et des Tibétains...

Les ombres de la mort planent partout.

Les témoignages recueillis vont tous dans ce sens.

Il cherche à comprendre. Des disciples lui expliquent les raisons de ce profond bouleversement. Un beau jour, pour des raisons mystérieuses, voici venir des soldats et des colons chinois dont il était, au début, malaisé de déterminer les intérêts : ils se disaient de Pékin, de Shanghai, originaires de régions de la Chine dont ils ne savaient même pas qu'elles existaient ; tous étaient des cadres du PCC et de la police secrète. Ils parlaient de stabiliser le Qinghai, d'apporter du bonheur ; ils évoquaient une grande aventure humaine sous la présidence de Mao Zedong ; ils répétaient sans cesse qu'ils feraient table rase du passé, que c'en serait fini de l'esclavagisme, qu'on irait vers une période de développement, que les plus pauvres deviendraient plus riches... Puis, ils s'en sont pris aux religieux bouddhistes, chrétiens, musulmans. Ils ont bombardé les monastères, ont fait sauter les temples à la dynamite, non sans avoir au préalable volé les objets les plus beaux. Ils se sont aussi emparés des terres appartenant autrefois aux monastères et aux grandes familles du Tibet pour les redistribuer et créer des communes : ils parlaient de collectivisation, et les Tibétains ne comprenaient rien à ce terme ; après quoi ils ont sédentarisé les nomades et confisqué les troupeaux ; ils ont rasé des hameaux, des villages entiers pour rebâtir quelques mètres plus loin des cités typiquement chinoises.

A vrai dire, les gens du Qinghai ne se sont pas immédiatement rendu compte de ce qui se passait. Ils ont pris conscience des nouvelles réalités quand ils n'ont plus vu passer les caravanes dans leurs vallées : le troc s'est arrêté faute de marchands ; le blé, jamais à maturité, n'a pu remplacer l'orge ; les yacks ont disparu, par troupeaux entiers... Les habitants de ces régions si fertiles autrefois ont pressenti l'approche d'une grande et affreuse famine ; pour finir, des maladies nouvelles sont apparues.

Choekyi Gyaltsen voudrait, par l'exemple, illustrer un instant de bonheur chez ses compatriotes rencontrés au hasard des chemins. Il ne le peut pas, conscient qu'autour de lui certains démentiraient aussitôt les preuves de ses allégations.

De retour à Tashilhunpo, le Panchen-Lama informe son administration et les autorités civiles du monastère qu'il entend entreprendre une retraite de quelques semaines.

Pour convaincre ses gardes-chiourme, il invoque des raisons liées à son statut de vice-président du Congrès national du peuple.

Ces nouvelles responsabilités demandent de sa part sérieux et réflexion pour la bien de la mère patrie.

Des arguments irréfutables !

En vérité, il s'invite à une introspection très attentive et très critique de ses années passées sous la coupe des communistes.

Il s'enferme dans sa chambre, ôte sa robe cérémonielle, boit un peu de thé, s'assoit sur un coussin devant son autel personnel, là où se trouve un portrait du Dalaï-Lama disposé entre deux statuettes du Bouddha.

Le Panchen-Lama reste longtemps pelotonné, immobile, craignant que le moindre bruit ne nuise à sa concentration.

Les minutes passent lentement dans l'obscurité et le silence seulement troublé par les mantras qui roulent sur ses lèvres.

Choekyi Gyaltsen réfléchit.

Il est inquiet.

Coexistence naturelle entre les hommes et leur environnement, telle aurait pu être la devise de leur pays, jusqu'à l'invasion chinoise de 1949.

Le Tibet est truffé de richesses. On y trouve sept zones de végétation différentes, des forêts tropicales de montagne au plateau d'altitude froid et désertique, avec une pluviométrie annuelle moyenne qui varie de 100 mm au nord à plus d'un mètre au sud-est.

Les forêts sont très anciennes et certaines espèces fort rares. La flore, unique, et la faune font la fierté et l'intérêt de tous : des daims musqués, des antilopes tibétaines, des pandas géants, des grues à col noir, des ibis, des oies à tête chauve se rencontrent d'une vallée à une autre, au gré du climat.

Les minerais se ramassent à la pelle. L'uranium, la bauxite, le fer, le cuivre, le lithium, l'or et le pétrole ne sont qu'une infime partie de ces trésors naturels.

Or, par tradition, les Tibétains ont de tout temps manifesté un grand respect pour toute forme de vie, et le Toit du Monde a été, siècle après siècle, un libre refuge pour la faune et la flore.

Le Panchen-Lama est en train de prendre conscience qu'en moins de dix ans Pékin s'est approprié un territoire, une nation et son identité religieuse, culturelle, linguistique, un pays, le Tibet, dont on dit que « du ciel ce fut le centre, de la terre le milieu, du pays le cœur, des glaciers une enceinte, de tous les fleuves la tête. Montagne haute, terre pure et pays excellent. Un lieu où les hommes sages naissent héros, où la coutume est faite excellente, où les chevaux deviennent rapides[1] », à seule fin d'assouvir la paranoïa de Mao et de ses amis.

En 1960, les documents du pouvoir central mentionnent encore Taiwan et le Tibet entre parenthèses.

Depuis plus de dix ans, les fonctionnaires civils et les militaires vivent cette continuelle digression comme une offense à leur patriotisme exacerbé.

1. Conte tibétain du IXe siècle.

En guise de réponse, ils déploient une cruauté barbare et impitoyable pour démontrer leur farouche intention de « rattraper et de dépasser » les provinces de Chine même.

Pour les officiels des régions occupées du plateau himalayen, c'est devenu une affaire personnelle : ils ne quitteront pas le Tibet tant que les parenthèses n'auront pas disparu de ces documents.

Point de discernement, point de nuances ! Bouffis d'orgueil, arrogants et racistes, ces gens prétendent qu'avec « vingt ans de travail en un jour », la plus belle des réponses à Pékin serait le « Grand Bond en avant tibétain », sous-entendu que « le principe de prudence et du progrès graduel » ne peut pas s'appliquer à un pays d'arriérés.

Ces bouledogues de la réforme promettent, *via* les médias, que « le Tibet prendrait bientôt plusieurs siècles d'avance sur ses voisins », de sorte que le pouvoir central opérerait dans ces régions « un miracle sans précédent dans l'histoire de l'humanité ». Ils imaginent déjà les hauts plateaux himalayens « satellites » des « Dix Mille Ans de bonheur » promis par Mao. Pour ce faire, le facteur humain est capital. Aux comités du travail d'agir en conséquence. Et gare aux contestataires qui seront coupables alors de « sabotage contre-révolutionnaire ».

Le « Grand Bond », qui connaît un coup d'arrêt en janvier 1961, a plongé l'économie chinoise dans le chaos.

Le « Grand Bond en avant tibétain » se révèle, lui aussi, comme un désastre total.

Témoin privilégié de ce cataclysme économique, social et culturel : le dixième panchen-lama Choekyi Gyaltsen.

Réfugié dans sa chambre, le Panchen-Lama écrit.

Au départ, son intention est d'envoyer à Pékin de simples notes, chaque semaine. Il se promet de ne pas chercher à offenser la mère patrie, le parti et, à plus forte raison, le pouvoir central.

Choekyi Gyaltsen commence par raconter cette histoire qui s'est passée en 1958. Wendu, le village de ses parents, a été intégré à une commune. La réforme agraire mise en place par les Chinois a fini par provoquer une réaction en chaîne dans cette vallée autrefois si paisible, un soulèvement sans précédent, un mouvement de révolte inévitable.

Tout a commencé le matin du brûlage des mûriers, une coutume très ancienne qui s'accompagne toujours de rituels d'offrandes et de prières. Les habitants de Wendu se sont tous rassemblés au centre du village, tous sauf les jeunes qui ont été transférés en Chine, et dont les villageois sont sans nouvelles. Il n'y a donc que des vieux, hommes et femmes, quelques enfants échappés par miracle aux rapts des rouges. Des Tibétains des autres hameaux les ont rejoints, des moines aussi, bien moins nombreux qu'autrefois. Bref, ils sont tous venus.

Ils sont pauvres, ils ont faim, ils sont dépenaillés.

Certains ont cru aux communes, aux coopératives. Ne leur avait-on pas promis le bonheur ?

Ce matin-là, ces hommes, ces femmes n'ont pas voulu manquer les rituels du brûlage des mûriers. Pourtant, leurs forces se sont amoindries. Et tout leur pèse, les révolte.

Tant de siècles passés dans cette vallée, de renaissance en renaissance, leur ont laissé malgré tout une certaine fierté.

Certes, ils n'ont pas été riches, mais leur plus grande richesse était intérieure.

Pauvres, ils l'ont toujours été. Misérables, jamais ! Et à ce point miséreux que certains ont même réclamé la mort à leurs tortionnaires, quand ils subissaient des séances de thamzing. C'est un de leurs enfants, souvent le plus jeune, qui les abattait d'une balle dans la tête ou dans le cœur. A la famille, aux villageois de se débrouiller pour payer la douille qui avait servi à tuer ! Imaginez la scène, au moment du coup de feu, les villageois, les amis, les proches, les parents devaient applaudir cet assassinat. Et rire, aux éclats ! Et remercier les bourreaux ! S'ils refusaient, ils étaient tués à leur tour.

Tous ces gens ont perdu l'espoir jusqu'à ce matin. Ce n'est pas de l'héroïsme. Le mot serait peut-être trop fort, encore que... Parlons plutôt de fatalisme, plus proche de la résignation que de la survie, parce qu'ils ne se font aucune illusion sur la suite des événements. Mais cette misère noire leur est devenue insupportable. Et quitte à mourir, autant que ce soit ce matin-là.

Il y a avec eux Gyanpal Rinpoché, un des premiers tuteurs du dixième panchen-lama Choekyi Gyaltsen. A ses côtés se tient Nuri Pönpo, un résistant à la tête de deux cents hommes armés de poignards, de lances, d'arcs et de flèches.

Ce qui surprend le plus, c'est leur détermination. Ils ne supportent plus les séances d'endoctrinement quotidiennes, les autocritiques publiques.

Ils veulent rester des hommes simples, des hommes sans cauchemars, qui veulent vivre de leurs traditions, nomades pour une majorité d'entre eux, fermiers pour les autres, religieux pour les rares qui sont encore en vie.

Ils veulent ne plus mourir de faim, pouvoir prier quand ils en ont envie, réciter des mantras en déroulant leur mala à longueur de temps.

Ils veulent être libres d'aller et de venir.

Hier, le ciel était noir.

Ce matin, un bleu clair pèse sur le paysage.

Au loin, même les pics enneigés se montrent accueillants. Peut-être parce que ces Tibétains-là vivent leurs dernières heures et que les divinités, dans les montagnes, entendent les protéger ?

Des senteurs de ronces brûlées et d'encens traversent l'air par effluves.

Qu'attendent-ils encore ? Que les tortures cessent, que les moines reviennent dans les monastères, que la vie soit simple, comme autrefois. Et, de tout le reste, ils se fichent complètement...

Tous les Tibétains présents à Wendu, ce matin-là, savent ce qui va se passer.

Voici qu'un groupe se précipite. Les Chinois se sont laissé surprendre.

On se bat à l'arme blanche contre les revolvers et les

mitraillettes, on égorge, on étripe. Des hommes tombent, dans les deux camps.

Les résistants ont pris d'assaut la bâtisse abritant le comité du travail de la province.

Le chef de ce comité est tué... Ils ont mis le feu à la baraque, à l'aide de torches de mûriers. Un symbole !

Les résistants poussent leur action jusqu'au bout. Ils ne se satisfont pas de la mort des soldats. Ils assaillent les coopératives. Pas pour les saccager. Pour reprendre leur dû. Les récoltes, les céréales qu'ils vont ensuite redistribuer à leurs compatriotes affamés.

Les militaires répondent coup pour coup. Mais la détermination, l'audace et le courage sont du côté des Tibétains.

Fin du cauchemar, début d'un autre...

Le pouvoir central parle de « l'incident de Xunhua ».

Le mot est faible pour relater les événements qui sont survenus après coup : les troupes chinoises se sont déployées dans la vallée, ont encerclé les hameaux et les communes, investi Wendu et ce qu'il restait du monastère.

Bilan de l'opération : plus de cinq cents civils, innocents, armés de leurs seuls malas et moulins à prières, ont été abattus lâchement ; morts et blessés ont été jetés dans une fosse commune et recouverts de terre ; ce même jour, dans l'après-midi, les militaires et la police secrète ont arrêté deux mille cinq cents hommes et femmes et les ont transférés dans des laogais du Qinghai et de la Chine voisine.

Gyanpal Rinpoché a été arrêté et emprisonné.

Rejoints par des volontaires, Nuri Pönpo et son groupe de résistants ont alors mené des opérations de harcèlement. Leur objectif : libérer le lama.

Gyanpal Rinpoché a préféré mettre fin à ses jours pour arrêter le bain de sang.

En conclusion de cette histoire, Pékin s'acquitte par une remarque d'une apparente banalité : « La question ethnique est, fondamentalement, une question de classe. »

Dans sa chambre, le Panchen-Lama écrit au jour le jour les détails de la vie quotidienne de ses compatriotes d'avant l'invasion de 1949.

Comment vivent-ils, douze ans plus tard, en 1961 ?

Depuis tout ce temps, il ne s'est pas passé une journée sans que les cris de détresse ne couvrent les sirènes et les klaxons tonitruants des camions militaires qui traversent à toute allure les villes, les bourgs, les hameaux, et transportent les Tibétains, « des animaux sans cœur », vers les camps de travaux forcés ou vers la mort.

Douze années que les militaires et la police secrète sont partout !

Mais quels crimes ont-ils commis pour mériter autant de haine ?

Colère, compassion, dégoût, tous ces sentiments s'entremêlent.

Choekyi Gyaltsen voudrait trouver des excuses aux Chinois. Il n'y parvient pas.

Dans les régions agricoles de Kantsé et Dragyab, dans l'est du pays, la population en est réduite à mendier. Des mères affamées recueillent leur propre sang dans leur bol comme soupe pour nourrir leurs enfants[1]... Une des grandes préoccupations de Choekyi Gyaltsen, c'est justement la famine.

Et pendant que Mao polémique avec Khrouchtchev et s'entête à refuser l'aide alimentaire des Soviétiques, le pouvoir central achète du blé canadien pour secourir la population affamée. Mais pas un gramme de ce blé n'est destiné aux tibétains.

Les cantines populaires offrent à chacun un repas – excepté aux personnes âgées et handicapées –, l'équivalent de cent vingt grammes de céréales mélangées à de l'herbe, à des feuilles et de l'écorce d'arbre : « Cette horrible ration, écrit le Panchen-Lama, ne suffit pas à maintenir quelqu'un en vie. »

1. Au cours des années 60, 350 000 Tibétains vont mourir de faim.

A Lhassa, en janvier 1960, les autorités locales ont donné l'ordre aux mendiants de pourchasser les chiens de la ville, de les dépecer vivants et de les brûler dans les temples en remplacement de l'encens[1].

Par ailleurs, les rouges ont créé des comités de travail et de solidarité populaire qui officient dans les points stratégiques des villes. Une cinquantaine d'hommes, rarement davantage par comité, Chinois et Tibétains collaborationnistes, un savant mélange, organisent les interpellations, les expulsions, les réquisitions afin de redistribuer les biens volés aux colons qui arrivent de plus en plus nombreux et aux familles des militaires ; et ils provoquent des réunions politiques qui servent à vanter les mérites et les bienfaits de la révolution. Le matin, sous leur contrôle, les « ennemis du peuple » nettoient les rues ; l'après-midi, ils arrosent les arbres plantés le long des avenues typiquement chinoises ; le soir, autocritiques et endoctrinement se multiplient.

Dans les monastères, les moines qui ont survécu aux bombardements et aux séances de thamzing travaillent dans les champs. Et ordre leur a été donné de se mettre en ménage. Les Chinois offrent jusqu'à cent yuans aux filles, chaque fois qu'elles dépucellent un religieux, accouplement qu'ils accompagnent de propos salaces[2].

C'est sans espoir.

Ngulchu Rinpoché, le tuteur et confident de Choekyi Gyaltsen tente de l'arrêter : « Le Dalaï-Lama a déjà dû quitter notre pays. S'il vous arrivait malheur, cela n'affecterait pas que votre seule personne. Notre monastère de Tashilhunpo, notre région du Tsang, mais aussi la vie politique et religieuse de l'ensemble du Tibet en souffriraient. Nos compatriotes se sentiraient isolés et abandonnés. »

Ngulchu Rinpoché pleure.

Choekyi Gyaltsen l'observe en silence. Jusqu'alors, il ne

---

1. Déposition 39, *Le Tibet et la république populaire de Chine*, par la Commission de juristes, Genève, 1960.

2. Déposition 68, *ibid.*

s'était jamais permis de contredire son tuteur et ami. Mais cette fois, il répugne à trahir sa conscience, à faire passer sa sécurité personnelle avant l'avenir de son pays. Et le voilà lancé dans une longue explication qui durera une partie de la nuit.

*

Toutes ces longues nuits de l'hiver 1961-1962, le Panchen-Lama dort profondément.

Depuis qu'il a décidé de révéler à son entourage, son tuteur Ngulchu Rinpoché, et au conseil des Khenpos, son intention de regrouper ses notes quotidiennes en un document qu'il intitulerait « *Rapport sur les souffrances du peuple du Tibet et des régions tibétaines et propositions pour le travail futur du comité central sous la direction respectable du président ministre Zhou Enlai*[1] », il se sent plus serein qu'il ne l'a jamais été.

A vingt-quatre ans, le Panchen-Lama est parvenu à un tournant de sa vie. En l'absence du Dalaï-Lama, c'est à lui qu'incombe la responsabilité d'exprimer ouvertement, au nom du peuple tibétain, ses critiques à l'adresse du pouvoir central.

Quelques jours avant son départ pour Pékin, il reçoit Chen Yi, pour une simple visite de courtoisie

Choekyi Gyaltsen fait part à son interlocuteur maoïste de son travail. Et d'expliquer au représentant du gouvernement chinois : « C'est une lourde tâche que de construire une passerelle sur laquelle les gens puissent aller et venir, car il nous faut nous-mêmes souffrir et porter ce fardeau. Il s'agit néanmoins du bien du peuple et de l'avenir du parti. Si, tel un mur, nous nous dressons fièrement et majestueusement

1. Ce rapport comprend huit parties : la lutte pour écraser les rébellions ; les réformes démocratiques ; l'élevage, la production agricole, la vie des masses populaires ; le travail du Front uni ; le centralisme démocratique ; la dictature du prolétariat ; les questions religieuses ; le travail pour les nationalités.

entre les masses et le parti, nous portons préjudice aux intérêts des uns et des autres... »

Ô surprise, Chen Yi lui apporte son soutien : « Dites tout ce que vous savez et dites-le sans réserve. »

1962... Le Panchen-Lama termine la rédaction de son rapport dans son appartement de Pékin : 23, rue Dong Jiao Min, au premier étage d'un bâtiment modeste, non loin de l'Académie chinoise des sciences sociales.

Dans son bureau, une table de bois est recouverte de papiers noircis durant la nuit. Dans un coin, un vieux transistor noir de marque Panasonic ; derrière Sa Sainteté, une photographie impressionnante du mont Kailash[1].

La version chinoise de ce rapport comportant soixante-dix mille caractères – c'est ce titre qui lui a été conservé, les « soixante-dix mille caractères[2] » : cent vingt pages détaillant la situation dans toutes les régions habitées par des Tibétains, des régions dans lesquelles le Panchen-Lama s'est rendu entre 1960 et 1962. Pour traduire à la perfection ce document, Choekyi Gyaltsen a demandé à l'interprète de son prédécesseur le neuvième panchen-lama de venir du Sichuan pour épauler ses propres interprètes.

L'une des critiques majeures de Choekyi Gyaltsen porte sur les châtiments réservés à ses compatriotes. Il dénonce une réforme agraire inadaptée au plateau himalayen, évoque l'apparition de maladies endémiques, telle la variole, et de maladies nouvelles apportées par les colons. Il parle d'une industrialisation anarchique et d'exploitations minières qui sont la cause des maladies cardio-vasculaires et respira-

1. Située à l'ouest du Tibet, cette montagne est un lieu de pèlerinage pour les hindouistes, les bouddhistes et les disciples bönpos.

2. Ce document, longtemps méconnu par Dharamsala, a été remis à l'auteur, en 1996, par le gouvernement du Tibet en exil, afin de lui permettre de poursuivre ses enquêtes sur la vie du dixième panchen-lama. A la publication de ce document, l'auteur a reçu des intimidations émanant de l'association Chine-Europe Promotion pour « diffusion de fausses informations ».

toires. Il condamne les stérilisations des jeunes filles qui ont douze ans à peine, celles des femmes dont les plus âgées n'ont pas quarante-cinq ans, et les avortements forcés jusqu'à huit mois et demi de grossesse. Il dénombre une alcoolisation outrancière à seule fin d'anesthésier un peuple, ses compatriotes...

Enfin, le Panchen-Lama lance de virulentes attaques contre le pouvoir central : « Si l'on prive une nationalité de sa langue, de ses vêtements et de ses coutumes, écrit-il... alors cette nationalité disparaîtra et se transformera en une autre nationalité. Comment pourrions-nous garantir que les Tibétains ne seront pas transformés en une autre race ? »

Les « soixante-dix mille caractères » ont été présentés, le 18 mai 1962, à Zhou Enlai.

Avant de rentrer au Tibet, Choekyi Gyaltsen rencontre encore à plusieurs reprises le Premier ministre chinois.

Au cours de leur dernier entretien, Zhou Enlai confie au Panchen-Lama : « Vous avez su rédiger ce document en un temps record. C'est une performance exceptionnelle. Vous êtes parvenu à unifier nos points de vue sur les classes sociales, les nationalités, le patriotisme et le peuple. Notre politique est la suivante : nous devons éliminer les agissements contre-révolutionnaires et corriger les erreurs du passé. S'il y a une rébellion quelque part, nous devons la mater sans réfléchir. L'écrasement des rebelles et les réformes ont jusqu'ici sauvé la religion et la race tibétaines qui étaient sur le point de disparaître... J'espère que vous allez pouvoir proposer des moyens pour améliorer l'agriculture, l'élevage et le commerce en appliquant nos méthodes, qui ont porté leurs fruits dans d'autres régions de la Chine. il faut tenir compte des résolutions concernant la vie des masses les plus pauvres... Aussi sommes-nous absolument convaincus que le camarade Panchen-Lama et le camarade Ngabo sont contre l'impérialisme. Patriotes, ils acceptent la direction du parti et suivent les principes du socialisme. Il faut avoir confiance en nos camarades du Comité du travail qui cherchent tout simplement à bien remplir leurs missions au Tibet, et non à y détruire la race et la religion... »

Pour le maître de Tashilhunpo, deuxième autorité spirituelle de la lignée gelugpa, c'est désormais clair : Mao considère les « soixante-dix mille caractères » comme une insulte. Pire, une provocation.

Quatre ans avant la révolution culturelle, la liberté religieuse et le respect des traditions constituent toujours le moteur de la société tibétaine. Le Panchen-Lama le confirme : « Sur les deux mille cinq cents monastères qui existaient autrefois (dans ce qu'on appelle aujourd'hui la Région autonome du Tibet), il n'en reste plus que 70 %, tandis que 93 % des moines ont été contraints à fuir leurs cellules monacales. »

Alors que l'on impute généralement aux gardes rouges la destruction quasi totale des monastères tibétains, Choekyi Gyaltsen conclut en ces termes : « La religion bouddhiste qui fleurit dans tout le Tibet, celle qui mène à l'Illumination, est sur le point d'être anéantie sous nos yeux. Il n'est pas question que les Tibétains et moi-même, nous le tolérions ! »

Avec ces « soixante-dix mille caractères », c'est son arrêt de mort que le dixième panchen-lama vient de signer.

*

Rompant la trêve en 1956, les Chinois ont accentué la pression sur Rangjung Rigpe Dordjé, de sorte que conseillers et disciples l'ont pressé de fuir le Tibet, avant qu'il ne soit trop tard.

Ils sont plus d'une centaine d'hommes et de femmes à quitter Tsurphu, cette nuit de fin février 1959, par petits groupes, filant tout droit vers la montagne qui se trouve juste derrière le monastère. Le Dalaï-Lama s'enfuira de Lhassa quelques jours plus tard.

Malgré le beuglement de quelques yacks le long de la rivière, les piaillements aigus d'un oiseau surpris dans son sommeil, les pas étouffés par la neige des chevaux et des hommes, la lune se voilant soudain, les divinités les protègent.

Ils ne reverront plus Tsurphu avant bien longtemps. Puisse seulement la Dharma guider leur esprit !

Les fuyards se déplacent le jour, s'arrêtent à la tombée de la nuit.

Le Karmapa regarde, de l'autre côté de la vallée, les pics que le brouillard étrangle.

Dans le Kham, ses habitants viennent de vivre dix années de violence extrême, l'aliénation de leur territoire. Et que dire de l'aliénation de leur esprit !

Tantôt à pied, tantôt à cheval, les fuyards avancent sans se retourner. Ils ont franchi des vallées, gravi des sommets, redescendu des pentes abruptes, accrochés à la queue de leurs montures. Collés à des blocs de glace, ils ont contourné des ravins, affronté le vide. Certains ont connu la peur, incapables alors de poser un pied après l'autre.

Ils ont perdu des bêtes, des hommes. C'était inévitable ! Mais dans les ors crépusculaires, ils ont aussi eu le courage et la fureur de survivre aux éléments naturels qui s'acharnaient. Et comme si des influences protectrices veillaient sur eux, quelques-uns, parmi les plus fortunés, ont saisi ce que pouvait être l'invincibilité.

Le Karmapa, quant à lui, ignore la douleur, la peur, la faiblesse.

Le maître de la lignée kagyupa voit à peine la piste qui serpente devant lui, adaptant sa progression à celle de ses hommes. Il s'imprègne du vent, des nuages, de la neige, du froid, des neiges éternelles, de toutes les senteurs qui l'entourent. Il s'enivre de son pays qu'il sait quitter pour longtemps.

Habituellement, les sages prennent plaisir à la nature. Pas lui !

Un groupe d'éclaireurs les précède et prépare l'accueil du Karmapa et des siens dans les villages traversés.

La résistance veille, pendant que Sa Sainteté bénit les

disciples avant de poursuivre son chemin à travers la chaîne himalayenne jusqu'au Bhoutan, première étape vers la liberté.

On raconte que les karmapas ont des pouvoirs « surnaturels ». Arrêter les tempêtes et les épidémies, faire pleuvoir des edelweiss ou rendre la vue aux aveugles n'est pas rare chez eux.

Comme le treizième dalaï-lama Thubten Gyatso dans son testament rédigé un an avant sa mort, le cinquième karmapa Deshin Shekpa[1] a prédit les plus grands malheurs pour le Tibet et pour les kagyupas, lors des seizième et dix-septième réincarnations...

Au moment de sa fuite, Sa Sainteté Rangjung Rigpe Dordjé prend totalement conscience des visions de son prédécesseur qui datent pourtant du XIVe ou du XVe siècle :

... dans la lignée des karmapas, de la seizième à la dix-septième réincarnation,
L'enseignement bouddhiste en général et la lignée karma kamtsang en particulier
Hiberneront telles les abeilles.
La lignée de l'empereur de Chine verra sa fin
Et son pays sera dominé par le plus fort.
Depuis le nord jusqu'à l'est, le Tibet sera envahi,
Encerclé, tel le diamant serti...
Qu'importe l'erreur,
Celui auquel tu t'adresseras s'opposera à toi.
La bonne conduite dégénérera et la mauvaise fleurira...

Dans la succession des karmapas, vers la fin de sa seizième vie
Et le début de la suivante, celui au samaya brisé émergera

---

1. Extraits du chapitre XVI de la *Prophétie du cinquième karmapa Deshin Shekpa* (1384-1415), dans *Les Prophéties issues de l'expérience méditative.*

Tel le lama nommé Na-tha
Et siégera sur le trône.
Par les pouvoirs de ses aspirations que nul ne peut comprendre,
Le Dharma du Karmapa sera presque détruit.
Alors, celui dont les aspirations sont antérieures et positives,
Une émanation de Padmasambhava, viendra de l'ouest.
Le cou ceint de fourrure et l'esprit rapide et furieux,
La colère au cœur, il proclamera les paroles du Dharma.
Celui-ci, au teint basané et aux yeux protubérants,
Vaincra l'émanation qui a brisé le samaya.
Il protégera le Tibet pour un temps, et alors
Le bonheur régnera, comme la joie de voir se lever le soleil.
C'est ainsi que je vois l'avenir de la communauté tibétaine.
Même si l'un vient, dont les aspirations antérieures s'élèvent en karma positif,
Parce que le Dharma est sur le déclin et les intentions mauvaises des maras[1] *ont porté leurs fruits,*
Le bonheur aura du mal à naître...

Dans l'obscurité des maisons qui les accueillent, le Karmapa parle avec calme, aisance, vivacité, bénit les disciples et leur révèle l'espérance, malgré les ténèbres qui doivent se prolonger longtemps encore. Ils vont d'ailleurs être plusieurs milliers, les Tibétains, à découvrir le cruel déracinement que connaissent les exilés, ces déracinés du monde.

Dans son sommeil et dans ses rêves, le Karmapa se projette au Bhoutan, « l'extrémité du Tibet », « le pays du dragon », où la religion d'Etat bouddhiste est celle de la branche Drukpa Kagyu.

1. Symbolise les forces de séduction parfois très puissantes qui aveuglent l'esprit.

Le *druk gyalpo*, le roi-dragon, Jigme Dordjé Wangchuk[1] devrait logiquement l'accueillir dans un des nombreux monastères du pays.

A quelques pas de la frontière, le Karmapa, pris d'une crainte soudaine, immobilise la caravane, regroupe ses gens et s'approche de la falaise.

Sa Sainteté est incapable d'exprimer une quelconque joie d'avoir emmené les siens vers la liberté. Son émotion est tout autre. Une fois encore, ce sentiment tient autant de la prophétie que de cette terre emplie de souvenirs, du sang de ses compatriotes et de leur esprit, cette terre qu'il foule pour la dernière fois. Il y a toujours un sens à ses impressions, à ses révélations.

Le Karmapa en est maintenant convaincu : lui et ses compagnons ne seront jamais en sécurité au Bhoutan.

La preuve : à peine franchi le dernier col et la frontière bhoutanaise, voici la tempête qui s'acharne déjà sur les sommets laissés derrière eux, tandis qu'un arc-en-ciel se liquéfie dans la luminosité majestueuse des neiges éternelles qui s'assombrissent comme les plus noires des ténèbres.

Dans la faible clarté d'une lampe à huile, le Karmapa scrute le ciel.

L'intensité de son regard surprend jusqu'à ses plus proches conseillers.

Les religieux l'entourent, attendent, prient.

Lorsque Sa Sainteté rompt enfin le silence, ses mots s'avèrent lourds de sens : les vieux lamas resteront au Bhoutan, au moins le temps de reprendre des forces, sinon pour y finir leur vie.

Rangjung Rigpe Dordjé a senti le désarroi de ces vieux moines qui l'ont suivi depuis Tsurphu.

Peine perdue.

Les autres s'interrogent, attendent des signes des divi-

1. Au pouvoir depuis le 28 octobre 1952. Né en 1927, décédé le 21 juillet 1972.

nités, multiplient les cérémonies d'offrandes et, pour finir, avouent leur impuissance et leur peur.

Ils connaissent les prédictions du cinquième karmapa et tremblent à la seule idée que quelque chose d'irréparable n'arrive au maître spirituel de leur lignée. Dans les temples bhoutanais, en outre, ils ont revécu les images de la guerre. Le sang de leurs frères coule au Tibet. Leur monastère, partiellement détruit, doit être maintenant investi par les militaires et la police secrète chinois. Des moines sont torturés, puis abattus.

Tous vivent le chaos et s'interrogent sur leur devenir.

Il a fallu d'interminables négociations pour connaître la nouvelle destination du Karmapa.

Deux émissaires ont été envoyés par le Chogyal du Sikkim. Celui-ci propose plusieurs sites, dont celui de Rumtek, un monastère en partie abandonné, construit à l'époque du neuvième karmapa Wangchuk Dordjé[1].

Le Premier ministre Nehru se dit également prêt à accueillir le seizième karmapa et à organiser une rencontre avec le Dalaï-Lama.

Le Karmapa s'est retiré longtemps pour méditer et réfléchir. C'est décidé, il s'installera au Sikkim.

Le temps des préparatifs, le cortège s'est remis en route.

Au moment de quitter le Bhoutan, les Tibétains de Tsurphu ont aperçu d'étranges lumières qui dansaient dans le ciel. Ce n'était pas un arc-en-ciel.

A Rumtek, l'air explose du son des trompes, de l'appel grave des conques et des chants plaintifs des flûtes, résonnant dans la vallée, jusque dans le fin fond des ravins.

Pour libérer toute son énergie, le Karmapa ferme les paupières. Ce lieu ne lui est pas étranger : à l'époque déjà lointaine de sa neuvième réincarnation – c'était en 1556 dans le Tibet oriental –, sa mère avait rêvé qu'elle soufflait dans une conque blanche ; dans son ventre, le fœtus récitait des

1. 1556-1603.

mantras ; aussitôt venu au monde, le bébé s'était assis dans la position du méditant et, fixant son père droit dans les yeux, lui avait lancé : « Je suis le Karmapa ! » ; dans une lettre du huitième karmapa, peu avant sa mort, celui-ci faisait mention d'une masse d'eau chutant puissamment de la montagne. Un peu plus tard, thaumaturge reconnu, le roi du Bhoutan initié très jeune à la magie apprit que le neuvième karmapa avait le don de se déplacer dans les airs. Il l'avait donc invité, de même que l'avait convié le Chogyal du Sikkim. La santé du Karmapa s'étant beaucoup détériorée, Sa Sainteté devait envoyer à sa place un dignitaire de sa lignée, très érudit, qui allait y bâtir trois monastères, dont celui de Rumtek.

Cet endroit extraordinaire, les prédécesseurs du seizième karmapa l'avaient parfaitement décrit : sept torrents jaillissant de la montagne en direction du monastère ; en face de la résidence du maître, un panorama magnifique s'offrant à lui : autour de sept monts serpentait une rivière en forme de conque, celle-là même dont avait rêvé la mère de Wangchuk Dordjé, le neuvième karmapa.

Rangjung Rigpe Dordjé va donc s'installer dans l'ancien monastère de Rumtek, alors occupé par quelques laïcs.

Dans le temple, son entourage dépose les statues de grande valeur, les objets rituels, les reliques, les textes anciens et autres thankas qu'ils ont pu emporter avec eux dans leur fuite.

Petits détails du quotidien : autour du bâtiment, les compagnons du Karmapa construisent des huttes et quelques rares maisons.

Dans la vallée, à flanc de montagne, un cordon interminable de disciples se dirige vers le monastère pour y recevoir la bénédiction du Karmapa. Aider à la reconstruction des lieux aussi : dès 1962, à quelques kilomètres du Rumtek mythique, s'élèvent d'ailleurs, grâce au soutien financier du Chogyal du Sikkim, les premières pierres d'un nouveau monastère.

Reste à organiser les enseignements autour du Karmapa et des autres dignitaires de la lignée. Un groupe d'une trentaine de personnes a commencé à imprimer manuellement des textes sacrés à partir de blocs gravés, xylographes, suivant le même procédé utilisé au Tibet pour l'impression des manuscrits, des billets de banque et des timbres. Une opération qui va durer dix ans.

L'objectif avoué du Karmapa consiste à transformer Rumtek, de sorte que les religieux et les disciples retrouvent au plus vite l'atmosphère et la sérénité de Tsurphu.

*

Assam, camp de transit de Missamari, été 1959...

Durant la longue période de mousson, la brume ne se déchire jamais. Au contraire, elle semble s'épaissir au fil des pluies qui s'abattent jour et nuit sur la région.

C'est un nouveau monde que découvrent les Tibétains qui fuient leur pays.

Ici, ils peuvent à peine respirer, et vivent trempés des pieds à la tête.

La chaleur est écrasante ; elle les accable. Certains ont même songé à rebrousser chemin pour retrouver les sommets himalayens, le grand froid, de leur pays natal. Mais ils sont à bout de force, à bout d'espérance.

Ils étaient des dizaines en mars.

Ils sont passés en quelques jours à plusieurs centaines.

En avril, il étaient déjà trois ou quatre mille.

Bientôt, ils seront sept, huit mille.

Missamari, le camp de transit, comptera jusqu'à douze mille réfugiés.

Non loin de Missamari, le gouvernement indien a ouvert un ancien camp de prisonniers britanniques situé au Bengale. Buxa Duar compte une trentaine de baraquements en béton entourés d'une double rangée de barbelés.

Ici, on entasse les religieux. Les rinpochés, les réincarnations, rapidement séparés des autres exilés, restent libres de leurs mouvements.

Quelques-uns choisissent de demeurer auprès de leurs compatriotes ; les autres auront la lâcheté de s'en aller. Leur but ?... Rejoindre un monastère de leur lignée, en Inde, au Népal, au Sikkim ou au Bhoutan.

Missamari et Buxa Duar étaient inévitables. Inévitables en raison de l'afflux de réfugiés dépassant les limites de l'impossible : ils ont vaincu des montagnes que l'on disait infranchissables en hiver, empruntant l'ancienne route des caravaniers, quand elle existait encore ; les plus faibles ont dû être abandonnés aux bêtes sauvages.

Les réfugiés, ils arrivent chaque jour ; ils sont bientôt vingt mille.

En juillet 1960, leur chiffre atteint les soixante mille.

D'un enfer à l'autre, ce n'est certainement pas ce à quoi ils s'attendaient.

A Missamari et à Buxa Duar, tous se sentent enchaînés, comme leurs mastiffs au bout de leurs énormes chaînes, et assistent impuissants à la lente agonie des leurs.

A chaque instant, il faut aviser, parer au plus pressé.

On a demandé des volontaires parmi les plus valides ; ils le sont tous.

L'armée indienne largue des caisses au-dessus des deux camps de transit : des vêtements, des vivres, des médicaments. L'une d'entre elles contient des feutres : ce sera pour les plus vieux et les plus faibles.

Ainsi, les Tibétains vivant en Inde commencent à s'organiser. Gyalo Thondup et Diki Dolkar, le frère et la belle-sœur du Dalaï-Lama, ont créé un centre d'entraide et d'assistance. Ils se démènent, certes. Mais comme tout cela paraît dérisoire !

Pas d'eau potable dans ces camps ; les vivres manquent, les médicaments aussi. On distribue la quinine avec parcimonie. Dysenterie, malaria, choléra font leurs ravages. On découvre les premiers cas de tuberculose. Les exilés se plaignent aussi des reins, du foie... Nombre d'entre eux ont dû être amputés d'un ou de plusieurs membres après la traversée de la terrible barrière himalayenne.

A Missamari et à Buxa Duar, les cadavres se ramassent par centaines. On les jette dans les fosses qui réveillent des souvenirs affreux.

Dans l'un et l'autre des camps, on est obligé de les brûler aussitôt. Les bûchers ne se consument jamais.

*

L'entourage du Dalaï-Lama, lui, sombre dans le désespoir le plus noir.

En 1960, la question du Tibet a été inscrite à l'ordre du jour de l'Assemblée générale des Nations unies, sous le parrainage de la Malaisie et de la Thaïlande, qu'appuient la république d'Irlande et le Salvador.

Ajournée et finalement oubliée, cette réunion constitue un véritable coup de massue pour le Dalaï-Lama et le peuple tibétain.

Malgré les coups du sort, Tenzin Gyatso, vingt-cinq ans, n'abandonne pas tout projet d'engager le dialogue avec les Chinois. Inlassable, Sa Sainteté poursuit simultanément des démarches avec le gouvernement indien et les organisations humanitaires.

Sa famille ? Elle semble éclatée.

Diki Dolkar, restée à Darjeeling, est très occupée à recueillir des médicaments et des vivres pour les camps de transit de Missamari et Buxa Duar.

Gyalo Thondup, lui, parcourt l'Inde, de New Delhi à Mussoorie, de Darjeeling ou de Kalimpong jusqu'aux contreforts himalayens, où il continue de recruter pour la résistance.

Le Dalaï-Lama, sa mère et son gouvernement ont été priés de quitter la station balnéaire du nord de la capitale.

Trop voyante, leur présence soumettait le pandit Nehru à une pression constante de la part de Pékin. Au lendemain de la conférence de Bandung, la république populaire de Chine jouissait en effet d'un grand prestige auprès de la population indienne, une lune de miel qui, depuis 1958, permettait aux services secrets du tewu de recruter de nombreux Indiens afin de former des réseaux de renseignements maoïstes.

En 1960, Mussoorie infiltrée par les agents du tewu ? Et comment donc, c'est bien sûr évident !

Nauzer Nowrojee, un marchand parsi, contacte entretemps le Premier ministre indien pour lui proposer une solution.

Nauzer vit avec sa famille et quelques Indiens dans un village sur les contreforts himalayens, à l'extrême nord du Pendjab – aujourd'hui Etat de l'Himachal Pradesh.

L'offre du Parsi présente plusieurs intérêts. Les rapports avec la Chine voisine s'avérant de plus en plus délicats, éloigner le Dalaï-Lama dans un endroit isolé serait de nature à atténuer la pression communiste.

Situé à une moyenne de 2 000 mètres d'altitude, le village comporte deux parties : Dharamsala-le-Bas avec quelques échoppes et un semblant de vie ; Dharamsala-le-Haut, surnommé McLeod Ganj, ancien lieu de villégiature des Britanniques, détruit en 1904 par un tremblement de terre. Nauzer Nowrojee et les siens y vivent. Derniers vestiges de la présence britannique : le cimetière et la petite église anglicane St-John-of-the-Wilderness.

Avec l'arrivée du Dalaï-Lama et des réfugiés tibétains, l'endroit pourrait renaître de ses cendres

Seul problème : dans cet endroit du bout du monde, tout est à reconstruire.

Les réfugiés ont même dû ouvrir une piste à coups de machette pour permettre à leur souverain d'atteindre le village en voiture.

Les Nowrojee accueillent les Yapshis à bras ouverts.

D'origine britannique, l'épouse du marchand est aux petits soins pour amala.

Le couple installe le Dalaï-Lama et sa famille à Swargashram, un petit bungalow : Tenzin Gyatso aura sa chambre et une petite pièce réservée à la méditation et à ses prières ; amala, sa chambre elle aussi ; la cuisine et une salle à manger serviront de lieu de rencontre pour la famille et l'entourage ; enfin, le souverain recevra ses ministres et ses conseillers sur la véranda.

Les bureaux et les départements de son gouvernement en exil – non reconnu par Nehru – se trouvent dispersés tout autour du bungalow qui devient ainsi le point névralgique du Tibet en exil. Mais, Dharamsala infiltré par des Indiens pro-maoïstes dès l'installation du Dalaï-Lama, rien d'étonnant non plus ! Et plus que probable aussi !

Pour l'anecdote, Gyalo Thondup a installé une table de ping-pong dans le jardin. Tenzin Gyatso y joue quelquefois, comme il joue au badminton avec ses frères. Rares sont pourtant ses moments de détente.

Le Dalaï-Lama commence à structurer son gouvernement. Il va comprendre sept départements : l'Education, la Santé, les Finances, la Sécurité, l'Intérieur, l'Information et les Relations internationales, les Affaires religieuses et culturelles.

Dès 1960, Sa Sainteté a entrepris la démocratisation des institutions tibétaines.

A cette époque, les exilés du Toit du Monde ne possèdent néanmoins aucun passeport.

Le gouvernement de New Delhi leur propose d'opter pour la nationalité indienne. Pensant que leur intégration serait plus facile, quelques-uns acceptent. Mais la grande majorité refuse, préférant conserver son identité afin de mieux faire valoir les droits des Tibétains face à l'opinion internationale et face à la république populaire de Chine.

*

Depuis Swargashram, le Dalaï-Lama multiplie les contacts avec le pandit Nehru.

Il faut du travail pour les plus valides. Le gouvernement indien a proposé d'envoyer les réfugiés construire des routes au cœur de la chaîne himalayenne, par équipes de deux, trois ou quatre cents hommes et femmes, des familles entières avec leurs enfants, sélectionnés dans les camps de transit de Missamari et de Buxa Duar.

Sur les chantiers, les accidents sont nombreux.

Une préoccupation supplémentaire pour le Dalaï-Lama et son entourage : trop d'enfants meurent, emportés par les éboulements de terrain, écrasés par les chutes de pierre, victimes de tremblements de terre nombreux dans la région. Or, les enfants sont la survie du Tibet.

Au cours d'un de leurs entretiens à Mussoorie, Nehru n'avait-il pas souligné la nécessité de développer l'éducation des jeunes, si les Tibétains voulaient préserver leur culture et leur langue ? Avant de quitter la station balnéaire, Tenzin Gyatso avait ouvert sur place une école qui fonctionnait déjà à plein.

Puis cet événement du 17 mai 1960 aussi... Ancré à jamais dans les mémoires : l'arrivée de cinquante et un jeunes au camp de Jammu, dans un état déplorable, des morts-vivants, constitue un révélateur... Le Dalaï-Lama confie ces cinquante et un enfants à Tsering Dolma, à charge pour elle de les répartir dans les familles des fonctionnaires.

Ces gamins sont-ils venus à Dharamsala par les seuls caprices du hasard ? Non, mille fois non. Le Dalaï-Lama avait envoyé au camp de Jammu des fonctionnaires qui devaient demander aux familles de leur confier leurs enfants en bas âge.

Depuis, il ne se passe plus un jour sans que des jeunes Tibétains n'arrivent des camps et des chantiers.

La place manque évidemment. Mais il y a de l'espace. Le choix de Dharamsala s'avère finalement judicieux.

D'autant que le gouvernement indien vole au secours du Dalaï-Lama et des réfugiés, générosité – pas gratuite – qui se traduit par l'ouverture d'un premier bâtiment, *Cornium House* ; puis d'un second, *Egerton House* ; et enfin d'un troisième, *Kishore Nivas*, autant de garderies remplies de petits.

Au cœur de l'organisation, Tsering Dolma et amala s'acharnent à trouver des solutions aux problèmes qui se multiplient. Amala se montre plus que jamais la « Grande Mère » parmi son peuple et ses souffrances.

A McLeod Ganj, les bénévoles des organisations humanitaires[1] sont débordés de toute façon aussi.

Les infirmières et les médecins font de leur mieux : on distribue des couvertures, mais il en faut toujours plus ; des vêtements arrivent par avion du Canada, de Grande-Bretagne, de Nouvelle-Zélande, mais ce n'est jamais assez.

Du coup, on ouvre trois pensionnats, à Dalhousie, Simla et Kalimpong.

Avant dispersion dans les différents établissements, Tsering Dolma regroupe tout son monde à Dharamsala : les nourrissons et les moins de huit ans restent à McLeod Ganj ; les autres partiront après quelques jours de repos et de soins, par groupes de trente à cinquante, vers les pensionnats, en fonction des places disponibles.

McLeod Ganj ne dort plus.

L'activité ne s'y interrompt jamais, sauf quand le Dalaï-Lama reçoit en audience. Les enfants comme les nouveaux arrivants recevront tous sa bénédiction avant de s'envoler vers leur propre destin.

1. La Croix-Rouge suisse, Save the Children Fund, Care United States, Swiss Aid Tibetans, American Emergency Committee for Tibetans, Tibet Society de Grande-Bretagne, Tibetan Refugee Aid Society du Canada, de Nouvelle-Zélande, d'Australie, sont intervenus aussitôt l'installation à Dharamsala, du Dalaï-Lama et de son gouvernement en exil.

Tsering Dolma a perdu un œil au Tibet. Elle porte en permanence des lunettes noires pour protéger l'autre œil de la lumière, sinon elle risque de le perdre aussi.

Les mauvaises langues lui reconnaissent une apparence hautaine ; on la surnomme « la directrice », mais personne ne s'y trompe : sans formation pédagogique aucune, Tsering Dolma abat un travail extraordinaire ; elle met en place les structures d'accueil des enfants de l'exil, même si on peut lui reprocher un certain nombre d'erreurs.

Cornium House, *Egerton House* et *Kishore Nivas* : on recrute des veuves, si possible des couples pour s'occuper des petits réfugiés. Ces femmes, on les appelle *ayas*, les mères adoptives. Personne ne reste insensible à l'appel des Yapshis.

Les bungalows sont divisés en trois parties : une pièce sert pour le couple de Tibétains ou la veuve qui prend la responsabilité des enfants ; une autre pièce sert pour les nourrissons qui dorment dans des boîtes en carton ; les autres, de trois à sept ans, dorment, le plus souvent, à même le plancher, sans couverture.

La promiscuité, la mousson qui s'est arrêtée vers la mi-septembre, a laissé de terribles séquelles, et maintenant il y a de nouveau la chaleur : entendre geindre les petits est insupportable, et les ayas courent de l'un à l'autre, les yeux rougis de larmes.

Ces enfants, au nombre de huit cents durant l'hiver 1951-1952, sont tous rongés par les maladies : rares sont les parcelles de peau non infectées ; les plaies suppurent ; ils souffrent d'insuffisances cardiaques et rénales ; certains ont perdu la vue... A entendre les médecins de la Croix-Rouge suisse ou des autres organisations, les problèmes de vue et de surdité s'aggraveront avec l'âge.

Et combien d'enfants vont devoir être amputés des mains ou des pieds ?

Ils vivent avec la mort en eux et finissent par s'endormir pour toujours.

Un poêle vient d'être installé à *Cornium House* en prévision de l'hiver qui s'annonce terrible.

Les nuits sont glaciales.

Il n'y a plus de couvertures, et d'autres enfants sont annoncés.

Autour des bungalows, à la tombée du soir, les léopards guettent une proie facile : un bébé ayant échappé à la vigilance d'une aya ou d'un de ses petits frères exilés.

13

Si toi aussi tu m'abandonnes...

Je suis concitoyen de toute âme qui pense :
La vérité, c'est mon pays.

Alphonse DE LAMARTINE.

Après Dharamsala-le-Bas, sept kilomètres plus haut, au bout d'une piste taillée dans le roc, McLeod Ganj offre, en 1962, une vision d'enfer.

Un village en plein chaos, en ce mois de juillet. Trois bâtiments encerclent à distance la boutique de bric et de broc des Nowrojee – quelques bungalows, des centaines de tentes agrippées les unes aux autres, comme des ventouses, sous les pluies diluviennes de la mousson qui devrait cesser vers la mi-septembre.

Les éclaircies sont rares.

Dès l'aube, un brouillard épais engloutit par couches successives, depuis le pied de la montagne jusqu'au sommet, l'église anglicane, son cimetière, absorbe les arbres, la place tombée en désuétude, et la chaîne ininterrompue de réfugiés en haillons, affamés, malades, épuisés.

McLeod Ganj, hier vidé de sa population, envahi d'ombres fantomatiques aujourd'hui, porte malgré tout l'espoir de tout un peuple : la liberté serait au bout de ce chaos !

Ici, tout n'est que panique.

On pare au plus urgent, mais l'urgence, elle est partout !

Depuis la veille, on attend avec une certaine fébrilité le camion des organisations humanitaires.

Les bénévoles viennent d'ailleurs de passer Dharamsala-le-Bas.

Leur reste à gravir la pente, abrupte et glissante, qui mène à McLeod Ganj.

Une pâte gluante, épaisse, ocre, glisse en permanence du flanc de la montagne.

Des réfugiés déblaient la piste, à la pelle, à la main, comme ils le peuvent. Certains s'écroulent, à bout de forces, à bout de destin.

Le moteur rugit, les roues patinent.

Le camion dérape, flirte avec le ravin.

La sueur dégouline sur le visage du conducteur. Ses trois compagnons n'en mènent pas large.

Et puis ce maudit brouillard qui s'épaissit au fur et à mesure de la montée vers McLeod Ganj !

A mi-chemin, le chauffeur pousse un soupir de soulagement.

La pente s'adoucit.

Mais il pile, net.

Le camion se met en travers.

Des pierres rouges barrent le chemin.

Le chauffeur, ses compagnons, voient des arbres, enracinés à leur amas de terre, descendre le versant, debout, comme un homme pris d'une ivresse hallucinante, des arbres qui dégringolent dans le ravin, aussitôt l'équipage du camion passé.

Les dieux sont avec eux !

Cela n'a pas toujours été le cas pour les réfugiés. Ils marchent le plus souvent depuis Pathankot. Quelquefois, des camions les déversent à McLeod Ganj.

Et cela dure depuis deux ans déjà.

Ils sont nombreux aussi à n'avoir jamais atteint Dharamsala.

Une fois à McLeod Ganj, les organisations humanitaires perdent leurs rares illusions : ce monde n'est plus celui des êtres humains ; il appartient à un ailleurs dantesque.

Des tonnes d'eau – Dharamsala est la seconde ville de l'Inde en degré de pluviométrie –, des vents fous, la chaleur lourdement mouillée, le brouillard impénétrable, on ne peut compter que sur la chance pour vaincre ces puissances déchaînées.

Dharamsala et ses barrières infranchissables !

Le bout de l'enfer.

En 1962, les réfugiés sont au nombre de soixante-dix mille à rejoindre leur souverain dans son exil.

*

Un malheur n'arrivant jamais seul, en cette année 1962, amala se plaint de plus en plus de douleurs à la gorge.

Le Dalaï-Lama demande à son frère Thubten d'accompagner leur mère à Calcutta. Amala doit consulter au plus vite un spécialiste.

A Calcutta, un médecin britannique propose d'opérer amala à l'hôpital Sainte-Marie de Londres : il doit lui enlever un polype.

Calcutta-New Delhi par avion... Enfin, Pathankot vers Dharamasala, le trajet du retour en voiture n'est guère à l'optimisme.

Soudain, alors que le véhicule aborde les premiers lacets des contreforts himalayens, un pneu avant éclate.

Le chauffeur perd le contrôle.

La collision est inévitable.

Amala, qui a perdu connaissance au moment de l'accident, se retrouve ainsi bloquée à McLeod Ganj pour quelques jours de repos supplémentaires.

Swargashram... Une silhouette apparaît dans l'embrasure de la porte. C'est amala !

La tristesse au fond de sa voix bouleverse le Dalaï-Lama.

Elle lui explique qu'elle a connu, avec cet accident, une des grandes frayeurs de sa vie. Ajoutée à une névrose obsessionnelle de devoir subir une intervention chirurgicale, Tenzin Gyatso décide alors de lui apporter le plus d'attention possible, des marques d'affection qu'il a rarement l'occasion de lui prodiguer... Il partage ses repas en famille, alors que, d'ordinaire, il est servi dans sa chambre. Et si son emploi du temps le lui permet, il rejoint, chaque après-midi vers 16 heures, sa mère pour partager le thé.

Et il bouscule ses habitudes lorsqu'elle lui demande de visiter avec elle les structures d'accueil des enfants exilés.

Le lendemain matin, Tenzin Gyatso, ses ministres, amala et Tsering Dolma partent de Swargashram à pied, traversent McLeod Ganj, et se rendent tour à tour à *Cornium House*, à *Egerton House* et à *Kishore Nivas*.

Froissement de robes, murmures, pas feutrés, regards joyeux, mains égrenant leur mala, la journée est peu ordinaire pour les milliers de réfugiés qui se massent sur le parcours emprunté par les Yapshis.

Dès l'aube, on patiente comme on peut : sur le sol, certains dessinent des symboles à la craie ; d'autres brûlent de l'encens. Tous prient pour souhaiter longue vie au Dalaï-Lama et à sa famille.

Même Nauzer Nowrojee se prend au jeu : après avoir décoré le toit de sa boutique de drapeaux à prières, il se tient appuyé contre le chambranle de bois de l'entrée. Son épouse attend, elle aussi, l'arrivée de leur hôte Tenzin Gyatso, qui ne manque jamais de venir les saluer à chacun de ses passages sur la place du village.

A Dharamasala, tout le monde sait amala malade. Mais la « Grande Mère » trouve la force d'aider les ayas à laver du linge, pendant que Sa Sainteté parle aux enfants de l'importance à accorder à leurs études, au respect de leurs mères adoptives, à la compassion à l'égard de leurs frères et sœurs dans les souffrances qu'ils ont à partager.

A cette époque, une centaine de petits réfugiés a été adoptée par des familles européennes. Les anciens ont encore en mémoire le départ des tout premiers : sur le coup de 18 heures, quarante enfants étaient arrivés, le balluchon à la main ; quarante âmes en détresse, observant tête basse une foule déboussolée, impuissante ; puis, l'un après l'autre, ils avaient grimpé à bord du bus... Même si la décision venait de Sa Sainteté, le malaise affleurait.

Avant de répondre favorablement aux vœux de Charles et Gret Aeschiman de faire adopter des enfants tibétains par des familles occidentales, les Yapshis avaient longtemps hésité. Charles avait monté autrefois des structures d'accueil pour les orphelins de la Seconde Guerre mondiale : c'est avec ces *Villages des enfants de Pestalozzi* que sa femme et lui envisageaient de travailler aux côtés de Tsering Dolma et du gouvernement du Tibet en exil.

Au Tibet, avant l'invasion, tout cela aurait été impensable.

En exil, il fallait tenter l'expérience, même si amala n'avait pas approuvé ce choix.

*

Amala arrive enfin à Londres pour se faire opérer. Elle est accompagnée par Thubten, l'aîné de ses fils, et par son amie Rinchen Dolma Taring, une aristocrate tibétaine, s'exprimant parfaitement en anglais. Pour la durée du séjour, Taring lui servira d'interprète.

Cecily Gould, la veuve de sir Basil, longtemps en poste à Lhassa, leur a déniché une charmante pension de famille.

Le temps d'y prendre ses marques, et amala entre à l'hôpital Sainte-Marie : les médecins en profitent pour la soigner des séquelles de son accident sur les routes de l'Inde.

Dix jours plus tard, les deux amies s'en retournent à Welwyn Garden City.

Elles passeront trois mois à l'île de Wight, dans une maison en bordure de mer louée par lady Gould.

A soixante-deux ans, amala ne tarde pas à reprendre des forces. En Inde, n'en aura-t-elle pas grand besoin ?

Thubten reparti aux Etats-Unis, Gyalo Thondup propose aux deux amies de les accompagner, lui et Diki Dolkar, aux Etats-Unis. Ils passeront trois semaines à New York.

Prenant sur eux, les deux frères annoncent alors le décès, survenu à Lhassa, de leur propre grand-mère, la mère d'amala. La fuite de Lhassa, en mars 1959, les avait séparées. Le choc n'en sera que plus terrible.

Malgré tout, le voyage se poursuit. Ensemble, ils se rendent à Washington, visitent San Francisco, Tokyo et Hong-Kong, avant de rentrer en Inde.

De retour à Swargashram, amala apprend aussitôt que Tsering Dolma se fait soigner pour des maux d'estomac par les médecins des organisations humanitaires. Rien de grave, apparemment, mais là aussi le mal semble vouloir persister[1] !

*

En cette année 1962, Tsering Dolma a quarante-deux ans ; son mari Phuntsok Tashi et son frère Thubten Jigme Norbu, chacun quarante ans ; Gyalo Thondup en a trente-trois, et son épouse Diki Dolkar, trente-sept ; Lobsang Samten, trente ; Tenzin Gyatso, vingt-sept ; Jetsun Pema, vingt-deux ; Ngari Rinpoché, seize.

A l'époque, il ne reste plus beaucoup de religieux chez les Yapshis, excepté le Dalaï-Lama et Ngari Rinpoché, placé en pension au collège jésuite de Saint-Joseph de North Point, à Darjeeling.

Thubten Jigme Norbu parvient à temps à New York où il venait de s'installer avec sa jeune épouse tibétaine pour la

1. Entretiens de l'auteur avec le Vénérable Tenzin Topgyal. Cf. Dekyi Tsering, *op. cit.*

naissance de Kunga Gyaltsen. Il a rompu ses vœux de religion – pauvreté et chasteté – pour épouser Kunchok Yangkyi, dix-huit ans, qui lui avait déjà donné un premier enfant, Lhundrup Namgyal en 1961. Leur rencontre remonte à deux ans déjà : Thubten travaillait alors au département des Etudes tibétaines de l'université de Seattle ; il y avait fait la connaissance de Jigdrel Dagchen Sakya, quarante-deuxième détenteur du palais Phuntsok Tsok Podrang de la lignée royale Sakya ; ayant fui son pays en 1959, ce dernier s'était établi à Seattle, accompagné de Dechung Rinpoché ; en 1960, Sa Sainteté ouvrit le Sakya Monastery, qui régit aujourd'hui une des branches de la lignée sakyapa. Connus pour la perfection de leurs rituels et de leurs études métaphysiques, une légende raconte que « trois frères descendirent du ciel sur la terre, l'un étant marié avec une démone dont il eut sept fils ; un seul, Mozang Chijé, resta sur terre et devint le guide des humains[1] ». Et selon la prophétie d'Atisha[2], le monastère-forteresse a été construit en un endroit du Tibet « où la chaîne orientale se dresse comme la crête d'un oiseau ; au sud de la montagne ayant la forme d'une gueule de lion, s'écoule une rivière ; la montagne occidentale ressemble à une tête de paon ; au nord, la montagne au corps de lion recouvre de son corps la terre de Sakya ».

Cette union entre Thubten Jigme Norbu et sa jeune épouse issue d'une lignée royale sakyapa pourrait se révéler importante.

En tout cas, elle n'a pas manqué de défrayer la chronique dans les tabloïds américains !

---

1. La construction du siège des sakyapas, le monastère de Sakya, date de 1073. Les sakyapas ont dominé le Tibet aux XIIIe et XIVe siècles.

2. Dipamkara Shri Jnana (982-1054), supérieur du monastère de Vikramashila en Inde et récipiendaire des deux grandes lignées de transmission de la Parole du Bouddha (Majushri/Nagarjuna et Maitreya/Asanga). Invité au Tibet ; il y séjourna les treize dernières années de sa vie.

On peut s'interroger. Mariage d'amour ou mariage de raison ?

Une pré-réponse : au Tibet, dans un pays aussi rude, la population ne s'embarrassait guère de certains préjugés occidentaux en matière d'amour et de mariage.

Amour encore, celui que Lobsang Samten file avec une jolie Japonaise, sous l'œil désapprobateur de Jetsun Pema. Or, depuis le couvent de Loreto, la cadette des Yapshis entretient des relations épistolaires avec ses amies : Nyima et Pem Pem Norgay, les filles de Tenzin Norgay – le premier Tibétain à avoir gravi l'Everest ; Tiny la Birmane ; et les deux princesses népalaises Sharada Shah et Shanti.

Et Lobsang Samten dans cette histoire ?

Les tourtereaux n'ont pas la force de lutter contre les pressions des Yapshis.

Parmi les meilleures amies de Pema, Namgyal Lhamo, vingt ans tout juste en 1962, est une belle jeune femme. Sa sœur, Norzin Tsarong, connaît Pema aussi.

A cette époque, Namgyal habite chez ses parents à Darjeeling. Lobsang, lui, vit à New York.

La toute première lettre de Jetsun Pema proposant à Namgyal d'épouser son frère Lobsang date de 1961.

Quelques mois se sont donc écoulés.

Les deux jeunes gens s'étaient bien entraperçus quelques années plus tôt à Calcutta, chez les Yapshis. Mais dix ans les séparent. Du coup, Lobsang Samten n'avait prêté aucune attention aux adolescentes qui papotaient joyeusement avec Jetsun Pema.

La cadette des Yapshis était alors connue pour son humeur espiègle, mais également pour son entêtement. Or son caractère n'a pas changé !

Rien d'étonnant dès lors qu'elle entreprenne de pousser son idée jusqu'au bout : glisser, par exemple, une photo de Lobsang dans l'enveloppe destinée à son amie.

De là à les marier !

La coutume tibétaine est fortement ancrée dans la vie de

Namgyal. Elle commence donc par consulter le lama astrologue qui détermine si son profil peut correspondre à celui de Lobsang. Puis, elle en informe la famille : les Tsarong font partie de l'aristocratie... Or, même si, pour les Tibétains, le mariage n'est pas considéré comme un acte sacré, il s'agit malgré tout de l'avenir de leur fille et d'un tournant capital dans la vie d'une jeune femme de vingt ans. Enfin, dernier point et pas le moins important : Namgyal vient d'obtenir son diplôme de *Senior Cambridge Certificate* et suit des cours de français. Elle n'a pas l'intention de végéter à Darjeeling. Son rêve, c'est d'aller vivre aux Etats-Unis. L'éternel mirage américain !

Jetsun Pema ne s'arrête pas à ces considérations exotiques : à la première occasion, elle glisse deux mots de l'affaire à son frère Gyalo Thondup.

Profitant d'un passage à Darjeeling pour retrouver son épouse Diki Dolkar et ses enfants, il fait un saut chez les Tsarong et demande, au nom de Lobsang Samten, la main de Namgyal Lhamo.

Dans cette histoire, il faut bien l'avouer, le père de Namgyal va se montrer extraordinaire.

Hier encore, au Tibet, on ne refusait rien à un Yapshi.

Aujourd'hui, en exil, rien n'est pareil.

Si Tsarong apprécie la démarche d'un Gyalo Thondup respectant la tradition, il demande malgré tout à sa fille de bien réfléchir avant de donner une réponse : se marier à un Yapshi signifie, entre 1962 et 1963, épouser une cascade de scandales. En revanche, c'est vrai, Lobsang Samten passe pour un être sensible, convenable et très proche de Kundun.

Namgyal prend acte des propos de son père ; elle reçoit également le soutien de sa mère. La voici face à ses responsabilités, libre de décider si ce mariage aura lieu ou non.

Namgyal Lhamo va finir par s'attacher à Lobsang Samten.

Jetsun Pema en est la seule convaincue. Elle a d'ailleurs

usé de beaucoup de persévérance. Pensez donc, avoir pour belle-sœur une de ses plus fidèles amies tient du miracle !

Le fait est que Lobsang Samten quitte New York pour New Delhi, puis Madras.

Madras ! Le fond du ciel est d'un bleu intense. Lui subit la douce influence du soleil. Mais ce n'est pas pour autant que le bandeau va tomber des yeux de Cupidon !

Froide, glaciale, hivernale, cette première rencontre sera toute emplie de gêne réciproque. Leurs yeux se croisent, se questionnent, mais l'étincelle manque... Et les autres d'attendre ! Pema surtout...

Lobsang et Namgyal préfèrent en rester là. Quelques jours, voire quelques semaines de réflexion ne leur feront pas de mal.

On se retrouve à Calcutta.

Là-bas, Lobsang s'attend à une situation semblable à la précédente. Tel n'est pas le cas de Namgyal. Malgré la différence d'âge, le frère du Dalaï-Lama lui paraît un garçon charmant, plutôt beau gosse, un homme, aussi, qui ne la laisse pas indifférente. Pas le grand amour, bien sûr, mais elle et lui aiment se retrouver, se promener ensemble, rire de concert. Ses mots la font rougir, quelquefois. Lui rougit aussi : elle sait sa timidité.

Pour apprendre à se connaître, quoi de mieux que de s'écrire ?

Finalement, Jetsun Pema réussit l'impensable : Lobsang Samten demande Namgyal Lhamo en mariage.

Le plus difficile reste néanmoins à venir : en informer le Dalaï-Lama qui n'apprécie guère que, après Thubten Jigme Norbu, son frère préféré, Lobsang Samten, se défroque lui aussi pour vivre une histoire d'amour avec Namgyal Lhamo, même si elle est la fille des Tsarong.

Ces réticences n'auront toutefois qu'un temps, car Tenzin Gyatso va bénir le couple, à la plus grande joie de Jetsun Pema.

*

Octobre 1962, la crise de Cuba met le monde au bord de l'apocalypse nucléaire, tout au long du bras de fer qui oppose Nikita Sergeïevitch Khrouchtchev et John Fitzgerald Kennedy, le tout jeune président américain.

En Inde, après des incidents à répétition à la frontière tibéto-népalaise, Nehru, le premier, lance son armée dans les contreforts himalayens. Espère-t-il un succès militaire rapide ? En ce cas, il va devoir déchanter.

Avertis par le *Qingbao*, les services de renseignements militaires chinois, les vingt mille hommes de l'Armée populaire de libération taillent en pièces les troupes indiennes, dont d'anciens résistants tibétains du *Chushi Gangdrug*.

Alors qu'on s'attend à une guerre d'usure, longue et meurtrière, le conflit cesse rapidement, grâce à l'intervention judicieuse de Zhou Enlai.

Cette position conciliante tenterait à prouver que le régime de Mao est certes capable d'un coup d'éclat militaire, mais que prime d'abord son « désir de paix et de concorde entre les peuples [1] »...

Quoi qu'il en soit, le prestige de Mao, le maître de la Chine, en sort grandi.

*

L'année 1963 apparaît donc une année délicate pour le Dalaï-Lama et son gouvernement du Tibet en exil qui n'a été reconnu par aucune nation étrangère.

Un matin, Tenzin Gyatso se lève à l'heure où le ciel déroule sur Swargashram un inimaginable mouvement d'étoiles scintillantes qui plonge, à la pointe du jour, sur les ombres grandioses et les neiges éternelles des premiers sommets himalayens.

Le Dalaï-Lama réfléchit au texte final de la nouvelle Constitution tibétaine : l'ancienne fut l'œuvre de son prédé-

1. *Kang Sheng et les services secrets chinois*, de Roger Faligot et de Rémi Kauffer, Robert Laffont, 1987.

cesseur le cinquième dalaï-lama ; elle a perduré jusqu'en mars 1959. L'Assemblée du peuple tibétain a désormais autorité pour abolir le traditionnel système bipolaire de la nomination des responsables religieux et laïcs ; elle a déjà annulé tous les titres héréditaires et les prérogatives assurées, sous l'ancien régime, à des dignitaires, à des fonctionnaires, et à la noblesse ; les députés seront nommés démocratiquement... La nouvelle Constitution a prévu un conseil de régence pour assumer les pouvoirs du Dalaï-Lama, si l'intérêt de la nation était en danger.

Ce conseil des régents constitue peut-être le point douloureux du projet. Pour l'aristocratie et les autorités religieuses tibétaines, l'habitude est également une seconde nature !

Autre aspect délicat : la peine de mort ! A entendre les élus de la toute jeune Assemblée, elle aurait été abolie dès le VIIe siècle au Tibet. Mais que de crimes commis depuis au nom du pouvoir, de l'argent, de la religion ! Que d'empoisonnements, que de morts inexpliquées !

Justement, la Constitution tibétaine de 1963 stipule en toutes lettres l'abolition de la peine capitale. Et cette fois, pas question de la rétablir pour une raison ou une autre !

Que de conviction aussi dans la voix de Sa Sainteté Tenzin Gyatso quand il explique les raisons de ce choix, dans un texte d'une grande hauteur de vue démocratique : « Condamner à mort une personne est un acte grave, il s'agit tout simplement d'éliminer un être humain. Or, il est important que l'individu concerné, il ou elle, puisse continuer à vivre, pour avoir la possibilité de changer, de modifier son comportement. Je suis persuadé que même chez les criminels les plus dangereux il existe une chance de transformation, d'amendement. Nous n'aimons pas être malades, n'est-ce pas, nous n'aimons pas souffrir. Il va de soi pourtant que nous n'allons pas éliminer notre corps si celui-ci est mal portant ! Nous ne nous en débarrassons pas, mais nous essayons de nous débarrasser de la maladie ou des maux qui nous font souffrir. Il en va, ou devrait y en aller de même dans la relation de la société au criminel... Chacun de nous *peut* devenir un jour un criminel. Inversement, même dans la pire des situations, tout criminel *peut* redevenir un être bon. En laissant vivre cette personne, on lui laisse cette chance d'accomplir le changement, que tous nous avons en puissance. C'est pourquoi je ne peux suivre les tenants de la peine de mort ; pour toutes les raisons que je viens de vous donner, je ne peux l'accepter[1]... »

Ce matin-là, Tsering Dolma est de belle humeur, comme si elle défiait ses souffrances.

Elle s'approche de son frère, lui fait le récit des cinq enfants recueillis la veille, à la tombée de la nuit, par la population indienne de la vallée qui les a laissés se reposer, et, après une bonne nuit, les a confiés à un camion qui se rendait à Dharamsala.

Tenzin Gyatso rit. Il connaît le caractère capricieux de sa sœur. Tsering Dolma peut paraître quelquefois très intime avec les autres, quelquefois réservée, et, le plus souvent, très autoritaire. Mais il sait aussi sa sœur aînée généreuse. N'aime-t-il pas vanter son courage, la poussant au-delà du mal qui la ronge ?

La regardant quitter Swargashram pour se rendre, à pied, à *Cornium House*, il se contente d'un soupir.

Voici déjà amala et Jetsun Pema. La cadette des Yapshis vient d'arriver de Londres. Tous les trois abordent quelques sujets frivoles.

Amala, la première, détourne soudain la conversation sur son aînée, plutôt avec tristesse qu'avec espoir.

Enfin, on évoque les enfants, toujours plus nombreux.

Dharamsala a beaucoup changé depuis que Jetsun Pema est partie pour la Grande-Bretagne. Elle profite de ce moment pour raconter à Sa Sainteté et à sa mère l'arrivée des quarante premiers enfants tibétains adoptés par des familles allemandes, anglaises, suisses. A Zurich, la cadette

1. Entretiens de l'auteur avec Sa Sainteté Tenzin Gyatso, *Terre des dieux, malheur des hommes*, *op. cit.*

des Yapshis avait été invitée par Charles et Gret Aeschiman à les accueillir. Idée excellente. Malheureusement, lorsque Pema a vu les familles adoptives, excitées, hystériques, à la recherche de « leur garçonnet », de « leur fillette », elle a aussi aperçu quatre-vingts yeux affolés, apeurés, innocents et perdus... Mais c'était trop tard, impossible d'agir ! Et de comprendre alors l'énorme bavure commise par Dharamsala : ces enfants allaient être à jamais des déracinés. Et de sentir le drame se dénouer à la fin du déjeuner lorsqu'il avait fallu séparer les quarante enfants. Profond désarroi chez la sœur du Dalaï-Lama, puis sentiment de culpabilité à jamais[1].

*

Depuis l'invasion communiste, Gyalo Thondup et Shabakpa sont probablement les deux personnages clés, dès lors qu'il s'agit d'évoquer les relations de la résistance tibétaine et des services de renseignements américains.

En 1963 est créé dans le Mustang[2], la « steppe des prières », au Népal près de la frontière tibétaine, un groupe d'élite des Forces spéciales des frontières, sous le nom de *22 Establishment*... Les membres de ces commandos seront formés par la CIA.

Gyalo Thondup recrute ces désespérés dans les camps de transit de Missamari et de Buxa Duar, sur les chantiers de Jammu, de Manali... à Dharamsala, à Bylakuppe, partout où survivent ou travaillent des réfugiés, que ce soit en Inde, au Népal, au Sikkim.

La CIA, elle, persiste dans la voie des opérations « spéciales ». Au cours de la seconde moitié des années 1950, elle a soutenu la résistance. Et plus encore à partir de 1959,

1. Entretiens de l'auteur avec Jetsun Pema et Sa Sainteté le Dalaï-Lama à Dharamsala.

2. Un des soixante-quinze districts du Népal. Sa capitale est Jomosom. Interdit aux étrangers jusqu'en 1992.

date de la fuite du Dalaï-Lama. Mais dans quel but ? A quelles fins ?

Au risque de choquer, disons-le tout net, le Dalaï-Lama est informé des actions entreprises par Gyalo Thondup. Il ne peut en être autrement, Tenzin Gyatso détenant toutes les clés du pouvoir depuis son investiture... En Inde, ce pouvoir a encore été renforcé par la Constitution élaborée sur la base de ses homologues française, britannique et américaine, et adoptée en 1963 : même en exil, et même non reconnu par les nations étrangères, le Dalaï-Lama est le chef d'un gouvernement élu démocratiquement. L'Assemblée des députés du peuple tibétain, qui comprend quarante-six parlementaires, constitue l'organe législatif le plus élevé de la communauté des réfugiés : trente députés y représentent les trois régions provinciales de l'U-Tsang, du Kham et de l'Amdo, à raison de dix élus par région ; les lignées gelugpa, kagyupa, sakyapa et nyingmapa du bouddhisme tibétain sont représentées chacune par deux députés, de même que les bönpos, deux élus aussi ; les réfugiés séjournant en Europe disposent de deux représentants ; ceux d'Amérique du Nord, un ; le Dalaï-Lama nomme, quant à lui, trois parlementaires... L'Assemblée est dirigée par un président et un vice-président élus par les députés... Pour les réfugiés tibétains, l'année 1963 a d'ailleurs été celle des premières élections législatives.

Il est, en revanche, peu probable que le Dalaï-Lama connaisse le dessous des cartes. Encore que certains doutes soient permis !

Que ce soit à Lhassa, que ce soit en Inde, depuis Mussoorie ou Dharamsala, Tenzin Gyatso a, on s'en souvient, appelé à plusieurs reprises à un arrêt des combats.

Une autre réponse se trouve peut-être dans ses propres mots : « Il y a dans la Bible un verset merveilleux qui parle de transformer les épées en socs de charrue. C'est une belle image, une arme qui devient un outil au service des besoins élémentaires des hommes, le symbole d'une attitude de désarmement intérieur et extérieur[1]. »

Gyalo Thondup s'est laissé prendre à son propre jeu. S'il s'est senti piégé par les Américains, on peut se demander jusqu'à quel point il n'était pas informé des intentions de la CIA.

Un document[2], caviardé par la justice américaine sur proposition des services secrets en certains endroits, conduit à s'interroger sur l'attitude de la CIA. Elle a joué avec les nerfs de la résistance tibétaine, la mettant à rude épreuve, et la naïveté de certains de ses interlocuteurs.

En 1963, la division des opérations « spéciales » de l'agence américaine de renseignements laisse croire aux volontaires formés dans leurs bases, à Camp Hale dans le Colorado ou ailleurs, qu'au terme de leur formation de quelques mois il se pourrait que la résistance tibétaine, soutenue par la CIA, reparte à la reconquête de leur pays. Propos répétés, inlassablement.

Les spécialistes des opérations spéciales y croient-ils aussi ?

Ils y ont probablement cru et, pendant un certain temps, pris très au sérieux la propagande de leurs propres employeurs. Au point de vivre ce fol espoir en totale osmose avec leurs « élèves », un peu comme un lien sacré, le fameux *samaya*, qui relie, les uns aux autres, le maître et son disciple, dans leur même combat pour la liberté : « Ce phénomène d'un “attachement personnel” au but poursuivi n'est nullement une exception parmi les agents des services secrets ; mais dans le cas des opérations spéciales, il revêt une importance toute particulière. Les hommes qui sont

1. Premier entretien avec l'auteur à Grenoble en octobre 1993 ; ces mots de Sa Sainteté ont été répétés à l'auteur, à Dharamsala, en 1994, au cours de leurs entretiens pour *Terre des dieux, malheur des hommes*, *op. cit.*

2. *La CIA et le culte du renseignement*, de Victor Marchetti et John D. Marks, Robert Laffont, 1974.

engagés dans ce genre d'opérations éprouvent souvent un profond besoin de croire en l'efficacité de ce qu'ils vont entreprendre. Parmi les périls et les tribulations qui sont leur lot, ce sentiment tend à les conduire à des engagements radicaux dans des entreprises vouées à l'échec[1]... »

Pour éviter pareils cas de conscience, certaines opérations conduites à l'intérieur même du Tibet, préparées et dirigées par les experts de le division spéciale, sont quelquefois menées sur le terrain par des mercenaires sous contrat.

En 1963, ces mercenaires sont transportés par les avions « privés » de la *Civil Air Transport*, compagnie dont le propriétaire n'est autre que la CIA. Ils vont livrer des armes à la résistance tibétaine, donc au *22 Establishment* établi au Mustang.

Les résistants ne laissent, de fait, aucun répit à l'ennemi chinois : ils coupent des lignes télégraphiques, font sauter des ponts, des routes. Sabotage après sabotage, tous rêvent d'un Tibet libre.

Au cours d'une de ces embuscades, une nuit, sur le coup de 23 heures, le chef d'un groupe de résistants est soudain envahi par l'inquiétude.

Le ciel est intensément noir et le tonnerre roule sur la montagne où il a trouvé abri avec ses hommes. Le versant est trop abrupt pour continuer. La chance, elle, sourit, sous la forme d'une grotte, presque à mi-pente. Le chef du groupe y entraîne ses hommes qui, d'un même geste mécanique, se débarrassent de leur paquetage. Chacun sait ce qu'il doit faire : le temps pour les uns de ramasser des paquets de neige, pour les autres de camoufler l'entrée, et voici déjà le feu qui s'allume, la neige qui fond dans les gamelles pour le thé et une poignée de tsampa.

Deux Khampas montent la garde près du feu, les autres s'enroulent dans une couverture en peau de yack.

La nuit sera courte.

Quand l'aube paraît, les résistants ont déjà gagné la

1. *Ibid.*

plaine. Ils progressent à bonne allure pour arriver sur l'objectif ; cette piste sans forme qui semble venir buter sur une gorge encaissée. L'endroit idéal pour une embuscade !

Le chef poste ses hommes.

Une nouvelle attente commence, interminable, angoissante.

Trois heures plus tard, un convoi militaire chinois, surgissant d'un virage, s'enfonce dans la gorge.

Un signe. Des rafales de mitraillettes, des grenades qui explosent.

Des Chinois sont surpris par la brutalité de l'assaut. Les uns après les autres, leurs corps tombent. Bientôt les Khampas terminent l'assaut au poignard, comme les instructeurs américains le leur ont appris, là-bas, dans le Colorado.

On récupère les armes, les munitions ; on fouille les automitrailleuses.

Il y a quelque effet du destin, et pas du hasard, dans la découverte des résistants. Un sac de courrier paraît plus intéressant que les autres : à l'intérieur, on dirait des documents officiels ?... Peut-être des instructions militaires ?

Le chef du commando flaire le bon coup, mais ce ne sont encore que supputations. Alors, ses hommes se répartissent les sacs, incendient les automitrailleuses.

Plus question de traîner. Première étape, la grotte où ils attendront la nuit avant de rejoindre le Mustang.

Banale dans son déroulement, cette attaque de guérilla va s'avérer particulièrement fructueuse.

Les sacs et leur contenu, remis à un opérateur en Inde, arrivent à Langley, en Virginie, au siège de la CIA.

Aussitôt, les spécialistes de la langue chinoise se mettent au travail.

C'est une révélation : les Américains découvrent quelles souffrances ont provoqué, entre 1958 et 1961, le « Grand Bond en avant », tout droit sorti des théories volontaristes de Mao. En instaurant « les communes populaires », le maître de la Chine a considérablement aggravé les conditions de vie du peuple chinois (et tibétain), sous le prétexte d'un saut qualitatif dans la construction du socialisme. En

1962, comme Deng Xiaoping dans son discours-bilan de la Conférence des sept mille cadres dans le grand auditorium du Palais du Peuple, Mao Zedong et les autres dirigeants chinois ont tous dû présenter leur autocritique. Mao, le premier, a admis « ses insuffisances », mais c'était pour rejeter aussitôt les problèmes sur « ces cadres du Parti assis à califourchon sur le peuple, qui pissent et chient sur lui[1] »... Au moment où les analystes de la CIA tirent ce bilan de cette masse d'informations à Langley, Zhou Enlai a, lui, déjà présenté, en mars 1962, devant la IIe Assemblée nationale populaire, un rapport reconnaissant les erreurs politiques du pouvoir et du PCC ; et Deng Xiaoping mit à profit la fête du Printemps de 1962 pour « entrouvrir » la porte qui donnait accès à Hong-Kong : fuyant la famine, plus de soixante-dix mille paysans du Guangdong ont, en quelques jours, réussi à gagner la colonie britannique.

Grâce à ces documents venus providentiellement du Tibet, il apparaît clairement aux Occidentaux à quel point la politique du « Grand Bond en avant » débouche sur un échec.

Stupéfiante découverte pour les experts et les observateurs de la politique chinoise de la CIA.

Niant l'évidence, niant les preuves « tibétaines », certains d'entre eux ne continueront pas moins à prendre pour argent comptant la propagande maoïste et les allégations pékinoises sur les réussites économiques de la Chine communiste[2]...

En 1963, les relations entre la résistance tibétaine et la CIA se détériorent déjà. Cet enlisement va durer cinq ans.

Pour les « crânes d'œuf » américains, les opérations tibétaines n'ont jamais été rentables. Excepté ce coup d'éclat qui restera longtemps classé dans les sous-sols de leur

1. *Deng Xiaoping, le dernier dragon*, Patrick Sabatier, J.-C. Lattès, 1990.
2. *La CIA et le culte du renseignement*, *op. cit.*

« siège social » de Langley ! C'est que, depuis l'échec de la baie des Cochons, deux ans plus tôt, face à une opinion publique américaine troublée, les opérateurs cherchent à mettre avec « élégance » un terme aux relations avec le Dalaï-Lama et son frère Gyalo Thondup ; on le fera de façon plus crue avec la résistance.

Les programmes d'opérations tibétains seront peu à peu éclipsés pour ceux du Congo, nouveau terrain de prédilection des « fanas » des opérations « spéciales »... Et l'occasion faisant le larron, la CIA s'intéresse déjà à l'Asie du Sud-Est : au Laos, les opérateurs ont constitué une « armée clandestine », et créé des bases permettant le parachutage des groupes de guérillas sur le territoire du Vietnam du Nord et sur celui de la Chine [1]. Mais cela est une autre histoire. .

*

Au Tibet, au mois de février/mars 1964, pendant le losar, le nouvel an tibétain...

On le célèbre partout, malgré les restrictions, la famine, les contrôles policiers, les arrestations, les tortures.

On le célèbre, parce qu'il s'agit avant tout pour les Tibétains d'une tradition religieuse.

Fidèles à leurs coutumes, les habitants ont revêtu des habits propres ; les gens plus fortunés, souvent à la solde de Pékin, ont sorti des vêtements neufs ; quelques façades ont été nettoyées ; on a changé les drapeaux à prières sur les toits des maisons, dans les temples, et dans les quelques monastères restés intacts dans le pays...

Célébrations à Lhassa aussi, en présence du Panchen-Lama.

C'est une capitale occupée qui a voulu unir leurs offrandes et leurs prières de longue vie à la fois au Panchen-Lama, dont ils savent les jours comptés, et au Dalaï-Lama, qu'ils savent vivants.

1. *Ibid.*

Le Jokhang et les autres temples de la capitale sont en effet emplis de disciples, religieux et laïcs, malgré l'omniprésence des soldats en armes, de la police secrète et de ses indicateurs tibétains éparpillés dans la foule.

Choekyi Gyaltsen, encore libre mais déjà condamné, a choisi ce losar de 1964 pour s'adresser une dernière fois au peuple tibétain, aux Lhassapas rassemblés devant sa résidence privée de Shugtrilangka.

Les représentants du parti sont venus de Pékin. Les autorités locales sont là aussi.

Choekyi Gyaltsen les défie des yeux et, se référant sans cesse aux « soixante-dix mille caractères », se lance, sans la moindre hésitation, dans un discours-fleuve... Il accuse la Chine, Mao, Zhou Enlai, Deng Xiaoping, le pouvoir central, le Parti communiste chinois... de vouloir rayer le Tibet de la carte du monde.

Enfin, il lance hardiment : « Sachez que je considère Sa Sainteté le quatorzième dalaï-lama comme mon refuge dans cette vie et dans la suivante... Vive le Dalaï-Lama [1] ! »

Les dés sont jetés, et les jours du dixième panchen-lama Choekyi Gyaltsen, comptés.

D'ailleurs, à peine Sa Sainteté a-t-elle regagné Shigatsé que les Chinois commencent à interdire aux Tibétains de se rendre en pèlerinage à Tashilhunpo.

Un matin du mois d'août 1964, le Panchen-Lama est arrêté. Avec lui, son tuteur Ngulchu Rinpoché, des dignitaires du conseil des Khenpos et des moines qui ont osé défendre leur guide spirituel.

Le procès de Choekyi Gyaltsen durera dix-sept jours. Et chaque journée, chaque nuit de ces dix-sept jours, le Panchen-Lama et ses amis vont endurer de terribles séances de

1. Entretiens de l'auteur avec un des oracles du dixième panchen-lama, réfugié en Inde (pour des raisons évidentes de sécurité pour cet homme, j'ai choisi de taire le lieu de ces rencontres), et avec des moines et des nonnes de la région de Shigatsé et de Lhassa, témoins des événements. Arrêtés et torturés par les Chinois, ils/elles vivent à Dharamsala et dans ses environs.

thamzing. Ce sont bien sûr ses proches collaborateurs qui, sous la menace des armes, l'accusent, devant un parterre de moines et de disciples, d'« incorrigible chien errant à la solde d'étrangers réactionnaires ». Ensuite, leur tour viendra, de faire leur propre autocritique...

La délation promue au rang d'institution, ce sont les moyens utilisés par les maoïstes contre Choekyi Gyaltsen, la seconde réincarnation de la lignée gelugpa !

Et dire que depuis sa plus tendre enfance le Panchen-Lama a été l'objet de sordides manipulations, tant de la part des nationalistes que des communistes chinois, tant de la part de ses compatriotes que des dignitaires de son propre monastère et de sa propre lignée !

Le 17 décembre 1964, Pékin l'accuse d'avoir institué « un gouvernement et une Constitution factices » et le démet de ses fonctions de président du CPRAT (Comité préparatoire pour la Région autonome).

Le 21, Zhou Enlai propose à Choekyi Gyaltsen de « se repentir ».

Le dixième panchen-lama refuse. Il est aussitôt placé en résidence surveillée, au 23 de la rue Dong Jiao Min à Pékin.

Une longue nuit commence pour Choekyi Gyaltsen. Elle va durer quinze ans [1].

*

Dharamsala – le bas et le haut – est classé zone « ultra sensible »... Infiltré, dès 1961, par les agents du tewu, des Indiens pro-maoïstes sont parfaitement intégrés à la population autochtone.

La raison est en tout cas suffisante pour renforcer la protection autour du souverain tibétain.

Malgré le danger, le Dalaï-Lama n'a jamais changé ses habitudes depuis son installation à Swargashram : levé tous les jours à 4 heures, été comme hiver, Tenzin Gyatso prie,

1. *Ibid.*

médite ; puis il prend un petit déjeuner frugal avant d'expédier les affaires courantes ; si l'après-midi est consacré aux audiences, c'est le matin que Sa Sainteté préfère s'occuper des dossiers politiques, nombreux et délicats à traiter.

Faute de moyens et de structures, Tenzin Gyatso est entouré d'un kashag restreint[1] au moment où le scandale éclate qui met en cause les Yapshis. Son frère Gyalo Thondup ne serait pas étranger à cette affaire. Cette fois le Dalaï-Lama est directement visé.

Contrairement à ce que l'on aurait pu imaginer, ce n'est pas de la sécurité du Dalaï-Lama dont il est question, mais des réformes que Tenzin Gyatso souhaite entreprendre, réformes que Sa Sainteté explicitera en ces termes : « Le Bouddha accorde à chacun le droit d'atteindre l'Eveil selon un itinéraire qui lui est propre. Sachant que la nature du Bouddha est en chacun de nous, du plus minuscule des insectes au plus érudit des hommes, et que l'interdépendance implique chez chacun de nous l'idée de responsabilité universelle, dans le bouddhisme, chaque être humain a la même valeur. Et Bouddha n'impose rien. Je ne vois donc aucun obstacle à dire que cette conception du bouddhisme se rapproche des principes de la démocratie[2]. »

De là à mettre les intentions du Dalaï-Lama en doute, il est vraiment difficile de l'imaginer. C'est pourtant le cas !

Son programme politique est mis à mal.

Sa démarche assimilée à une manipulation.

Ses réformes sociales, économiques et religieuses n'auraient, croit-on, d'autre objectif que de « fusionner » les quatre écoles du bouddhisme tibétain, sans oublier les bönpos.

---

1. Par la suite, il sera composé de sept kalöns choisis par leurs collègues parlementaires, chaque ministre-député recevant alors la responsabilité d'un département : Education, Finances, Santé, Intérieur, Information et Relations internationales, Affaires religieuses et Culture, Sécurité.

2. Entretien de l'auteur avec Sa Sainteté Tenzin Gyatso, à Dharamsala.

Cette entité serait placée sous l'autorité de la plus haute instance exécutive, l'Administration centrale tibétaine (ACT), fondée en septembre 1960 ; et elle serait représentée par le département des Affaires religieuses et de la Culture.

Au moment où Tenzin Gyatso parle de « fédérer » dans un moment particulier de l'histoire du Tibet, son discours provoque un tollé général.

Les hiérarques du bouddhisme tibétain se déchirent de plus belle : pas question de chambouler le monachisme d'hier, même s'il était divisé, dévoyé et corrompu.

Et de rapporter au Dalaï-Lama des propos qu'aurait tenu son frère Gyalo Thondup : « Plus de trône, plus de rituels, plus de brocarts ni d'or »...

On parle de coup de force, de menaces pesant sur l'autonomie des différentes écoles religieuses. Bref, nous voilà revenu au bon vieux temps, au Tibet d'avant l'invasion !

Que faire face à ce front du refus, si ce n'est qu'opposer aux rumeurs les plus folles un précepte confucéen : « Pour gouverner l'extérieur et avoir à la fois le calme à l'intérieur, il n'y a que le saint pour y parvenir » ?...

C'est, en tout cas, ce que cherche le Dalaï-Lama.

En 1964, les divergences entre les autorités religieuses et leur gouvernement semblent vouloir s'aplanir un peu.

Parmi toutes les explications, voici la plus plausible...

Sa Sainteté le seizième karmapa vient de demander l'autorisation au Dalaï-Lama d'introniser le treizième shamarpa à Rumtek[1]... C'est précisément au retour du Sikkim, en 1956, après les célébrations du deux mille cinq centième anniversaire de la naissance du Bouddha, que, visitant le temple principal du monastère Dechen Yangpachen au Tibet, cet enfant, alors âgé de quatre ans, s'était approché des statues représentant les dix précédentes réincarnations du Shamarpa ; il s'était emparé alors de chacune de leurs coiffes, s'exclamant : « Ce sont mes chapeaux ! »

1. Entretiens de l'auteur avec Sa Sainteté Shamar Rinpoché, le Karmapa à la « coiffe rouge », à New Delhi ; et *Karmapa Papers*, 1992.

Une raison très importante guide pareille requête de la part du seizième karmapa. Et si le Dalaï-Lama l'accepte, l'événement sera de taille... Pour le comprendre, remontons dans le temps et dans l'Histoire du Tibet et du bouddhisme : le deuxième karmapa Karma Pakshi [1] avait prédit qu'après sa mort il se remanifesterait dans deux personnes : le Karmapa, reconnaissable à sa « coiffe noire [2] », et le Shamarpa, reconnaissable à sa « coiffe rouge » ; au Karmapa de reconnaître le Shamarpa, et vice versa... Bien plus tard, en 1779, le sixième panchen-lama Palden Yeshe [3] avait répondu à une invitation de l'empereur mandchou Qianlong qui avait fait de lui son maître spirituel. La mort de Palden Yeshe en Chine fut suivie par une série d'événements fâcheux pour le Toit du Monde... Les deux frères du sixième panchen-lama se disputaient son riche héritage : l'un avait été son secrétaire-trésorier ; l'autre était le dixième shamarpa, le Karmapa à la « coiffe rouge ». Les Gurkhas qui avaient envahi une première fois le Tibet en 1788 lancèrent une seconde invasion trois ans plus tard (1791), poussés cette fois par le Shamarpa : quinze mille de ces farouches guerriers népalais entrèrent dans Shigatsé et prirent Tashilhunpo. Les Gurkhas ne parvinrent cependant pas à s'emparer de la réincarnation du Panchen-Lama [4]. Echappé avec une partie du trésor de son prédécesseur, ce dernier s'était réfugié dans sa famille, auprès du huitième dalaï-lama Jampel Gyatso !... Celui-ci utilisa alors tous les moyens à sa disposition pour éliminer définitivement les Shamarpa : il commença par confisquer ses domaines et ses monastères ; et après sa mort

1. Karma Pakshi (1204-1283) est né dans une famille royale tibétaine. Sa réputation a dépassé les frontières, jusqu'à la lointaine Mongolie, sous le règne de Kubilaï Khan.

2. La « coiffe noire », l'originale, se trouve actuellement à Rumtek, où elle avait été transportée par le seizième karmapa.

3. (1738-1780).

4. Tenpei Nyima (1782-1854) est décédé à l'âge de quatre-vingt-quatre ans ; de son vivant, il a côtoyé quatre Dalaï-Lamas, du huitième au onzième ; il en intronisera trois.

par empoisonnement, il annonça que les Shamarpas ne se réincarneraient plus et donna l'ordre d'enterrer sa coiffe rouge. En vain. Ce rejet, est-ce une trahison ou une affaire d'argent ?...

En 1964, Tenzin Gyatso accède donc à la demande du Karmapa ; il lève la sanction prononcée par son prédécesseur le huitième dalaï-lama.

Le seizième karmapa Rangjung Rigpe Dordjé intronise alors Choekyi Lodrö, dans le temple principal de Rumtek : âgé de douze ans, l'enfant devient le treizième shamarpa, puisque, malgré l'interdiction du huitième dalaï-lama et de son gouvernement, le Shamarpa avait continué à se réincarner dans le plus grand secret.

Autres rumeurs et non des moindres... En 1951, alors que le Dalaï-Lama, âgé de seize ans, venait de prendre en main les destinées de son peuple, le kashag souhaita le voir quitter Lhassa. Le gouvernement tibétain avait peur que les Chinois ne s'emparent de lui. On le conduisit donc dans une forteresse-monastère près de Yatung, avec une partie de sa famille, ses tuteurs et ses deux Premiers ministres. Son escorte emportait aussi de la poudre d'or et des lingots d'argent. De quoi permettre à Tenzin Gyatso et à ses proches de se réfugier en Inde... C'est le *Chushi Gangdrug* qui a passé le trésor au Sikkim et l'a caché dans une hutte du camp de transit de Missamari. Mais ce magot a disparu.

Entre les non-dits et les silences outragés, impossible de connaître la vérité ! La poudre d'or et les lingots ont été remis à trois hommes. Par qui ? Pour quel usage ? Qui étaient ces hommes ?

Par la suite, un marchand khampa a été missionné auprès d'eux par le kashag : connu pour être un excellent gestionnaire, il devait récupérer l'or et l'argent... Les *gardiens du trésor* le suspectèrent – apparemment à tort – d'être à la solde des Chinois. Refusant de lui remettre le magot, ils contactèrent Gyalo Thondup à Darjeeling.

Le frère du Dalaï-Lama prit en charge l'affaire et confia à son tour la responsabilité du trésor à des relations *sûres*...

Malheureusement, lorsque Tenzin Gyatso voulut utiliser les réserves tibétaines pour secourir les premiers réfugiés, la plus grosse partie de cette somme s'était volatilisée... à la Bourse de Bombay et de Calcutta !... Les agents de change indiens s'étaient bien servis au passage.

Aux dires de Gyalo Thondup, lorsqu'on s'aperçut de la disparition du trésor, il était trop tard. Il ne restait presque plus d'argent pour les réfugiés.

Impossible aussi de connaître l'exacte valeur de ce magot !

En 1964, Gyalo Thondup traverse une mauvaise passe. Et ce n'est qu'un début.

Quoi qu'il en soit de la véritable destinée de ces fonds, la situation est catastrophique pour les réfugiés.

Pour survivre, amala et Tsering Dolma ont vendu, pour une somme dérisoire, les rares bijoux qui leur restaient du Tibet [1].

Le Dalaï-Lama les soutient comme il le peut ; Gyalo Thondup donne quelques roupies à sa mère. Mais ce n'est pas l'argent qui peut la consoler.

A soixante-quatre ans, amala supporte de plus en plus mal les souffrances endurées par ses compatriotes.

Pendant ce temps, Tenzin Gyatso multiplie les démarches auprès du gouvernement indien. Mais le pandit Nehru n'est plus : décédé le 27 mai, il a été remplacé au poste de Premier ministre par Lal Bahadur Shastri. Or, à l'époque, les dons transitent par le Bureau indien des Affaires tibétaines – *Central Relief Comittee for Tibetan Refugees* –, ce qui est loin de faciliter les choses.

Sa Sainteté cherche également une solution pacifique avec la Chine, mais la situation, là encore, ne cesse de se dégrader.

---

1. Entretien de l'auteur avec Jetsun Pema, à Dharamsala.

*

Un implacable destin frappe les Yapshis.

Jetsun Pema, qui a définitivement quitté Londres, travaille avec Tsering Dolma à Dharamsala.

Le Dalaï-Lama a mis une voiture à la disposition de sa sœur aînée, mais elle se refuse obstinément à l'utiliser, malgré de terribles douleurs aux jambes et au ventre.

Du coup, Gyalo Thondup, qui séjourne à New Delhi, propose à Jetsun Pema de rejoindre la capitale indienne, afin d'y passer son permis de conduire.

Pendant l'absence de la cadette, amala se démène pour soulager le travail de Tsering Dolma qui prépare déjà le quatrième anniversaire de la *Nursery for Tibetan Refugee Children*.

Quelques jours après son retour, Jetsun Pema souhaite passer un petit moment au dispensaire : la Croix-Rouge suisse y forme des réfugiés.

Seulement, conduire une voiture sur les pistes défoncées des contreforts himalayens n'est pas une sinécure : dans un virage, Jetsun Pema perd le contrôle de son véhicule qui plonge dans le vide. Trois tonneaux plus bas, le chauffeur, ancien garde du corps de Sa Sainteté, qui l'accompagnait, s'en sort avec une grosse frayeur, quelques plaies et bosses. La cadette des Yapshis, elle, éjectée par la portière et coincée sous la carcasse, saigne abondamment. L'homme réussit à la dégager et à la remonter jusqu'à la piste, puis à regagner Swargashram.

Amala s'affole en voyant sa fille perdre autant de sang.

Le Dalaï-Lama accourt.

On transporte Jetsun Pema au dispensaire. Un médecin de la Croix-Rouge lui prodigue les premiers soins et décide de la faire hospitaliser à Ludhiana.

Jetsun Pema va passer six semaines à l'hôpital : la plaie ouverte à la tête a nécessité des points de suture ; les radiographies ont, quant à elles, révélé des lésions aux vertèbres

A sa sortie, le printemps est déjà bien avancé.

Le 17 mai 1964, le Dalaï-Lama préside les festivités offertes par les enfants tibétains à l'occasion du quatrième anniversaire de la *Nursery*.

Une joyeuse ambiance règne sur la prairie qui borde le lac Dal, un endroit situé au-dessus de McLeod Ganj [1].

Comme au Tibet, on a dressé une tente pour accueillir Sa Sainteté et ses hôtes.

Les enfants offrent un spectacle.

Tenzin Gyatso prononce un discours en présence de nombreuses personnalités indiennes, des membres du kashag et des représentants des organisations humanitaires.

Pour Sa Sainteté, les enfants de la Nursery sont la « lumière de l'avenir », « l'espoir du Tibet [2] ». Le moment est solennel, car il s'agit de célébrer l'arrivée, en 1960, à Dharamsala des cinquante et un premiers enfants en provenance du camp de Jammu.

Le Dalaï-Lama goûte aux plats, se mêle aux bambins, discute avec les plus grands.

Les ayas participent à des tirs à la corde ou à des courses en sac. Les gosses soutiennent leurs mères adoptives. Chaude ambiance !

Tenzin Gyatso s'amuse énormément.

Tsering Dolma s'y est laissée prendre aussi. Elle échange même quelques balles au volley.

A cet instant, les Yapshis sont loin d'imaginer le drame qui se prépare.

Le 21 mai, chacun est retourné à son quotidien.

Ce matin-là, Tsering Dolma éprouve le besoin de rester à Swargashram.

Le Dalaï-Lama, inquiet, s'en ouvre à amala et à son beau-frère.

---

1. Aujourd'hui, pratiquement à l'entrée du *Tibetan Children's Village*. Près du lac, quelques maisons y ont été construites, et on y trouve des échoppes tenues par la population indienne.
2. Entretiens de l'auteur avec Jetsun Pema, à Dharamsala.

Les médecins du dispensaire penchant pour un problème à l'utérus, Sa Sainteté exige le transfert immédiat de sa sœur à New Delhi, accompagnée de son mari.

Gyalo Thondup et Diki Dolkar les y attendent. Ils décident ensuite d'emmener le couple à Calcutta où Tsering Dolma consulte un spécialiste de leurs amis : l'aînée des Yapshis souffre d'un cancer.

Le choc est terrible pour amala et les siens, d'autant qu'il n'y a pas grand espoir.

Tsering Dolma décède en novembre 1964, à Londres.

A la *Nursery for Tibetan Refugee Children*, Jetsun Pema succède à sa sœur aînée.

QUATRIÈME PARTIE

1966-2003

14

Mensonges et crimes sans châtiment

Nous vivrons tous comme des frères
Ou nous mourrons comme des fous.
L'homme fort est celui qui est capable
De se dresser pour la défense de ses droits,
Sans rendre les coups.

Martin Luther KING

Année 1965... Plus de quatre-vingt-cinq mille Tibétains ont fui leur pays et se sont réfugiés en Inde.

En plein cœur de l'hiver, un peu avant le losar, cent trente-quatre enfants, durement éprouvés par le froid, arrivent à Dharamsala, en provenance du Népal. Ils ont tous entre cinq et sept ans.

Comme il n'y a plus de place dans les structures d'accueil de la *Nursery*, des maisons sont mises à la disposition du Dalaï-Lama et de Jetsun Pema. Situées entre McLeod Ganj et Dharamsala-le-Bas, elles sont vides[1].

Les organisations humanitaires sont débordées. Le dispensaire est plein à craquer.

Le médecin et les infirmières de la Croix-Rouge suisse

1. Par la suite, en cet emplacement, on installera l'Administration centrale tibétaine (ACT) et ses départements, la *Library*, et le monastère du Nechung.

réclament du glucose pour pouvoir secourir ces enfants, mais il n'y en a plus. Il faut en acheter d'urgence.

Jetsun Pema en trouve dans un hôpital indien.

Le temps presse.

Il faut perfuser chacun des cent trente-quatre gosses, mais le dispensaire ne dispose pas du matériel nécessaire.

Le médecin propose une solution. Jetsun Pema remonte à Mcleod Ganj et bat le rappel des Tibétaines.

On s'organise à la hâte.

Amala arrive à la rescousse.

Les mères adoptives encadrent les autres femmes.

Un groupe prépare un breuvage de thé noir et de glucose. Un autre prend en charge les petits.

Souffrant de gastro-entérite, des enfants hurlent. D'autres n'en ont plus la force. Leurs râles donnent le frisson. La mort les fauche, l'un après l'autre.

Enfin, la mixture est prête. Reste à faire déglutir aux autres, lentement, le mélange de thé et de glucose. Tous les moyens sont bons, à la cuillère, avec le pouce...

Remis sur pied, les plus chanceux, eux, seront reçus par le Dalaï-Lama, à Swargashram, puis ils intégreront une classe.

Là encore, point de salle pour les cours ! Les jours de beau temps, on se met sous un arbre, à l'abri du soleil ; au moment de la mousson, on s'abrite sous les vérandas ; l'hiver, on ne quitte pas les bungalows... Pas de tableau, non plus ! Une pièce de tissu en fait office.

Soulagement. En 1965, le gouvernement indien accepte de prendre en charge une partie des salaires des enseignants : des instituteurs indiens donnent des cours de hindi ; quelques volontaires leur enseignent l'anglais ; des lamas leur apprennent le tibétain, les mantras, les chants et les danses folkloriques.

On commence la construction d'un hôpital avec les dons de *Save the Children Fund* ; un nouveau dortoir est ouvert grâce au soutien de *Swiss Aid to Tibetans*. Mais, malgré la mobilisation internationale, les structures tibétaines de Dharamsala demeurent fragiles.

Chaque jour nouveau est une victoire sur la mort.

*

Pendant ce temps, le Dalaï-Lama doit surmonter de nouvelles difficultés. Elles sont surtout d'ordre moral et sont liées à l'incompréhension qui se développe entre lui et les réfugiés. En 1962, après l'ouverture du camp de Bylakuppe, dans le sud de l'Inde, les autorités indiennes lui ont alloué des terres. Des kilomètres de jungle inaccessible, épaisse et dangereuse, sont ainsi défrichés par les réfugiés. Une fois ces défrichements achevés, ils ont construit des habitations, creusé des puits... Comme les familles d'origine sont séparées, on a réparti les hommes et les femmes par groupes de cinq. On leur a donné une maison de trois pièces, deux hectares de terrain, et de la nourriture pour les cinq premières années de leur installation.

Ce type de regroupement se reproduit à chaque ouverture de camp.

Une solution provisoire pour des familles illégitimes, mais un provisoire qui va durer. D'ailleurs, à chaque départ, les réfugiés confient leur progéniture à la *Nursery*.

C'est là que le fossé s'est creusé entre Tenzin Gyatso et ses compatriotes. Sa Sainteté avait pris conscience que ces terres d'accueil présentaient l'unique solution pour préserver la culture et l'identité tibétaines, cet avis n'était pas partagé avec les réfugiés. Convaincus de retourner rapidement au Tibet à la suite de leur souverain, à quoi leur servirait de développer les structures mises à leur disposition, de cultiver les terres, d'ouvrir des écoles, de construire des dispensaires ?... Les experts indiens et suisses venus les conseiller se heurtaient à un véritable mur... « Combien de temps faut-il à un bananier ou un cocotier pour donner des fruits ? demandaient les Tibétains... — De cinq à sept ans ! » répondaient les experts. Et les réfugiés de leur expliquer qu'ils n'auraient jamais le temps de goûter à ces fruits [1].

---

1. Entretiens de l'auteur avec Jetsun Pema et avec le Vénérable Sam-

Et puis vient une étincelle d'espérance dans la nuit la plus noire.

Depuis la disparition de sa sœur, Jetsun Pema passe de longues soirées à écrire à ses amis et à ses nombreuses relations, nées de ses voyages en Occident.

A force d'entêtement et d'abnégation, ses démarches finissent par trouver des échos bienveillants. Des dons lui parviennent, de plus en plus nombreux, souvent de la part de particuliers, rarement des sommes importantes.

Du coup, Jetsun Pema décide de braver les autorités indiennes et ouvre un compte au nom de la *Nursery for Tibetan Refugee Children*. Persuadé de son bon droit, l'affaire s'arrange avec New Delhi. L'assurance et la fermeté de la cadette des Yapshis étonnent d'ailleurs ses interlocuteurs.

Infatigable épistolaire, ses échanges l'amènent à réfléchir sur une réorganisation complète des structures d'accueil des enfants exilés et orphelins.

Jetsun Pema s'en ouvre à ses deux frères, le Dalaï-Lama et Lobsang Samten, et à amala. Elle se réfère aux villages Pestalozzi, qu'elle a moult fois visité en Suisse et en Grande-Bretagne.

Les Yapshis l'encouragent à poursuivre son travail dans ce sens.

La cadette fixe le montant d'un parrainage d'enfant à dix dollars, ce qui représente, en 1965, une somme conséquente. Mais, avec ces dix dollars, elle va pouvoir nourrir et vêtir décemment chaque enfant parrainé.

A Hawaii, une donatrice, Mme Muhlmann, qui, depuis 1960, verse cent dollars par mois pour les enfants, va se charger de trouver les premiers parrains.

Jetsun Pema lui fait envoyer des fiches portant le nom de l'enfant, des fragments de sa courte vie, des mots éparpillés autour d'une photo d'identité.

---

dhong Rinpoché, président de l'Assemblée du peuple tibétain en exil, puis Premier ministre du gouvernement du Tibet en exil.

Dans une de ses lettres, la sœur du Dalaï-Lama écrit à Mme Muhlmann son intention d'épargner les cent dollars que l'Hawaïenne lui expédiait régulièrement, dans le but de construire, à la place des traditionnels dortoirs, un « home ». On y recréerait une ambiance familiale, autour d'une mère adoptive, des frères et des sœurs, de sept ans et plus.

Au dispensaire, Jetsun Pema s'est liée avec Juliet, une infirmière anglaise. Un jour, Juliet fait la connaissance d'un couple de Tibétains. La jeune femme est sur le point d'accoucher d'un petit garçon, qu'on appellera Tenzin Chogla. Malheureusement, deux jours après la naissance du bébé, la maman décède.

Emportée par l'émotion, Juliet décide de recueillir le nourrisson. Elle lui achète un couffin et trimballe le bébé partout avec elle.

Tout va bien jusqu'au jour où Juliet annonce à Jetsun Pema son futur mariage avec un officier de l'armée indienne.

Agé de six mois, il n'est pas question de l'intégrer immédiatement à la *Nursery*. Il n'y survivrait peut-être pas.

Du coup, Jetsun Pema, qui avoue un petit faible pour l'enfant, en discute avec amala. Tenzin Chogla arrive en fanfare à Swargashram, où amala a transformé la chambre de Jetsun Pema pour accueillir comme il se faut son petit hôte[1].

La nouvelle se propage dans McLeod Ganj jusqu'à Dharamsala-le-Bas, partout où il y a une communauté tibétaine. Comme le bébé se réveille tous les matins entre 2 et 3 heures, Jetsun Pema pouponne, pour ne pas réveiller Sa Sainteté. Les gardes et les serviteurs l'aperçoivent souvent, à la lueur de l'aube : elle fait les cent pas sur la véranda en lui donnant le biberon.

Dans la journée, pendant que Jetsun Pema s'occupe des

1. Entretiens de l'auteur avec Jetsun Pema, *Tibet, mon histoire*, préface de Elie Wiesel, Le Livre de Poche, 1997.

autres enfants à la *Nursery*, Tenzin Chogla fait la joie des gardes du corps.

On raconte aussi qu'on n'a jamais entendu le Dalaï-Lama rire autant, et aussi fort !...

Quelques mois plus tard, le nourrisson rejoindra ses petits compatriotes à la *Nursery*. Pour amala, Pema doit, elle aussi, songer à son avenir de femme. Un avis partagé par la majorité de ses amis !

Parmi eux, John et Didi Toulouse, un couple vivant à New Delhi : ils s'occupent d'une association de soutien, le *American Emergency Committee for Tibetan Refugees*, et correspondent régulièrement avec elle.

Un jour, John et Didi annoncent à Jetsun Pema qu'ils lui ont « trouvé » un mari[1] !...

De fait, la cadette des Yapshis se marie le 13 octobre 1965. Lhundup Gyalpo est originaire du Kham. Sa famille vit à Kalimpong. Il a deux ans de plus que Jetsun Pema, et travaille pour une organisation créée par un Néo-Zélandais, le TIRS – *Tibetan Industrial and Rehabilitation Society* – qui aide les réfugiés à se lancer dans l'artisanat, grâce à des dons en provenance d'Australie et de Nouvelle-Zélande.

Un petit bonheur n'arrivant jamais seul, Jetsun Pema accouche, en 1966, de sa petite fille Tenzin Choedon.

*

Sur la demande de la Thaïlande, des Philippines, de Malte, de l'Irlande, de la Mélanésie, du Nicaragua et du Salvador, les Nations unies examinent une nouvelle fois la question tibétaine. Le 18 décembre 1965, une résolution[2] dénonce la « violation continuelle des droits fondamentaux des Tibétains ». L'Inde et les Etats-Unis l'ont également votée.

---

1. *Ibid.*
2. 2079-XX.

Pour autant, les tentatives de négociation du souverain tibétain restent lettre morte.

Swargashram, surnommé aussi « le palais », grouille de monde. Une succession de personnalités les plus diverses, des officiels indiens, des fonctionnaires, des représentants étrangers, et de simples gens venus lui apporter son soutien, s'y succède.

Le soir, Tenzin Gyatso partage le dîner avec sa famille, amala, Lobsang Samten, Jetsun Pema et son mari, Phuntsok Tashi et Ngari Rinpoché. Aussi, n'hésite-t-il jamais à évoquer les entretiens avec ses hôtes.

En revanche, Sa Sainteté éprouve aussi le besoin de marcher. Il aime les randonnées en montagne, malgré la présence des gardes du corps autour de lui.

Le jour de ses escapades n'est jamais fixé d'avance ; et en plus, personne ne connaît l'heure à laquelle Sa Sainteté quittera Swargashram.

Il arrive aussi à Tenzin Gyatso de rester plusieurs jours dans une sorte d'ermitage, un lieu appelé Truind, ou encore à Dramcote.

Lorsqu'il part ainsi, les Yapshis l'accompagnent souvent. Tenzin Gyatso marche tellement vite qu'il dépasse un à un son entourage.

Les gardes le serrent de près.

Le danger est là, permanent, caché.

Plus il grimpe le sentier qui mène vers le sommet, plus le vent mugit dans les branches des arbres qui l'abritent des rayons du soleil.

Il ne lui faut jamais plus de deux heures et demie pour gagner un endroit précis. Le groupe arrive une bonne heure après.

Le Dalaï-Lama s'assoit dans un escarpement.

Tenzin Gyatso examine longtemps et attentivement le paysage. Il reste silencieux pendant de très longues minutes. Et puis sa respiration devient de plus en plus régulière. Les mantras roulent sur ses lèvres.

Le regard toujours fixé vers l'horizon, en direction du Tibet, Tenzin Gyatso réfléchit.

Dans ce cas, le Dalaï-Lama est en liaison permanente avec ses conseillers et l'armée indienne. Un contact par talkie-walkie est établi le matin à 10 heures et l'après-midi à 16 heures.

Tenzin Gyatso apprécie ces moments de solitude dans la montagne, qui lui permettent de porter sa réflexion au-delà du quotidien.

Le Dalaï-Lama s'interroge, pressent les secrets abîmes qui se creusent sous les pas de son peuple.

Et si, depuis 1960, cet enchaînement d'événements tragiques l'avait conduit sur la voie de l'erreur ?

Sa Sainteté souhaiterait que ses doutes disparaissent. Il songe à organiser un référendum : les Tibétains pourraient ainsi s'exprimer en faveur de l'annexion du Tibet à la Chine, ou contre...

Un tel acte démocratique se heurte, chez les Tibétains, à l'absence de culture et d'identité politiques : ils n'en ont jamais fait usage, ni au Tibet, ni en exil ; et chez les Chinois, Pékin court le risque, en cas d'acceptation, d'un refus massif à leur politique d'annexion.

Le Dalaï-Lama est prêt à courir le risque, quant à lui, de voir une majorité de son peuple voter en faveur d'une intégration pacifique à la Chine populaire. Et, dans ce cas, il n'hésite pas à dire qu'il « redeviendrait un simple moine [1] »... Ses mots sont d'ailleurs d'une parfaite clarté : « Que ce soit en politique ou en religion, je vis la pensée bouddhiste au quotidien, en m'efforçant d'alléger les souffrances de ce monde. Ainsi, mon rôle ne me pose aucun problème particulier [2]... »

Il n'y aura pas de référendum.

La Chine s'obstine à refuser tout contact avec le Dalaï-Lama, rejette toutes ses propositions.

---

1. Entretien de l'auteur avec Sa Sainteté Tenzin Gyatso, à Dharamsala.

2. *Ibid.*

Pendant ce temps, la CIA confirme qu'elle va réduire son soutien à la résistance. Mais il y a belle lurette que les principaux experts des opérations spéciales ont quitté le Mustang. Or, au siège du *22 Establisment*, à New Delhi, les renseignements parvenant du Toit du Monde font état de gardes rouges lancés dans une destruction massive du pays.

La Chine et le Tibet abordent alors une période critique de leur histoire.

*

Le 16 mai 1966, Mao lance le signal de la Révolution culturelle.

L'Orient flamboie sous le soleil levant,
Et Mao Zedong est sur la terre de Chine.
Au peuple, il a apporté le bonheur,
Il en est le sauveur...

Le bonheur par le petit livre rouge, distribué selon l'agence Chine nouvelle, entre 1965 et 1967, à sept cent quarante millions d'exemplaires. Ce sauveur du peuple chinois (et tibétain) mesure dix centimètres de long sur sept de large et pèse soixante-dix grammes : deux cent soixante-dix pages de *masturbation* maoïste, fruit des cogitations propagandistes de Chen Boda, le secrétaire de Mao qui prend la tête de la Révolution culturelle, avec Jiang Qing – Mme Mao –, et de Kang Sheng, le redoutable chef du tewu.

Chen et Kang, les deux concepteurs du projet, sélectionnent les textes, surveillent la réalisation sous l'égide du Bureau des Affaires générales du comité central, le fief de Mao. Ils n'en revendiquent pas la paternité, laissant au brutal et simpliste Lin Biao [1] le bénéfice de l'invention du livre sacré des maoïstes.

1. (1907-1971) membre du comité permanent du Parti communiste chinois (1958) ; ministre de la Défense (1959) ; il disparaît du paysage politique en 1971.

Le bonheur vu par Mao, c'est « le vieux monde anéanti » grâce à « la bombe atomique intellectuelle ». Un best-seller mondial au même titre que la Bible et le Coran, dédicacé et illustré par une photo du maître de la Chine.

Le *dezibao*, une « affiche en gros caractères », est l'autre arme redoutable de l'appareil communiste. Mao en a calligraphié un. Il y invite à « faire feu » sur « les dirigeants, du Centre à l'échelon local, qui ont établi une dictature bourgeoise et réprimé la grande Révolution culturelle prolétarienne[1] ».

Le premier véritable dezibao de la propagande maoïste, placardé le 25 mai 1966 sur les murs de l'université de Pékin, et publié sous la pression de Kang Sheng, dans le *Renmin Ribao*, *Le Quotidien du Peuple*, dit : « Brisons tous les contrôles et tous les maléfiques complots des révisionnistes, résolument, radicalement, totalement, complètement ! Détruisons tous les monstres, tous les éléments révisionnistes du type Khrouchtchev ! Menons jusqu'au bout la révolution socialiste... »

Du coup, Mao contacte Kang Sheng, son maître espion et chef de la police secrète, pour lui demander d'apposer ces dezibaos dans toute la Chine, y compris au Tibet.

L'homme à tout faire de Mao accepte, non sans avoir pris quelques précautions : « Avant de se lancer dans l'aventure, le rusé compère s'était assuré de la fidélité des hommes du *Diaochabu*, le Bureau d'enquêtes du comité central, d'une partie notable de ceux du *Gonganbu*, la Sécurité publique. Il pouvait aussi compter sur la "mafia du Shandong" et sur le soutien du "groupe de Shanghai" où Zhang Chunqiao et le "critique littéraire" Yao Wenyan prenaient de plus en plus d'importance. Revanche de la "Porte de la Chine" sur la "capitale du Nord", c'est d'ailleurs de Shanghai que partiraient les coups les plus durs de la Révolution culturelle[2]... »

1. *Deng Xiaoping, le dernier dragon*, *op. cit.*
2. *Kang Sheng et les services secrets chinois*, *op. cit.*

Le 18 août 1966, 5 heures du matin... Un million de gardes rouges sont rassemblés sur la place Tienanmen. Un million de jeunes étudiants, fanatisés et hystériques, hurlent des slogans à la gloire de Mao, en agitant frénétiquement le petit livre rouge. Et, parmi eux, des étudiants tibétains !

On aperçoit sur la tribune, encadrant le maître de la Chine, Jiang Qing en vareuse militaire, Lin Biao, Zhou Enlai, Chen Boda, le mystérieux Kang Sheng et Wang Dongxing [1], le chef de l'unité spéciale 8341 [2] : vice-ministre du *Gonganbu*, il a la responsabilité des laogais.

En quelques jours, plusieurs centaines de milliers de gardes rouges parcourent le pays dans tous les sens. Ils bénéficient de la gratuité des chemins de fer chinois pour aller porter la bonne parole et faire la chasse aux quatre « vieilleries » – pensée ancienne, culture ancienne, coutumes anciennes, mœurs anciennes.

A Pékin, entre août et septembre 1966, les gardes rouges ont fouillé 33 695 foyers, exécuté ou « suicidé » 1 772 personnes [3].

Ce n'est qu'un début.

La Chine s'enfonce dans le chaos et la terreur.

Jusqu'à alors placé en résidence surveillée, le dixième panchen-lama Choekyi Gyaltsen subit à son tour plusieurs séances de thamzing à l'Institut international des minorités,

---

1. Né en 1916 au Jiangxi. A partir de 1933, il devient le garde du corps de Mao, et, en 1937, instructeur du régiment central des gardes. En 1949, il est directeur du département de sécurité du comité central (CC) du PCC et directeur adjoint du 8e département du *Gonganbu*, chargé des laogais. En 1959, il est nommé vice-ministre du *Gonganbu* ; en 1967, directeur du Bureau des affaires générales du CC, chef de l'unité spéciale 8341. Il est élu au comité central en 1969 ; promu, en 1973, au Bureau politique et succède à Kang Sheng ; il organise, en 1976, l'arrestation de la bande des quatre, devient, deux ans plus tard, député de Pékin. Il perd ses postes au CC et au gouvernement en 1980 ; et, en 1982, il n'est plus que membre suppléant du CC.

2. Ou *Basansiyi*, unité spéciale d'élite, chargée notamment de la protection des hauts dignitaires du parti. Remplacée par la 57003.

3. *Deng Xiaoping, le dernier dragon*, *op. cit.*

avant d'être enfermé pour plusieurs années dans la fameuse prison de Qin Cheng.

Son quotidien, décrit dans un texte d'une vingtaine de pages par le dissident chinois Wei Jingsheng [1], est si insupportable que le Panchen-Lama a fini par supplier ses geôliers de le laisser mourir. Sa Sainteté Choekyi Gyaltsen a même dit à Wei Jingsheng : « Vous pourrez amener mon corps au comité central »... C'est à force de courage et de soutien de la part des autres prisonniers que le Panchen-Lama va survivre aux tortures et aux vexations de ses geôliers.

En août 1966, plus de vingt mille gardes rouges investissent Lhassa. Ils sont plusieurs milliers encore dans les autres grandes villes du Tibet.

En septembre, le comité central interdit que l'on s'oppose à eux.

Les jeunes fanatiques terrorisent les Tibétains, violent les femmes, torturent les « contre-révolutionnaires » victimes de délations et de règlements de comptes : les dénonciateurs sont les voisins, des membres de la famille, des frères, des sœurs, des parents...

Au cours d'interminables séances de « rééducation », les villageois « libres », les moines encore « libres » et les prisonniers qui, eux, portent le petit livre rouge autour du cou, subissent des heures de contrôle : il leur faut alors apprendre par cœur les textes de Mao.

Les gardes rouges interdisent les pratiques religieuses. Ils s'attaquent aux monastères, du moins à ceux qui n'ont pas encore été détruits par les bombardements des Illyouchine Il-28 et par le dynamitage des soldats de l'Armée populaire de libération.

A Lhassa, ils investissent le Norbulingka qu'ils transforment en un vaste champ de ruines et de cendres....

Un matin, ils rassemblent des centaines de moines dans

1. Ce texte est daté du 3 mars 1979.

la cour du temple principal de la capitale. Ils les forcent à allumer un feu de joie, qu'il alimenteront avec des textes d'une extrême rareté et des statuettes en bois ; puis, les moines dansent, en même temps qu'ils ânonnent des maximes à la gloire de Mao.

Sous les yeux des autorités chinoises locales, les gardes rouges s'en prennent aussi à Jowo, la statue de Chenrezig, le protecteur du Tibet.

Pour en finir, ils transforment le Jokhang en baraquement pour militaires : dans un coin, des pissotières décorées des peintures murales du temple ; de l'autre côté, un abattoir où les carcasses de yacks et de moutons, suspendues à des crochets de boucherie, dégoulinent de sang.

Lorsque les gardes rouges tentent d'investir le Potala, ils se heurtent – malgré l'interdiction de s'opposer à eux – à une barrière de militaires chinois, armes au poing, baïonnettes au canon : l'Armée populaire de libération a reçu l'ordre de Zhou Enlai de protéger le palais du Dalaï-Lama – Zhou considéré à l'époque comme l'élément modérateur du système.

*

Durant la Révolution culturelle, les Tibétains ne vont pas être que des victimes. Certains d'entre eux vont participer à leur propre anéantissement.

Toute discussion sur le sujet se heurte à des non-dits, de la méfiance et des silences gênés.

Le remords et la honte obsèdent certains d'entre eux.

Les fantômes du passé les harcèlent sans cesse, pour éveiller d'obscurs souvenirs...

Les communistes chinois ne se montrent guère plus francs que les Tibétains, ni dans leurs analyses, ni dans leurs critiques, ni dans leurs accusations, dont ils sont habituellement si friands.

A croire que Chinois et Tibétains ont décidé, d'un commun accord, d'effacer de leur mémoire cette période pour le moins troublante de leur histoire commune.

Dans un dossier publié à Londres, dans le *New Left Review*, dont les extraits ont été traduits dans le *Courrier international*[1], l'essayiste chinois Wang Lixiong[2] écrit : « [...] du fait de transports défaillants et de l'étendue du pays, seul un nombre limité de gardes rouges chinois réussit à arriver jusqu'au Tibet. Et même si certains d'entre eux prirent effectivement part à la démolition des temples, leur action n'aurait pu être que symbolique. Des centaines d'autels furent détruits dans les villages, les champs, les montagnes. Personne n'aurait pu les détruire sans la participation des gens du cru. De plus, la plupart des gardes rouges qui parvinrent jusqu'en RAT (Région autonome du Tibet) étaient des étudiants tibétains revenant d'universités chinoises... »

Laissons à Wang Lixiong le soin d'apporter ses propres explications : « Le fait de souligner que ce sont surtout les Tibétains eux-mêmes qui ont démantelé les monastères et les temples n'exonère en rien les Hans. Cela amène en revanche à se poser des questions qui dépassent le cadre de la responsabilité. Pourquoi les Tibétains, qui pendant des siècles avaient considéré la religion comme le centre de leur existence, abattirent-ils de leurs propres mains les statues bouddhistes ? Leurs actes prouvent assurément que, ayant compris qu'ils pouvaient contrôler leur propre destin, les paysans tibétains, en un geste libérateur sans équivoque, se sont défaits du spectre de l'au-delà qui avait si longtemps pesé sur eux, et ils ont affirmé par la force qu'ils préféraient

1. N° 629, du 21 au 27 novembre 2002, *Réflexions sur le Tibet*, par Wang Lixiong.

2. Ecrivain né en 1953 à Changchun, dans le nord-est de la Chine, Wang Lixiong vit à pékin. Après la Révolution culturelle, il a été autorisé à poursuivre ses études pour devenir écrivain. En 1991, il publie, sous un pseudonyme, *Péril jaune*, un livre interdit par Pékin, mais devenu best-seller dans le monde sinophone, dans lequel il prédit une guerre civile chinoise suivie d'une guerre nucléaire. Il est aussi l'auteur d'un livre sur le Tibet, publié au Canada en 1998, sous le titre de *Funérailles célestes – Le destin du Tibet*.

être des hommes dans cette vie plutôt que des âmes dans la prochaine [1]... »

Wang fait partie de l'intelligentsia chinoise communiste. Son discours et ses explications sont teintées d'idéologie maoïste. Mais les faits qu'il relate sont exacts : les Tibétains ont leur part de responsabilité dans les exactions commises dans leur propre pays.

Toujours dans *New Left Review*, et le *Courrier international*, l'historien tibétain Tsering Shakya [2] ne conteste pas, non plus, ces faits... En réponse à Wang Lixiong, il écrit : « C'est vrai, les Tibétains ont joué un rôle actif dans la Révolution culturelle. On ne peut effacer ce fait de l'Histoire. Mais il serait bon de le replacer dans une perspective adaptée. La Révolution culturelle est un sujet épineux non seulement pour les Tibétains, mais aussi pour les Chinois. [...] Le Tibet fut emporté par la ferveur de l'époque, comme toute la Chine. Beaucoup ont effectivement détruit les édifices religieux, dénoncé leurs amis et leurs voisins comme réactionnaires, ou se sont révoltés contre leurs professeurs. Ce fut un mouvement de masse qui n'épargna personne. Il n'était d'ailleurs pas envisageable de l'observer à distance ; il s'agissait de dénoncer ou d'être dénoncé. Le Parti communiste chinois (PCC) ne laissait aucune autre possibilité. Les rares courageux qui refusèrent de prendre part à la folie en payèrent le prix : ils furent stigmatisés en tant qu'"ennemis du peuple" et soumis à des séances de critique publique. Il faudrait avoir une vision bien grossière de la liberté pour s'imaginer qu'une telle participation était un "choix" pour les hommes et les femmes de l'époque [3]. »

1. *Ibid.*

2. Tsering Shakya vit actuellement à Londres. Il poursuit ses recherches sur le Tibet à la School of Oriental and African Studies. En 1999, il a publié *The Dragon in the Land of Snows*.

3. *Le Tibet sous la botte*, par Tsering Shakya, n° 630, du 28 novembre au 4 décembre 2002.

Les révélations sont rares. Les analyses ne varient guère d'un camp à l'autre.

Depuis 1966, une chape de plomb pèse sur le Toit du Monde.

Evoquant l'attitude des Tibétains face aux collaborationnistes, Ngari Rinpoché, le frère cadet du Dalaï-Lama, s'exclame : « Oh ! là ! là !... La France a connu ce problème à la fin de la Seconde Guerre mondiale. Les mémoires sont encore emplies d'histoires de la collaboration avec les Allemands. Pour le peuple tibétain, ce sera l'occasion d'appliquer véritablement la non-violence. Vous savez, quand on est faible, il est très facile d'évoquer cette voie-là. Quand on atteint une certaine puissance, il faut se montrer parfois très brave pour mettre en pratique ce précepte [1]. »

L'histoire des gardes rouges révèle que le fanatisme idéologique peut centupler les plus noires convictions, les plus lâches trahisons, les crimes les plus odieux.

Entre de longues plages de silence peuplées de doutes, les quelques confidences traduisent un grand embarras, comme si les Tibétains, trop impliqués dans le drame de la Révolution culturelle, craignaient que, des décennies après, celle-ci ne continue à déchirer les familles, entre patriotes et collaborationnistes, entre religieux et fanatiques maoïstes.

Les jeunes dont parle Wang Lixiong sont à l'évidence ces enfants tibétains – dont plusieurs centaines de nourrissons [2] – qui ont été arrachés à leurs parents dans des conditions atroces [3]. Endoctrinés en Chine populaire, ce sont ces jeunes-là – s'ils ont survécu – qui ont été renvoyés dans leur pays natal pour « faire table rase du passé réactionnaire » de leurs compatriotes.

On peut expliquer les non-dits, les peurs, pas les silences qui durent et qui culpabilisent.

---

1. Entretien de l'auteur avec Ngari Rinpoché, à Dharamsala.

2. Dépositions relatées dans *Le Tibet et la république populaire de Chine*, le rapport présenté à la Commission internationale de juristes par le comité juridique d'enquête sur la question du Tibet.

3. *Ibid.*

Que ce soit en Inde ou au Tibet, les Tibétains redoutent certaines déchirures qui seraient inévitablement assorties de règlements de comptes, car nombre de ces gardes rouges tibétains ont survécu à la Révolution culturelle.

Tsering Shakya le confirme dans *New Left Review* et dans le *Courrier international* : « Beaucoup d'entre eux occupent aujourd'hui des postes importants au sein du parti au niveau régional[1]. » Et de préciser : « En fait, de tels actes sont désormais considérés comme une preuve de loyauté envers le PCC[2]. »

Le problème du recrutement des gardes rouges d'origine tibétaine déborde les simples questions de « rééducation ». Ce sont de véritables lavages de cerveau que ces jeunes ont subis, de leur plus tendre enfance jusqu'au moment où ils sont entrés dans les universités maoïstes.

Harry Wu, le dissident chinois qui a passé dix-neuf années de sa vie dans les laogais, affirme : « Si un grand nombre de jeunes Tibétains ont été envoyés dans des écoles spécialisées créées par le parti, c'est pour y recevoir une formation politique et non pour y étudier les sciences et les techniques. Il s'agit là d'une tentative pour transformer ces jeunes en disciples du parti avant de les renvoyer au Tibet où ils aideront le PCC à asseoir sa domination et à anéantir définitivement les ordres religieux et la culture tibétaine[3]... »

Dans la tourmente révolutionnaire, leur présence dégage une odeur de soufre. Personne ne peut en minimiser l'importance.

Le Dalaï-Lama évite de raconter l'histoire de ces enfants enlevés dans l'Amdo dès 1951 ; plus tard dans le Kham et dans l'U-Tsang. Le souvenir de cette vision de camions militaires chinois qui traversent, à tombeau ouvert, les rues

1. *Le Tibet sous la botte*, par Tsering Shakya, *op. cit.*
2. *Ibid.*
3. Entretien de l'auteur avec Harry Wu, extrait de la préface rédigée par le dissident chinois pour *Cent Mille Eclairs dans la nuit*, de Gilles Van Grasdorff et Gilbert Collard, *op. cit.*

de Lhassa, emportant des centaines de gamins en bas âge, attriste son regard.

Les membres de son gouvernement se taisent, eux aussi. Quant aux autres dignitaires du bouddhisme tibétain, ils ramènent tout au destin karmique des êtres... Le karma, un mot magique, le mot « fourre-tout », qui permet d'éviter les questions jugées trop embarrassantes.

*

En 1967, le Dalaï-Lama effectue son premier voyage en dehors du territoire indien, en Thaïlande et au Japon.

Alors qu'il survole le Vietnam, un bombardier B52 de l'*US Air Force* est venu se placer, pendant quelques secondes, au même niveau que l'avion qui transporte Tenzin Gyatso, ce qui provoque chez lui cette réflexion : « Je fus consterné de constater que, même à dix mille mètres au-dessus de la terre, il n'était pas possible d'échapper au spectacle de l'inhumanité à l'égard de l'homme[1]. »

Ce voyage ne fait que renforcer ses convictions... Tenzin Gyatso profitera de tous ses déplacements étrangers pour multiplier les contacts, afin d'obtenir la reconnaissance politique de la nation tibétaine et de son gouvernement en exil. Et il se veut plus que jamais respectueux de la volonté et de la liberté de chacun de ses compatriotes : « Parfois, des personnes arrivant du Tibet s'étonnent en découvrant notre conception de la politique. Il leur arrive de critiquer notre gouvernement pour son indiscipline et son apparente absence de fondement solide. Il faut comprendre ces gens-là qui sont habitués à quelque chose de très différent au Tibet. La démocratie signifie que chacun a des droits égaux ; elle offre la liberté d'expression, donc celle de s'impliquer dans son propre gouvernement. Je reste persuadé que, lorsqu'ils en auront compris le principe et qu'ils en

1. *Histoire des Dalaï-Lamas*, de Roland Barraux, préface de Dagpo Rinpoché, Albin Michel, 1993.

auront fait l'expérience, ils apprécieront notre démarche. Pour le moment, ils subissent encore une terrible dictature[1]. »

Quelques jours plus tard, le Dalaï-Lama quitte Swargashram pour un bungalow situé sur une colline entre McLeod Ganj et Dharamsala-le-Bas. Restauré, on y a ajouté un bureau et une salle d'audience.

Amala, Jetsun Pema, dont le mari travaille à Bangalore, et ses deux filles se rendent à la résidence pour la journée. La mère du Dalaï-Lama rapporte des nouvelles de Lobsang Samten et de Thubten Jigme Norbu. Lobsang vit en Suisse, et Thubten est toujours aux Etats-Unis. Amala a passé plusieurs mois avec eux avant de rentrer à Dharamsala.

Le 10 mars 1969, le Dalaï-Lama déclare dans son discours pour le dixième anniversaire du soulèvement de Lhassa que « le jour où le Tibet retrouvera son indépendance, le peuple devra décider par lui-même du type de gouvernement qu'il voudra », et que, face aux difficultés qui s'accumulent, il n'est pas « certain que le système de gouvernement ayant le Dalaï-Lama comme chef suprême continuerait[2] »...

*

Pendant ce temps, en Chine, Kang Sheng, l'homme des services secrets, s'accorde avec Zhou Enlai, l'architecte de la politique étrangère, pour changer la donne sur l'échiquier international.

Kang et Zhou vont préparer dans le plus grand secret le rapprochement avec les Etats-Unis.

Le 27 avril 1970, Fang Wen, l'attaché militaire chinois à

1. Entretien de l'auteur avec Sa Sainteté Tenzin Gyatso, à Dharamsala.

2. Entretien de l'auteur avec Sa Sainteté Tenzin Gyatso, à Dharamsala, pour le livre d'entretiens, *Terre des dieux, malheur des hommes*, *op. cit*

Paris, reçoit la visite de l'attaché militaire américain, le général Vernon Walters.

La conversation se déroule en français, seule langue dans laquelle le Chinois et l'Américain peuvent se comprendre.

Richard Nixon, le président des Etats-Unis, souhaite engager des discussions avec Pékin.

Peu de temps après ce contact, à l'insu de la CIA, Vernon Walters, qui dépend de la DIA – *Defense Intelligence Agency* –, l'organisation rivale de l'agence de Langley, entame des entretiens, et il rencontre Cao Guisheng, le représentant du *Diaochabu* à Paris.

L'affaire est suivie de très près à Pékin par les deux compères, Kang et Zhou.

La Chine communiste donne le feu vert pour une première rencontre, le 25 juillet 1970, entre Henri Kissinger et l'ambassadeur chinois Huang Zhen, ancien général de l'APL, un homme rompu aux activités clandestines.

Walters, quant à lui, fait des pieds et des mains pour écarter la CIA, représentée dans la capitale française par David Murphy, ancien responsable de la division soviétique.

Le but est d'empêcher l'agence américaine d'avertir la Chine nationaliste de Chiang Kai-shek de ce qui se trame à Paris.

Après la visite de la célèbre équipe de ping-pong américaine en Chine[1], Henri Kissinger arrive à son tour à Pékin, le 9 juillet 1971, pour un voyage secret, sous la haute protection du *Gonganbu*[2].

Le 26 octobre 1971, la république populaire de Chine est admise aux Nations unies[3].

Alors, imaginez deux géants, la Chine communiste et les Etats-Unis, jouant aux dés avec des gamins, naïfs et isolés, en sachant que le jeu est pipé d'avance, voilà la situation

1. Du 10 au 17 avril 1971.

2. *Kang Sheng et les services secrets chinois*, de Roger Faligot et de Rémi Kauffer, *op. cit.*

3. Par 76 voix contre 35 et 17 abstentions.

vécue par le Dalaï-Lama et son gouvernement en exil, non reconnu par les nations, donc inexistant.

Les Yapshis ont la confirmation qu'ils ne représentent plus rien sur l'échiquier mondial.

Taiwan vient d'être écarté des Nations unies.

Richard Nixon se rend à Pékin, où il séjourne du 21 au 28 février 1972. Le président américain y rencontre à plusieurs reprises Mao Zedong.

Lors de leurs entretiens, pas un mot sur le Tibet et le génocide commis sur le Toit du Monde. En revanche, les Etats-Unis reconnaissent que Taiwan fait partie de la république populaire de Chine.

Du bon travail en somme, allègrement abattu, au préalable, par Kissinger et ses complices du moment, Kang Sheng et Zhou Enlai.

*

Partagé entre New Delhi, Darjeeling et le Népal, Gyalo Thondup ne cesse de multiplier les signes de soutien à la résistance tibétaine. Et ce, depuis de nombreuses années.

Brûlant d'impatience, ne se dérobant à aucune audace, la démarche qu'il entreprend auprès des Kkampas est délicate. Du coup, il en a fait une démarche personnelle. Elle implique du courage, du bon sens, de la responsabilité, et une volonté farouche de changer les choses, de faciliter la vie des réfugiés, et d'améliorer, peut-être, les relations entre Tibétains.

Son raisonnement va si loin qu'il rêve d'un parti unique autour du Dalaï-Lama. Un parti déjà fondé. Un parti soutenu par une large majorité de jeunes réfugiés. Ce vaste mouvement politique serait l'occasion de remettre de l'ordre dans la société tibétaine, civile et religieuse : elle réunirait symboliquement les trois principales provinces tibétaines de l'Amdo, du Kham et de l'U-Tsang.

Chez les anciens, le son de cloche est différent. Ses espoirs, ses colères, ses doutes devraient le rendre infiniment attachant. C'est le contraire qui se produit. On se méfie beaucoup de Gyalo Thondup et de sa forte personnalité.

Convenons-en : la résistance, composée d'une multitude de groupes, est engluée dans de sanglantes rivalités ethniques que condamne le frère du Dalaï-Lama. Et puis, l'ANVD, l'armée des volontaires, rencontre tout autant de graves problèmes. De jeunes officiers se plaignent du général Bava Yeshi. Le patron de l'armée des volontaires, un Khampa aussi, se montre arrogant, violent, un homme sans foi ni loi.

Rappelons-le, Gyalo Thondup est le fondateur du « comité d'aide sociale pour le Tibet », le point névralgique de la résistance tibétaine. C'est à ce titre qu'il se rend au Mustang, dans l'intention d'éviter l'implosion de l'ANVD.

Le frère du Dalaï-Lama rencontre les volontaires dans une de leurs bases arrière, à proximité de la frontière tibétaine.

Après avoir longuement écouté leurs griefs contre leur officier supérieur, Gyalo Thondup démet de ses fonctions le général Bava Yeshi et le remplace par le général Gyatso Wangdu, militaire d'expérience, seul survivant du premier groupe de résistants entraînés aux Etats-Unis.

Le général démis rompt tout contact avec l'ANVD. Il quitte le Mustang pour Dharamsala, un déplacement qui ne sera pas gratuit.

Bava Yeshi rencontre beaucoup de réfugiés, des fonctionnaires et quelques aristocrates.

Il lance alors des calomnies : non seulement, l'ex-général accuse le frère du Dalaï-Lama d'être responsable de la disparition d'une grosse partie du « trésor » caché dans le camp de Missamari, mais encore il l'accuse d'avoir récupéré le « parachute jaune » et ses devises américaines, indiennes et tibétaines larguées en 1959 au-dessus du Tibet.

Le Khampa quitte ensuite Dharamsala et lève une troupe de trois cents hommes.

Bava Yeshi retourne au Mustang. Il rejoint alors l'alliance

des « treize camps », opposée au parti de l'unité de Gyalo Thondup et à la politique d'ouverture engagée par le Dalaï-Lama.

Le président des « treize camps », Khamtrul Rinpoché, son secrétaire général, Chokling Rinpoché, Bava Yeshi, formant le quatorzième groupe de cette alliance, disent craindre une « fusion » des écoles du bouddhisme tibétain, les privant de leur privilèges et de leur autonomie.

Pour les détracteurs de Gyalo Thondup, l'idée de « l'audacieux frère du Dalaï-Lama[1] » était « de supprimer les vieilles écoles bouddhistes, de supprimer le riche apparat religieux en descendant les grands lamas de leur piédestal[2] »...

Les opposants au Dalaï-Lama se précipitent même à Rumtek, auprès du seizième karmapa Rangjung Rigpe Dordjé, afin de lui demander de prendre la tête de cette opposition.

Chacun sait que Sa Sainteté était une personne très respectée dans sa région natale du Kham.

Son soutien pourrait mettre en mauvaise posture le Dalaï-Lama, le kashag, l'administration centrale tibétaine et... Gyalo Thondup, à qui l'on fait porter le chapeau de tous les déboires survenus à la résistance tibétaine.

A partir de ce jour, le Karmapa et le Dalaï-Lama connaissent quelques flottements dans leurs relations, jusqu'alors plutôt amicales.

Gyalo Thondup est habité par un profond sentiment de trahison. Il ne parvient pas à exprimer ouvertement ce qu'il ressent.

1. *La Controverse des karmapas*, d'après le *Karmapa Papers*, document de propagande créé sous l'égide de la Fédération des centres Karma Kagyu, rassemblant les centres bouddhistes qui suivent le dix-septième karmapa Trinley Thayé Dordjé, et qui sont opposés au dix-septième karmapa Urgyen Trinley Dordjé, nommé par le Dalaï-Lama.

2. *Ibid.*

Il n'est même pas surpris. Il pense seulement à l'énorme gâchis provoqué par ses compatriotes de l'exil.

Accusé par le kashag d'avoir dilapidé le « trésor » du Sikkim, trahi par une partie de la résistance, le frère du Dalaï-Lama quitte l'Inde, avec sa famille, pour s'installer à Hong-Kong. Un changement de vie salutaire !

A Hong-Kong, Gyalo Thondup ne rompt cependant pas ses contacts avec le RAW – *Research & Analysis Wing* –, les services secrets indiens créés en 1968 et devenus, en l'espace de trois ans, un organisme puissant et redoutablement efficace[1].

Lorsqu'il vivait à New Delhi, Gyalo se rendait fréquemment dans le bâtiment de quatre étages du quartier résidentiel de Vasant Vihar.

Pour son directeur, Rameshwar Nath Kao, le frère du Dalaï-Lama est un personnage intéressant qui connaît parfaitement la Chine, tant nationaliste que communiste. Son statut dans la résistance tibétaine a souvent été utile au SSB – *Special Service Bureau* –, surtout lorsque ses agents tentaient d'annihiler les infiltrations chinoises, ainsi qu'au BSO, le Bureau des opérations spéciales.

Pour le RAW, la « Maison des espions », tout ce qui est antichinois est du pain béni. Et cela explique en partie pourquoi les services secrets indiens ont accordé, pendant toutes ces années, une oreille attentive à Gyalo Thondup.

*

Les rêves ne sont malheureusement qu'illusions. Il n'est pas facile pour autant de les effacer. Or, voici que de terribles nouvelles atteignent Dharamsala.

---

1. Sept mille hommes y travaillent à l'époque. Le département n° 1 travaille sur les pays frontaliers ; le n° 2 s'occupe de « l'analyse du communisme » ; le n° 3 étudie l'armement du Pakistan ; le n° 4 organise des réseaux parmi les populations indiennes disséminées dans le monde. Le BSO compte quatre divisions chargées du Pakistan, de la Chine et du Sud-Est asiatique, du Moyen-Orient et de l'Afrique, enfin, des autres pays de la planète. *Kang Sheng et les services secrets chinois*, *op. cit.*

En 1974, les Népalais attaquent quatre mille Khampas, obligeant la résistance tibétaine à déposer définitivement les armes.

Deux ans plus tard, Gungthang Tsultrim, le chef politique de l'alliance des « treize camps », est assassiné.

Immédiatement arrêté, son meurtrier avoue avoir agi à la demande du kashag.

Pour commettre son forfait, le gouvernement tibétain lui aurait remis une somme de sept mille six cents euros.

Tueur à gages ou mythomane ?...

Les deux peut-être.

Personne ne connaît la vérité sur ce crime.

Au cours de son interrogatoire, le meurtrier de Gungtang Tsultrim raconte aux policiers indiens que le kashag lui aurait promis beaucoup plus d'argent s'il assassinait le seizième karmapa Rangjung Rigpe Dordjé.

Le kashag aurait tenu le Karmapa pour responsable de l'échec de la « fusion » des écoles bouddhistes tibétaines[1], et le gouvernement tibétain regrettait déjà que la réincarnation des shamarpas ait été restaurée, avec l'autorisation du Dalaï-Lama.

*

Depuis 1962, les écoles du bouddhisme tibétain reconstruisent temples et monastères : les kagyupas ont construit au Sikkim ; les sakyapas et les nyingmapas ont bâti dans le nord de l'Inde et au Népal ; dans les années 70, les gelugpas reconstruisent Ganden, Sera, Drepung, dans le sud de l'Inde.

Pour ce faire, les dignitaires religieux sont les obligés de très généreux bienfaiteurs et des associations caritatives. Leurs hiérarques aussi. Les fonds viennent d'Europe ; du continent américain ; d'Australie et de Nouvelle-Zélande ; enfin, du continent asiatique.

On peut dire sans risque d'exagération que la priorité des

1. *La Controverse des karmapas*, *op. cit.*

dignitaires religieux – pas tous, heureusement ! – est très éloignée du caractère de survie de leurs compatriotes, ces pauvres gens – laïcs et moines – qui fuient le Tibet.

Et puis il y a les jeunes. Leur exil est l'occasion de remettre en cause le régime féodal sous lequel ont vécu leurs parents et grands-parents. Illettrés pour la majorité, follement superstitieux et voyant des signes favorables ou néfastes partout, les premiers réfugiés n'ont jamais eu cette opportunité. On ne leur en a pas offert la possibilité, non plus. Les responsables sont faciles à désigner : les aristocrates et les religieux qui se sont empressés de réoccuper le terrain et de restaurer le même système qu'au Tibet d'avant l'invasion communiste.

Les incidences de l'Histoire auraient voulu qu'au début des années 1970 la communauté tibétaine de l'exil s'engageât dans une courbe sociale ascendante.

C'était possible. Cela n'a pas été le cas. Et pourtant !...

Le 7 octobre 1970, sous l'impulsion de quatre Tibétains – Tenzin Geishe, Tenzin Namgyal-Tethong, Lodi Gyari et Sonam Topgyal –, trois cents jeunes et plus se rassemblent à McLeod Ganj, avec l'autorisation du Dalaï-Lama.

Les anciens ont été invités. Des fonctionnaires de l'Etat sont là, des membres du kashag et des religieux aussi.

L'ambiance est tendue.

Jamais encore tel événement ne s'était produit au Tibet.

Oser s'opposer aux anciens, montrer leur désaccord, leurs erreurs, les contredire, pointer le doigt sur certaines lâchetés n'est pas dans leurs habitudes. Mais, dans les pensionnats chrétiens de l'Inde pour certains, au sortir de la *Nursery* pour suivre un enseignement tibétain en exil pour d'autres, ces jeunes ont appris le sens de la responsabilité.

Parmi l'assistance, il n'est pas un garçon, pas une fille qui ne se souvienne de cet enseignement de Kundun : « Je pense qu'il est nécessaire d'insister sur une question fondamentale de l'espèce humaine. Il convient d'enseigner cette idée, car chacun a besoin d'un sens précis de ses responsabilités envers les autres. Puisse ceci être expliqué aux enfants. Enseignez-leur la bienveillance, même avec les insectes... Il est temps pour les plus âgés d'écouter la voix des enfants. Dans l'esprit d'un enfant, il n'y a pas de frontières entre les différentes nations, entre des systèmes sociaux ou des idéologies différentes. Les enfants savent qu'ils sont tous les mêmes, que tous les êtres humains sont identiques. De ce point de vue, leur esprit est libre de mépris. Lorsqu'on vieillit, on commence à parler de notre religion, de notre système. Une fois ces frontières établies, on ne se préoccupe guère de ce qui arrive aux autres, plus rien n'importe à l'exception de *nous* et du *moi*. Aussi est-il plus facile d'introduire la notion de responsabilité sociale dans l'esprit des enfants. C'est une idée noble, non pas une question religieuse, mais simplement un sujet concernant notre propre avenir, notre succès futur. Vous pourriez prendre exemple dans les livres d'histoire. Vous savez, à propos de ces gens qui usent et abusent de la cruauté, de l'égoïsme ; ces égocentriques qui peuvent obtenir une certaine gloire temporaire, mais pour lesquels personne n'a au fond beaucoup de respect. Hitler, Staline devinrent pour un temps des personnages très puissants ; cela venait de leur méchanceté ou de leur nature agressive. Personne ne ressent un respect profond pour cette gloire imméritée. Dans d'autres cas, la gloire de Lincoln ou du Mahatma Gandhi, ont une autre origine : une œuvre que tout le monde admire [1]. »

Dans la salle, des mains se lèvent.

Les jeunes réfugiés posent des questions.

Certaines sont fort embarrassantes.

Les anciens ne peuvent cacher leur embarras.

Les jeunes ne comprennent pas le rejet de Gyalo Thondup. A leurs yeux, il a cherché à créer l'unité des Tibétains dans la résistance, autour du Dalaï-Lama et de son gouvernement.

---

1. Texte remis à l'auteur par Sa Sainteté Tenzin Gyatso, traduit du tibétain par Tsering Dordjé, Lobsang Tsering, Sonam Tsering et Ngawamg Gelek, pour *Paroles des dalaï-lamas*, Marabout, 1996.

Voilà bientôt une semaine que ces trois cents jeunes se réunissent autour de ses quatre leaders charismatiques. Ainsi, les voix qui s'élèvent en ce mois d'octobre, à Dharamsala, sont la naissance d'une contestation, d'une opposition politique, menées par une jeunesse lassée du comportement des Tibétains englués dans un passéisme décadent.

Ils ont même envisagé de reprendre à leur compte ce nom, « Parti de l'unité », qui était si proche de leur idéal politique face à un ennemi commun : la République populaire de Chine.

Inauguré sous le nom de *Tibetan Youth Congress*, en présence de Sa Sainteté Tenzin Gyatso, l'association n'a pas pour but de remettre en cause l'autorité temporelle du Dalaï-Lama.

Bien au contraire !... Il s'agit pour ces jeunes d'adopter des attitudes autres que la politique de non-violence prônée par leur souverain.

Lhasang Tsering, ancien président du *Tibetan Youth Congress* et directeur de l'Institut *Amnye Machen*, explique que la jeunesse tibétaine de l'exil, fils et filles de la première génération de réfugiés, a, pour la plupart, fait des études dans des pensionnats chrétiens en Inde, mais encore en Suisse, aux Etats-Unis, en Grande-Bretagne, en Allemagne...

Ces jeunes portent un regard pessimiste sur l'avenir du Tibet. Conscients des responsabilités qui leur incombent, ils veulent recouvrer l'indépendance et la liberté.

A propos de l'indépendance, Lhasang Tsering observe : « Sans elle, sans qu'elle soit totale, il ne peut y avoir le moindre espoir pour le Tibet. Nous n'avons pas le droit de compromettre l'avenir de nos prochaines générations. En choisissant une autre option, nous déshonorerions tous ceux qui ont sacrifié leur vie pour notre cause, et nous ne respecterions pas les aspirations des Tibétains vivant au Tibet[1]. »

---

1. Entretien avec l'auteur à Dharamsala.

*

En 1980, cent mille Tibétains sont réfugiés en Inde.

Malgré les témoignages qui affluent sur le génocide perpétué par les Chinois au Tibet, le Dalaï-Lama écrit, le 29 octobre 1981, dans le *Wall Street Journal*, qu'il serait judicieux d'amorcer un dialogue entre le communisme et le bouddhisme : « Pour reprendre les termes de mon article, je dirais que le marxisme originel et le bouddhisme Mahayana ont bien des points communs, et ces points sont fondamentaux. Ainsi la logique voudrait que tous ceux qui adhèrent au communisme ou au bouddhisme puissent développer un respect mutuel. En tout premier lieu, l'accent ici et là est porté sur le bien commun de la société. Ensuite le bouddhisme n'est pas une religion, mais une science de l'esprit. Ceci mérite explication : le bouddhisme est non théiste, il ne reconnaît pas de Dieu créateur ; en revanche, il se réfère sans cesse à l'idée de création de soi, qui veut que les actions de chacun sont la cause et l'origine de ce qu'il est.

« Le bouddhisme précise aussi que tout dépend du karma. Chaque situation de la vie est reliée à des actions, et leurs raisons, issues de vies antérieures. On peut donc façonner son avenir en s'engageant dans une action profitable mue par des motivations pures.

« Par analogie, le communisme ou le marxisme énoncent que tout dépend du labeur. Leur théorie se rattache à des principes d'éthique en ce sens que son objectif premier est l'utilisation des ressources et de la richesse, et non de son accumulation pure. L'accent y est mis sur l'usage judicieux de l'argent au profit de la majorité indigente et non sur la thésaurisation par quelques-uns. Dans le bouddhisme également, on insiste sur la nécessité de prendre en considération les besoins d'autrui, au point de sacrifier le bien-être de la minorité à celui de la majorité.

« A l'origine, le communisme s'attaquait à l'exploitation et à la corruption ; il n'était pas nécessairement antireligieux.

Certaines institutions religieuses s'étant trouvées impliquées dans des actes de corruption, il fallait les combattre. Il en va d'ailleurs de même avec le marxisme. S'il a certains points qui peuvent paraître positifs, leur mise en pratique, elle, peut sembler corrompue, et on doit s'y opposer. Dans ce sens, il faut distinguer les systèmes et les hommes.

« De manière générale, toute religion s'oppose à l'exploitation et à l'injustice. Suivant une voie révolutionnaire, le Bouddha lui-même dépassa les limites contraignantes des classes et exposa un système de développement mental accessible aux individus de toutes origines.

« Puisque le moteur du marxisme n'est pas fondamentalement antireligieux, il n'y a pas de raison pour que des hommes de foi le considèrent comme tel, suscitant tensions et méfiance. C'est plutôt sur l'affinité de certains objectifs qu'il faut insister. Parallèlement, privés d'expérience personnelle ou simplement ignorants, certains marxistes considèrent à tort la religion comme un élément totalement contre-productif. Un authentique marxiste se doit de rejeter les prises de position dogmatiques et obtuses pour s'ouvrir aux valeurs des enseignements spirituels[1]. »

---

1. Entretien de l'auteur avec Sa Sainteté Tenzin Gyatso, à Dharamsala, recueilli pour *Terre des dieux, malheur des hommes*, *op. cit.* Le Dalaï-Lama commence sa réponse ainsi : « Quatorze années ont effectivement passé depuis la rédaction de cet article dans le *Wall Street Journal*, et mon point de vue n'a pas changé ».

15

La vie court après la mort

Abandonne tes pieds au pollen.
Abandonne tes mains au pollen.
Abandonne ta tête au pollen.
Alors tes pieds sont le pollen.
Ton esprit est le pollen.
Ta voix est le pollen.
La piste est belle.

Chant navajo[1].

« Trente années de régime maoïste : dix ans d'erreurs, vingt ans de crimes. Il n'y a pas de quoi se réjouir[2]. »

Et pourtant, en 1979, les Etats-Unis de Jimmy Carter reconnaissent officiellement la Chine.

La même année, la Maison-Blanche adresse une invitation au Dalaï-Lama qui, depuis vingt ans, vit en exil à Dharamsala. Vingt ans déjà que son statut politique n'a toujours pas été reconnu.

Du coup, Pékin envoie un émissaire à Hong-Kong. Sa

1. Pour les Navajos, le pollen est l'essence des choses, le plus vivant de la vie. Les Indiens navajos le chantent pour apaiser la colère de l'ennemi.

2. Les habitants de Pékin attribue cette citation à Deng Xiaoping. Il n'est pas certain qu'elle ait été prononcée par lui.

mission consiste à inviter Gyalo Thondup à rencontrer Deng Xiaoping, dans la capitale chinoise.

Gyalo Thondup contacte immédiatement le Dalaï-Lama : trois délégations seraient autorisées à se rendre au Tibet, une occasion unique pour le Dalaï-Lama de renouer les liens rompus, depuis deux décennies, avec le peuple tibétain.

Côté tibétain, des voix s'élèvent déjà : les « treize camps », devenus quatorze avec l'arrivée de Bava Yeshi, parlent de nouvelles combines de la part de Gyalo Thondup.

Finalement, Tenzin Gyatso accepte la proposition des Chinois, non sans émettre quelques doutes sur la démarche de Deng Xiaoping, un des principaux responsables de la politique répressive au Tibet et en Chine. Mais il faut saisir l'opportunité, d'autant que le pouvoir central commencerait à émettre des signes d'ouverture... Deux ans plus tôt, le président Li Xinnian avait regretté certains excès de la Révolution culturelle, et Hua Guafeng, le nouveau secrétaire général du PCC, avait souhaité rétablir les coutumes tibétaines au Pays des Neiges. Par la suite, en 1978, trente-quatre prisonniers ont été libérés à grand renfort de propagande, l'agence Chine nouvelle présentant ces Tibétains comme les derniers chefs de la rébellion.

La première délégation doit enquêter sur les conditions de vie au Tibet. Conduite par Lobsang Samten, le groupe s'envole, le 2 août 1979, pour Hong-Kong, le temps de rencontrer Gyalo Thondup, de prendre la température de la Chine sous Deng Xiaoping, et de recevoir quelques précieux conseils.

A Pékin, il a fallu deux semaines d'âpres discussions avec les autorités communistes avant de s'embarquer dans deux Toyota pour un périple de quatre mille kilomètres jusqu'à Lhassa qu'ils atteignent le 26 septembre 1979.

De retour à Dharamsala en décembre, la délégation rapporte sept mille lettres, des enregistrements et des photos, comme autant de témoignages bouleversants, sans oublier les traditionnelles prières de longue vie au Dalaï-Lama et à sa famille.

Une deuxième mission suit aussitôt... Elle est composée de jeunes qui vont se faire expulser sous prétexte qu'ils poussent les « masses populaires » à se soulever.

La troisième, dirigée par Jetsun Pema – heureusement sur le chemin de Pékin au moment des événements précédents –, va, quant à elle, étudier la situation de l'enseignement au Tibet.

La cadette des Yapshis écrit un Journal[1] pour témoigner de ses trois mois de voyage dans son pays natal.

Les délégations conduites par Lobsang Samten et par Jetsun Pema confirment la lente agonie d'un peuple, de sa culture et de sa langue, décrite vingt ans plus tôt dans les deux rapports de la Commission internationale de juristes de Genève[2].

*

A la fin de l'hiver 1980, Tenzin Choedrak, le médecin personnel du Dalaï-Lama, libéré de vingt et un ans de laogai, arrive à Dharamsala.

Reçu en audience privée par le souverain tibétain, Tenzin Choedrak reprend immédiatement ses fonctions auprès de Sa Sainteté et redevient le médecin d'amala. Enfin, le Dalaï-Lama le nomme à la tête du Men-Tsee-Khang, l'Institut de médecine et d'astrologie tibétaines.

Ainsi que le veut la tradition, Tenzin Choedrak se rend ensuite au *Kashmir Cottage*. Les retrouvailles sont chaleu-

1. Communiqué à l'auteur par la sœur du Dalaï-Lama, lors de ses entretiens à Dharamsala, en 1995, pour *Tibet, mon histoire*, écrit en collaboration avec Jetsun Pema, préfacé par Elie Wiesel, *op. cit.*

2. Le témoignage de la délégation conduite par Lobsang Samten, puis celle conduite par Jetsun Pema, est le complément incontournable des deux rapports rédigés par la Commission internationale de juristes, à Genève : *La question du Tibet et la primauté du droit*, 1959 ; et *Le Tibet et la république populaire de Chine*, 1960.

reuses entre amala et son médecin et confident qu'elle a longtemps cru mort.

Tenzin Choedrak adopte une attitude prudente au début de sa conversation avec amala pour parler de leur pays.

Jetsun Pema lui ayant déjà raconté l'étendue de la tragédie tibétaine, la « Grande Mère » qui va sur ses quatre-vingt-un ans, veut absolument tout savoir de la vie de son médecin dans les camps.

C'est amala qui apprend à Tenzin Choedrak que le Panchen-Lama a survécu à la terrible prison de Qin Cheng. Choekyi Gyaltsen avait été réhabilité en 1978. Nommé vice-président de la Région autonome du Tibet, il avait été rétabli deux ans plus tard dans ses fonctions de vice-président du Congrès national du peuple. Aussitôt sa libération, le Panchen-Lama avait demandé l'autorisation de rentrer au Tibet pour s'installer dans son monastère de Tashilhunpo. Cela lui avait été accordé. Mais, du fait de la présence des délégations en Chine et au Tibet, le pouvoir central l'empêcha de partir aussitôt : Choekyi Gyaltsen ne devait pas communiquer avec « certaines personnes non recommandables [1] ».

La mère du Dalaï-Lama et Tenzin Choedrak évoquent Tchang Seb-Char, la demeure des Yapshis...

Submergée par l'émotion, amala ne peut retenir un flot de larmes. Elle raconte qu'un matin, à Lhassa, Jetsun Pema s'est retrouvée devant des grilles cadenassées. En devinant le jardin sans fleurs, les arbres coupés, l'allée abandonnée aux mauvaises herbes, il était difficile de s'imaginer que cette demeure aux fenêtres peintes en bleu avait été la leur. En vérité, Tchang Seb-Char avait été transformée en auberge pour les officiers de l'armée chinoise.

Tenzin Choedrak lui explique aussi que le Norbulingka, la résidence d'été de Sa Sainteté, a été rebaptisé « parc communal du peuple ».

1. Archives personnelles de l'auteur, remises par Tempa Tsering, beau-frère du Dalaï-Lama et, à l'époque, secrétaire du département de l'Information et des Relations internationales.

C'est là, parmi les promeneurs chinois et tibétains, que Tenzin Choedrak a pu rencontrer Thubten Jigme Norbu et qu'il lui a remis un message à transmettre au Dalaï-Lama et à amala.

Amala est très choquée. Son état de santé inquiète le médecin. Quatre ans plus tôt, elle s'était remise d'une hémorragie cérébrale. Depuis, elle était soignée pour son hypertension, et elle s'était peu à peu remise.

Cette fois, c'est bien plus grave.

Terrassée par une nouvelle attaque cérébrale, la mère du Dalaï-Lama reste paralysée de tout le côté gauche.

A un moment, elle a repris conscience. Juste quelques secondes.

Amala a aperçu Tenzin Choedrak à son chevet, lui a souri et murmuré qu'elle aurait aimé finir ses jours à Taktser, dans son Amdo natal.

Choekyi Tsering, qui portait le titre de *Gyalum Chenmo* – la « Grande Mère » –, décède le 12 janvier 1981.

A l'annonce de sa mort, les boutiques de McLeod Ganj et de Dharamsala-le-Bas se sont toutes fermées en signe de deuil.

Malgré le froid hivernal, malgré la neige, la population indienne se joint aux réfugiés tibétains pour rendre un dernier hommage à amala.

Ceux de McLeod Ganj descendent, par petits groupes, le chemin qui mène à la résidence du Dalaï-Lama ; ceux de Dharamsala-le-Bas gravissent d'un pas lent la piste.

Ils se regroupent tous à flanc de colline pour prier.

Le 14 janvier, jour de la crémation fixé par l'astrologue, ils sont tous là pour assister à la cérémonie funéraire.

Absent de Dharamsala au moment du décès de sa mère, le Dalaï-Lama se trouvait en pèlerinage à Bodhgaya, là où le Bouddha Sakyamuni avait atteint l'Eveil.

Jetsun Pema, qui était alors à Amsterdam sur l'invitation de SOS Kinderdorf des Pays-Bas, a été avertie de la mort d'amala par télégramme. Elle arrivera à Dharamsala le lendemain de la crémation.

La « Grande Mère » était non seulement le pilier de la famille, chez les Yapshis, mais encore un exemple pour la communauté en exil.

Dans le cœur des Tibétains, elle restera à jamais amala.

*

Après le décès de sa mère, Tenzin Gyatso confie à son médecin une autre tâche, celle de témoigner devant les députés de l'Assemblée et son gouvernement.

Au jour fixé – le jeudi –, Tenzin Choedrak se rend à la résidence du Dalaï-Lama pour lui lire les pouls. Il passe ensuite au temple. Puis il descend, d'une démarche lente, le chemin qui mène à l'Assemblée.

Ce n'est pas la première fois qu'il témoigne devant des officiels tibétains, fonctionnaires et aristocrates réunis. Mais, ce jeudi-là, son témoignage est lourd de sens : « Aujourd'hui, dit-il à ses compatriotes députés, je ne vais pas vous répéter mon vécu en prison, mais je vais vous parler des communistes chinois. J'ai vu, je l'ai constaté, j'en ai été le témoin, ces Chinois-là n'éprouvent ni amour ni respect pour les êtres humains. Peu leur importe que des gens meurent sous les tortures, ou meurent d'épuisement dans les camps de travaux forcés. Seul compte leur enrichissement. Et ils sont prêts à tout pour y parvenir : corruption, trafics d'organes, prostitution, trafic d'armes et de drogue[1]... »

Dans la salle, les questions fusent. Des élus demandent des nouvelles de leurs domaines, de leurs familles, s'interrogent sur ce que faisaient les Chinois des pierres précieuses, de l'or et de l'argent...

Tenzin Choedrak éprouve de la honte d'être tibétain à ce moment-là : « Ces parlementaires me rappelaient le Tibet d'avant 1949. Ces gens, pourtant investis d'une mission

1. Entretien de l'auteur avec Tenzin Choedrak, le médecin personnel du Dalaï-Lama, dont il est le seul biographe.

officielle au sein du gouvernement du Tibet en exil, ne s'intéressaient pas du tout au sort de nos compatriotes[1]. »

Seuls les intéressaient leurs familles, leurs affaires, le commerce, surtout ce qu'il était advenu de leurs propres biens. Il leur a souvent exprimé sa déception et son désarroi, n'attendant de leur part « pas le moindre mot de compassion[2] ».

En 1981, après la disparition d'amala, plus rien ne sera comme avant pour les Yapshis qui, dispersés aux quatre coins du monde, ne se reverront que pour les grandes occasions autour de leur frère Tenzin Gyatso.

Thubten Jigme Norbu a regagné les Etats-Unis avec sa femme Kunchok Yangkyi et ses trois enfants, Lhundrup Namgyal, Kunga Gyaltsen et Jigme Kunden : l'aîné avait répondu au message de son frère le Dalaï-Lama et pris une année sabbatique pour organiser les Archives, une pièce dans la *Library*, emplie de textes précieux. Avant son départ, il installa amala au *Kashmir Cottage*, un bungalow initialement réservé aux enfants malades ; confronté à des problèmes de gestion, il le racheta au *Private Office*, le secrétariat privé de Sa Sainteté.

Enfin, le cadet de la famille : Nagri Rinpoché, qui était encore le seul moine de la famille avec le Dalaï-Lama, s'est, à son tour, marié. Rinchen Khando lui a donné deux enfants, Tenzin Chonzom et Tenzin Lodoe, âgés respectivement de huit et de sept ans au moment du décès de leur grand-mère

Gyalo Thondup séjourne toujours à Hong-Kong. Deux de ses enfants, Tenzin Khedrup et Ngawang Tempa, sont restés à Darjeeling. Diki Dolkar sera très marqué par la mort de son premier enfant, Yangzom Dolma, un an après amala.

Lobsang Samten est, quant à lui, revenu s'installer à Dharamsala. Son épouse, Namgyal Lhamo, travaille pour le gouvernement en exil. Le frère préféré du Dalaï-Lama avait

1. *Ibid.*
2. *Ibid.*

souhaité s'éloigner de la communauté tibétaine pour vivre une vie plus paisible. Après la Suisse, il avait rejoint avec sa famille Scotch Plains, dans le New Jersey, et y avait trouvé un travail de concierge dans une école. Déniché par un reporter, celui que ses amis américains surnommaient *Sam* ou *Kung-Fu* mit fin à son séjour américain à la suite de l'article publié, le 19 juillet 1976, dans le *New York Times*... En septembre 1985, quelques semaines après le retour du Dalaï-Lama des Etats-Unis, Lobsang Samten, qui souffre d'une jaunisse, est hospitalisé à New Delhi à l'hôpital de la Sainte-Famille. Il tombe dans le coma. Namgyal Lhamo, son épouse, et Jetsun Pema sont à ce moment-là à son chevet. La sœur du malade décide de le faire transférer à l'Institut médical national. Il y décède douze jours plus tard... Au mois de septembre à New Delhi, on sort lentement de la mousson, la chaleur est moite et insupportable. Décision est prise par les Yapshis d'embaumer Lobsang Samten et de le transporter, de nuit, en voiture, jusqu'à Dharamsala... Malgré la disparition de son frère, le Dalaï-Lama continue, malgré tout, à insuffler du courage et de l'énergie aux siens. Sa Sainteté Tenzin Gyatso l'explique ainsi : « La mort est un processus naturel ; elle est une réalité, et il faut l'accepter comme telle, tout au long de notre passage sur cette terre ; comme personne ne peut y échapper, je ne trouve aucune raison de m'en inquiéter ; et comme je l'ai déjà dit, à mes proches et à d'autres personnes, je compare la mort à un changement de vêtements vieux et usagés, et non à une véritable fin[1]... »

Jetsun Pema sort, elle aussi, d'un drame affreux. Le 16 février 1984, le Dalaï-Lama avait inauguré le *Tibetan Children's Village* de Bylakuppe. Elle avait passé l'hiver dans la colonie. Pema était revenue à Dharamsala pour la rentrée des classes du mois de mars. Deux mois plus tard, sur le coup de 2 heures, Pema fut réveillée en sursaut par

1. Entretien de l'auteur avec Sa Sainteté Tenzin Gyatso, à Dharamsala.

des coups violents frappés à la fenêtre de sa chambre. Diki Dolkar voulait absolument parler à sa belle-sœur, car Lhundup Gyalpo, le mari de Pema, s'était tué dans un accident de la route, du côté de Bangalore. Jetsun Pema réveilla ses trois enfants sur le coup de 6 heures. Elle tenait à les informer, elle même, de la mort de leur père : ses filles, Tenzin Choedon et Kelsang Yangzom, avaient dix-sept et quinze ans ; son fils Tenzin Choedak, onze... Aussitôt connu le décès de son mari, des rumeurs de meurtre se répandirent dans la communauté tibétaine. Lhundup Gyalpo avait en effet quitté son restaurant en pleine nuit. Personne ne l'avait revu vivant... Le lendemain matin, Tenzin Chonlam, son assistant, lisait les nouvelles locales dans un journal indien. Son attention fut attirée par un article : il y était question d'un véhicule accidenté, et on y signalait un numéro d'immatriculation. C'était celui de la voiture de Lhundup Gyalpo... Il fallut six jours pour récupérer le corps, brûlé dans l'incendie du véhicule. Ensuite, le temps d'interroger l'astrologue, de fixer une date pour les funérailles, et Jetsun Pema et les siens entrèrent dans une nouvelle période de deuil... En revanche, le mystère de Lhundup Gyalpo demeura entier. Crime gratuit ou accident, le doute demeure.

De son côté, Tenzin Gyatso était rentré des Etats-Unis. Il téléphona aussitôt à Jetsun Pema et lui proposa de l'accompagner à Kulu, un lieu où Sa Sainteté aimait se retirer pour méditer. Pendant ces dix jours, le frère et la sœur passèrent de longs moments à discuter. Pema évoquait l'hypothèse du meurtre. Elle en avait d'ailleurs déjà parlé avec Gyalo Thondup et Diki Dolkar. Le couple proposait d'engager un détective. Le Dalaï-Lama lui suggéra de n'en rien faire. L'aristocratie et le kashag ne firent aucun cadeau à Pema. Ils lui reprochaient surtout de n'avoir pas vraiment recherché les causes exactes de la mort de Lhundup Gyalpo[1].

1. Entretien de l'auteur avec Jetsun Pema, à Dharamsala.

Les mois passant, on arrive en 1986. Jetsun Pema et sa cousine se rendent au temple, empruntant à partir de McLeod Ganj la piste qui mène à la résidence de Sa Sainteté.

Sur le coup, aucune des deux femmes n'y prête attention. Des nuages tourmentés noircissent le ciel au-dessus du village. Et plus elles descendent le chemin, plus une brume épaisse roule vers elles et engloutit les maisons construites à flanc de montagne.

Soudain, elles ne parviennent plus à contrôler leur marche. La surprise passée, c'est la peur qui les saisit : la terre tremble.

La montagne craque. Des maisons se fissurent. La terre glisse. Les arbres et les buissons bougent. Des pierres roulent de la montagne.

Par une incroyable chance, il n'y a aucun blessé.

La résidence du Dalaï-Lama, nichée sur une autre colline, en face de Mc Leod Ganj, est, elle aussi, plongée dans le brouillard.

Au moment où la terre se met à trembler, Tenzin Gyatso lit un magazine d'actualités.

La charpente du toit n'a pas tenu.

Des pierres de son plafond se sont déplacées.

L'une d'elles s'est décrochée, et a manqué de peu sa tête.

Le Dalaï-Lama vient de l'échapper belle !

Lorsque Jetsun Pema et sa cousine arrivent sur les lieux, elles n'ont besoin d'aucune explication.

A la frayeur qui se lit sur leur visage, Tenzin Gyatso oppose un sang-froid qui paraît si facile.

Ce jour-là, à Dharamsala, les secousses sismiques ont atteint une magnitude de 7,8 sur l'échelle de Richter.

Lorsque les réfugiés ont appris ce qui s'était passé à la résidence de leur souverain, ils se sont tous précipités dans les temples pour demander la protection des divinités.

Un architecte britannique est venu à Dharamsala.

Les médias ayant diffusé la nouvelle, les dons affluent du

monde entier. Ainsi, on a pu reconstruire une demeure plus sécurisante pour le souverain tibétain.

A cette époque-là, Jetsun Pema croise régulièrement un Tibétain dans la résidence. Il s'appelle Tempa Tsering, est le secrétaire de son frère en même temps qu'il travaille au département de l'Intérieur.

Un jour, Tempa lui demande sa main.

La démarche du Tibétain ne la laisse pas indifférente. Ainsi, Pema décide d'en parler à ses trois enfants, et au Dalaï-Lama.

Aussitôt l'annonce de leur mariage connue, les critiques pleuvent sur la cadette des Yapshis : après la mort mystérieuse de son mari Lhundup Gyatso, les Tibétains pensaient que Jetsun Pema serait entrée en religion. C'était bien mal connaître le caractère de la présidente du *Tibetan Children's Village*.

Une fois leur mariage célébré à New Delhi, Tempa Tsering est nommé responsable de cinq colonies qui regroupent près de trente-deux mille réfugiés dans le sud de l'Inde. Par la suite, il deviendra le secrétaire incontournable du département de l'Information et des Relations internationales.

Pour Jetsun Pema et ses enfants, la vie reprend son droit.

*

Pendant les années 1980, au Sikkim...

Hospitalisé à l'hôpital de Zion, dans l'Illinois, près de Chicago, le seizième karmapa Rangjung Rigpe Dordjé décède, le 5 novembre 1981, des suites d'un cancer, à l'âge de cinquante-huit ans.

Le seizième karmapa laisse derrière lui un empire qui va bien au-delà du spirituel. La lignée kagyupa a des millions de disciples à travers le monde. Et, de son vivant, Rumtek représentait un contre-pouvoir au Dalaï-Lama et à son gouvernement.

Le corps rapatrié au monastère de Rumtek, le siège des

Karmapas au Sikkim, les cérémonies qui accompagnent la crémation, commencent le 20 novembre et rassemblent plusieurs milliers de disciples.

Né dans le Tibet, bien au-delà de Rumtek, le vent, d'abord douce brise enveloppante, descend des montagnes, cinglant, prend de la force, fait valser les flammes du bûcher funéraire.

Glacé, il fait claquer les auvents des tentes, envoie des tourbillons de fumée mêlés d'odeurs pénétrantes d'encens.

Le corps du Karmapa brûle, les flammes sont hautes, le feu intense, la fumée épaisse.

Soudain, comme poussée par un esprit invisible, une boule roule vers le côté nord du bûcher, en direction du Tibet.

Des yeux méfiants se lèvent, des yeux s'interrogent.

On hésite. On est embarrassé. On est surtout ému.

Ne sachant que faire, on se retourne vers Kalu Rinpoché [1].

Logon Tsechu, le confident du Karmapa, se saisit de la boule et la dépose sur le stupa, légèrement en hauteur.

A ce moment-là, chacun sait qu'il s'agit d'un reste d'organe.

Survient Tai Situ Rinpoché.

Il remarque l'émotion des disciples, de Kalu Rinpoché, plongé dans ses prières.

Il voit la boule sur le stupa, la prend, et, sans jeter un regard en arrière, il l'emporte dans le temple principal.

A cet instant, Tai Situ sait que la boule est le cœur du Karmapa. Il revient, dans la nuit, pour récupérer la relique et la placer dans sa demeure.

Le 21 décembre, le secrétaire général du seizième karmapa désigne quatre régents pour assurer la pérennité de la lignée. Ils s'appellent : Shamar Rinpoché, le Karmapa à la coiffe rouge ; Situ Rinpoché, qui se considère comme le

1. (1904-1989). Il propage le bouddhisme en Europe et en Amérique.

« fils du cœur » ; Jamgon Kongtrul Rinpoché et Gyaltsab Rinpoché.

A eux de trouver la réincarnation du seizième karmapa.

A eux de faire fructifier les biens de la lignée.

Seulement, deux cents ans de bannissement des Shamarpas ne s'effacent pas en un instant.

Quatorzième réincarnation de la lignée, Shamar Rinpoché va s'en apercevoir à ses dépens.

Et pourtant !... Le deuxième karmapa ayant prédit qu'il se remanifesterait en deux personnes, le karmapa à la coiffe noire, et le Shamarpa, le karmapa à la coiffe rouge, Shamar Rinpoché a officiellement repris, en 1964, son statut de numéro 2 de la lignée kagyupa, avec le consentement du Dalaï-Lama.

Tout le monde n'apprécie pas ce retour.

S'ils respectent la tradition, Shamar Rinpoché et Tai Situ Rinpoché doivent partager en alternance les recherches des réincarnations. Or, souvenons-en : on doit l'institutionnalisation de la réincarnation pour le choix de son chef spirituel au premier karmapa Dusum Khyenpa, au XIIe siècle. Il prophétisa qu'à sa mort le Karmapa se succéderait à lui-même en renaissant dans un autre enfant. Il laissa alors une lettre, dans laquelle il donna tous les détails sur la façon de reconnaître sa réincarnation.

Selon toute logique, le seizième karmapa a, lui aussi, laissé une lettre.

Gyaltsab Rinpoché, un des quatre régents, se souvient que le Karmapa lui avait récité un poème. Sa Sainteté y faisait référence à une lettre qui se trouverait dans une « boîte à trésors ». Mais nulle mention des obstacles nombreux qui surgiraient avant qu'on ne la découvre.

La controverse commence aussitôt la nomination des quatre régents.

On s'agite beaucoup pour retrouver le précieux message du Karmapa.

On se chamaille beaucoup aussi pour désigner le siège des Kagyus : Situ Rinpoché et ses fidèles penchent pour

Tsurphu, au Tibet, sous occupation chinoise ; Shamar Rinpoché pense que Rumtek serait la meilleure solution.

Les premières rumeurs de réincarnation se répandent en 1983.

La même année, trois des régents entraînent Shamar Rinpoché en justice. Ils l'accusent de vouloir s'approprier les biens du défunt, mais ils perdent le procès.

Les kagyupas se déchirent, spéculent sur les candidats et sur l'avenir des régents.

Les calomnies fusent, tandis que les régents affirment que le Karmapa se manifesterait bientôt.

Le 9 février 1986, Shamar Rinpoché fait savoir que le dix-septième karmapa se réincarnerait, en respectant la tradition.

Trois années s'écoulent encore, avec moult péripéties.

Vers la fin de 1989, Tai Situ Rinpoché adresse un message aux trois autres régents qui devraient se réjouir « autant que les cris de joie d'un paon » :

D'ici jusqu'au nord, à l'est des contrées enneigées
Il est un pays où la foudre divine s'embrase d'elle-même
En un lieu magnifique où campent les nomades
Marqué du signe de la vache.

La méthode est Dondrup et la Sagesse Lolaga
Né la même année que celui qui sert la terre
Avec l'écho miraculeux et lointain de la blancheur
C'est lui que l'on nomme Karmapa.

Ainsi, Tai Situ Rinpoché a retrouvé la lettre du seizième karmapa Rangjung Rigpe Dordjé.

*

Entre Hong-Kong, New Delhi et les Etats-Unis...

En 1983, Gyalo Thondup se comporte en véritable porte-parole du Dalaï-Lama. Il se rend pour la énième fois à Pékin, dans l'espoir d'ouvrir le dialogue avec les autorités chinoises.

Un an plus tard, Tenzin Gyatso entreprend son troisième voyage aux Etats-Unis : « La meilleure option, dit Sa Sainteté, ...est la négociation avec la Chine. Dans notre combat, nous avons tout essayé. En vain ! C'est pourquoi nous, à présent, nous faisons appel à la communauté internationale pour essayer de persuader le gouvernement chinois de s'asseoir autour d'une table de négociation. Mais nous tentons aussi d'obtenir des groupes parlementaires de toutes les nations qu'ils votent des résolutions sur la question tibétaine[1]. »

Le résultat de cette visite dépasse toutes ses espérances : quatre-vingt-onze membres du Congrès adressent une lettre à Li Xinnian, le président de l'Assemblée populaire, à Pékin, apportant ainsi le premier soutien politique au gouvernement du Tibet en exil et à son souverain.

Par la suite, le Congrès va publier un rapport sur les atteintes des Droits de l'homme au Tibet. D'autres pays vont adopter la même démarche. En revanche, tous demandent au Dalaï-Lama de se montrer plus clair dans ses propositions.

Le 21 septembre 1987, sur la colline du Capitole, le Dalaï-Lama prononce un discours dans lequel il propose un plan de paix en cinq points : 1. La transformation de l'ensemble du Tibet en une zone de paix ; 2. L'abandon, par la Chine, de sa politique de transfert de populations qui menace l'existence des Tibétains en tant que peuple ; 3. Le respect des Droits fondamentaux de l'homme pour les Tibétains et de ses libertés démocratiques ; 4. La restauration et la protection de l'environnement naturel du Tibet ainsi que l'abandon de l'utilisation, par la Chine, de ce territoire comme base de production nucléaire et de dépôts de déchets

1. Entretien de l'auteur avec Sa Sainteté Tenzin Gyatso, pour *Terre des dieux, malheur des hommes*, *op. cit.*

nucléaires ; 5. L'ouverture de négociations sérieuses au sujet du statut du futur Tibet et des relations entre les peuples tibétain et chinois.

Deux points importants méritent d'être développés.

L'un concerne le premier point de son plan de paix : la création d'une vaste zone de paix d'abord.

Le Dalaï-Lama en tire lui-même les conséquences : « Je souhaite que l'ensemble du Tibet, y compris les provinces de l'U-Tsang, du Kham et de l'Amdo[1], soit transformé en une zone *Ahimsa* (de non-violence). La création d'une telle zone est tout à fait conforme au rôle historique d'Etat bouddhiste pacifique et neutre en zone tampon qui séparerait les deux grandes puissances que sont la Chine et l'Inde. Elle va également dans le sens de la proposition népalaise de déclarer le Népal zone de paix, proposition à laquelle la Chine déclare apporter son soutien. La zone de paix proposée par le Népal aurait d'ailleurs un impact bien plus important si elle comprenait le Tibet et les régions avoisinantes... Une telle décision entraînerait obligatoirement la démilitarisation du plateau tibétain. Elle aurait aussi pour conséquence le retrait des forces indiennes des régions himalayennes en bordure du Tibet. Cette opération pourrait s'effectuer sous les auspices d'un accord international qui prendrait en compte les soucis légitimes de sécurité de la Chine. A terme, elle permettrait l'instauration de rapports de confiance entre les Tibétains, les Indiens, les Chinois et les autres peuples des régions avoisinantes. Personnellement, je vois un double intérêt dans une telle démarche : tout d'abord, elle renforcerait la sécurité des pays concernés ; ensuite, pour l'Inde et pour la Chine, elle réduirait le poids économique que représente le maintien d'une concentration importante de troupes sur les frontières himalayennes[2]. »

1. Le Dalaï-Lama pense encore pouvoir réunifier le grand Tibet : le Qinghai et ses cinq préfectures autonomes, le district autonome du Sichuan ; enfin, les préfectures autonomes du Gansu et du Yunnan.

2. Entretien de l'auteur avec Sa Sainteté Tenzin Gyatso, à Dharamsala.

L'autre point concerne son rôle politique dans un Tibet indépendant ou autonome.

Laissons là encore au Dalaï-Lama le soin de s'en expliquer : « Il est hors de doute que les Tibétains, au Tibet et en dehors du Tibet, fondent beaucoup d'espoir sur moi. Je suis, de mon côté, déterminé à faire tout ce que je peux pour le bien-être de mon peuple. Le fait que je sois en mesure de le faire est dû à mon karma et à mes prières dans des vies antérieures. Cependant, je ne souhaite pas assumer un poste officiel dans le futur gouvernement. Je serai plus probablement une sorte de figure politique que l'on invitera à donner un avis ou à résoudre des problèmes significatifs que le gouvernement présent ou les mécanismes politiques n'auront pas pu résoudre. Je peux être mieux en mesure de servir mon peuple en tant qu'individu situé en dehors du gouvernement... De plus, si le Tibet devait survivre en tant que membre à part entière de la communauté internationale moderne, il devrait refléter l'opinion de l'ensemble de ses citoyens et non pas reposer sur un seul individu. Ceci veut dire que le peuple doit être activement impliqué dans l'élaboration des statuts sociaux et politiques. Je suis donc arrivé à cette décision dans l'intérêt du peuple tibétain, à court et à long termes, et non pas parce que j'ai perdu de l'intérêt pour mes responsabilités. Il ne faut pas se faire de souci à ce sujet [1] !... »

Oslo, le 11 octobre 1989... Sa Sainteté le quatorzième dalaï-lama Tenzin Gyatso reçoit le prix Nobel de la paix : une consécration pour ce « simple moine » et sa politique de non-violence. Son plan de paix en cinq points présenté dans son discours est acclamé, propos que Sa Sainteté conclut par une courte prière :

Aussi longtemps que persistera l'espace,
Aussi longtemps que subsisteront les êtres vivants,

1. *Ibid.*

Que je puisse moi aussi demeurer
Pour dissiper la souffrance du monde.

*

Entre-temps à Dharamsala...

Thubten Ngodup jette rarement sur son passé un regard interrogateur. Jamais ou presque il ne se demande pourquoi les choses ont tourné comme elles ont tourné pour lui. S'il lui arrive de plonger dans ses pensées, c'est pour en émerger rapidement : ses parents et lui sont de la région de P'hari, au Tibet ; comme beaucoup de leurs compatriotes, ils ont fui le Tibet.

Thubten était encore un enfant, mais il se rappelle avoir franchi un nombre incroyable de cols et eu l'impression que les pics enneigés du grand Himalaya finiraient par les engloutir. Le groupe a finalement atteint le Bhoutan et le monastère de Phajoding dans la vallée de Thimphou.

Après quelques jours, ils sont partis pour Dharamsala.

A l'âge de treize ans, Thubten intègre le monastère de Nechung. Lorsqu'en 1959 Tenzin Gyatso fut contraint à l'exil, le monastère de Kutenla avait été investi par les Chinois et détruit. Seuls cinq lamas de haut rang avaient réussi à fuir. A Dharamsala, le monastère était à l'époque un petit bungalow. C'est là que Thubten a suivi une formation rigoureuse, spirituelle et artistique.

Le treizième oracle de la lignée s'étant éteint en 1984, Tenzin Gyatso avait composé une prière pour aider aux recherches de sa réincarnation.

Le 31 mars 1985, une cérémonie réunit les moines de Nechung et de Drepung à Dharamsala.

C'est ce jour-là que Thubten Ngodup connaît sa toute première transe.

La joie des moines est intense : la quatorzième réincarnation de Nechung est revenu.

Kutenla se souvient : « Au Tibet, le monastère de Nechung organisait une cérémonie autour de l'oracle, le deuxième jour du deuxième mois de l'année tibétaine (mars). Cette tradition ne put pas se poursuivre en Inde. On maintint toutefois une manifestation annuelle... Alors qu'autour de moi, les moines priaient, j'ai ressenti une profonde angoisse. C'était, je crois, juste avant la transe, ce moment où je suis totalement habité par l'esprit du Nechung. Ensuite, je ne me souviens de rien[1]. »

Revenons quelques siècles en arrière... Considéré comme l'introducteur du bouddhisme au Tibet, Padmasambhava passait pour avoir dompté les démons qui hantaient le pays et les avoir utilisés pour la construction des temples du bouddhisme tibétain. Lorsque le roi Trisong Detsen déclara, en 779, le bouddhisme religion d'Etat, Padmasambhava et ses disciples entreprirent la construction de Samye[2], imposant bâtiment situé le long du Yarlung Tsangpo entre Lhassa et l'ancienne capitale Tsethang. C'est en ces lieux que le grand maître nomma l'oracle de Nechung protecteur du bouddhisme tibétain... Quelques années plus tard, Muni Tsenpo, fils du roi Trisong Detsen, fit bâtir un petit monastère, à six kilomètres environ de Lhassa. On lui donna le nom de *Nechung Yulo Kö*. Une communauté s'y établit, sous la direction d'un abbé qui avait transporté en ce lieu l'effigie de la déesse Tara[3]. Samye, le tout premier institut monastique du Tibet, plus connu par les Tibétains sous le nom de *Nechen*, « grand lieu », et *Nechung*, « petit lieu », abritaient désormais tous deux la déesse protectrice... Au XVIe siècle, Gyalwa Guendun Gyatso, qui prendra rétrospec-

1. Entretien de l'auteur, à Dharamsala, avec le quatorzième oracle de Nechung Thubten Ngodup qui souligne : « Aujourd'hui, je ressens toujours cette même angoisse au moment des transes. » Le Nechung voyage très rarement et vit la plupart du temps dans son monastère.

2. Samye fut entièrement détruit par les communistes chinois. Le monastère est aujourd'hui en voie de restauration, à des fins purement touristiques.

3. *Drölma*, en tibétain. Divinité féminine du bouddhisme, Tara est très populaire au Tibet. Elle personnifie l'activité de tous les bouddhas pour le bien des êtres vivants.

tivement, par le système des réincarnations [1], le titre de deuxième dalaï-lama, fut confronté à un profond dilemme. Le Tibet était partagé entre une minorité intellectuelle d'inspiration religieuse et une grande majorité, dont les tendances mystiques s'étaient, au fil du temps, enrichies de traditions orales. Gyalwa Guendun Gyatso savait que son pays avait impérativement besoin des deux tendances, les sutras constituant les fondations de l'édifice religieux bouddhiste ; les tantras représentant les étages supérieurs de la connaissance. Il fusionna les deux. Le deuxième dalaï-lama eut une influence incontournable sur l'histoire culturelle du Tibet. Il fit construire, à l'intérieur du monastère de Drepung, le temple de Ganden Podrang. Il fut aussi le fondateur du monastère de Chökhorgyal. De cet endroit, il se rendait volontiers sur les rives du Lhamo-Latso, le lac des Visions, pour y accomplir des cérémonies d'offrande au gardien des esprits : « Pour ceux qui possèdent parfaitement les préceptes tantriques, la vision du vide des apparences et des événements apparaît dans ses eaux miraculeuses. Il n'y a rien qui ne puisse y être vu ! » Gyalwa Guendun Gyatso entretint alors une relation très étroite avec le premier oracle de Nechung Drag Trang-gowa Lobsang Palden... Bien plus tard encore, estimant que le monastère de Drepung ne convenait plus comme siège du gouvernement et de l'administration tibétains, le cinquième dalaï-lama – le premier à avoir exercé le pouvoir temporel – fit élever un palais sur une colline de Lhassa : ce sera le Potala. Il décida aussi de nommer l'oracle de Nechung principal protecteur du gou-

1. Convaincu des vertus du bouddhisme, Altan Khan convia à sa cour Gyalwa Sonam Gyatso. La rencontre eut lieu en 1578. Elle fut suivie par la conversion des nations mongoles. Le prince, souhaitant alors élever le lama au-dessus des mortels, lui conféra le titre de *dalaï*, terme mongol qui signifie océan – sous-entendu « de sagesse » – et dont l'équivalent tibétain est *gyatso*. Dès lors, les successeurs de Gyalwa Sonam Gyatso prirent le titre de Dalaï-Lama. On donna aussi rétroactivement ce titre aux deux incarnations ayant précédé Gyalwa Sonam Gyatso.

vernement tibétain, responsable de la paix et de l'harmonie sur la terre. Des travaux d'agrandissement de son monastère, désormais appelé *Nechung Dordjé Drayang Ling*, furent entrepris en 1681. Ils s'achevèrent deux ans plus tard. Le Grand Cinquième mourut entre-temps. La régence fut confiée à Sangye Gyatso qui exerçait le pouvoir depuis la très longue maladie du souverain tibétain. Devenu la principale instance officielle consultée pour les affaires spirituelles – y compris les réincarnations – et politiques par les dalaï-lamas et leurs gouvernements successifs, le Nechung traversa l'histoire du Tibet, en vivant tous ses soubresauts .. Le treizième dalaï-lama affermit encore son pouvoir. Le monastère accueillit à cette époque jusqu'à cent quinze moines.

Personne n'a oublié l'oracle tombé mort aux pieds du Dalaï-Lama, dans la résidence du Norbulingka, quelques heures avant la fuite des Yapshis.

Mais revenons à l'histoire de Thubten Ngodup : le 25 juillet 1985, le kashag le nomme officiellement Nechung Kuten ; le 4 septembre, il est intronisé par le Dalaï-Lama.

Thubten définit lui-même son institution : « Lorsque nous, Tibétains, nous évoquons l'oracle, nous ne le considérons pas comme une personne. Nous pensons avant tout à l'esprit qui l'habite : l'esprit, le rayon, le rayon de la sagesse. Ce rayon de sagesse est considéré comme une illumination. Le médium que je suis est la base physique qui servira, à un moment donné, de réceptacle à cette sagesse issue du monde surnaturel [1]. »

La légende raconte qu'il était une fois... un magicien vivant en amont de la rivière Kyi-chu. Un jour, l'homme prit un coffret de bois pour y comprimer de force un esprit qui, selon ses dires, possédait un pouvoir de clairvoyance particulièrement puissant. Il jeta ensuite la boîte et son prisonnier dans les eaux tourmentées...

1. Entretien de l'auteur avec le quatorzième oracle de Nechung Thubten Ngodup.

Très loin, en aval, un moine du monastère de Drepung se promenait sur une des berges.

Il aperçut le coffret brinquebalant d'un côté à l'autre de la Kyi-chu.

Il parvint à le récupérer, non sans mal d'ailleurs.

Tout à coup, plus rien ne bougea autour de lui, et, quoiqu'il n'y eût point de vent, le moine éprouva un frisson d'appréhension.

Dévoré par la curiosité, il ouvrit la boîte, et l'esprit, s'extirpant de sa prison, poussa un hurlement terrifiant, tout en se transformant en une colombe, symbole de pureté, de paix et de sagesse.

L'oiseau s'envola, mais se posa dans un bosquet, non loin de là, et ne le quitta plus.

Pour empêcher que l'esprit ne devînt le malin, les moines et les habitants de la région bâtirent un temple, là où la colombe s'était installée.

Depuis, chaque fois que le lama officiant dans le temple l'invoquait, l'esprit s'emparait de tout son être, et le lama entrait en transes[1].

Tenzin Gyatso raconte ainsi sa relation avec le Nechung : « Depuis maintenant des siècles, le Dalaï-Lama et le kashag consultent l'oracle au moment des célébrations du nouvel an tibétain. Mais l'oracle peut également être appelé, à d'autres moments, pour des questions bien spécifiques, comme la recherche d'une réincarnation. Je le consulte personnellement plusieurs fois par an. Au XXe siècle, cela peut paraître étonnant pour vous, Occidentaux. Je sais aussi que certains Tibétains, se considérant "progressistes", s'interrogent sur la nécessité de maintenir cette tradition. Pour ma part, chaque fois que j'ai consulté l'oracle, j'ai pu me rendre compte que ses réponses étaient vraies[2]. »

---

1. Entretien de l'auteur avec l'oracle de Nechung Thubten Ngodup. Cette légende varie en fonction de ses conteurs.

2. Entretien de l'auteur avec Sa Sainteté Tenzin Gyatso, à Dharamsala.

*

En 1989, au Tibet... Les rouges dressent un portrait posthume surprenant du dixième panchen-lama : vice-président du Comité permanent du Congrès national du peuple et président honoraire de l'Association bouddhiste de Chine, Choekyi Gyaltsen passe pour un guide spirituel d'exception, grand « patriote », politicien généreux et efficace.

Et comme si cela ne suffit pas, Pékin rajoute que le Panchen-Lama s'est opposé, pendant des dizaines d'années, aux « séparatistes » dirigés par le Dalaï-Lama et sa clique, apportant ainsi sa propre contribution à l'unification de la « mère patrie », au bonheur du peuple tibétain, à l'essor du bouddhisme et à la paix dans le monde. Et comme, aux dires des autorités chinoises, il a sans cesse œuvré pour le progrès du Tibet, il aurait promis de renaître afin d'achever la tâche qu'il était en train d'accomplir.

Oubliés les « soixante-dix mille caractères » rédigés en 1962 ! Effacées les années de prison à Qin Cheng ! Quant aux séances de thamzing durant lesquelles le Panchen-Lama devait expier des fautes qu'il n'avait pas commises, elles n'ont jamais existé ! Et les photos, où on le voit subir les insultes des Chinois et des Tibétains procommunistes, elles, sont truquées, bien évidemment !

Rien d'étonnant, non plus, que sa mort soit racontée comme un grand *conte de fées* tibétain.

Le 13 janvier 1989, le Panchen-Lama quitte Lhassa pour Tashilhunpo, son monastère.

Le 22, Choekyi Gyaltsen consacre les mausolées des cinquième, sixième, septième, huitième et neuvième panchen-lamas, dynamités par les gardes rouges durant la Révolution culturelle. Leur restauration vient de s'achever.

Le 24, le maître de Tashilhunpo, deuxième autorité spirituelle de la lignée gelugpa, aurait réuni des dignitaires religieux venus des provinces du Qinghai, du Gansu, du Sichuan et du Yunnan pour discuter de questions relatives à sa réincarnation prochaine : « Choisissez d'abord trois candidats ; ensuite, tirez-les au sort dans l'urne d'or que vous aurez préalablement placée devant la statue de Jowo – le Bouddha Sakyamuni –, dans le Jokhang... »

Ces propos auraient été rapportés par des responsables communistes de Shigatsé. Impossible d'y accorder un quelconque crédit, car il n'existe aucun témoignage de Tibétains pour confirmer ou infirmer ces mots lourds de sens pour la lignée gelugpa et la souveraineté du Tibet, incarnée par le Dalaï-Lama.

Le 28 janvier, à 20 h 16, « le surmenage » aurait terrassé le dixième panchen-lama Choekyi Gyaltsen[1]. Cette crise cardiaque tombe à point !

Pékin ne peut que s'en réjouir.

Des témoins n'accordent aucun crédit à cette version chinoise.

Pour eux, le Panchen-Lama a été empoisonné, sur décision du pouvoir central, au lendemain d'un discours que Sa Sainteté avait prononcé le 24...

Le Panchen-Lama y dénonçait l'occupation chinoise qui détruit l'identité du Tibet et des Tibétains. Le même jour, il aurait donc évoqué sa renaissance !...

Pour comprendre, remontons à l'année 1982... Les délégations de Dharamsala reparties, le Panchen-Lama fut autorisé à rentrer au Tibet... Le 6 juillet, il déclara aux trente mille personnes venues l'accueillir devant le temple du Jokhang : « Le Tibet est ma terre natale et j'ai une considération particulière pour ce pays. Je n'ai pas vécu ici ces dix-huit dernières années, mais mon cœur a toujours battu à l'unisson avec celui du peuple tibétain. Le Tibet et les Tibétains m'ont toujours manqué et j'ai toujours pensé au bien du peuple[2]... »

---

1. Il laisse une fille qui vit en exil.
2. Entretiens de l'auteur avec des personnes proches du dixième panchen-lama, au moment de ses enquêtes sur la vie des panchen-lamas. Pour des raisons de sécurité, leurs noms ne peuvent être cités.

Choekyi Gyaltsen s'adressa aussi à ses jeunes compatriotes : « Les jeunes doivent utiliser leur jeunesse pour étudier avec acharnement, notamment la culture tibétaine, de manière à élever le niveau de toute la nation et à lui faire prendre place parmi les nations évoluées[1]... »

Le 24 juillet de la même année, plus de cinq cents moines firent un accueil chaleureux au Panchen-Lama. Les cérémonies pour célébrer son retour à Tashilhunpo furent grandioses, même si la police secrète ne lâchait pas d'un millimètre le dignitaire religieux. Cela ne l'empêcha pas d'évoquer, une nouvelle fois, son attachement au Tibet...

En février 1985, à Lhassa, durant les célébrations du nouvel an tibétain, le Panchen-Lama évoqua une dernière fois les liens qui l'unissaient au Dalaï-Lama : « L'amitié qui m'unit à Sa Sainteté Tenzin Gyatso est d'essence spirituelle. Il n'y a aucune différence entre Kundun et moi. Même si certains essaient de semer la discorde entre nous, ils ne parviendront pas à nous séparer[2]... » Deux ans plus tard, au Congrès national du peuple, le dixième panchen-lama critiqua très fermement la politique chinoise au Tibet et dénonça les transferts de population et les discriminations à l'encontre des Tibétains.

En 1989, la politique de Deng Xiaoping passe par une « sinisation massive », c'est-à-dire par l'envoi massif de colons chinois au Tibet.

1. *Ibid.*
2. *Ibid.*

16

Les dérives du temps

> « Investissez dans l'âme humaine. Qui sait, c'est peut-être un diamant brut. »
>
> Mary McLeod Bethune.

L'année 1990 est marquée par des élections partielles dans la communauté tibétaine de l'exil. Les Tibétains sont appelés à voter dès l'âge de dix-huit ans. Pour être éligible, un candidat doit avoir vingt-cinq ans au minimum.

Jetsun Pema séjourne à Bangalore. Elle y reçoit un message lui demandant de regagner Dharamsala dans les plus brefs délais, car elle vient d'être élue kalön avec plus de 70 % des suffrages exprimés.

C'est la première fois dans toute l'histoire du Tibet qu'une femme est élue ministre.

Jetsun Pema prête serment, le 12 mai 1990, devant le Dalaï-Lama, dans sa résidence.

Sur le chemin de McLeod Ganj, les réfugiés se sont massés sur son passage.

Recouverte de khatas, elle se tourne tout à coup vers ses compatriotes : « Je vous remercie de m'avoir élue, mais je ne suis pas heureuse[1] ! »

---

1. Entretien de l'auteur avec Jetsun Pema, à Dharamsala.

Estimant que la langue tibétaine est le support indispensable de la religion et de la culture, Jetsun Pema va mettre en place, durant son mandat, un programme de tibétanisation pour les enfants scolarisés dans les écoles dépendant du gouvernement indien.

La nomination d'une femme au poste de ministre a eu des conséquences heureuses dans la communauté tibétaine. Les femmes de l'exil, jeunes et moins jeunes, ont peu à peu pris conscience du rôle qu'elles avaient à tenir dans leur société.

En 1995, le Dalaï-Lama aborde un point sensible de sa Constitution, laquelle ne prévoit pas dans ses textes la possibilité de dissoudre le gouvernement.

L'idéal serait de la changer, en adoptant, par exemple, le système à la française.

Le problème est très grave, d'autant que le kashag s'oppose à un tel bouleversement[1].

En ne l'imposant pas, le Dalaï-Lama commet probablement lui-même une grave erreur.

Et pour cause !... « Un système à la française me paraît plus juste, explique Ngari Rinpoché... Dans le cas où le gouvernement ne travaillerait pas suffisamment, il est alors toujours possible de le démettre par un vote démocratique. Ce n'est pas le cas actuellement dans notre gouvernement qui, contre vents et marées, est désigné pour une durée de cinq ans[2]. » Et de préciser : « D'abord, nous devons faire notre autocritique. Au sommet de notre gouvernement, nos dirigeants devraient se montrer plus sévères. Ils devraient davantage soutenir les élus qui travaillent, et se débarrasser de tous ceux qui ne sont pas assez performants. Vous savez, j'ai vu des incapables se faire muter dans d'autres localités, alors qu'ils auraient tout simplement dû être congédiés.

1. Entretien de l'auteur avec Sa Sainteté Tenzin Gyatso, à Dharamsala.
2. Entretien de l'auteur avec Ngari Rinpoché.

C'est une démarche extrêmement déplorable. Quelqu'un qui se montre incompétent dans un ministère le sera tout autant ailleurs, où qu'il aille. La sévérité, l'exigence sont aussi des valeurs démocratiques [1]. »

Le dialogue avec la Chine restant au point mort, le Dalaï-Lama évoque aussi l'idée d'un référendum : « Chacun sait qu'en matière de politique les choses peuvent évoluer très rapidement. Nous avons assisté à la chute des totalitarismes et nous percevons, dans le monde entier, une aspiration grandissante pour la démocratie. Il en va de même en Chine. Je pense d'ailleurs que les idées démocratiques sont les seules à pouvoir être un obstacle sérieux à toute idée de dictature, car elles sont tout ce que les dictatures redoutent... Aussi, dans le cas où le dialogue se heurterait de nouveau à un obstacle, le moment sera venu de lancer un référendum auprès de nos compatriotes. Il s'agirait certes d'un acte démocratique un peu compliqué du fait des conditions créées par l'occupation chinoise, mais un tel référendum est possible [2]. »

*

En 1995, les événements se précipitent, à Dharamsala comme au Tibet...

Le 15 mai, le quatorzième dalaï-lama Tenzin Gyatso reconnaît officiellement Guendun Choekyi Nyima comme la réincarnation du dixième panchen-lama, décédé le 28 janvier 1989 à Shigatsé.

Guendun, né le 24 avril 1989, à Lhari dans le district de Nagchu, a tout juste six ans.

Il vit au Tibet, dans son village natal.

Le Dalaï-Lama vient de prendre les Chinois de vitesse.

---

1. *Ibid.*

2. Le Dalaï-Lama a évoqué ce référendum avec l'auteur, en 1994, lors de leurs entretiens pour *Terre des dieux, malheur des hommes*, *op. cit.*

L'annonce, capitale pour l'avenir du Tibet, mérite quelques explications. Deux jours après la mort du dixième panchen-lama, Chadrel Rinpoché, le directeur du Comité de gestion démocratique du monastère de Tashilhunpo, adresse une lettre au Dalaï-Lama dans laquelle il demande à Sa Sainteté de prier pour une réincarnation rapide du Panchen-Lama.

Le 31 janvier, cette lettre est publiée dans le *Quotidien du Tibet*, journal officiel du gouvernement chinois... Li Peng, le Premier ministre, charge Chadrel Rinpoché de mettre sur pied un « comité de recherche » pour trouver l'enfant réincarné, et déclare que « les étrangers ne seraient plus autorisés à s'immiscer dans la procédure de sélection ».

En août, les autorités chinoises publient un plan en cinq points pour les recherches de la réincarnation du Panchen-Lama. Ce document est le fruit d'un compromis entre le pouvoir central et l'administration de Tashilhunpo. La Chine exige d'avoir le dernier mot sur l'identité du candidat.

A cette époque, le Dalaï-Lama a déjà proposé d'envoyer une délégation de dix lamas au Tibet, afin de participer aux recherches. En mars 1991, il renouvelle sa demande.

La réponse parvient en juin à Dharamsala. Li Peng ne souhaite « aucune ingérence » dans cette affaire.

Seulement, quelques mois plus tôt, Chadrel Rinpoché avait adressé, par « la voie officielle », un message à Tenzin Gyatso : les signes confirment que le Panchen-Lama s'est réincarné. Et le Dalaï-Lama ne l'a pas oublié ! Il y a d'ailleurs répondu aussitôt, *via* l'ambassade de Chine à New Delhi.

Sa Sainteté invite même le comité de recherche à Dharamsala. Sa lettre reste sans réponse.

Entre février 1994 et juin 1995, vingt-huit enfants sont sélectionnés dans quarante-six cantons du Tibet.

En mars 1995, Chadrel Rinpoché se rend dans la capitale chinoise pour participer à la session annuelle du Congrès national du peuple. Il y réclame avec insistance la possibilité de contacter le Dalaï-Lama, afin de le consulter sur la conclusion des recherches. Cette démarche lui permettrait de légitimer l'enfant aux yeux du peuple tibétain. En vain.

Dans le mois qui suit, Pékin annonce la mise en application d'un nouveau règlement concernant la recherche des réincarnations, notamment pour ce qui concerne le Panchen-Lama.

Le pouvoir central précise qu'il peut fort bien « se passer » du Dalaï-Lama dont « les intentions n'ont rien à voir avec la religion ». Et de rajouter : « En tentant d'interférer dans la reconnaissance du dixième panchen-lama, le Dalaï-Lama cherche à nier la souveraineté de la Chine sur le Tibet et à créer le désordre et le chaos ; il tente également de modifier la tradition historique d'amour de la patrie et de dévouement au bouddhisme du Panchen-Lama. En agissant ainsi, il essaie d'influencer les bouddhistes tibétains afin de réaliser son plan pour "l'indépendance du Tibet", et de contribuer à diviser la patrie. Voilà les véritables raisons pour lesquelles il remue ciel et terre. Or, la population tibétaine refuse catégoriquement l'interférence du Dalaï-Lama dans la recherche, la désignation et l'intronisation du nouveau Panchen-Lama[1]. »

Chadrel Rinpoché invoque le besoin de consulter le comité de recherche, reprend le chemin de Shigatsé, non sans que le gouvernement chinois ne lui enjoigne d'annoncer au plus vite le successeur de Choekyi Gyaltsen.

Le 14 mai 1995, le Dalaï-Lama annonce que Guendun Choekyi Nyima est le onzième panchen-lama.

C'est une immense joie pour les Tibétains. Elle sera de courte durée.

Pékin réagit aussitôt à cette nouvelle. Les Chinois dénoncent le « caractère illégal » de l'action du Dalaï-Lama.

Les autorités communistes demandent de procéder « correctement » à l'identification du onzième panchen-lama.

1. Sources chinoises.

Le 17 mai, Chadrel Rinpoché et son secrétaire sont arrêtés à Chengdu, dans le Sichuan.

Le 24, au terme d'une session extraordinaire, le Comité consultatif politique du peuple chinois (CCPPC) condamne la déclaration du souverain tibétain.

Dans le même temps, l'enfant de six ans, ses parents et son frère, sont enlevés.

Ils auraient été transférés à Pékin.

En juin, des marchands en relation avec Chadrel Rinpoché sont, à leur tour, arrêtés.

Pendant ce temps, un groupe de travail composé de cinquante cadres issus du bureau de la Sécurité publique, du bureau des Affaires religieuses et du CCPPC investissent Tashilhunpo.

A la mi-juin, le groupe de travail provoque, dans le monastère, la confusion la plus totale.

Les cadres, pour la plupart des Tibétains, isolent les moines. Par équipes de deux, enregistreur à la main, ils investissent les cellules, l'une après l'autre. A tous, ils disent la même chose : tel ou tel de ses compagnons l'accuse de soutenir le Dalaï-Lama dans son choix du Panchen-Lama.

Des incidents éclatent.

Les militaires encerclent le monastère.

La rébellion matée, les séances de thamzing, d'électrochocs et de bastonnades deviennent le quotidien des moines de Tashilhunpo.

Le 11 juillet 1995, le gouverneur de la Région autonome du Tibet demande aux moines de Tashilhunpo de désavouer Chadrel Rinpoché.

Le 21, la police secrète arrête trente-deux moines.

Pékin nomme un laïc pour administrer le monastère. En 1964, Sengchen Lobsang Gyaltsen a largement contribué à l'arrestation du dixième panchen-lama.

Un mois plus tard, jour pour jour, Pékin annonce que Guendun et sa famille sont en « sécurité » sur le territoire tibétain et que Chadrel Rinpoché n'est pas en état d'arrestation. Il serait soigné dans un hôpital chinois.

Les enfants de Shigatsé doivent, malgré tout, apprendre par cœur le fascicule répertoriant les crimes commis par le religieux. Les communistes chinois y expliquent aussi les méthodes à employer pour désigner des réincarnations.

Enfin, le pouvoir central fait savoir que « les recherches du onzième panchen-lama ne sont pas encore terminées ».

A Lhassa, les autorités communistes locales débattent de la manière d'organiser « l'autre » intronisation. Une répétition générale a même lieu dans le temple du Jokhang.

Le 5 novembre, on oblige trois cents moines qui participent, de force, à une conférence à Pékin, à refuser de reconnaître l'enfant désigné par le Dalaï-Lama. Une photo officielle présente l'événement, avec Jiang Zemin, le patron du PCC, aux commandes. Elle est publiée en première page d'un journal tibétain de la capitale de Lhassa.

Le 25, la mascarade politico-spirituelle peut commencer dans le Jokhang. Il est 2 heures du matin.

La cérémonie est filmée. Elle va passer pendant six semaines sur *Télé Lhassa*. Elle met en vedette deux Chinois, Luo Gan, secrétaire général du Conseil d'Etat, proche de Li Peng, et Ye Xiaomen ; enfin, le bureau des Affaires religieuses et le gouverneur de la Région autonome du Tibet.

On va procéder au tirage au sort du onzième panchen-lama, selon la cérémonie mandchoue de l'urne d'or... Au XIIe siècle, au temps où les structures monastiques commençaient à se développer, les dignitaires religieux du plateau tibétain recherchaient des protecteurs parmi les familles les plus puissantes, dans le cadre de la relation de chöyön qui unit « celui qui est digne d'être un objet de vénération » (par exemple, un lama ou une divinité) à « celui qui donne des offrandes » (un protecteur)... A mesure que les implications économiques et politiques des réseaux monastiques se précisèrent, il apparut nécessaire d'avoir des protecteurs de plus en plus puissants. Les Mongols dominaient alors la Haute Asie. C'est vers eux que se tournèrent les Tibétains.

Une fois ceux-ci maîtres de la Chine, les religieux du haut plateau continuèrent plus que jamais d'entretenir des liens avec la nouvelle dynastie des Yuan [1]. Les empereurs mongols reconnurent l'autorité des Sakyapas au Tibet, et ils y organisèrent les structures politiques du pays. En échange de quoi les moines sakyapas, en leur qualité de précepteurs impériaux, dominaient les affaires bouddhistes de l'empire... Si on parlait d'égal à égal, il s'agissait également de relations d'individu à individu et non de relations entre Etats. Elles se maintinrent malgré les changements dynastiques, les maîtres successifs de la Chine trouvant toujours un grand avantage politique à être les protecteurs des religieux tibétains dont l'influence s'étendait sur tout le pourtour de l'empire, si peu ou si mal contrôlé par les autorités impériales... L'empereur Qianlong fut sans conteste l'un des personnages les plus marquants de toute la longue histoire de la Chine. Ses armées parvinrent à deux occasions au Tibet : d'abord contre les Mongols Dzungar, en 1751 ; puis contre les Gurkhas, en 1791. Les règlements qu'il promulgua, en 1793, avaient pour objectif de remettre de l'ordre dans la vie politique tibétaine. La plupart de ces nouvelles règles ne furent jamais appliquées. L'urne d'or ne fut que très rarement utilisée. Ou alors symboliquement : le choix des dignitaires tibétains était déjà arrêté, dans le pur respect de la tradition tibétaine... Si Qianlong a été un protecteur soucieux d'honorer ses engagements, c'est aussi parce qu'il était un disciple soucieux d'honorer ses maîtres spirituels, parmi lesquels le sixième panchen-lama Lobsang Palden Yeshe, dont il était le débiteur. Maître politique et maître spirituel restaient des égaux... En revanche, l'empereur, à quelque dynastie qu'il appartînt, était le « Fils du Ciel » auquel tout était soumis. Ainsi, les empereurs Qing estimaient que les souverains occidentaux étaient leurs vassaux. Ce sentiment de supériorité naturelle sur le reste du monde, et surtout de l'Asie, fut repris par les régimes qui succédè-

1. 1271-1368.

rent à l'empire... Face au Tibet qui rappela son indépendance en 1913 – la Mongolie l'avait fait deux ans plus tôt –, les autorités chinoises tentèrent vainement de reprendre à leur compte le rôle de protecteur qu'avaient les empereurs... Ce devoir de protection disparut presque totalement au XIXe siècle durant lequel le gouvernement tibétain dut, seul, faire face à deux invasions. Après quoi, le Tibet se déclara tributaire, non pas de la Chine, en pleine déliquescence, mais du Népal [1]. Lorsqu'en 1903 et 1904 le Tibet fut menacé puis envahi par les troupes anglo-indiennes, la Chine ne broncha pas...

Paradoxe de l'Histoire, le régime maoïste persista dans la voie impériale... Un exemple : aux dires des Chinois, le dixième panchen-lama avait souhaité que sa réincarnation fût confirmée par le système du tirage au sort dans l'urne d'or. C'est aussi, d'après eux, ce qu'auraient demandé les personnalités les plus représentatives du bouddhisme et du peuple tibétain. Après la mort du dixième panchen-lama, Ngabo Ngawang Jigmé, le vice-président du Comité national de la conférence politique consultative du peuple chinois, et l'un des premiers tuteurs de Choekyi Gyaltsen, auraient proposé – le premier, en février 1989, l'autre, en août 1990 – que l'intronisation du onzième panchen-lama ait lieu dans le temple du Jokhang... Les religieux tibétains présents, en mars 1995, au Congrès national du peuple et à la conférence politique consultative du peuple chinois, auraient confirmé cette demande, insistant par ailleurs sur le fait que ce procédé de sélection était certainement le plus équitable.

Le 29 novembre 1995, la célébration se déroule dans le Jokhang...

Plusieurs centaines de militaires sont postés dans les points stratégiques. Ils ont aussi encerclé le temple.

A l'intérieur, des centaines de lampes à beurre scintillent.

1. 1856.

Les autorités locales obligent les moines de Lhassa à participer à l'intronisation.

Ainsi s'ouvre la cérémonie du tirage au sort pour l'identification de la réincarnation du dixième panchen-lama...

Norbu, l'enfant imposé par la Chine pour devenir le onzième panchen-lama, est originaire de la même région et du même village que Guendun Choekyi Nyima. Il est le fils d'un Tibétain membre du parti communiste local, et, comme Guendun, il a six ans, lui aussi.

A 2 heures du matin, lorsque le tirage au sort commence, Norbu se tient derrière un immense rideau rouge.

Deux dignitaires gelugpas en sortent trois bâtonnets. Sur chacun y serait inscrit, en tibétain et en chinois, le nom d'un des trois candidats retenus.

Un de ces bâtonnets est plus long que les deux autres.

Le dignitaire le tire.

Le sort est joué.

Dans le temple, on lance des grains d'orge en l'air et des pétales de fleurs, signes de bons présages.

Le rideau s'ouvre sur le petit Norbu, en habits de cérémonie. Il est seul. Il n'y avait pas d'autre candidat.

La mascarade se termine dans la liesse, côté chinois ; dans la peur, côté tibétain.

Le Tibet est, plus que jamais, en danger.

Pour la Chine, le temps joue désormais en sa faveur.

Depuis 1995, le onzième panchen-lama Guendun Choekyi Nyima est porté disparu.

Agé de six ans, l'enfant était le plus jeune prisonnier politique du monde.

*

Pendant ce temps...

Un poème prophétique écrit par le seizième karmapa va confirmer les événements qui se sont succédé depuis sa mort.

Autour des quatre régents – Shamar Rinpoché, le Karmapa à la coiffe rouge ; Situ Rinpoché, qui se considère comme le « fils du cœur » ; Jamgon Kongtrul Rinpoché et Gyaltsab Rinpoché – règne une atmosphère malsaine.

Implacable destin ! Implacables karmas, aussi !

Rumtek, début mars 1992... Une BMW 525 toute neuve est offerte au siège des Karmapas.

La voiture est puissante, la montagne intransigeante. Mais le cadeau est là. On ne le refuse pas.

Le 18 mars, la veille d'un voyage au Tibet pour y rencontrer secrètement l'enfant désigné par Tai Situ Rinpoché, Jamgon Kongtrul décide de rendre visite à sa mère à Kalimpong.

L'occasion est trop belle !

Il va emprunter la BMW qui n'a toujours pas été essayée...

Ses deux assistants s'assoient à l'arrière ; le régent, à côté du chaufeur.

La BMW file à vive allure en direction de Siliguri, sur une route étroite et rendue glissante par la pluie.

Soudain, des corbeaux, noirs, énormes, se posent dans un grand battement d'ailes devant la voiture.

Un coup de volant pour les éviter, la BMW dérape, part en tête-à-queue, s'écrase contre un arbre. Le compteur se bloque à 180 km/h.

Jamgon Kongtrul Rinpoché est tué sur le coup. Deux autres passagers sont morts aussi.

Le seul survivant de ce terrible accident est Tenzin Dordjé, le secrétaire du régent.

Pour les religieux de Rumtek et les disciples de la lignée kagyupa commence un deuil douloureux.

Déjà, toutes sortes de rumeurs circulent.

On accuse Shamar Rinpoché et le secrétaire général de Rumtek d'avoir caché une bombe dans la BMW. Cela pour empêcher Jamgon Kongtrul de confirmer la réincarnation pressentie par Tai Situ Rinpoché.

D'autres bruits encore : les deux hommes n'auraient pas

employé une bombe, mais versé du sel ou du sucre dans le réservoir de la BMW[1].

Tai Situ Rinpoché n'est pas épargné, non plus, par les rumeurs. Elles tournent autour des voyages du régent.

En 1982 et 1984, Tai Situ s'est rendu au Tibet, mais également en Chine. Il aurait même visité Pékin.

De là à le soupçonner de connivences avec l'ennemi, il n'y a qu'un pas qui est vite franchi. On raconte qu'il aurait négocié l'intronisation de la réincarnation du seizième karmapa dans le monastère de Tsurphu, le siège des Kagyus au Tibet.

En partie reconstruit, le régent y a béni des centaines de fidèles, reconnu de nombreuses réincarnations.

Lors de sa première rencontre avec le petit garçon, Tai Situ Rinpoché lui raconte l'histoire de la coiffe noire qui se trouve à Rumtek. Plus tard, essayant d'imaginer cette parure, une *dakini*[2] apparaît soudain à l'enfant. Elle lui dépose sur la tête une magnifique coiffe noire tressée de cent mille cheveux de ses protectrices célestes, portée par les Karmapas, depuis leur cinquième renaissance[3]. Son pouvoir est grand. Il mène sur le chemin de l'illumination.

Au moment de sa naissance, sa mère, Loga, a confié à Dondrup[4], son mari, qu'elle avait rêvé d'une pie. L'oiseau

1. *La Controverse des karmapas*, *op. cit.*, et *Karmapa Papers*, *op cit.*

2. Terme sanscrit, traduction littérale : « celles qui se déplacent dans l'espace ». Correspond à l'étymologie des anges de la tradition chrétienne, voire, dans certains cas, aux fées du Moyen Âge. Elles représentent la Sagesse non duelle, la Vacuité. Certaines sont les parèdres de Sagesse des adeptes des tantras ; d'autres sont semblables aux fées de l'Occident ; d'autres enfin peuvent être malignes ou terrifiantes. Elles peuvent être assimilées à certaines divinités féminines de méditation – *Yidam*. Elles peuvent également être des passagères célestes et des protectrices ou des bodhisattvas féminins qui accomplissent des actions bénéfiques pour tous les êtres.

3. Deshi Shekpa (1384-1415).

4. Chapitre 15, le poème de Tai Situ Rinpoché, fait référence à leurs noms.

a longuement jasé avec elle ; enfin, pour finir, l'animal lui a supplié d'appeler son fils Apo Gaga, *heureux, heureux frère.*

Les événements s'accélèrent encore.

Le 6 juin 1992, Tai Situ Rinpoché et Gyaltsab Rinpoché quittent Rumtek pour Dharamsala.

Les deux religieux souhaitent rencontrer le Dalaï-Lama et obtenir son aval pour la reconnaissance du dix-septième karmapa.

Tenzin Gyatso est malheureusement absent. Il se trouve au Brésil, à Rio, où il participe au Sommet de la Terre.

Tai Situ Rinpoché demande l'assistance du secrétariat de Sa Sainteté, parvient finalement à joindre le Dalaï-Lama. Il est déjà tard dans la nuit.

Le régent lui parle de la lettre du seizième karmapa, de l'unanimité qui se fait autour de cette nouvelle extraordinaire pour les Kagyus.

Tenzin Gyatso demande qu'on lui adresse une copie de la lettre. Elle est aussitôt faxée.

Le souverain tibétain confirme la réincarnation.

Le lendemain, le secrétariat privé du Dalaï-Lama publie un communiqué relatant la conversation téléphonique de la nuit.

Le 27 septembre 1992, Apo Gaga devient le dix-septième karmapa Urgyen Trinley Dordjé. Il est âgé de sept ans.

*

Shamar Rinpoché refuse de se plier à ce dénouement. Il conteste l'authenticité de la lettre, réclame un examen graphologique de la prédiction du seizième karmapa. On la lui refuse.

Sur la position du Dalaï-Lama, le Karmapa à la coiffe rouge évoque une méprise, voire une tromperie : « Au moment où j'ai moi-même accepté l'incarnation, Situ Rinpoché m'a fait croire que le Dalaï-Lama avait donné son complet accord, à la suite de sa propre vision. Par respect pour le Dalaï-Lama, j'ai donc accepté... Beaucoup plus tard, je me suis rendu compte qu'on avait fait croire au Dalaï-Lama lui même que tous les rinpochés à l'intérieur comme à l'extérieur du Tibet avaient demandé unanimement son accord... De plus, on lui a dit que l'enfant avait été trouvé au Tibet grâce à la lettre. Mais on ne lui a pas dit que ce n'était pas exactement la même lettre que celle dont nous parlions depuis plusieurs années. Sa Sainteté n'avait aucune raison de penser que nous n'étions pas d'accord... Ils n'ont pas perdu leur temps. Avant que le Dalaï-Lama ne soit revenu de Rio, en Amérique du Sud, l'enfant avait déjà été emmené à Tsurphu, et reconnu officiellement par la Chine. Dans ces conditions, il est compréhensible que le Dalaï-Lama ait donné sa confirmation informelle le 7 juin. Plus tard, il n'a pas eu d'autre choix que de donner sa confirmation formelle. A ce stade, il ne lui était plus possible de dire que son secrétaire avait fait une erreur ou de se dédire... Lorsque j'ai rencontré le Dalaï-Lama fin juin, je lui ai dit que je comprenais et acceptais sa position. En même temps, je lui ai dit que je continuerai malgré tout de suivre les instructions suivies d'un très proche disciple du Gyalwa Karmapa[1], comme je l'ai fait jusqu'à maintenant. L'entrevue s'est très bien passée[2]. »

Shamar Rinpoché a un autre candidat à proposer. Il le connaît. Il l'a déjà rencontré au Tibet. Cela s'est passé en 1988.

Après de nombreuses recherches restées vaines, Shamar Rinpoché décide d'entrer en retraite. Au matin du septième jour, le Karmapa lui est paru en rêve.

Le huitième jour, voici ce qui s'est passé, dans un autre rêve : « Je m'apprêtais à consacrer une immense statue du

1. Un des noms donnés au Karmapa par les Tibétains.
2. *La Controverse des karmapas*, *op. cit.*, et *Karmapa Papers*, *op. cit.*

Bouddha entièrement recouverte d'or. A ses pieds, les disciples avaient déposé plusieurs rangées de bols d'offrande remplis d'eau parfumée. Comme l'exige notre coutume, le lama jette en l'air des grains de riz pour consacrer la statue. Ceux que je lançais se démultipliaient et se répandaient en pluie sur le Bouddha. Derrière cette statue, je voyais une multitude d'autres représentations au milieu desquelles une lampe à beurre était remplie à ras bord ; en son cœur, à la place de la flamme, une boule diffusait une lumière éclatante... Je tenais enfin la confirmation que Tenzin Khyentsé était la réincarnation que je recherchais. Ce jour-là, j'ai pris la décision de me rendre incognito à Lhassa pour pouvoir mieux l'observer [1]... »

En 1994, l'enfant a onze ans lorsqu'il rencontre pour la première fois Shamar Rinpoché. Un moment exceptionnel, intense.

Tenzin Khyentsé est intronisé le 12 mars 1994 à New Delhi par Shamar Rinpoché : il est le dix-septième karmapa Trinley Thayé Dordjé.

Lorsqu'on l'interroge sur l'existence de l'autre Karmapa, celui de Tai Situ Rinpoché, Sa Sainteté répond très clairement : « Je regrette la polémique qui déchire les kagyupas, cette situation ne me perturbe en aucune façon. Quoi qu'il advienne, mon seul objectif dans cette vie est de pratiquer et d'enseigner le Dharma, sachant que nulle entrave ne peut briser un esprit entièrement tourné vers la sagesse et l'amour [2]. »

En 1995, deux grands hiérarques du bouddhisme tibétain se trouvent entre les mains de la Chine.

---

1. Entretien de l'auteur avec Sa Sainteté Shamar Rinpoché, le Karmapa à la coiffe rouge, à l'occasion des entretiens réalisés avec le dix-septième karmapa Trinley Thayé Dordjé, en France et à New Delhi, *Le Livre bouddhiste de la sagesse et de l'amour*, Michel Lafon, 2001.

2. Entretien de l'auteur avec Sa Sainteté le dix-septième karmapa Trinley Thayé Dordjé, en France et à New Delhi, *Le Livre bouddhiste de la sagesse et de l'amour*, *op. cit.*

Les communistes se sont précipités pour autoriser l'intronisation du dix-septième karmapa Urgyen Trinley Dordjé, dans son monastère de Tsurphu.

Par la suite, ils ont mis le grappin sur Guendun Choekyi Nyima, le onzième panchen-lama, pour le remplacer par un autre enfant, Norbu.

Cette dernière affaire semble plus délicate que l'autre. On est en droit de s'interroger sur l'attitude du Dalaï-Lama.

La protection du petit Guendun et de sa famille aurait dû passer avant l'effet d'annonce de sa désignation.

*

Le 5 février 1997, à Dharamsala...

Cette fin d'après-midi d'hiver, peu avant que le soir ne tombe, Lobsang Gyatso, directeur du *Institute of Buddhist Dialectics*, proche conseiller du Dalaï-Lama, vient de regagner sa chambre.

Le Vénérable s'est installé devant son autel particulier pour méditer, comme il le fait chaque jour, presque à la même heure.

Il règne un calme monotone autour de lui.

A l'extérieur, la vie suit son cours.

Les moines du monastère de Namgyal, à l'intersection de deux chemins, l'un menant à la résidence de Sa Sainteté, l'autre plongeant vers Dharamsala-le-Bas, accomplissent leur travail avec conscience et gaieté.

Voilà peu, certains d'entre eux étaient encore au temple principal de leur monastère, situé à l'extrémité de la place où se trouve l'entrée de la demeure de leur souverain, gardée par des militaires indiens en armes et des gardes du corps tibétains.

Ces moines ont prié longtemps et accompli leurs offrandes, accompagnant leurs gestes d'une douce inclinaison de la tête. Leurs voix ont pris des inflexions plus vibrantes que d'habitude. Ils ne s'en sont peut-être même pas rendu compte. Et puis, ils ont tous regagné leurs cellules, au moment où le gardien venait fermer à clé les portes du lieu sacré.

Au cœur de la nuit, Lobsang Gyatso entend des bruits inhabituels. Des murmures, des pas étouffés.

C'est inhabituel, mais il n'a aucune raison de s'en inquiéter. Ses aides, des moines aussi, vivent dans ce bâtiment encerclé de cellules monacales qui, toutes, sont ouvertes, le jour comme la nuit.

Soudain, des hommes se jettent sur lui et le frappent.

Tout se brouille. Le sang gicle, et il y a cette douleur atroce, chaque fois que la lame du poignard s'enfonce dans son corps.

Lobsang Gyatso meurt le 5 février de plusieurs coups de couteau. On a parlé d'une trentaine.

Dans la chambre voisine, deux autres moines ont été tués eux aussi. Ce sont ses aides, surpris dans leur sommeil.

Tout autour, dans la nuit hivernale, des centaines de moines n'ont rien vu, rien entendu.

McLeod Ganj gronde de colère.

Les Tibétains se rassemblent sur la place.

Religieux et civils, ils sont plusieurs centaines. Ils sont partout, dans les rues adjacentes, sur le versant de la montagne et la colline de déchets qui surplombent la place.

Les réfugiés ne peuvent pas encore imaginer que Lobsang Gyatso ait été massacré par des jeunes Tibétains récemment arrivés du Tibet.

Et puis la vérité surgit, comme un coup de massue.

D'abord, ils la rejettent, et ils veulent croire à un acte odieux d'une petite bande de voyous.

Ce n'est pas le cas. Loin s'en faut.

Les assassins sont non seulement des Tibétains, mais ils appartiendraient à Dordjé Shugden, une divinité dont la pratique a été fortement déconseillée par le Dalaï-Lama et une majorité de dignitaires religieux de toutes les écoles du bouddhisme tibétain.

Shugden, dont la pratique est, aux dires des religieux, incompatible avec les enseignements du Bouddha, s'oppose au gouvernement en exil, et se réjouirait de la disparition du Dalaï-Lama et de quelques autres maîtres.

La mort de Lobsang Gyatso est une énorme perte pour les gelugpas.

Le gouvernement du Tibet en exil a gardé silence, longtemps, voulant laisser croire aux étrangers qu'il n'y avait pas de problème « Shugden » dans la communauté tibétaine.

La disparition de Lobsang Gyatso prouve en tout cas que les partisans de Shugden n'hésitent plus à provoquer au grand jour les Tibétains qui s'opposent à eux.

Il est vrai que la Chine les soutient.

Pékin a en effet sauté sur l'occasion pour développer une autre politique au Tibet : plus de monastères, mais plus de monastères pour les partisans de Shugden. Les communistes multiplient les réincarnations de ce mouvement, favorise le départ en exil de jeunes fanatiques de Shugden.

Un seul objectif : déstabiliser le Dalaï-Lama, au Tibet, en Inde et en Occident.

La Chine finance grassement plusieurs monastères liés à Shugden à travers le monde. En Grande-Bretagne, notamment.

Le samedi 9 septembre 2000, trois jours de séminaires s'ouvrent à Mundgod, une colonie de réfugiés dans le sud de l'Inde.

Les organisateurs : *Dorje Shugden Devotees Charitable and Religious Society*. Une cinquantaine de ses représentants en Inde, et trois du Népal, participent à ce rassemblement.

Les anti-Shugden, plus de deux mille moines, quelque deux cents femmes, se dirigent vers le temple de la divinité, à Mundgod.

Les coups pleuvent. On lance des pierres.

La panique gagne la colonie.

La police indienne intervient.

La circulation est arrêtée.

Jusqu'au lundi 11 septembre, fin du séminaire, le superintendant Dr T. D. Pawar et ses assistants logent sur place, prêts à intervenir avec leurs hommes armés de bâtons et de fusils[1].

*

Entre-temps dans le monastère de Tsurphu, au Tibet...

La fuite du Karmapa a été minutieusement préparée. Le jour a été fixé au tout dernier moment, par les oracles, au mardi 28 décembre 1999.

L'adolescent de quatorze ans a eu une seule exigence : sa fuite devait être organisée avant le nouvel an lunaire, c'est-à-dire avant le 5 février.

Sa sœur, Ngodup Palzon, vingt-quatre ans, et cinq de ses serviteurs l'accompagnent.

Il est 23 heures.

Urgyen Trinley Dordjé enjambe la fenêtre de sa chambre située au troisième et dernier étage du monastère.

Le Karmapa se laisse glisser à l'étage inférieur. Le plus difficile est d'atteindre le rez-de-chaussée sans éveiller l'attention des gardes.

Il s'éloigne dans la nuit, personne ne l'a vu.

C'est le début d'une fabuleuse histoire.

Le Karmapa a aussi laissé une lettre pour expliquer qu'il se rendait à Rumtek, afin d'y chercher des objets sacrés. Elle a été découverte deux jours plus tard par un fonctionnaire chinois, venu lui rendre visite.

Et puis, la grande aventure...

Mille quatre cents kilomètres, en Mitsubishi, au départ de Tsurphu ; des haltes soudaines, et des heures de marche pour contourner un point de contrôle ou un camp de l'armée

1. *Deccan Herald*, du 11 septembre 2000.

chinoise ; enfin, l'immense barrière himalayenne, redoutable en hiver.

Urgyen et ses compagnons franchissent Nyichung, le pilier qui marque la frontière entre le Tibet et la région du Mustang, au Népal.

Apparemment, ils suivent le chemin emprunté par la résistance tibétaine dans les années 60.

Une seule nuit de repos, celle du 30 au 31 décembre, puis douze heures de marche plein sud, vers *Kali Gandaki River Valley*.

Les Chinois sont sur leurs traces.

Deux possibilités s'offrent alors aux fuyards : emprunter le chemin des trekkers, rejoindre Jomosom, la capitale du district ; ou franchir le Thorung La, « le col de la mort », à 5 416 mètres d'altitude, non loin de l'Everest.

Ils optent pour la deuxième solution, la plus dangereuse. C'est le seul moyen d'échapper à leurs poursuivants.

La peur, l'épuisement, le vent qui souffle en rafales, l'obscurité de la nuit, les reflets des falaises, les ravins, et une température qui descend, cette nuit-là, en dessous des – 25 °C.

C'est pure folie que d'affronter le Thorung La en hiver.

Le Karmapa et ses compagnons l'ont franchi.

C'est un miracle...

Une enquête réalisée par Susanna Cheung pour le *Sunday Review* [1] écrit qu'un Occidental avait engagé des guides locaux et huit poneys pour traverser une partie du Népal avec eux.

Le 2 janvier, Urgyen et ses compagnons arrivent à Manang Pedi, un village à 3 535 mètres d'altitude.

Le lendemain, un hélicoptère de sauvetage Ecureuil, appartenant à la société américano-népalaise *Fishtail Air*, à Katmandou, embarque le Karmapa. A bord, deux Américains et deux lamas !

---

1. 23 avril 2000. Susanna Cheung est correspondante de la BBC World, pour l'Asie.

Etonnant, mais Susanna Cheung s'aperçoit alors que les enregistrements de vol pour la journée du 3 janvier sont introuvables. Deux hélicoptères auraient volé ce jour-là. Et de préciser : « Une source du gouvernement népalais qui préfère rester dans l'anonymat, nous a révélé qu'une personne officielle du ministère de l'Intérieur américain, fortement impliqué dans les interventions au Kosovo et au Timor oriental, avait donné son accord sur le plan en octobre [1]... »

Le groupe franchit la frontière népalo-indienne à Birganj Raxaul Bazaar, en rickshaw [2]. Des passeurs professionnels sont avec eux.

Toujours selon les même sources, « un autre Américain, membre d'une ONG contrôlée par un important bienfaiteur du Parti démocrate américain, a conduit l'adolescent jusqu'à une voiture qui l'attendait à Lucknow pour l'emmener à Dharamsala [3]. »

Ainsi vont les rumeurs sur le rôle de la CIA dans la fuite du Karmapa.

Le Karmapa et ses compagnons arrivent à Dharamasala, le 5 février 2000.

Pari réussi !

Urgyen séjourne pendant une semaine dans le bâtiment Chonor au Norbulingka [4], un parc situé dans la vallée, construit à grand renfort de dons et destiné aux touristes. Il

1. *Ibid.*

2. Engin inventé par un missionnaire occidental vivant au Japon. Il est utilisé pour la première fois en Inde vers 1880, dans les artères impériales de Simla, la capitale d'été de l'Empire britannique. Littéralement : « véhicule propulsé par l'homme ».

3. Susanna Cheung, *op. cit.*

4. Au Norbulingka, des jeunes Tibétains peuvent apprendre des métiers d'art, sculpture, menuiserie, peinture de *thankas*, fabrication d'objets divers, allant des meubles tibétains jusqu'aux peluches. Depuis dix ans, les produits proposés ont connu une inflation galopante. Le Norbulingka, c'est un peu le faubourg Saint-Honoré du gouvernement tibétain en exil.

rejoint ensuite le monastère gelugpa de Gyuto, à une quinzaine de kilomètres de Dharamsala.

Le 7 mars, le Dalaï-Lama se rend au TIPA – *Tibetan Institute of Performing Arts*[1] – et y fait un discours sur la fuite du dix-septième Karmapa : « [...] La première fois que j'ai entendu dire que Karmapa Rinpoché avait l'intention de fuir le Tibet pour venir ici, je me suis beaucoup inquiété pour lui – je me demandais comment il parviendrait à surmonter tous les obstacles. Plus tard, quand je suis revenu de Bodhgaya, j'ai appris, le jour même de mon arrivée à Dharamsala, qu'il avait réussi à s'échapper et à gagner l'Inde. Par la suite, je l'ai rencontré, et cette entrevue fut étonnante. Tout d'abord, nous avons parlé des raisons de sa fuite et de ses motivations...Il est venu ici dans l'espoir de servir la cause du bouddhisme tibétain et du peuple tibétain. Cela lui était impossible tant qu'il était au Tibet et c'est pourquoi il s'est exilé, m'a-t-il expliqué. J'en ai été fort heureux. Et je lui ai dit que c'était bien... » Plus loin, Tenzin Gyatso ajoute : « Lui et moi poursuivons le même but. »

Encore sous le coup de l'événement, le Dalaï-Lama avoue n'avoir jamais été informé des intentions du Karmapa de Tsurphu.

Ses détracteurs s'acharnent.

On suppute que des membres de son entourage, proches de Pékin, l'ont poussé à reconnaître l'enfant pressenti par Tai Situ Rinpoché. On resterait alors dans une certaine logique, puisque le régent est accusé de connivences avec les Chinois.

Les commentaires vont encore plus loin. Voici que l'on soupçonne Urgyen Trinley Dordjé de n'avoir pas quatorze ans, mais bien davantage.

Le scandale éclate, provoqué cette fois par un journal en hindi de Chandigârh, *Amar Ujala*, daté du 14 avril 2000,

---

1. Institut tibétain des arts scéniques, créé par le Dalaï-Lama, dès son arrivée à Dharamsala, afin de préserver les chants traditionnels de l'opéra tibétain.

rédigé par le docteur Upendra, à la suite d'examens approfondis effectués par Urgyen au *Post Graduate Institute of medical Education and Research.* Son directeur, S. K. Sharma, explique que, « selon les données statistiques des textes médicaux, le système veineux, le thymus, la thyroïde et la structure entière du corps sont ceux d'un homme adulte »...

A Dharamsala, on hausse les épaules.

Tout cela serait dans le but de déstabiliser le Dalaï-Lama.

L'affaire ne s'arrête pas là...

Les 16 et 17 mars 2001, lors de la Conférence internationale Karma Kagyu, à Katmandou. Plus de vingt pays sont représentés ; des dignitaires religieux, lamas, moines et laïcs sont venus au Népal pour y participer.

Lors d'une allocution, Shamar Rinpoché affirme avoir proposé un premier compromis au Dalaï-Lama : Urgyen Trinley Dordjé deviendrait le Karmapa de Tsurphu « pour la Chine et le Tibet[1] » et Thayé Trinley Dordjé « le Karmapa pour l'Inde et le chef des monastères Kagyu de ce côté[2] ».

Aux dires du Shamarpa, Tenzin Gyatso aurait rejeté cette proposition. Tout comme il aurait refusé une rencontre entre les deux adolescents accompagnés seulement de leurs parents, à charge pour eux de trouver une solution qui satisfasse les deux bords.

Shamar Rinpoché accuse le Dalaï-Lama de vouloir diviser les lignées du bouddhisme tibétain afin de mieux régner. Nous voici revenu en 1964, au temps où le seizième karmapa avait pris des distances avec Tenzin Gyatso pour les mêmes motifs. Et de préciser : « Nous avons le droit de reconnaître le Karmapa, leader spirituel incontesté de notre lignée. Les tentatives du Dalaï-Lama de rattacher l'école Kagyu à l'ordre gelugpa doivent être stoppées net. Malheu-

---

1. *La Controverse des Karmapas* et *Karmapa Papers*, *op. cit.*
2. *Ibid.*

reusement, Situ Rinpoché et Thrangu Rinpoché, suivis de près par Gyaltsab Rinpoché et Bokar Rinpoché, ont cédé à l'ingérence du Dalaï-Lama. En faisant cela, ils ont créé une crise sans précédent dans l'histoire de la lignée Karma Kagyu. Leurs accords à court terme et à visées personnelles avec les communistes chinois, et leur soumission timorée à l'autorité gelugpa, mettent l'indépendance de la lignée en danger absolu [1]. »

Rendez-vous pour les deux camps, le 5 mai 2004. Sa Sainteté Trinley Thayé Dordjé aura alors vingt et un ans. Il sera en âge de mettre officiellement la coiffe noire qui se trouve toujours à Rumtek.

Urgyen Trinley Dordjé n'aura, lui, que dix-neuf ans.

Nul ne peut prédire ce qui va se passer. A moins que, d'ici là, Mme la Sagesse ne passe par là !

*

L'année 2003 commence par un nouveau scandale à Dharamsala...

Les relations « intimes » de Gygmé Gyatso, assistant de Urgyen Trinley Dordjé, sont révélées au grand jour.

Le 5 janvier, le religieux a été surpris, en pleins ébats, avec une Chinoise du nom de Chen Yun Hann, à une heure avancée de la nuit, dans une chambre d'un monastère de Bodhgaya.

Le Karmapa était venu sur les lieux saints du bouddhisme.

Le *RAW*, les services secrets indiens, est très embarrassé.

Le gouvernement tibétain avoue n'être pas au courant de cette « affaire », alors que la nouvelle a déjà été relayée par l'*Indian Times*, quotidien dont on ne peut douter du sérieux.

Les services de police de Dharamsala ont été avertis. Bien que les autorités indiennes aient reconnu le karmapa comme « réfugié tibétain », après des mois de négociations secrètes, le journal précise : « Une méfiance tenace persiste à son

1. *Ibid.*

égard, certains groupes allant même jusqu'à le soupçonner de n'être que le pion consentant d'une stratégie chinoise assez trouble. »

Chen Yun Hann aurait, quant à elle, été régulièrement en contact avec l'assistant du Karmapa. Elle se serait de surcroît rendue à Dharamsala.

Il semblerait même que le *RAW* ait demandé une surveillance accrue autour de la jeune femme.

Une Mata Hari chinoise à Dharamsala ou une simple histoire d'amour ?

Une certitude : les bouddhistes indiens se montrent de plus en plus agacés de l'insolence et du comportement de certains moines tibétains à Bodhgaya, sur les lieux saints du bouddhisme.

*

Voici un autre problème posé.

La population des moines et des nonnes augmente chaque année en moyenne de 7 %, et ce depuis une quinzaine d'années, au point de provoquer de grandes difficultés pour les deux cents monastères ouverts par la communauté en exil.

Par ailleurs, l'afflux constant de réfugiés fait encore enfler le chômage. En fonction des colonies, il touche ou dépasse 20 % des Tibétains en âge d'exercer une activité – entre seize et cinquante ans en moyenne. La population est obligée de migrer, ce qui provoque un nouveau déracinement.

Les nouveaux réfugiés, moines et laïcs, sont une population difficile. Eduqués sous le régime communiste, ils sont, pour une large majorité d'entre eux, analphabètes. Quatre-vingt-cinq millions de personnes sont touchées par l'analphabétisme en Chine ; cinquante-cinq millions sont des femmes. Les régions les plus concernées sont le Tibet, le Qinghai, le Guizhou, le Gansu, le Yunnan [1]...

---

1. *Zhongguo Qingnian Bao*, le Quotidien de la jeunesse chinoise, septembre 2002.

A Dharamsala et dans les colonies, des jeunes ont commencé à se droguer.

A McLeod Ganj, ils rencontrent les *touristes de la drogue* sur la « colline de la mort », à l'extérieur du village, en direction de la cascade.

Plusieurs Tibétains de Dharamsala ont succombé à une overdose.

La drogue, l'alcool, le chômage facilitent l'infiltration chinoise. Elle provoque des mouvements de violence entre les anciens, qui ont été scolarisés en exil, et les nouveaux arrivants. Ceux-là n'hésitent pas à provoquer, même l'étranger, en affirmant leur identité chinoise et non tibétaine.

La nuit est très mouvementée à Dharamsala.

On danse et on chante toute la nuit sur le toit d'un café, en fumant du haschich, sur des airs de hard-rock.

Le sida a commencé à faire son apparition.

*

Le Tibet mythique, longtemps protégé par ses frontières naturelles, mais isolé du reste du monde, a connu, tout au long de son histoire, des périodes d'hégémonie et d'occupation.

Il en va ainsi pour tous les pays du monde. La France du XXIe siècle n'est plus celle de Charles Martel, et personne n'est capable de prévoir ce qu'elle sera dans un siècle.

L'évolution des mentalités et des mœurs dépend aussi des contextes culturel, politique et économique. Les équilibres fragiles qui les unissent peuvent, à tout moment, se rompre.

Il serait donc naïf de croire que la société tibétaine échappe aux fléaux qui ont frappé les civilisations.

Dans la hiérarchie très codifiée de la pyramide sociale, où les religieux détenaient une large partie des pouvoirs, les secrets d'alcôve, les complots et les assassinats étaient fréquents.

Bien sûr, dans les ermitages enneigés, de grands maîtres

spirituels ont exploré toutes les ressources du mental et légué à l'humanité des trésors de connaissances. Mais, en guenilles dans leurs grottes et se contentant d'une maigre soupe de plantes sauvages, leur vision du monde ne se compromettait pas dans les territoires maudits de la politique.

Cinquante-quatre années se sont écoulées depuis l'invasion chinoise au Tibet. Et il n'est pas possible de réécrire l'Histoire.

Les maisons closes fleurissent à Lhassa.

Les miradors et les prisons isolent les « réactionnaires » au régime communiste.

La sinisation s'accélère au fur et à mesure que de nouvelles voies de communication s'ouvrent. L'agence de presse Xinhua News vient d'ailleurs d'annoncer la fabrication d'une locomotive spécialement conçue pour l'altitude. Ainsi, 1 142 kilomètres de rail emmèneront les colons de la ville de Golmud, dans la province du Qinghai, jusqu'à Lhassa. Une autre ligne, de 1 600 kilomètres, reliera Kunming, dans le Yunnan, à la capitale tibétaine... Ce train-diesel appartient à *Nanche Sifang Locomotive Co*, une société de Qingdao. Les wagons sont spécialement équipés en oxygène. Une clinique est prévue pour traiter les malaises provoqués par l'altitude.

Qui s'offusque aujourd'hui de la situation au Tibet ?

Face à l'inertie calculatrice des dirigeants des pays industrialisés, les organisations protibétaines, à défaut de s'entendre et de se fédérer, préfèrent faire leur « cinéma » médiatique qui n'intéresse plus grand monde. Ce n'est pas en s'enchaînant aux barreaux des fenêtres de l'ambassade de la république populaire de Chine, ou en se prétendant les fils spirituels du Dalaï-Lama, que cela plaide la cause des Tibétains.

Les défilés pour un Tibet libre, drapeau tibétain en tête, font partie d'un folklore, souvent mal orchestré, qui ne changera pas le sort des Tibétains qui vivent sous la botte de l'occupant.

Quant aux Tibétains en exil, leur sort devrait être plus enviable que celui des Kurdes ou de certaines minorités opprimées qui font rarement la « une » des journaux.

Pour certains, cela ne fait aucun doute. Et les autres ?...

Les millions de dollars, versés par des associations caritatives et des institutions politiques, arrivent chaque année à Dharamsala pour aider au développement de la communauté tibétaine en exil.

Cet argent n'arrive pas partout, malheureusement.

Et quelle part est redistribuée aux Tibétains vivant au Tibet ?

L'attitude modérée du Dalaï-Lama agace une partie de son peuple.

A la suite du référendum qui s'est révélé être un échec, force est de constater que les Tibétains n'ont toujours pas acquis d'identité politique, même s'ils ont préservé leur culture et leur langue.

Les jeunes réclament des actions plus radicales, un ton plus incisif face à la Chine.

Le 10 mars 2003, à l'occasion du quarante-quatrième anniversaire du soulèvement du peuple tibétain à Lhassa, le Dalaï-Lama avertit Pékin que le problème tibétain pourrait devenir insoluble : « A voir ce qui se passe dans le monde, il est impossible de ne pas remarquer que des conflits sans surveillance ayant des racines ethniques peuvent exploser, de telle manière qu'il est ensuite extrêmement difficile de les régler ...»

Sa Sainteté continue à affirmer qu'il est favorable à l'autonomie et non à l'indépendance : « Je reste engagé dans cette approche pour parvenir à une solution mutuellement acceptable à travers une culture politique de la non-violence et du dialogue. »

A l'instar des autres régimes rouges de la planète, on peut raisonnablement espérer que le communisme chinois s'effondrera dans la prochaine décennie.

Dans les sphères spiritualistes, on prétend que beaucoup de dignitaires religieux savaient ce qui allait se passer. Nombreux sont ceux qui ont accepté de mourir en priant pour leurs bourreaux. D'autres ont préféré prendre la fuite. Personne ne les jugera, la peur ne faisant pas toujours des lâches ou des héros.

Ainsi, le temps est peut-être le meilleur allié des Tibétains, mais il est aussi son pire ennemi.

Que se passera-t-il après la mort de Tenzin Gyatso ?...

Le Dalaï-Lama a réaffirmé, à plusieurs reprises, qu'il renaîtrait dans un pays libre.

C'est une possibilité. Nous voici donc en présence d'un premier quinzième dalaï-lama.

Il y en a une autre. Plus désagréable pour les Tibétains. Ainsi que le veut la tradition, il appartient au Panchen-Lama de désigner son successeur. On le sait, son rôle est capital, et il tient dans ses mains l'avenir de tout un peuple.

Lequel des panchen-lamas désignera le quinzième dalaï-lama ?...

Il est peu probable d'imaginer que Guendun Choekyi Nyima, désigné en mai 1995 par le Dalaï-Lama comme étant le onzième panchen-lama, puisse tenir ce rôle.

Pékin a d'ailleurs déjà annoncé que Tenzin Gyatso renaîtrait au Tibet.

Les Chinois font un pari sordide sur le temps. Ils attendent la mort de Tenzin Gyatso pour permettre à Norbu, qu'ils ont nommé à la place de Guendun, de désigner son successeur.

Et nous voici avec un second dalaï-lama. Il sera prochinois et reconnaîtra la souveraineté de la Chine sur le Tibet.

Le tour est joué.

Malgré tout, la question de la succession du Dalaï-Lama reste entière.

Il est impensable que les Tibétains de l'exil accordent le pouvoir à un laïc, à moins que l'homme en question n'ait un charisme équivalent à celui du Dalaï-Lama. Autant le dire tout de suite, cet homme n'existe pas.

Il existe un autre recours. Le Karmapa !

Impossible, pour les uns ; pourquoi pas, pour les autres. Il est vrai que d'autres lignées que celles des gelugpas ont déjà gouverné le pays.

Et nous voici de nouveau enfermé dans un cruel dilemme.

Le dix-septième karmapa Urgyen Trinley Dordjé, officialisé par Tenzin Gyatso, à Dharamsala ?... Tous deux poursuivraient « le même but ».

Le dix-septième karmapa Trinley Thayé Dordjé, désigné par Shamar Rinpoché ?... L'un comme l'autre ne cessent de répéter à leurs disciples que la politique ne les intéresse pas.

Enfin, certains prédisent qu'après la mort du quatorzième dalaï-lama ce sera le chaos.

Et le Tibet dans tout cela ?

Sans doute un rêve dissout dans la mémoire universelle.

ANNEXE I

LES QUATORZE DALAÏ-LAMAS

Premier dalaï-lama : Guendun Drub
(1391-1475)

Deuxième dalaï-lama : Gyalwa Guendun Gyatso
(1475-1542/1543)

Troisième dalaï-lama : Gyalwa Sonam Gyatso
Premier porteur du titre
(1543-1588)

Quatrième dalaï-lama : Yöntön Gyatso
(1589-1617)

Cinquième dalaï-lama : Ngawang Lobsang Gyatso
(1617-1682)

Sixième dalaï-lama : Rigdzin Tsangyang Gyatso
(1683-1706)

Septième dalaï-lama : Kelsang Gyatso
(1708-1757)

Huitième dalaï-lama : Jampel Gyatso
(1758-1804)

Neuvième dalaï-lama : Lungtok Gyatso
(1806-1815)

Dixième dalaï-lama : Tsultrim Gyatso
(1816-1837)

Onzième dalaï-lama : Khedrup Gyatso
(1838-1856)

Douzième dalaï-lama : Trinley Gyatso
(1856-1875)

Treizième dalaï-lama : Thubten Gyatso
(1875-1933)
Quatorzième dalaï-lama : Tenzin Gyatso
6 juillet 1935

LES ONZE PANCHEN-LAMAS

Premier panchen-lama : Khedrup Gelek Pelsang
(1385-1438)
Deuxième panchen-lama : Sonam Chöklang
(1439-1504)
Troisième panchen-lama : Ensa Lobsang Töndrup
(1505-1564)
Quatrième panchen-lama : Lobsang Chökyi Gyaltsen Premier porteur du titre
(1570-1662)
Cinquième panchen-lama : Lobsang Yeshe
(1663-1737)
Sixième panchen-lama : Palden Yeshe
(1738-1780)
Septième panchen-lama : Tenpe Nyima
(1782-1854)
Huitième panchen-lama : Tenpe Wangchuk
(1855-1882)
Neuvième panchen-lama : Choekyi Nyima
(1883-1937)
Dixième panchen-lama : Choekyi Gyaltsen
(1938-1989)
Onzième panchen-lama : Guendun Choekyi Nyima
25 avril 1989

LES DIX-SEPT KARMAPAS

Premier karmapa : Dusum Khyenpa
(1110-1193)

Deuxième karmapa : Karma Pakshi
i(1204-1283)

Troisième karmapa : Rangjung Dordjé
(1284-1339)

Quatrième karmapa : Rolpi Dordjé
(1340-1383)

Cinquième karmapa : Deshin Shekpa
(1384-1415)

Sixième karmapa : Tongwa Donden
(1416-1453)

Septième karmapa : Chödrak Gyatso
(1454-1506)

Huitième karmapa : Mikyo Dordjé
(1507-1554)

Neuvième karmapa : Wangchuk Dordjé
(1556-1603)

Dixième karmapa : Choying Dordjé
(1604-1674)

Onzième karmapa : Yeshe Dordjé
(1676-1702)

Douzième karmapa : Changchub Dordjé
(1703-1732)

Treizième karmapa : Dundul Dordjé
(1733-1797)

Quatorzième karmapa : Tekcho Dordjé
(1798-1868)

Quinzième karmapa : Khachap Dordjé
(1871-1922)

Seizième karmapa : Rangjung Rigpe Dordjé
(1923-1981)

Dix-septième karmapa : Urgyen Trinley Dordjé
(1985)

Dix-septième karmapa : Trinley Thayé Dordjé
(5 mai 1983)

ANNEXE II

LES QUATRE ÉCOLES DU BOUDDHISME TIBÉTAIN

Les quatre écoles ou lignées du bouddhisme tibétain — Nyingma, Sakya, Kagyu, Gelug — puisent leur légitimité dans les trois grandes sections du bouddhisme, qu'elles respectent ensemble :

Le *Hinayana* : les enseignements du « Petit Véhicule » développent la discipline spirituelle ;

Le *Mahayana* : les enseignements du « Grand Véhicule » sont fondés sur l'altruisme ;

Le *Vajrayana* : le « Véhicule adamantin », ce sont les enseignements ésotériques du bouddhisme.

• La lignée des Nyingmapas, celle des « Anciens », établie dès le VIIIe siècle, réunit les enseignements les plus anciens introduits au Tibet par Padmasambhava. Sa sainteté Kyalbdjé Pénor Rinpoché est l'actuel chef de la lignée.

• La lignée des Sakyapas, ainsi nommée d'après son monastère d'origine situé à l'ouest du Tibet, fut fondée par Könchog Gyalpo au XIe siècle. Grâce au soutien des Mongols, les Sakyapas dominèrent politiquement le Tibet au XIIIe siècle. Sa Sainteté Sakya Trizin est l'actuel chef de l'école sakyapa.

• La lignée des Kagyupas, « ceux de la transmission orale », apparut au XIe siècle. Elle se ramifia en une douzaine de branches, dont l'une — celle des Karma-Kagtupas — joua un rôle politique important jusqu'au XVIIe siècle. À l'origine, Milarépa[1] fut certai-

1. Ce grand mystique (1040-1123) et poète a été le disciple de

nement considéré comme le plus grand des maîtres du bouddhisme tibétain. Disciple de Marpa[1], il mit en application les pratiques et les doctrines que son maître lui avait enseignées. Milarépa eut pour disciple Gampopa qui, à son tour, instruisit Dusum Khyenpa (1110-1193). Celui-ci fonda la lignée karma-kagyu et fit construire le monastère de Karma, dans la région du Kham, d'où le nom de Karmapa, qui se traduit par « maître du karma ».

• La lignée des Gelupas, les « vertueux », vit le jour au XVe siècle à la suite de la réforme de Tsongkhapa : les luttes intérieures et leurs liens avec les Mongols leur permirent de se hisser au sommet du pouvoir politique au milieu du XVIIe siècle.

Le Dalaï-Lama et le Panchen-Lama sont issus de cette lignée. Éminents érudits, ni l'un ni l'autre n'est le chef spirituel de la lignée. Il appartient au ganden tripa, « celui qui est titulaire du trône », de la diriger.

La différence entre les lignées tient à leur manière d'aborder la nature de l'esprit :

• Les *Nyingmapas* ont une approche dite de la « voie directe » ;

• Les *Sakyapas* sont connus pour la perfection de leurs rituels et de leurs études métaphysiques ;

• Les *Kagyupas* favorisent la relation intime qui se tisse entre le maître et son disciple ;

• Les *Gelugpas* mettent l'accent sur la vie monastique et sur l'approfondissement des études philosophiques.

Marpa, un érudit qui étudia au Bengale l'art du transfert conscient dans un autre corps ou dans un paradis. Il a passé la dernière partie de son existence en ermite dans une grotte.

1. Surnommé « le traducteur », Marpa (1012-1096) n'était pas un moine. Il menait à la fois sa vie de famille et ses activités spirituelles.

Bibliographie

AVEDON John, *Loin du Pays des Neiges*, Calmann-Lévy, 1985.

BARRAUX Roland, *Histoire des Dalaï-Lamas*, Paris, Albin Michel, 1993.

COMITÉ JURIDIQUE D'ENQUÊTE SUR LA QUESTION DU TIBET, *Le Tibet et la république populaire de Chine*, Genève, Commission internationale de juristes, 1997.

COMMISSION INTERNATIONALE DE JURISTES, *La Question du Tibet et la primauté du droit*, Genève, 1960.

CRAIG Mary, *Kundun*, Presses du Châtelet, 1998.

DESHAYES Laurent, *Histoire du Tibet*, Paris, Fayard, 1997.

FÉDÉRATION DES CENTRES KARMA KAGYU DE FRANCE, *La Controverse des Karmapas*, 2003, et *Karmapa Papers*, 1992.

HARRER Heinrich, *Sept Ans au Tibet*, Paris, Arthaud, 1983.

LAMA ANAGARIKA GOVINDA, *Le Chemin des nuages blancs*, Albin Michel, 1969 et 1976.

PADAMASAMBHAVA, *Le Livre des morts tibétains*, Christian de Bartillat, éditeur.

PALDEN GYATSO, *Le Feu sous la neige*, Arles, Actes Sud, 1997.

RICHARDSON, H.E., *Tibet and its History*, Oxford University Press, 1962.

—, *A short History of Tibet*, New York, Dutton & Co, 1962.

FALIGOT Roger, KAUFFER Rémi, *Kang Sheng et les services secrets chinois*, Robert Laffont, 1987.

SHABAKPA W.D., *Tibet, a Political History*, Potala Publications, New York, 1984.

SA SAINTETÉ LE QUATORZIÈME DALAI-LAMA : *Mon pays et mon peuple*, Genève, Olizane, 1984.
—, *Au loin la Liberté*, Paris, Fayard, 1990.
WU Harry, *Retour au Laogai*, Paris, Belfond, 1996.

Glossaire

Barkhor : lieu qui encercle le temple du Jokhang à Lhassa. Les pèlerins en font le tour dans le sens des aiguilles d'une montre, en priant.

Bodhisattva : être qui a pleinement développé l'esprit d'éveil.

Bön : religion considérée comme originelle au Tibet.

Chörten : monument religieux contenant souvent des reliques.

Dakini : terme sanscrit, traduction littérale : « celles qui se déplacent dans l'espace ». Correspond à l'étymologie des anges de la tradition chrétienne, voire dans certains cas aux fées du Moyen Age. Elles représentent la Sagesse non-duelle, la Vacuité. Certaines sont les parèdres de Sagesse des adeptes des tantra ; d'autres sont semblables aux fées de l'Occident ; d'autres enfin peuvent être malignes ou terrifiantes. Elles peuvent être assimilées à certaines divinités féminines de méditation – *Yidam.* Peuvent également être des passagères célestes et des protectrices ou des bodhisattvas féminins qui accomplissent des actions bénéfiques pour tous les êtres.

Dharma : ce mot sanscrit a de nombreuses significations. Ici, il est à prendre dans le sens de l'Enseignement du Bouddha.

Hinayana : ce sont les enseignements du « Petit Véhicule » qui développent la discipline spirituelle.

Kalachakra : divinité du bouddhisme tantrique tibétain et ses enseignements.

Karma : notion importante du bouddhisme. Etymologiquement, karma signifie action. La loi du karma fait référence aux lois qui régissent les actes et les résultats qu'ils entraînent.

Khata : écharpe blanche, généralement en soie, offerte en guise de fleurs chez les Tibétains.

Lama : maître bouddhiste tibétain.

Lamas rouges : nom donné aux maîtres bouddhistes à la solde des communistes.

Laogai : nom chinois donné aux camps de rééducation par le travail. En 1994, Pékin efface ce nom et le remplace par *giayu* ; ce mot sonnerait mieux aux oreilles de ceux qui s'occupent un peu trop des droits de l'homme en Chine.

Losar : le nouvel an. Les cérémonies du nouvel an tibétain commencent le vingt-neuvième jour du douzième mois, le jour où l'on exorcise toutes les négativités de l'année passée. Il est l'occasion de nombreuses cérémonies. Le nouvel an tibétain débute en l'an 127 av. J.-C.

Mahayana : le « Grand Véhicule », ces enseignements bouddhistes sont fondés sur l'altruisme.

Mala : rosaire qui sert à compter les mantra. Equivaut au chapelet ; il aide à maintenir la continuité de l'attention.

Mantra : formule rituelle, employée dans l'hindouisme comme dans le bouddhisme comme support de méditation. *Om Mani Padme Hum* est le mantra le plus célèbre du Tibet : c'est celui de Chenrezig, le bodhisattva de la Compassion considéré comme le protecteur du pays.

Mönlam Chenmo : textuellement, la « Grande Prière ». Instituée par Tsongkhapa, cette fête religieuse célébrée dans les quinze premiers jours suivant le nouvel an tibétain rassemblait à Lhassa jusqu'à cinquante mille personnes.

Naga : divinités des eaux ; elles sont un héritage de la religion bön, qui précéda le bouddhisme au Tibet.

Nechung (oracle de) : dans la tradition tibétaine, le mot oracle désigne l'esprit qui entre dans une personne pour lui permettre d'agir comme médium entre les royaumes naturels et spirituels. Les Tibétains appellent cette personne *Kutenla*, ce qui signifie littéralement « support physique », le *la* étant une marque de respect ajoutée à la fin d'un nom, d'un prénom. Ils racontent volontiers que l'esprit de Nechung est entré pour la première fois dans le corps d'un être humain en 1544.

Nirvana : traduire « au-delà de la souffrance » ; ce sont les différentes conceptions ou niveaux d'Eveil.

Pierres mani : pierres gravées, appelées ainsi par référence aux syllabes du mantra, *Om Mani Padme Hum*, que l'on trouve un peu partout au Tibet, et surtout dans les lieux sacrés.

Pudja : cérémonie religieuse ou prières.

Régent (gyeltsab) : il dirige le pays en l'absence du dalaï-lama ou durant sa minorité. L'institution a été créée au XVIIe siècle par le cinquième dalaï-lama.

Rinpoché : terme honorifique désignant un maître spirituel qualifié et réalisé.

Samaya : vœu sacré qui lie un disciple à son maître.

Samsara : cycle des existences dans lequel, pour les hindouistes et les bouddhistes, l'être est prisonnier d'incarnations en réincarnations. D'après les bouddhistes, pour s'en libérer, une seule voie possible, celle de l'Eveil ; elle a été enseignée par le Bouddha Sakyamuni.

Stupa : monument religieux contenant souvent des reliques.

Sutras : textes contenant les enseignements originels du Bouddha. Ils peuvent prendre la forme d'un dialogue entre le Bouddha et ses disciples, autour d'un thème particulier.

Tantras : enseignements et écrits qui établissent le fondement du bouddhisme Vajrayana.

Tchouba : vêtement tibétain aussi bien porté par les hommes que par les femmes.

Thanka : au Tibet, peinture fondée sur l'art religieux indien de l'époque de la dynastie pala. Dans la continuité des enseignements religieux bouddhistes indiens, les Tibétains ont suivi scrupuleusement les instructions des artistes bouddhistes népalais. C'est au VIIe siècle, dans le Tibet central, que se développe, sous le règne du roi Songtsen Gampo, la peinture de thanka.

Tsampa : farine d'orge grillé.

Tulku : lama réincarné.

Vajrayana : le « Véhicule adamantin », ce sont les enseignements ésotériques du bouddhisme.

Remerciements

Je remercie tous les grands maîtres du bouddhisme tibétain que j'ai rencontrés depuis 1993 en Inde et en Europe. Ils m'ont permis de mieux comprendre l'histoire du Tibet et des Tibétains, leur culture et leurs traditions, ainsi que d'appréhender sous un autre angle le cœur et l'esprit des hommes.

Mes pensées vont particulièrement à

Sa Sainteté Tenzin Gyatso, le quatorzième dalaï-lama,
Sa Sainteté Guendun Choekyi Nyima, le onzième panchen-lama,
Sa Sainteté Urgyen Trinley Dordjé, le dix-septième karmapa,
Sa Sainteté Trinley Thayé Dordjé, le dix-septième karmapa,
Sa Sainteté Shamar Rinpoché, le Karmapa à la coiffe rouge,

Je remercie particulièrement[1]

Le secrétariat de Sa Sainteté Tenzin Gyatso : Tenzin Geyche Tethong, Kelsang Gyaltsen, Tashi Tsering ;
Le vénérable Samdhong Rinpoché, ancien président de l'Assemblée

1. Les personnalités citées peuvent avoir quitté leur poste ou peuvent être nommées dans un autre secteur, au gré des nominations du Dalaï-Lama ou de son gouvernement ; ou en fonction des élections à l'Assemblée du peuple tibétain en exil.

du peuple tibétain en exil et actuel Premier ministre du gouvernement du Tibet en exil ;

Lama Jigme Rinpoché, représentant le dix-septième karmapa Trinley Thayé Dordjé en Europe ;

Jetsun Pema, présidente du *Tibetan Children's Village* et sœur cadette du Dalaï-Lama ;

Ngari Rinpoché, frère cadet du Dalaï-Lama, et troisième réincarnation dans la famille des Yapshis ;

Tempa Tsering, son mari, ancien secrétaire du département de l'Information et des Relations internationales ;

Khenpo Choedrak Tempel, un des professeurs du dix-septième karmapa Trinley Thayé Dordjé ;

Tenzin Choedrak qui m'a délivré un enseignement de tolérance, d'amour et de pardon ;

Lobsang Thargyal, président de la Cour suprême de justice ;

Le vénérable Thubten Ngodub, oracle de Nechung ;

Le vénérable Dagpo Rinpoché ;

Tenzin P. Atisha, chef du département de l'Environnement et du Développement ;

Kalön Tashi Wangdi, ministre de la Santé ;

Le vénérable Tenzin Topgyal, député-secrétaire du département des Affaires religieuses et de la Culture ;

Jampa Chonjor, département de l'Intérieur ;

Tsering Wangyal, département de l'Education ;

Tashi Phuntsok, département des Finances ;

Lama W. Gyaltsen, bureau de la Planification ;

Tsewang Phuntsok, président du *Tibetan Youth Congress* ;

Samdup Lhatse, directeur du Men-Tsee-Khang ;

Dr Tenpa C. Tepel, vice-principal du *Tibetan Medical College* ;

Tsering Tashi, directeur de l'Institut d'astrologie et de médecine tibétaines ;

Le vénérable Lobsang Gyatso, directeur de l'*Institute of Buddhist Dialectics* (à sa mémoire) ;

Le vénérable Kelsang Damdul, directeur adjoint de l'*Institute of Buddhist Dialectics* ;

Ngawang Lhamo, secrétaire-général de l'Association des femmes tibétaines ;

Ngodup Tsering, directeur du TIPA ;

Dr Namgyal Tsering, membre de la commission culturelle ;
Jampa Kelsang de l'Institut d'astrologie tibétaine ;
Tashi Tsering, historien ;
Le vénérable Palden Gyatso ;
Ngawang Kyizom, nonne tibétaine ;
Dawa Thondup, ancien représentant de Sa Sainteté le Dalaï-Lama en France, en Belgique, dans la péninsule Ibérique.
Kunzang Yuthok, ancienne représentante de Sa Sainteté le Dalaï-Lama en France, en Belgique et dans la péninsule Ibérique.

Pour mes recherches sur le Panchen-Lama

Le vénérable Tsayuls Tenzin Palbar, kalön du département de la Sécurité ;
L'oracle du dixième panchen-lama, réfugié en Inde ;
Les moines et nonnes de Tashilhunpo, réfugiés en Inde ; une pensée émue pour une religieuse, torturée et violée pour avoir défendu la mémoire du dixième panchen-lama, et dont les hurlements de détresse m'ont tellement bouleversé.

Mes pensées vont aussi à tous ceux que je ne peux pas citer dans ce livre, pour des raisons évidentes de sécurité : mes informateurs ; mes traducteurs du chinois en anglais et en français pour les « soixante-dix mille caractères » et les informations concernant le dixième panchen-lama ; mes traducteurs du tibétain en anglais et de l'anglais en français ; sans oublier mes amis chinois.

Gilles Van Grasdorff.

Arbre généalogique

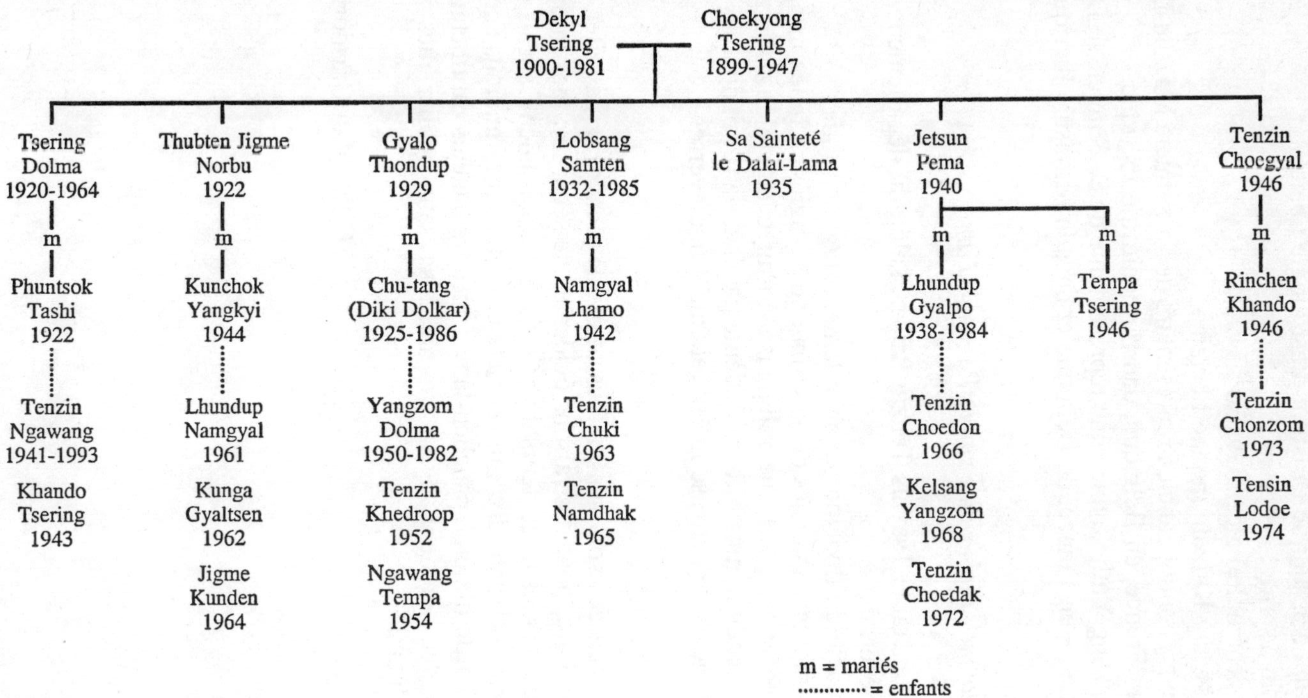

Frontières du Tibet historique
Pékin
New Delhi
CHINE
0
400 km
XINJIANG
QINGHAI
GANSU
AMDO
XIZANG
(RÉGION AUTONOME DU TIBET)
U-TSANG
Himalaya
Chamdo
KHAM
SICHUAN
Lhassa
Shigatsé
Dharamsala siège du gouvernement tibétain en exil
NÉPAL
BHOUTAN
INDE
BANGLADESH
YUNNAN
MYANMAR
Peuplement tibétain
Limites actuelles des provinces chinoises

Table

QUATRIÈME PARTIE

1966-2003

Cet ouvrage a été composé par NORD COMPO
à Villeneuve-d'Ascq

Cet ouvrage a été imprimé
sur presse Cameron
par **Bussière Camedan Imprimeries**
à Saint-Amand-Montrond (Cher)
pour le compte de la Librairie Plon

Achevé d'imprimer en avril 2003.

N° d'édition : 13636. — N° d'impression : 032153/1.
Dépôt légal : avril 2003.
Imprimé en France